“企业人性工程”心理学应用课程系列教材

人力资源测量与评价工程

Human Resources Measurement and Evaluation Engineering

李祚 李红 编著

大连理工大学出版社

图书在版编目(CIP)数据

人力资源测量与评价工程 / 李祚，李红编著. -- 大连：大连理工大学出版社，2011.6
“企业人性工程”心理学应用课程系列教材
ISBN 978-7-5611-6265-1

Ⅰ.①人… Ⅱ.①李… ②李… Ⅲ.①人力资源—测量②人力资源—评价 Ⅳ.①F241

中国版本图书馆 CIP 数据核字(2011)第 102848 号

大连理工大学出版社出版
地址：大连市软件园路 80 号 邮政编码：116023
发行：0411-84708842 邮购：0411-84703636 传真：0411-84701466
E-mail：dutp@dutp.cn URL：http://www.dutp.cn
大连理工印刷有限公司印刷 大连理工大学出版社发行

幅面尺寸：170mm×240mm 印张：21.25 字数：441 千字
2011 年 6 月第 1 版 2011 年 6 月第 1 次印刷

责任编辑：汪会武 责任校对：杨柏林
封面设计：波 朗

ISBN 978-7-5611-6265-1 定 价：38.00 元

序言
PREFACE

"'企业人性工程'心理学应用课程系列教材"基于认识到当代高速运行社会条件下人与环境普遍的、严重的发展危机和生存风险，以及存在于其中的个人明显觉察到的面对职业生存压力的情绪化反应，以此形成对应用心理学本科专业的社会需求和心理学应用学科职业化发展的判断。

应用心理学的职业化进程日臻完善，在学校教育、医疗机构、工矿企业、航空远洋、军事组织、政法系统，到处都活跃着职业的心理学爱好者和专业工作者的身影。但是，心理学还没有准备好给有明显分工的职业活动以适合的身份称谓。在大学四年制本科课程的设置中，这种专业的定名要么是"心理学"，要么是"应用心理学"。所有的心理学技能化、职业化的存在都装在"应用心理学"的大筐中了。由于心理学和心理学家的称谓都特指了少数专家型的工作，心理学应用的职业化及专业分工大都"没名没份"。随着我国大学教育普及化、技能化、职业化的普遍要求，以及自主、特色办学的要求，心理学各个应用分支学科统一于应用心理学一而化之的方法已经成为心理学的专业化、职业化应用发展的门限了。

这里，我们需要重新梳理应用心理学中临床心理学、工业组织心理学、工业工程心理学在不同文化生态背景下的职业化生存空间。心理学职业化发展需要特别注意知识和技能服务体系的合法性和科学理性问题。服务于公众的知识体系首先是公共的产品，其社会化和职业化的发展应以科学理性为基础，奉行的"有效即行"最终会导致一种职业服务价值的混乱和公众的质疑。尽管临床咨询心理学不是"纯科学"，但怀疑咨询心理学家的专业科学和临床技能相结合的培养模式，无异于导致心理咨询接轨于神学、巫术。今天的科学哲学对于现代意义上的"科学"有了一个较过去更为宽泛的定义，在科学的客观观察对象化的传统科学观之外，科学家也把由主观体验而来的现象学的描述纳入科学研究的范畴中来。在临床咨询心理学中，两种科学研究范式为其职业化、专业化、科学化的发展奠定了基础。尊重和依赖于这种科学理性，才能不迷失于虚假的光环中。

100多年来，心理学家们始终争论心理学"纯科学"地位。20世纪40年代的美国，心理学家们更早地使用了"人性工程"一词，相关成就足以证明美国心理学家普遍存在的与德式冯特心理学的一种纠结，冯特要求心理学的科学必须是“纯科学”。冯特的这一主张得到冯特弟子之一英裔美国人铁钦纳(E. B. Titchener)在美国本土忠实顽固的坚守，以致于美国心理学在铁钦纳去世后的二十多年仍耿耿于怀。心理学教授杰克·邓拉普(Jack Dunlap)在第二次世界大战后成立了第一家人性工程学公司(邓拉普公司)，相关资料记载了他的一句话：“什么纯科学，我受不了这些学术性的马屎。科学如果不能给人们带来更好的生活，它就一钱不值。”可见美国的产业文明对心理学家的影响力之大。因此，也就不难理解对工程心理学或人机工程学，有些人更愿意称之为“人性工程学”，以示对心理学“纯科学”主张的不屑。

美国更早的时候，20 年代的霍桑(Hawthome)实验研究者澳裔美国心理学家梅奥(Elton Mayor)，曾经立志于心理学的临床工作，美国电力公司的这一项目则改变和筑成了他一生的成就，并肇始了企业人性问题的研究，其中的“大规模谈话”研究更可以作为当代风行的企业员工辅导(Employee Assistance Program，EAP)的标榜，而这也成为组织行为学和管理心理学学科的标志事件。“理性经济人”在相当长时期里是学界和实业界的一种似乎不言自明的公共假设，霍桑实验极大地质疑了企业管理中和社会治理中的理性基础和公共基础，并很快超出心理学范围，工程师、管理学者、经济学家们从自己的学科和职业中也体会到其中的作用与价值，有关研究以不同的面目出现，“X－Y 理论”、“有限理性”、“人的因素”、“人机关系”等等，并融入了企业科学管理的时代主流。“行为科学”、“组织行为学”、“人性工程”这些富于包融性的科学旗帜曾经使心理学的应用工作成为那些多学科领域的旗手和领跑者，成为科学指导实业的独立力量。

冯特提出心理学的“纯科学”有德国学者传承的宗教般的热情，美国心理学的机能主义主张心理学应用，利基于美国社会普遍的企业家精神。但是，不论德国“纯科学”和美国的“非纯科学”，科学的公共理性原则却始终如一。科学家们相信，人类生存与发展最可靠的保证是科学与技术的进步。大学的存在基于知识的科学理性，凭借的是知识的显性优势。大学的使命决定了其必须极力打压和摒除职业生活中存在的社会潜规则。致力于知识显性化功能和维护知识的科学属性是大学生存的基本底线。由此，我们确定了“企业人性工程”和应用心理学专业办学的理性与科学的基本原则。

就我国心理学学科自身而言，心理学在企业中的应用并不缺乏相关知识基础，但如何为企业所接纳还需要判断我国产业文明发展进程，需要来自于学科内部有效的设计与组织。我们将临床心理学、工业组织心理学和工业工程心理学整合为统一的知识技术技能系统，打包给人力资源需求活跃、供求机制自主、运行活动具有示范效应的当代工业企业，基于企业对效益效率目标的基本追求，也基于近年来灾难与事故中，企业组织对经济代价与社会关系代价的考虑，和对社会普遍价值底线反思的道德顾忌，这个统一名称的定位最好是“企业人性工程”。其中，“企业”确定了心理学在职业发展上最富示范性效应的领域；“人性”则是三个应用学科的共同话题，也是我国传统文化延续至今的主流问题；“工程”接近于我国公共文化上对科学价值的基本理解。与“科学”和“技术”相比，“工程”是一个比技术更为复杂、比科学更为实际，一种具体化情境化的作业资源系统。“工程办学”模式与理性、科学、实用性的本科培养规格相适应，是社会技术发展人才需求橄榄型结构的中坚力量。

“企业人性工程”包括工业企业心理学（工业心理学）和企业临床心理学两大主题，并反映当代科学的研究范式。其中，工业企业心理学又可以理解为传统意义上的工业组织心理学和工业工程心理学。构成“工业组织心理学”的主干性知识技能课程系统包括：工业组织行为学、人力资源测量与评价工程，消费者行为学，等等；构成“工业工程心理学”的主干性知识技能课程包括：劳动工程心理学、人机工程心理学、环境工程心理学，等等。“临床心理学”的主干性知识技能课程系统则包括：临床心理学理论与技术、临床心理学实践与技能、病理心理及诊断、心理危机干预、企业员工辅导(EAP)，等等。以上课程经过几年的专业教学探索，已经形成教学资源基础和体系。十分欣慰的是，“‘企业人性工程’心理学应用课程系列教材”的出版工作得到了大连理工大学出版社的积极支持。

以上希望与设想也受益于与专业界内的著名学者、有识之士以及本专业长期以来的支持者的不断请教和切磋。他们分别是：中国科学院心理研究所所长傅晓兰研究员，东北大学副校长娄成武教授，辽宁省行为科学学会名誉会长、东北大学刘赋教授，辽宁省经济管理干部学院院长、辽宁省行为科学学会会长杨光教授，《人力资源》杂志社社长曹敬莉研究员，中国科学院心理研究所林春研究员，中国人民大学心理研究所俞国良教授，上海交通大学管理学院刘霞教授，清华大学心理咨询中心主任李焰教授。借此，也对多年来给予沈阳工程学院应用心理学专业提供实习、实训和教学资源的辽宁省人力资源和社会保障厅职业技能鉴定中心、沈阳市精神病院、沈阳师范大学教育系、沈阳大学心理咨询中心、辽宁清河电力公司、辽宁省女子监狱、沈阳航空航天大学、沈阳医学院、辽宁公安司法管理干部学院等单位，表示诚挚的感谢！

编 者

2011 年 5 月

前言

FOREWORD

“人力资源测量与评价工程”是应用心理学专业的主干课程，也是人力资源管理学、管理学、行政管理学等专业的必修课程。人类进入20世纪后，工业和现代高新科技的高速发展，对人员或员工的素质结构、智能结构、个性品质结构、技能结构、知识结构等都提出了更高更严的要求。人员需求标准的变化，必然带来对员工质量鉴别、评价方法和技术的革新与发展，使人员测量与评价工作发展成为一项规范、专门的系统工程。

本书定名为《人力资源测量与评价工程》，突出强调人力资源测评工作的整体含义和学科的历史发展进程。人力资源测量与评价工程，又称为素质测评、人才测评、人员测评。“素质”—“人才”—“人员”语言符号的变迁反映了本专业在我国的应用发展，不同类型的人力资源利用主体曾对“心理测量与评价”这一学科给予的关注，走过了国家干部、人力市场、企业员工的社会发展路径。如今，随着国家人事和劳动两大部门的合并，“人力资源”一词已经成为专业内外一致的话语平台。

本书强调人力资源测评的“工程”特征是注重该项知识技能系统的应用心理学、心理测量学、行为科学、管理学及相关科学研究成果的多学科性质，以及包括运用计算机技术在内的先进科学技术特点，目标是对职业人员的知识能力水平、个性特征、发展潜力等进行准确和符合科学规范的测量，其价值的实现在于为求职者和从业者的职业生涯设计提供科学的指导，以根据工作岗位需求及组织特征，将最合适的人员用到最合适的岗位上，为企事业单位、政府机关的用人、选人、育人等人力资源管理和开发提供有价值的和可确认的参考依据。

本书特别明确了人力资源“测评”具体化的“测量”与“评价”含义，基本反映了当代人力资源测评技术发展上的两大技术类型。“测量”主要是采用科学的工具与技术，以客观的方式，收集被测评者在主要活动领域中的(行为事实)表征信息，形成对其素质特征的判断；“评价”主要是若干限定评价主体(可称评审专家)按照规范的程序和要求，针对某一素质测评目标系作出量值与价值判断，或者直接从表征信息中分析与推断某些素质特性的过程。

本书全面总结了人力资源测评知识体系，既有工作上传统的笔试与面试，专业上传统的心理测量，又有现代的评价中心技术，还反映了可以与国际接轨的国家公务员录用考试技术，探索了领导者和高级管理人员的评价选用的技术问题。特别是，经与东北大学刘赋教授、《人力资源》杂志社曹敬莉社长沟通并获得同意，书中首次出版发表有本书作者早年参与编制并在 1988 年 8 月审定通过的《党政干部心理素质测验方法研究报告》全文，实现了二十几年的一个心愿，填补了我国专业发展史上早期记录的一项空白。书中一、二、三、四、七、十章由沈阳工程学院应用心理学专业负责人李祚完成，五、六、八、九章由辽宁装备制造职业技术学院学生处心理健康中心李红完成。

本书在写作过程中注意到了文字语言的可视化和情境化效果，尽可能规范地提供图片、图表和实践案例及准确的关键词汇和术语的中英文对照，以便于学生网上检索，同时考虑到如何使教学过程便于组织、教学课件便于制作等问题。

把零乱复杂的资料信息整理、缩减和创编成 40 多万字的教学课本，这一过程是异常艰难的。所以每当完成后总是有抑制不住的“幸福感”。本书在编写过程中，引用了一些国内外学者的文献资料，在此表示衷心的感谢。鉴于编写时间和水平的限制，书中难免有不完善的地方，如有错误和疏漏之处，恳请各位专家、同仁及广大读者批评指正。

编著者

2011 年 5 月

目录
CONTENTS

第四章 人力资源测评的技术指数 107

第一章 绪 论

现代人力资源测评是为现代人力资源管理提供所需信息的有效途径和方法，因为它所提供的信息最多、最具科学性，因而也是最重要的，所以，实施现代人力资源测评，不但能发现优秀人才和稀缺人才，而且能明确各人的优缺点，以加强培训，扬长避短，最大限度地开发潜能。

第一节 人力资源测评概述

一、人力资源测评的含义

测评是测量与评价的简称，测量和评价都要依赖某种法则。人力资源测量与评价，简称人力资源测评，又称为人员测评、人事测评、人才测评、素质测评。人力资源测评是指明测评主体采用科学的方法，收集被测评者在主要活动领域中的表征信息，针对某一素质测评目标系作出量值或价值的判断过程；或直接从表征信息中引发与推断某些素质特性的过程。中国有句古话，“路遥知马力，日久见人心”。但是，任何一个用人单位在激烈的人才争夺中，都不可能用“日久”的方法来识别急需或重要的人才。随着社会的发展，用人单位的选人从最初靠对人的主观判断、面试、笔试，到“人力资源测评”，其科学性、准确性和公正性都有了较大的提高。

正像没有完全相同的两片树叶一样，世界上也没有两个人的心理状态是完全相同的。“面目仅半尺，竟无一人肖”；“人心不同，恰如其面”。正因为人与人之间存在差异性，每个人都是一个独特的个体，都有自己的独特性。这种独特性不是在个体身上偶然表现出来的暂时的特点，而是稳定的个人特点。一个人在出生后，经过长期的社会生活，逐步形成了对待生活的态度和个人的行为风格，这种特点一旦形成，就不容易改变。人与人之间的心理差异性主要表现在智能、个性和行为等方面。比如，有的人思维敏捷，有的人想象力丰富；有的人脾气暴躁，有的人性格温和；有的人做事认真，有的人行事草率，等等。举例来说，个人特点稳定是说一个性格很外向的人，不仅在工作单位是好与人打交道的，在社交场合也会是一个活跃分子；不仅今年是这样，而且一般来说去年也是这样，明年还会是这样。正因为个人特点具有相对性，人力资源测评才变得很必要。可以说，人与人之间的差异性是人力资源测评存在的前提条件。

人力资源素质测评的服务范围和对象包括：

- 单位新成立或岗位出现空缺时进行人员招聘；
- 工作人员的筛选、职位安排、提拔、晋升、工作分配；
- 中高级管理人才的选拔、录用；
- 在职人员的月度、季度、年度的工作能力、工作态度等方面的考核；
- 高级管理人员组织管理能力、管理风格的评价考核；
- 求职人员进行职业选择；
- 在职人员工作调动、职位变换时；
- 对毕业生进行就业指导；
- 单位制订人力资源方案及形象标准；
- 进行职业生涯规划。

人力资源测评的这些作用是由测评的功能派生的。因为人力资源测评可以测查人的素质状况，优点及缺点，了解其特长、兴趣和爱好。掌握了这些信息，就可以为人力资源部门使用、安置人员提供客观依据，为领导进行人力资源决策提供科学根据。

人力资源测评是现代人力资源管理工作中基础的、多学科的和行之有效的系统工程。人力资源测评，作为一种科学有效的评价手段，较早时期，就应用于战争中对军官和士兵的选拔，收到了良好的效果。美国电话电报公司早在 20 世纪 30 年代启用评价中心技术，采纳许多心理测量的方法用于考查自己的管理者，并取得了一定的成功；摩托罗拉公司也很早接受和采纳了心理测量，在员工招聘中采用各种有关的心理测验。在第二次世界大战后，人力资源测评开始广泛应用到各个领域，尤其是在企业管理中得到了迅猛的发展，企业广泛采用这一科学手段来招聘和选拔人员。

现代人力资源测评是应用心理学、心理测量学、组织行为学、管理学、统计学、计算机科学及相关科学的研究成果，运用先进的计算机技术，对人员的知识能力水平、个性特征、发展潜力等进行准确的测量，为人员职业生涯设计提供科学的指导，并根据工作岗位需求及组织特征进行评鉴，从而实现对人才准确、深入的了解，将最合适的人员用到最合适的岗位上，为企业组织、事业单位、党政机关的人员任用、选拔、培训等人力资源管理和开发工作提供富有价值的参考信息。

人力资源配置是人力资源管理的基础工程。人力资源测评就是通过科学、客观、准确和有效的方法对人员作出评价。传统的人事管理由于缺乏人力资源测评技术，人力资源没有得到科学合理的配置，造成人力资源的闲置和浪费，影响了社会经济和各项事业的发展。工业和现代高新科技的高速发展，对人力资源的素质结构、智能结构、个性品质结构、技能结构、知识结构等都提出了更高更严的要求，从而带来了对人力资源鉴别、评价方法和技术的革新与发展。

二、人力资源测评的服务范围和对象

人力资源测评是人类随着自身的发展和社会对人力资源需求标准的变化而产生的一种人员鉴别、评价方法和技术，是根据一定目的，综合运用定量与定性的多种科学方法，对人员进行客观、准确评价的一种社会活动。当代人力资源管理利用人力资源技术，实现了人力资源的优化配置。一般说来，人力资源测评应用有以下几种形式：

（一）企业招聘

科学管理思想的创始者泰勒提出的科学管理及劳动分工的思想对于现代人力资源测评技术广泛应用于现代企业管理之中起到了极大的推动作用。美国电报电话公司是最早将现代人力资源测评方法应用于管理人员选拔与评价的工业企业。经过 10 年的追踪研究，其结果强有力地支持了现代人力资源测评方法的有效性和可靠性。其后，像国际商用机器公司、福特公司、标准石油公司等国际著名的公司都将现代人力资源测评方法用于其人力资源管理中，取得了很好的经济效益。

案例

人力资源决策之难

A 集团人力资源总监王先生最近压力非常大，因为公司内部出了大问题：前段时间总部的销售总监突然辞职，并带走了大量高端客户，投奔竞争对手。这名销售总监是王先生参与招聘进来的，个人能力很强，刚刚上任不到一年就很好地带领销售团队为公司的快速发展作出了很大贡献。正在管理层庆幸遇到一个好帮手的时候，毫无准备地出现了上面的事情。总部领导非常重视这件事，责令人力资源部对招聘和人才培养工作作出检讨。

图 1-1 人事决策的难度来自于多方面

王先生几天来一直在思索：自己制定的招聘流程到底哪里出了问题呢？一般来说，公司的中高层管理人员招聘会经历以下几个阶段：联系猎头公司，提出职位要求;随后根据猎头公司提供的简历,对候选人进行初步筛选;通过初筛的候选人会接受首轮素质测试,测试的内容包括相关专业知识、对工作相关信息及更新情况的掌握等;随后,公司会对所有候选人进行评价中心考核,对人员素质进行全面评价;第三轮的面试则主要了解应聘者的先前工作经历,以及一般人际沟通等情况。对该销售总监的招聘过程也正是如此,应该说整个招聘考虑得非常周全,对应聘者的素质可以进行较好理解,招聘的准确性一直较高。

(二)公务员选用

人力资源测评技术在公务员、党群干部、法院检察院系统、金融系统,以及其他单位的录用考试中,得到了广泛应用。由于通过人力资源测评可以减少录用过程中的人为因素,使人员的招聘使用更趋于客观公正性,所以不少地方的公务员考试已开始采用人力资源测评技术。

普通公务员录用测评(主任科员以下的非领导职务):行政职业能力倾向测试(客观题测试)、申论(主观题测试)、专业技能测试、结构化面试、身体素质测试。测评结果效度中等,公平性好,成本不高。

高级公务员选拔测试(副处级以上领导职务):履历分析和业绩考核、评价中心技术(面试、笔试、无领导小组讨论、心理测验、考核)。测评结果效度较高、公平性好,成本较高。

(三)员工的职业辅导

从员工个人角度讲,人力资源测评的作用也有三个方面:

促进自我认知:现代人力资源测评可以帮助个体更了解自己,知道自己的能力水平和兴趣爱好,从而能够因势利导,明确自己的择业和发展方向。

促进个人择业:通过为各类人力资源市场提供专业化的第三方素质评价,以及为中国的各类企业人力资源评价服务,可以在它们与个人之间建立桥梁,为人员提供能够真正体现其价值的应用场所,也就是使个人能够根据测评结果判断寻找到真正适合自己的职业。

促进自我发展:每个人从学习到择业的每一个阶段都需要对自己有一个清醒的认识。现代人力资源测评可以使每个人认清自己的素质,知道自己的长处和短处、优势和缺陷,从而能够针对性地接受教育培训,并在实践中尽量扬长避短,更好地实现自我发展。

案例

某职业咨询公司的咨询案例

一位在外企工作的高级经理被外方老板解雇,他来职业咨询公司咨询的主要目的是想知道问题到底在哪里。他在公司工作期间,业务开展得有声有色,业绩很好，和同事下属相处比较融洽，但半年来和外方老板发生了一些矛盾，自己不以为然，没想到突然被解雇。在事业发展的一个重要阶段受到这样的打击，这位经理虽然经历丰富，但心情难以平静。咨询师首先对他进行了管理者能力测验、社会愿望量表测验、管理者行为风格测验和管理者职业兴趣测验四项测验，然后对自我目前的状况进行了详细描述，并提出测评希望。分析了他的个人信息、面谈记录、测验结果和岗位特征后发现，这位经理具有很好的管理能力素质和管理意识，为人热情、说话直率，善于把握事物的整体情况，考虑问题理智客观，做事灵活、务实；但是情绪波动较大，不善于控制情绪。

经分析，他目前受挫的主要原因在于：

(1)在与老板的交往中不能有效沟通，他不能耐心与老板交谈，表现出轻视老板的倾向。这是由他看待上下级关系的观念所决定的。

(2)不能很好地控制自己的情绪。

(3)没有一个与自己性格互补的同事和下属作配合。

(4)老板的处事方式过于细致，不能充分授权，限制下属的发展。

建议我们进一步确定咨询方案：

首先，详细解释测验结果，分析其能力和个性方面的优点和弱点。

其次，要分析被解雇的主要问题在老板身上，自己要做的是认真地总结，而不是失去信心或心烦意乱。

第三，需要建议他从观念和行为上进行调整，比如，如何认识上下级关系，为人处世中的直率总是优点吗？需不需要调整情绪，等等。

最后，需要提醒他的是他适合什么样的上级和同事。在咨询中要注意让他畅所欲言，释放心中的不愉快。

在实际咨询中，这位经理认真地看完测验报告和我们的分析建议，认为五份报告描述的特点比较准确。他主动谈起自己对被辞的看法，认为自己在人生路上经历了很多，也明白了很多，但在处事中还是存在着很多缺陷，有些特点，在自己看来是优点其实可能并不是这样，自己经过这样的挫折后，得到这样的分析非常有好处，他表示接受建议并希望能保持联系。

效果：两个月后，这位经理再次上网交谈，当时他在找工作并进行苦苦的思索，并谈了他对未来职业发展的设想。当问他："现在回头看两个月前您作的咨询，您觉得它对您有什么帮助？"他说尽管自己比较了解自己，但无法获得一种明确并且准确的评价，通过测验和咨询，他从专家那里获得了一种肯定和触动，这很重要。

(四)升学就业指导

人力资源测评的起步得益于心理测验运动的兴起，几乎所有的心理测验都可用于教育领域。心理测验来源于德国心理学家冯特的心理实验室。19世纪末，高尔顿、卡特尔等人尝试进行大学生心理测量，法国心理学家比奈对此做出了划时代贡献——他第一个研制了著名的比奈-西蒙智力量表，开创了现代人力资源测评的先河。心理测验理论为人力资源测评提供了科学的理论指导和技术支持，使人力资源测评从传统的经验测评走向规范化的科学测评。美国教育测试服务中心(ETS)组织的GRE、SAT、GMAT考试实际上都是素质和能力的测评。但在过去，我们更多关注学生的学业成绩，因而单一评价学生学习成绩的测验较为普遍，但就标准化程度来讲，水平较低，主观随意性较大。时代的进步，教育理念的不断更新，整个教育领域的变革以及心理测验的进步与发展，要求我们多角度、全方位地来考察整个学科教育，进而评价学生，促进学生的发展。

(五)特殊行业(如飞行员、宇航员选拔)

人力资源测评研究在20世纪20年代德国军事部门为挑选军事指挥官而进行的人力资源测评工作中得到进一步发展。第二次世界大战时期，此种测评方法被英国陆军和英国文官委员会所借鉴和采用；美国中央战略情报局在第二次世界大战中为选拔训练出色的特工人员，创造性地将情景模拟方法用于测评程序之中，促进并发展了这种人力资源测评的方法。第二次世界大战之后，此类测评方法被广泛用于政府机构及工商企业各界的人员选拔与评价。

三、人力资源测评的理论假设——人-职匹配理论

现代社会是由许多不同层次、不同部门的岗位网络所组成的。由于每个岗位对工作性质、工作内容、技术难度和责任的要求都不相同，所以对任职者的素质要求也不相同，人与岗位的匹配问题成为现代人力资源管理的重大研究主题。而要做到人职匹配，首先需要对人和岗位的客观认识与评价(如图1-2所示)。基于体差异原理，为了了解和评价人，就产生了心理测验、面试、评价中心等人力资源评价手段；基于职位差异原理，为了了解岗位，就有了工作分析、工作描述等岗位分析和评价技术。

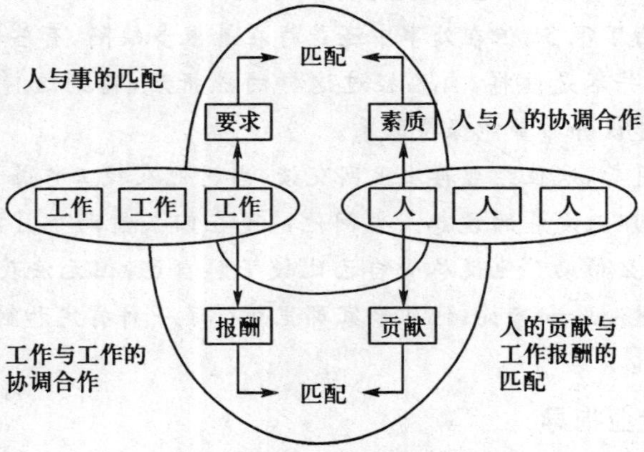

图1-2 人与工作岗位匹配关系的总体框架

个体差异原理：个体素质是在遗传、环境和个体能动性三个因素共同作用下形成和发展的，显然，个体之间存在着较大的差异。这种差异不仅表现在生理、性别

与外貌上，而且更多地体现在心理上。心理差异可归结为两个方面：一是个性倾向差异，包括兴趣、爱好、需要、动机、信念、理想、世界观等方面的差异；二是个性心理特征差异，包括能力、气质与性格等方面的差异。正是由于个体素质存在差异，不同素质的人适宜不同的岗位，才使人力资源素质测评具有重要性和可能性。如果个体之间不存在素质差异，那么人力资源测评将无法获得有意义的结果，无法为人事决策提供客观依据，测评最终将失去其存在价值。因此可以说，个体素质差异是人力资源素质测评存在的客观基础。

职位差异原理：岗位差异即不同岗位之间的非一致性，它是对企事业单位内部所有岗位，按照工作性质、责任轻重、难易程度、所需资格条件等因素进行区分的结果。随着社会化大生产的发展，社会分工越来越细，不同的工作岗位之间虽有千丝万缕的联系，但各自的工作内容、工作责任、工作范围及工作性质等是不尽相同的，岗位间存在着较大的差异，对员工的素质要求也就大相径庭。当员工的素质与岗位的要求相匹配时，则员工可能在今后的工作中取得较大的成绩，否则，即使员工任劳任怨，也难以取得好的工作成绩，这就是说，岗位差异要求通过人力资源测评找到素质结构与之相符的员工。因此可以认为，岗位差异是人力资源测评产生的前提条件。

人力资源管理的“人-职匹配”思想：其一，工作的绩效和人的素质有关，要追求高的工作绩效，必须有高素质的人才；其二，不同的工作对人的素质结构的要求不同，必须有针对性地为不同的工作匹配不同的人才，才能确保各种工作的高绩效，做到恰当的人做恰当的事。可以说，“人-职匹配”理论为现代人力资源测评活动提供了基本的理念。“人-职匹配”的实现，意味着个人的特征与职业环境取得了高度的一致，工作效率和职业成功的可能性就大为提高。反之，则工作效率和职业成功的可能性就很低。“人-职匹配”的前提之一，就是必须充分了解和掌握人的个体特性，根据个体间不同的素质将其安排在各自最合适的岗位上，即保持个体素质与工作岗位的同构性，从而做到人尽其才、物尽其用。如果说通过工作分析对不同的岗位进行描述，可以明确工作环境、工作内容、工作职责和对人的基本要求，那么，通过人力资源测评对个体进行素质测量和评价，则可以明确个体素质结构、素质水平和各自适宜的工作。

资料

帕森斯“特质-因素”理论

美国弗兰克·帕森斯(Frank Parsons)教授提出了“人-职匹配”理论，这是最早提出来的关于人的个性特征与职业性质必须一致的假设。帕森斯的人-职匹配理论又称帕森斯“特质-因素”理论，特质因素论是最早的职业辅导理论。1908年，帕森斯在美国波士顿设立职业局，在职业指导过程中，帕森斯认为个体差异是普遍存在的，每一个个体都有自己的个性特征，而每一种职业由于其工作性质、环境、条件、方式的不同，对工作者的能力、知识、技能、性格、气质、心理素质等都有不同的要求。人们进行职业决策时，就要根据自己的个性特征来选择与之相对应的职业种类，即实现“人-职匹配”。1909年，帕森斯在其《选择一个职业》的著作中提出了人与职业相匹配是职业选择的焦点的观点，他认为，个人都有自己独特的人格模式，每种人格模式的个人都有其相适应的职业类型。所谓“特质”：就是指个人的人格特征，包括能力倾向、兴趣、价值观和人格等，这些都可以通过心理测量工具来加以评量。所谓“因素”，则是指在工作上要取得成功所必须具备的条件或资格，这可以通过对工作的分析而了解。

图 1-3 “职业指导之父”弗兰克·帕森斯(Frank Parsons)

特性与因素理论的核心是人与职业的匹配，其理论前提是：每个人都有一系列独特的特性，并且可以客观而有效地进行测量；为了取得成功，不同职业需要配备不同特性的人员；选择一种职业是一个相当易行的过程，而且人职匹配是可能的；个人特性与工作要求之间配合得愈紧密，职业成功的可能性越大。

人职匹配分为特质-因素两种取向：

特质匹配(人找事)。例如，具有敏感、易动感情、不守常规、个性强、理想主义等人格特性的人，宜于从事审美性、自我情感表达的艺术创作类型的职业。

因素匹配(事找人)。例如，需要有专门技术和专业知识的职业与掌握该种技能和专业知识的择业者相匹配；脏、累、苦，劳动条件很差的职业，需要有吃苦耐劳精神、体格健壮的劳动者与之匹配。

“特质-因素”理论强调个人的所具有的特性与职业所需要的素质与技能(因素)之间的协调和匹配。为了对个体的特性进行深入详细的了解与掌握，“特性-因素”论十分重视人力资源测评的作用，可以说，特质-因素论进行职业指导是以对人的特性的测评为基本前提。它首先提出了在职业决策中进行人-职匹配的思想。故这一理论奠定了人力资源测评理论的理论基础，推动了人力资源测评在职业选拔与指导中的运用和发展。

四、人力资源测评的功能

人力资源测评的功能和作用是两个既相互联系又相互区别的概念。功能是事物内部固有的效能，它是由事物内部要素结构所决定的，是一种内在于事物内部相对稳定独立的机制。而作用则不同，它是事物与外部环境发生关系时所产生的外部效应。同样的功能对外界的作用，既可能是正面作用，又可能是负面作用，这要看功能与外部环境的互动方式。一般来说，功能是作用产生的内部根据和前提基础，客观需要是测评产生作用的外部条件，作用就是测评的功能与客观需要相结合而产生的实际效能。

人力资源测评具有以下五大功能：

(一)甄别和评定功能

这是人力资源测评最直接、最基础的功能。所谓甄别评定，是指对人力资源素质状况优劣、水平高低的鉴别和评定。甄别是测量个体之间的素质差异，评定是衡量受测者素质构成及其成熟程度，看其是否具备规定的资格条件和常模标准。

(二)诊断和反馈功能

诊断与反馈功能是相互联系、相辅相成的。诊断是指通过测评，找出被测者素质构成及发展上的问题及不足。反馈是指根据测评结果，提供调整和改进测评对象素质缺点的信息，分析缺点和不足及其产生的原因，提出诊断意见和素质优化开发方案，帮助其克服缺点，发扬优势，推动其素质全面发展。

当一个人或一个组织发展到一定阶段后，就会出现发展缓慢或停滞不前，甚至出现退后的现象。这时候，人才测评的诊断功能就是指采用一定的人才测评技术和方法对被测评者相应要素进行客观评价，使个人和组织能够进行反省和自我检查，找出存在的问题、缺陷和不足，以便采取针对性的措施加以改善，如优化组织结构、改善思维方式、更新知识和观念等等，使组织和个人清除前进中的障碍，实现可持续发展。

(三)预测功能

人力资源测评主要是为受测者在实际工作岗位和业绩上所能达到的程度的预测提供丰富而客观、准确的有关个体(或群体)当前发展水平的信息。心理学是人力资源测评的重要理论基础，而有关人的发展规律是心理学研究的重要领域，在进行人力资源测评的工具——量表设计时就已经考虑到人的发展规律了，更为重要的是用于人力资源测评的量表在编制过程中，非常注重对其效度的研究，即探索人力资源测评的结果与某一段时间后的工作行为(或实绩)之间的关系。在中国目前的人力资源测评中，因内容全面、系统，方法科学，提供的有关测评对象当前发展水平的信息丰富、客观，故其预测的准确性在现实上是有很大的可行性的。

(四)导向功能

所有人力资源测评都是有目的的，无论是主测者还是受测者，都不是为测评而测评，而是要根据测评结果作出决策，如是否录用、是否晋升、是否给予奖励等等。也即人力资源测评的结果总是与人们的某种利益或个人的成长发展相关，因此，好的人力资源测评的结果总是人们所希望的，为了获得优良的结果，被测评者往往要针对测评的内容、标准，进行各种学习、训练，吸收了新的知识，提高了能力和技能，增强了自身的素质和修养。人力资源测评的导向功能体现在测评的内容和评价标准反映了组织对人力资源的需求标准，如果被测评者均以测评的内容和标准为导航，自觉地用他们所认可的测评要素及其标准来调整自己的行为，强化自己的基础和实际技能。正是从这个意义上看，人力资源测评具有导向功能。

(五)激励功能

激励功能是指人力资源测评能够激励人们进取向上的愿望与动机，使人们自觉自愿地努力学习和工作，从而不断地提高每一个人的素质和工作能力。每个人都有自尊和进取的需要，希望自己在人力资源测评中取得好成绩、好结果。这就迫使人们发奋努力、不断进取。从行为修正激励理论观点看，获得肯定性评价的行为将会趋于高频率出现，而获得否定性评价的行为将会趋于低频率出现。因此，人力资源测评是促使个体素质的培养与修养行为向着社会所要求的方向发展的强化手段。

案例

某电力股份有限公司人才选拔测评

某电力股份有限公司于1992年成立，1996年在A交易所以A股(0939)上市。总注册资本为20 000万元。2000年之前，公司的主营业务为水处理、化工、仪器仪表、热工、机电一体化、计算机应用等。当时，公司有11家控股子公司，员工总数600余人，集团公司人员100余人。2000年，公司董事会制定新的战略，集团公司主营业务向环保领域转移，主要方式为环保工程总承包，以输出技术和管理为主；具体业务分为火电厂的烟气脱硫，污水处理两大类。2001年初，公司实施战略转移的第一季度就签订了总金额为13亿的工程项目。当时公司面临两大困难，一是人员数量严重不足，当时公司实行改革后总公司只有80余人，二是现有人员的专业结构及经验不足，基本上没有从事过大型工程管理经验的人。其解决的基本办法就是面向全国公开招聘。

通过媒体发布招聘信息后，共有3000余人报名，经过材料审查、电话沟通方式初步筛选入围近500人，这500人中又由公司董事会和高管层及人力资源部组成多个面试小组赴全国各地进行面试，最后确定343名人员入围。由于所招聘的人员大部分都在比较重要的岗位，这些岗位人员的使用不仅成本高，而且有较高的风险性，因此，公司领导层决定聘请专业的测评机构对这些应聘的人员进行综合素质测评。

S人力资源测评咨询服务公司承接这一项目后，设计了一个系统的测评方案，决定使用多种方法对这些应聘人员进行综合测评。

测试在2001年5月1日至7日进行，根据每个测试对象和各个测试项目上的反应情况，测评专家把数据汇总进行了综合分析，并针对每个应聘者应聘岗位的要求作出推荐意见。推荐意见共分五个等级：五级为最高级，即特别优秀者，四级为优秀者，三级为合格者，二级为慎重使用者，一级为完全拒绝者。四五级为优秀人才，这种人才所占的比率只有10%左右，合格层次的为45%，而二级和一级基本上属于不能录用的人员，这两部分共占45%，可见也有相当大的比例。如果电力公司采用这种科学的测评方法对人员进行测评的话，则他们录取时基本上是在这343人中随机选取，其不合格率几乎达到50%，接近随机的概率。由此可见，科学的人才测评方法与技术对企业的人才选拔具有重要作用。

五、人力资源测评专业化和职业化的发展问题

(一)专业工作者的职业素质

测评技术有着心理学、管理学、统计学、计算机科学、组织行为学等各学科的深厚的理论基础,需要大量的研究和调查工作,对结果的解释评价往往需要丰富的学科背景和实践经验,例如各种行业、职业、职级的工作经验,才能有针对性地对测评结果进行有说服力的和科学的解释,这种解释建立在严密的综合评价系统和大量的常模分析基础上,人力资源测评绝不是做一套量表或完成一个心理游戏那么简单。另外,在今天经济发展背景下,个人的知识技能处于不断的更新发展中,工作的环境发生着快速的变化,如何能够跟踪这些变化发展,与被测评者建立联系,及时根据个体和环境变化对测评结果作出进一步的解释,对测评工作从业人员的素质有较高的要求。

(二)测评工作与工具的评价认证

由于人力资源测评涉及多学科、多领域的专业知识,所以很难建立起一套完善的评价认证机构和体系,难以对测评工具的编制、应用进行有效的规范。这种现象的存在已引起人力资源管理、心理学领域的注意,认识到人力资源测评迫切需要建立起一套管理规范机构和体系,形成开放有效的监督机制,从而保证人力资源测评的健康良性发展。这就需要建立统一的评价测评工具质量的权威性认证机构,针对不同测评对象,制定较统一的职业标准要求和岗位规范,研究人力资源选拔中各种能力素质在测试成绩中的比重,制定较统一的衡量标准,正确运用各种方法,由单一的笔试的测评发展到综合性的全面测评,把各种测评方法结合起来,形成一套较科学的测评程序。同时,严格控制测评中的误差和主观随意因素对测评结果的影响,使测评过程专业化、规范化,最终形成一套科学的、法定的测评系统。

(三)测评工具的独立开发与研究

人力资源测评需要大量的实验和调查研究工作,需要投入大量的研究经费和调查活动资金,人力资源测评建立在各学科的综合应用基础上,针对测评领域中的各种新技术,需要购置实验仪器设备、引入先进的测评系统,为跟踪最新发展情况还有必要及时开展各种学术交流活动。然而,目前我国独立开发的测评工具研究深度不够,其中仍然有许多是大量引用、移植国外的测评技术与量表,在要素设计、标准制定和常模选取上都有很多的不足;对最新的研究方法,如项目反应理论的应用很多还停留在理论研究阶段。研究方法相对滞后造成测评研究的周期长,产品落后等问题,都在困扰着测评的应用。因此,需要找到一种良性的投资效益模式,以保证测评系统的研制、常模的取得、技术的选择、实现方法的评价的经费投入。一套科学有效的测评系统的推出需要数年的研究、调研,要求经费的投入要连续不断,保证充足。

第二节 人力资源测评的发展

人力资源测评学是一门既古老又年轻的科学。说古老，是因为人力资源测评的思想和实践从古代就有；说年轻，是因为自 21 世纪初期，现代科学的人力资源测评理论和技术才开始形成和发展，并得到越来越广泛的应用。

一、国外人力资源测评技术的应用

(一)人力资源测评的起源

1884 年，在英国"国际健康展"上出现了历史上第一个"人体测量研究室"。达尔文的表兄弟弗兰西斯·高尔顿，只凭一只摆锤，一个反应键，一只手柄，一台光度计，还有一只可发出哨音的长管儿，来测量人们的视力、听力、色彩分辨力、拉力、拧力，反应时间以及肺活量等。

1905 年，历史上第一个具有应用价值的心理测验智力量表比奈-西蒙智力量表诞生。法国心理学家比奈(A. Binet)把智力看做是人的一种高级复杂的心理活动，并采取通过观察多种简单的行为活动以检测构成智力的各个因素，从而了解一个人的智力水平。1912 年，德国心理学家威廉·斯登第一次提出智力商数(IQ)，又过了 4 年，历史上出现了第一套测量智力的标准试题。从此以后，心理测验被公认为测量个别差异的有效工具，比奈成为举世公认的智力测验的鼻祖。西方的人才评价领域也从此更加蓬勃地开展起来了。

随着社会的进步和科学的发展，无论在生产或生活方面，人与人之间存在个别差异的现象日益明显。西方发达国家于 19 世纪末期，根据实践需要，最早在教育和医疗两个方面对测量个别差异的手段和测评技术开展了研究，并且在智力落后者的鉴别和精神病人的诊断方面取得了很大成绩。智力落后是指智能发展方面有明显的缺陷，对这样的儿童需要鉴别出来进行单独教育或训练。精神病人是指心理素质方面的异常，需要诊断出来加以特别看待和治疗。在这样的背景下，更多的学者转向个别差异的研究，致力于通过不同的途径，采取不同一的方法开发鉴别和测量的手段与工具。

第一个使用"咨询"(Counseling)这一术语开展职业指导的人是美国底特律中央中学校长杰西·戴维斯(Jessie B. Davis)，也是第一个在公立学校建立系统的指导课程的人。1898 年，戴维斯就开始在学校教育中探索实施教育咨询和职业咨询，强调职业信息的重要性并为学生提供就业信息。1907 年，他作为 Grand Rapids(密执根州)学区的督学，建议该学区所辖学校为学生开设每周一次的指导课程，以塑造学生的人格，避免问题行为的发生。尽管当时 Davis 等人所作所为，并不是真正意义上的职业咨询，但却是早期职业咨询的主要表现方式(学校指导)的雏形。

1908 年，美国的弗兰克·帕森斯教授(Frank Parsons)在波士顿建立了地方职业局，创立了世界上第一个职业指导机构，从事职业咨询和职业指导活动，并在波士顿学校中设立了生涯指导所，沟通学校与用人部门的关系。1909年，帕森斯去世一年后出版的《职业选择》(*Choicinga Vocation*，1909)一书，提出帮助人们正确选择职业的三因素理论，确立了职业指导在现代社会中的地位，标志着职业指导理论的创立。而弗兰克·帕森斯(Frank Parsons)则被称为"职业指导之父"。

美国全国职业指导协会(NVGA)1913年成立，1915年开始发行专业刊物。国家职业指导协会成立的重要意义在于，它建立了一个专业学术组织和一份专业出版物，使得早期纷乱的职业指导运动得以融为一体，引导早期的职业指导运动朝着科学化、正规化的方向发展，并使得心理咨询的职业化角色得到社会的进一步认可。到20世纪20年代，兴起了以美国为中心的职业指导运动，很快在英国、法国、德国、日本等许多国家建立和发展起来。由于当时还没有一种明确的哲学理念作为其实践的指导思想，为了从心理学中寻求合理的理论基础，它便迅速接纳了心理测量，以使自己拥有一个更具有说服力、更为"科学的"职业身份。

(二)人力资源测评的发展

第一个心理测验产生之后，人们更加努力地编制和运用心理测验，但主要还是用于教育和临床诊断领域。心理测验的进一步发展和扩大应用范围，则在很大程度上是受惠于第一次世界大战。第一次世界大战期间，各参战国纷纷采用先进的技术来改造武器，对这些武器装备的使用需要大量具有不同素质的士兵。1917年，随着美国宣告参战，许多心理学家参军并开始为战争服务。他们认为选拔和分派官兵的任务必须考虑到他们的不同智力水平。不过军队有一百多万人，实现这一想法，只能采取大规模的团体施测方法，传统的个别智力测验工具不可能在短时间内鉴别大量的应征人伍者。为了适应战争的需要，美国心理学家推孟的研究生奥蒂斯(A. S. Otis)等为美国陆军首先研制了陆军甲种测验(Army Group Examination Alpha，又称α测验)，是为筛选新兵而编制的普通文字智力测验，适用于会英语的大中学生及一般成人，需用时40分钟～50分钟。陆军甲种测验共包括8个分测验，每个分测验所包含的项目数量并不一致：

(1)指导测验(12项)；(2)算术测验(16项)；(3)常识测验(16项)；(4)异同测验(15项)；(5)字句重组测验(24项)；(6)填数测验(20项)；(7)类比测验(27项)；(8)句子填空测验(15项)。

该测验是心理测验方式的极大进步，也扩大了测验的应用范围。但是陆军甲种测验为文字测验，它易受被试知识经验的影响，只适用于文化水平较高的被试。所以为了满足选拔文化水平较低的士兵和文盲士兵，奥蒂斯等人又编制了陆军乙种测验(Army Group Examination Alpha Beta，又称β测验)。该测验为非文字测验，包括迷津、立方体分析、补齐数列、数字小队、填图、几何图形分析等7个分测验。这样从1917年3月至1919年1月间，共有200多万官兵参加了测试，并取得了令人满意的成效。

战后不久，用于测量官兵一般智力的陆军甲种测验和陆军乙种测验被迅速应用于美国社会，心理测验由此名声大震。这样，在20世纪20年代，心理测验运动出现了狂热的势头，为各个阶层、种种人群设计的智力测验不断出现。同时，根据工业部门的人才选拔和安置工作需要以及职业咨询兴起，心理学家又开始编制各种职业能力倾向测验，主要包括音乐、文书、机械和艺术等方面的特殊能力倾向测验。在把职业选择与个人特点相结合方面，美国学者斯特朗(E. K. Srong)作出了重要贡献，他于 1927 年编制出版的世界上第一职业兴趣测验“斯特朗男性职业兴趣量表”至今受到重视。

到了 40 和 50 年代，心理测量学家们开始在实践中评价求职者的“岗位适合度”，也就是说，人们从此开始越来越重视人职匹配。通常为了达到这个目标，心理学家需要事先对求职者进行一次简单的诊断面谈，然后进行一系列纸笔测验，通常包括能力倾向测验、投射性测验。

1952 年，美国人事与指导协会(Personnel and Guidance Association of the United States)成立，把对职业指导、心理咨询和人事管理感兴趣的研究者组织起来，并积极地开展活动。

1957 年苏联发射第一颗人造地球卫星，对美国的震动很大，舆论界惊呼美国的科学技术落后了。《国防教育法》(*National Defence Education Act*)是美国国会 1958 年通过的一项教育法律。该法案的目的之一是要求科学地鉴定天才学生，并促进他们学业上的成长。

60 年代以后，评价中心技术发展并在许多大公司开始应用，使得测评对象不仅仅是以普通员工为主，而且扩展到中高层管理人员。由于评价中心技术综合运用了测验、面试和情景模拟技术，使测评效果比原来更加可靠和有效。

(三)人力资源测评技术的迅速应用

人力资源测评技术已经得以广泛而深入的使用，目前大多数国家在选拔飞行员时都要对其进行测评。一般而言，培养一名飞行员的费用相当于和一个人的体重差不多的黄金。未经测评选拔的飞行员合格率不足 1/3，有的甚至不足 1/5，即训练 5 个人，最后只有 1 个人能够飞行。而在测评选拔之后，合格率可以达到 1/2 或更高。这就是说在进行测评以后，每培养 4～5 名合格的飞行员就可以节省 1 吨的黄金。在美国，1/3 的小企业和 2/3 的大企业都采用人力资源测评，如制造业的通用汽车、通用电气，食品业的卡夫，信息产业的 IBM 等。全球约有 3/4 以上的大公司在人员甄选、安置和培训方面使用职业测评，而且越来越多的中小公司也正加入到这一行列中来。许多大企业普遍建有自己的评价机构，有自己的评价中心大楼和专职测评师；小企业因实力较小，就采用联合的方法，几个企业共同建立一个测评机构或者与专业测评服务机构建立稳固的测评代理业务。仅美国每年在人才测评服务的直接收入已达 10 多亿美元，如果包括与测评服务相关联的咨询和培训费用，则可达 100 多亿美元。通常专业测评机构拥有技术优势和人才优势，可以为客户提供多层次、全方位的测评代理服务，比如，构建岗位胜任力模型；设计模拟情境练习；提供评价中心方案；人员素质评估、招募和选拔；素质测评培训等。

西方许多国家从小学开始就会开展各种各样的活动以帮助学生认识工作、热爱工作并及早进行职业规划。美国的中学生至少要接受一次这样的职业测验。在中学和大学还设立了专业的职业辅导咨询中心，由职业心理学家依据专业的职业心理测评技术和规范化的咨询流程对学生进行职业指导。

人力资源测评技术在西方已得到广泛而深入的应用，并已形成一个产业。就以美国为例，每年仅人力资源测评服务的直接收入已达到十多亿美元之多，如果包括与测评服务相关联的咨询和培训费用，则可达一百多亿美元。对于个人来说，在整个生活历程中，不论是升学、就业，还是晋升、考核，几乎都要经历各种各样的测试。近几十年来，随着测评工作更加专业化，西方出现了许多专门提供人力资源测评服务的公司，他们把人力资源测评技术应用于人力资源开发的各个领域。表 1-1 显示了测评技术在各方面应用的一项调查结果。

表 1-1　　测评技术的应用方面

人力资源开发的各个领域	人才测评技术的运用频率/%
最终的选拔决策	83
提升	76
职业发展	67
职业咨询	66
成功计划	47
最初的应聘筛选	42
人员安置咨询	30

二、我国人力资源测评的发展过程

在我国，心理测验在 20 世纪二三十年代已经开始应用了，但主要应用于教育领域。后来由于抗日战争而几近中断。新中国成立后由于种种原因，心理学有很长一段时间被视为“伪科学”，人力资源测评与心理测验更是无人敢于问津的领域。所以从 1949 年至 1979 年，我国在人才测评技术的研究和应用方面基本处于停滞状态。80 年代开始兴起，至今人力资源测评事业在我国有很大进步。不论是社会对人力资源测评的认识，还是人力资源测评的应用，都发生了可喜的变化。人力资源测评在这十多年里的发展过程，可以分为复苏、初步应用、繁荣发展三个阶段。

(一)复苏阶段(1980～1988 年)

此阶段的特点是从恢复心理测验开始，首先消化、吸收国外先进的测验技术和做法。就智力测验来说，1982 年，吴天敏完成《中国比奈测验》。林传鼎、张厚粲等修订了韦氏儿童智力量表。在人格测验方面，宋维真等修订了明尼苏达多相人格问卷，陈仲庚、龚耀先等分别修订了艾森克人格问卷。这个时期心理测验的应用主要局限于教育领域，在社会经济领域的运用很少。当时只有少数心理学工作者和测评专家开始在社会经济领域中开展人才测评的应用研究。如中科院心理所徐联仓修订了测量领域行为的 PM 量表，并在企业管理人员的测评中加以应用，取得了较好的成效；又如原杭州大学心理系(现浙江大学心理与行为科学学院)受浙江省委组织部的委托，在机关干部中开展了人才素质测评的研究与应用，得到了政府有关部门的认可。

这些研究与运用为我国人才测评事业的发展起了一定的推动作用。但总体来说，这个时期人才测评的发展还处在萌芽时期，人才也很少流动，对人才测评没有迫切要求。企事业单位习惯于传统的选人用人办法，人们大都还不知道现代人才测评。从事人才测评研究与实践的学者较少，适用的测评手段和工具缺乏，或在人员招聘中难以发挥作用。尽管 80 年代中期有少数测评专家和学者竭力想推广人才测评技术的应用，但最终并未取得明显成效。

（二）初步应用阶段（1989～1992 年）

此阶段的一个显著特点是国家公务员录用考试制度开始建立。1989 年 1 月，原中组部、国家人事部联合下发了《关于国家行政机关补充工作人员实行考试办法的通知》，要求县以上国家行政机关补充非领导职务的工作人员时，要按照德才兼备的标准，公开考试，严格考核，择优录用。从此以后，所有想进入公务员行列的人必须经过客观化考试，这标志着国家机关用人制度中开始应用现代人才测评技术。

至 1992 年底，全国 29 个省，国务院 3 个部门都不同程度地采用了人才测评方法补充人员，取得了良好效果。这使得人才测评在社会上引起人们的广泛关注。与此同时，我国在高级官员的任用中也开始借用人才测评技术。北京、上海、四川、湖南等许多省市都开始用现代人才测评技术来选拔厅局级领导，测评手段包括纸笔测验、结构化面试、文件筐、情景模拟等等。由于这种选拔方式比较客观公正，深受社会各界的欢迎和称颂。

（三）繁荣发展阶段（1993 年以来）

随着各类用人机构都有了相对灵活的用人自主权，个人也有了更多的择业自由和机会，人才交流的日益普遍促进了现代人才测评技术的更快发展。因为从某种意义上讲，人才市场类似于商品市场，商品交换是必须以其价值和使用价值为基础的，人才交流同样必须有价值尺度。

传统的人才价值尺度是讲学历、工作经验和职称等等，这些指标通常只能说明某些问题，并不能客观准确地反映人才的真正价值。比如说学历，它更多地反映了一个人受教育的多少，即使它在一定程度上可以模糊地反映科技人才的价值大小，但对于管理人才的价值高低则几乎无法体现。所以，要客观准确地反映人才的价值，必须借助于人才测评技术。随着人才测评的应用需求不断扩大，新的人才测评手段不断发展，从事人才测评研究和服务的机构也不断增多。所有这些都象征着我国人才测评事业已进入了一个繁荣发展阶段。

（四）我国当前的人力资源测评

在中国，随着就业形势的变化，职业测评也越来越引起人们的关注。2009 年 5 月至 7 月北森测评技术公司组织完成了“中国企业人才测评工具应用调查”，采用纸笔问卷、电话访谈和网站调查三种形式，来自全国 35 个省市 184 家企业中，有

66%的企业已经在使用或者打算使用测评工具来辅助其人才招聘与选拔的工作，另外有22%的企业表示以后可能会考虑引进测评，只有2%的企业明确表示没有使用测评的计划（如图1-4所示）。超过半数的HR都将测评用在了招聘环节，包括社会招聘（60.2%）、中高层招聘和选拔（54.1%）和校园招聘（51.0%）。此外，测评还被广泛应用于员工素质评估（45.9%）和领导力评估（38.8%），只有少部分企业使用测评来辅助员工进行职业生涯规划（26.5%）（如图1-5所示）。

联想集团是国内较早在招聘中运用职业测评的企业，以前联想集团单纯通过面试招人的准确率是40%，而实施职业测评之后面试的准确率提高到了60%。但总体上讲，中国有关机构开展的职业测评活动仍然有很大的盲目性，即使在大学课堂上，也很少能够听到职业规划辅导类的学习内容，通过科学的技术手段和专业化的咨询流程提供职业辅导在中国依然是亟待加强的工作。

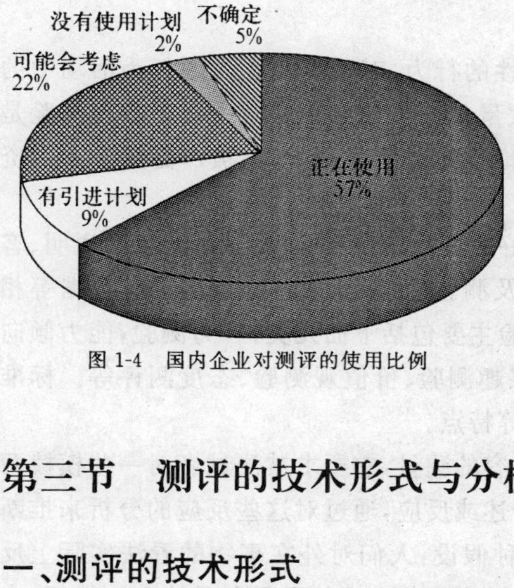

图1-4　国内企业对测评的使用比例

图1-5　测评在人力资源管理中的使用情况

第三节　测评的技术形式与分析

一、测评的技术形式

人力资源测评的主要工作是通过各种方法对被试者加以了解，从而为企业组织的人力资源管理决策提供参考和依据。经过长期的发展和适应不同情况的需要，形成了多种人力资源测评方法。

（一）履历分析

个人履历档案分析是根据履历或档案中记载的事实，了解一个人的成长历程和工作业绩，从而对其人格背景有一定的了解。近年来这一方式越来越受到人力资源管理部门的重视，被广泛地用于人员选拔等人力资源管理活动中。使用个人履历资料，既可以用于初审个人简历，迅速排除明显不合格的人员，也可以根据与工作要求相关性的高低，事先确定履历中各项内容的权重，把申请人各项得分相加得总分，根据总分确定选择决策。

研究结果表明，履历分析对申请人今后的工作表现有一定的预测效果，个体的过去总是能从某种程度上表明他的未来。这种方法用于人力资源测评的优点是较为客观,而且低成本,但也存在几方面的问题,比如:履历填写的真实性问题;履历分析的预测效度随着时间的推进会越来越低;履历项目分数的设计是纯实证性的,除了统计数字外,缺乏合乎逻辑的解释原理。

(二)纸笔考试

纸笔考试主要用于测量人的基本知识、专业知识、管理知识、相关知识以及综合分析能力、文字表达能力等素质及能力要素。它是一种最古老而又最基本的人力资源测评方法,至今仍是企业组织经常采用的选拔人才的重要方法。

纸笔考试在测定知识面和思维分析能力方面效度较高,而且成本低,可以大规模地进行施测,成绩评定比较客观,往往作为人员选拔录用程序中的初期筛选工具。

(三)心理测验

心理测量是通过观察人的具有代表性的行为,对于贯穿在人的行为活动中的心理特征,依据确定的原则进行推论和数量化分析的一种科学手段。心理测验是对胜任职务所需要的个性特点能够最好地描述并测量的工具,被广泛用于人力资源测评工作中。

标准化的心理测验一般有事前确定好的测验题目和答卷、详细的答题说明、客观的计分系统、解释系统、良好的常模以及测验的信度、效度和项目分析数据等相关的资料。通常用于人事测评的心理测验主要包括下面几类:智力测验;能力倾向测验;人格测验;其他心理素质测验,如兴趣测验、价值观测验、态度测评等。标准化的心理测验具有使用方便、经济、客观等特点。

投射测验主要用于对人格、动机等内容的测量,它要求被测试者对一些模棱两可或模糊不清、结构不明确的刺激做出描述或反应,通过对这些反应的分析来推断被试者的内在心理特点。它基于这样一种假设:人们对外在事物的看法实际上反映出其内在的真实状态或特征。投射技术可以使被试者不愿表现的个性特征、内在冲突和态度更容易地表达出来,因而在对人格结构、内容的深度分析上有独特的功能。但投射测验在计分和解释上相对缺乏客观标准,对测验结果的评价带有浓重的主观色彩,对主试和评分者的要求很高,一般的人力资源管理人员无法直接使用。

资料

主题统觉测试(TAT)

美国心理学家亨利·默里(Murray Henry A,1893～?)创制了主题统觉测试(Thematic Apperception Test)。这是投射测试的一种。默里和摩根于1935年为研究该项目而开发的TAT法,测试者让受试看19张黑白片,受试对图片里所进行的事情和为什么进行一点也不知道，但要求他为每张图片编一个故事出来，每个故事约花 5 分钟的时间，可以任由受试者自由想象和发挥。

对这些故事进行的心理学解释，在很大程度上依赖于一个由项目研究小组编制的、由 35 条性格“需要”或者动机而组成的单子，其中有获取成就的需要，自制的需要，没有秩序的需要和成为别人的救星的需要。

默里和摩根在一项描述他们的 TAT 开发的报告中，印了好几张图片作为样板。在一张图片中，有一位中年妇女向着左边的侧影，在她的旁边，有一位穿戴整齐的年轻男人稍稍背对着她，他的头稍稍有些下垂，脸上略有皱眉的表情。默里和摩根说，下面这个故事，是一位受试者根据这幅图片编的：

母亲和孩子幸福地生活着。她没有丈夫。她的儿子是她唯一的支持。可这个孩子交上了坏朋友，并参与了集体抢劫活动。被逮捕了，并判了 5 年监禁，该图片表现他感到非常羞耻。他因为自己给母亲造成的伤害而担心，担心的程度超过了他对自己要进监狱的担心。

这孩子因为表现好而出狱了，可他母亲已经去世，他堕入爱河可又回到了犯罪行列，他又回到监狱里去了，他出狱的时候已成了一位老人，他的余生在忏悔与潦倒中度过。

默里和摩根解释这个故事时说，它表明讲故事者感觉到了外部的坏影响对一个人的行为产生控制，它还显出了好几种深层的需要，其中有（对其母亲的）供养，获取金钱和自我贬低。

默里和摩根说，这个例子说明了 TAT 的特别价值：

本测试所依据的事实世所公认：当一个人解释一个含义模糊的社会情境时，他很容易像他所关注的现象一样暴露出他自己的性格来。他完全倾心于解释那个客观的现象，变得非常天真，没有意识到他自己，也没有想到别人正在仔细地看他，这样一来，他也就毫无戒备，没有平日那么有警惕性……受试者暴露出了自己内心深处的一些幻想而丝毫没有察觉。

尽管 TAT 法有其价值，可用起来还是相当麻烦，一些人讲出长篇大论的一系列故事来，像出现了大量的信息，可另一些人又无话可说，什么信息也没有。尽管如此，它还是一种可靠且有效的工具，可以用来检测性格特征，而且具有预测的威力。

1952 年参加了 TAT 测试的 57 位哈佛毕业生，在他们到了 30 左右的年龄时，又对他们进行事隔 15 年后的研究。在 1952 年的测试中显示出有较高的私密动机的人，他们在婚姻、工作和其他有相互关系的领域里适应的程度也高得多。

TAT 已经使用好多年了，虽然没有罗夏墨迹测试法使用频率高，也引发了许多类似的测试。在最近的几十年时间里，有大量的投影测试法产生出来，许多目前还在使用中。它们包括布莱基法，这是一套有关一只小狗的图片故事（小孩子为每一张图片编一个故事）；有词汇联想法（在一些测试中，受试者在听到或者读到一个词时，把来到脑海里的第一个词提出来，在另外一些测试中，受试者用给定的词造一个句子),完成句子法("但愿我母亲……","最烦我的一件事是……"等等),有图画测试法(有一种是这样的,受试者被要求画一座房子,一棵树,还有一个人。图画用心理动力学进行分析,例如,一棵死树,暗示情感空洞,树叶很多的表示活力,尖尖的树暗示攻击性。)。

(四)面试

面试是通过测试者与被试者双方面对面的观察、交谈,收集有关信息,从而了解被试者的素质状况、能力特征以及动机的一种人力资源测量方法。面试是在特定时间、地点进行的,在主考官面前,被测人用口述方式回答问题,通过主考人和求职者双方面对面的观察、交谈等双向沟通形式,来了解被测者的素质特征、能力状况以及求职动机等方面情况,主考官根据被测人在面试过程中的行为表现,来观察分析被测评人回答问题的正确程度来予以评定成绩。可以说,面试是人力资源管理领域应用最普遍的一种测量形式,最常用的方法,企业组织在招聘中几乎都会用到。

一般来说,面试可以分为开放式面试、结构化面试和半结构化面试。开放式面试就是没有既定的模式、框架和程序,招聘者可以"随意"向求职者提出问题,而对求职者来说也无固定答题标准的面试形式。结构化面试是近些年来逐步发展、成熟并被广泛采用的一种面试形式,它首先要对职位进行分析,确定面试的测评要素,在每一个测评维度上预先编制好面试题目并制定出相应的评分标准,面试过程要遵循一种客观的评价程序等,它类似于一种标准化的面试。而半结构化面试就是介于开放式面试和结构化面试之间的一种形式,它结合两者的优点,有效避免了单一方法上的不足。

总的说来,面试的方法有很多优势,面试过程中的主动权主要控制在评价者手中,具有双向沟通性,可以获得比申请表中更为丰富、完整和深入的信息,并且面试可以做到内容的结构性和灵活性的结合。

(五)情景模拟

情景模拟是通过设置一种逼真的管理系统或工作场景,让被试者参与其中,按测试者提出的要求,完成一个或一系列任务,在这个过程中,测试者根据被试者的表现或通过模拟提交的报告、总结材料为其打分,以此来预测被试者在拟聘岗位上的实际工作能力和水平。情景模拟测验主要适用于管理人员和某些专业人员。常用的情景模拟测验包括:

文件筐作业:将实际工作中可能会碰到的各类信件、便笺、指令等放在一个文件筐中,要求被试者在一定时间内处理这些文件,相应地作出决定、撰写回信和报告、制定计划、组织和安排工作。考察被试者的敏感性、工作独立性、组织与规划能力、合作精神、控制能力、分析能力、判断力和决策能力等。

无领导小组讨论:安排一组互不相识的被试者(通常为 6~8 人)组成一个临时

任务小组，并不指定任务负责人，请大家就给定的任务进行自由讨论，并拿出小组决策意见。测试者对每个被试者在讨论中的表现进行观察，考察其在自信心、口头表达、组织协调、洞察力、说服力、责任心、灵活性、情绪控制、处理人际关系、团队精神等方面的能力和特点。

管理游戏：以游戏或共同完成某种任务的方式，考察小组内每个被试者的管理技巧、合作能力、团队精神等方面的素质。

角色扮演：测试者设置一系列尖锐的人际矛盾和人际冲突，要求被试者扮演某一角色，模拟实际工作情境中的一些活动，去处理各种问题和矛盾。

情景模拟测验能够获得关于被试者更加全面的信息，对将来的工作表现有更好的预测效果，但其缺点是对于被试者的观察和评价比较困难，且费时。

(六)评价中心技术

评价中心技术在第二次世界大战后迅速发展起来，它是现代人力资源测评的一种主要形式，被认为是一种针对高级管理人员的最有效的测评方法。一次完整的评价中心通常需要两三天的时间，对个人的评价是在团体中进行的。被试者组成一个小组，由一组测试人员（通常，测试人员与被试者的数量为 1：2）对其进行包括心理测验、面试、多项情景模拟测验在内的一系列测评，测评结果是在多个测试者系统观察的基础上，综合得到的。

严格来讲，评价中心是一种程序而不是一种具体的方法；是组织选拔管理人员的一项人力资源评价过程，不是空间场所、地点。它由多个评价人员，针对特定的目的与标准，使用多种主客观人力资源评价方法，对被试者的各种能力进行评价，为组织选拔、提升、鉴别、发展和训练个人服务。评价中心的最大特点是注重情景模拟，在一次评价中心中包含多个情景模拟测验，可以说评价中心既源于情景模拟，但又不同于简单情景模拟，是多种测评方法的有机结合。评价中心具有较高的信度和效度，得出的结论质量较高，但与其他测评方法比较，评价中心需投入很大的人力、物力，且时间较长，操作难度大，对测试者的要求很高。

除了以上介绍的这些常用选拔方法之外，还有一些非标准化的方法，如笔迹法等，笔迹法在西欧国家较为流行。现在，有些企业在实际选拔中还运用了一些较为独特的方法，像无履历招聘，即不用个人履历资料，而是让招聘者与求职者一起住上一段时间来考查求职者的方法。随着社会的发展和科技的进步，相信将来会有更多更好的方法技术可以助企业招贤纳士。

二、测评的关键技术问题分析

(一)人力资源测评的“量化”

测量是根据一定的法则对事物用数字加以确定。测量有三个元素：事物（事件）、数字或符号和法则，测量还有两个要素：测量参照点和测量单位。人力资源测评是用定量分析描述个体差异的方法，用数字或符号按照一定法则对人的特点进行描述。与物理的测量不同，心理与行为的测量是一种间接的测量。1918 年，美国心理学家桑代克(Edward Thorndike)提出:“凡客观存在的事物都有其数量”。1939 年,美国教育测验学家麦柯尔(W. A. McCall)指出:“凡有其数量的事物都可能测量”。这两个命题被公认为是素质测评的理论基础。两千五百多年前,中国古人孟子还说过:“权,然后知轻重;度,然后知长短。物皆然,心为甚。”比孟子还早些的孔子就曾根据自己的观察评定学生的个别差异,把人分为中人、中人以上和中人以下,这实际上相当于测量学中的命名量表和次序量表。

人力资源测评量化即用数学形式描述素质测评的过程。人力资源测评量化就是通过测量手段来揭示素质的数量特征和质量特征,通过素质测量法则,把个体稳定的行为特征空间,与某一向量空间建立同态关系,使定性评定中不便综合处理的行为特征,得到统一的数学处理。这样,可使测评者对不同个体素质的心理感觉差异反映在数量差异上,进而综合反映在个体素质的差异与水平上。人力资源测评量化还有助于促进测评者对素质特征进行细致、深入的分析与比较,有助于从大量的具体行为中抽象概括出本质的特征和作出尽可能准确的差异比较。

量化的形式有一次量化与二次量化,类别量化和模糊量化,顺序量化、等距量化和比例量化,以及当量量化:

(1)一次量化与二次量化:一次性量化是进行直接量化或一次性完成的量化;二次量化是对素质测评的对象进行间接的定量刻画即先定性描述后再定量刻画的量化形式或指整个的素质测评量化过程要分二次计量才能完成。

(2)类别量化和模糊量化:所谓类别量化就是把素质测评对象划分到某一事先确定的几个类别中去,然后每个类别均赋以不同的数字。这种素质测评类别量化的特点是,每个测评对象属于且仅属于一个类别,不能同时属于两个以上的类别。量化在这里是一种符号性的形式量化,“分数”在这里只起符号作用,无大小之分。模糊量化则要求把素质测评对象同时划分到事先确定的每个类别中去,根据该对象的隶属程度分别赋值。这种测评模糊量化的特点是,每个测评对象同时且必须归属到每个类别中,量化值一般是不大于 1 的正数,是一种实质性量化。由此可见,模糊量化的测评对象是那些分类界限无法明确,或测评者认识模糊和无法把握的素质特征;类别量化的测评对象则是那些界限明确且测评者能完全把握的素质特征。

(3)顺序量化、等距量化和比例量化:顺序量化一般是先依据某一素质特征或标准,将所有的素质测评对象两两比较排成序列,然后给每个测评对象一一赋值以相应的顺序数值。等距量化则比顺序量化更进一步,它不但要求素质测评对象的排列有强弱、大小、先后等顺序关系,而且要求任何两个素质测评对象间的差异相等,然后在此基础上才给每个测评对象一一赋值。比例量化又比等距量化更进一步,不但要求素质测评对象的排列有顺序等距关系,而且还要存在倍数关系。顺序量化、等距量化和比例量化在某类素质测评指标的量化方式对比见表 1-2。

表 1-2 某类素质测评指标的量化方式对比

	分级					得分
顺序量化	很好 第一名	较好 第二名	一般 第三名	较差 第四名	很差 第五名	
等距量化	很好 100	较好 90	一般 80	较差 70	很差 60	
比例量化	很好 100	较好 80	一般 60	较差 40	很差 20	

(4)当量量化:所谓当量量化,就是先选择某一中介变量,把诸种不同类别或并不同质的素质测评对象进行统一性的转化,对它们进行近似同类同质的量化。它常常是一种主观量化形式,其作用是使不同类别不同质的素质测评对象可以类似同类同质的素质测评对象量化,能够相互比较和进行数值综合。表 1-3 是某项测评中营销人员素质模型当量量化量表。

表 1-3 当量量化—营销人员素质模型量表

素质	权重(%)	分级 1	分级 2	分级 3	分级 4	分级 5	得分
知识	15				√		0.6
个人品德	15				√		0.6
沟通技能	20		√				0.4
管理技能	10					√	0.5
营销技能	40					√	2.0
总分	100						4.7

(二)人力资源测评的"测量"

人力资源测评由两部分组成:一是"测",二是"评"。"测"主要是测评主体采用科学的方法,收集被测评者在主要活动领域中的(行为事实)表征信息;"评"主要是测评主体采用科学的方法针对某一素质测评目标系作出量值与价值判断,或者直接从表征信息中引发与推断某些素质特性的过程。测量,用数字或符号对人的特点进行描述,而不论其价值的大小。评价,是依据定量描述或直觉经验来确定某种特点的价值。

测验是人力资源选拔中的重要工具,它的主要特点就是标准化程度高。测验的种类很多,但大致可分为这样几大类,即心理测验、纸笔考试和工作取样测验。心理测验是现代人力资源测评过程中的一种非常重要的技术。心理测验可以反映求职者的能力特征,预测其发展潜能,也可以测定求职者的人格品质及职业兴趣等。人员测量或心理测量不是物理测量,而是心理测量,是对抽象概念的测量;不是直接测量,而是间接测量,是借助测量另一事物来推知所要测量事物的属性。人员测评不能抽样测评,而是每个人具体的测评。人员测量与评价是相对的测量与评价,测评结果不具有绝对意义。尽管人的心理是无法直接观测的,但它总会通过人的行为反映出来。这样，我们可以通过人对外界刺激的反应来间接测量心理。现代人力资源测评技术正是通过人的外显行为来推断其心理过程。比如，一个人喜欢观看各种机器运转，热心为别人修理钟表、自行车，由此我们便可推断此人具有机械兴趣方面的特质。大量的人力资源测评实践表明，这种测评方式既具有一定的可靠性，又具有一定的准确性。这说明人的心理活动是可以有效地加以测量的。

心理测验包含能力测验(智力测验、特殊能力测验，如机械能力测验等)、人格测验(其中也包括一些职业价值观测验、诚信度测验等)及性向测验(如能力倾向测验、个性倾向测验、职业倾向测验等)。心理测验是一种标准化、客观化程度较高的测验，但其中有一些心理测验的信效度仍并不理想。

心理测验也可以分为自陈测验、评价量表及投射测验，自陈测验和评价量表的操作较为简单，易标准化，但受文化程度、文化背景等的影响；投射测验：被测试者对一些模棱两可、模糊不清、结构不明确的刺激做出描述或反应，从而推断其心理特点。投射测验虽解释和评价较为复杂，但它不易受文化背景等的影响，而且它更为适合于含蓄的东方人，所以，投射测验可能会有更广阔的发展空间。

纸笔考试就是我们通常所说的考试。考试应用的领域非常广泛，自我国科举首创笔试以来，一直沿用至今，并且现在笔试已逐步向标准化、客观化发展；但考试更偏重于知识和技能的考察，所以它考察人的素质的全面性程度常常受到质疑。

工作取样测验要求求职者实际完成(或模拟)一些空缺职位的职责。它比其他任何选拔方法具有更高的一一对应特点。工作取样测验是直接对行为进行评价。工作取样测验的效度决定于职务分析的好坏，这与情境访谈是一样的。首先进行职务分析，然后确定关键行为，再设计打分系统。与情境访谈所不同的是，工作取样测验在行为确证后，要设计一个操作性的测验对求职者进行测试。工作取样测验的主要缺点是设计与使用过程中的费用太高，而且它在专业的适用范围上过于单一，缺乏通用性。

(三)人力资源测评的“评价”

“评价”，亦称“评定”。主要是若干限定评价主体(可称评审专家)采用科学的方法针对某一素质测评目标系作出量值与价值判断，或者直接从表征信息中引发与推断某些素质特性的过程。评价有三个要素：搜集信息并定量描述、加权、价值判断。人力资源测量与评价的机械相加是指一种建立在对素质特征信息“测”与“评”基础上的分析判断。在综合大量行为事实群的基础上进行整体测评，局部范围内行为事实与素质高低不一致的偶然现象，并不能否定素质测评整体把握的必然性。素质测评要力求以尽可能少的人力、物力，获得尽可能准确而全面的素质测评信息，公正、客观、准确、迅速地鉴别人员素质，为人力资源开发与人事决策提供依据。

评价中心的方法很早就用于人力资源选拔了。它是一种综合性的方法，它使用各种不同的技术对许多心理维度进行评定；它是一种为组织判断和预测那些与组织的工作绩效目标相关联的个体行为，以评价求职者操作能力及管理素质为中心，所进行的一种标准化活动程序，是一种比较全面的测评方法。它的最突出特点就是情境模拟性，所以它的核心部分就是情境模拟测评。

情境模拟测评主要有以下几种形式：公文篮测验、小组讨论（包括无领导小组讨论和有领导小组讨论）、即席发言、角色扮演、管理游戏、小组任务（包括无领导小组任务和有领导小组任务）、书面案例分析、事实判断、面谈模拟、与人谈话等。从实际的使用频率看，使用频率较高（大于50%）的有公文篮测验、案例分析及无领导小组讨论；而其他形式的技术使用频率并不高，一些形式，如角色扮演、小组任务等甚至都没有实际的调查数据。评价中心方法的效度一般是较高的，但此种技术费用太多，测评过程耗时较长，所以它的应用并非十分广泛，它更适合于高层管理者的选拔。

(四)人员测评的目标：绩效、行为、心理、素质

素质(Accomplishment)是人力资源测评中使用最多的概念，通常人们把人力资源测评称为素质测评，素质涵盖了绩效、行为、心理等各方面特征，是驱动员工产生优秀工作绩效的各种个性特征的集合。素质是指个体完成一定活动（工作）与任务所具备的基本条件和基本特点，是行为的基础与根本特点，包括感知、技能、能力、气质、性格、兴趣、动机等个人特征。数据结果既有“测量”又有“评价”，简单定义组合又称为“素质测评”。

人力资源测评在严格意义上又常常有“心理测量”、“行为评价”、“绩效考核”特指的测评指称。心理(Psychology)是人脑的机能，是人脑对客观物质世界的主观反映。人的心理包括心理过程和个性心理特征。心理内容往往以隐性方式存在，不能直接观察，需要通过设计情境条件由被测人主观报告，或自由反应。因此，定义组合“心理测量”也不是直接的测量，而依赖于个人的主观表达。行为(Behavior)是人的外显活动，指受思想支配而表现出来，从外部可察觉到的有适应意义的一切活动。因此，行为的可观察方面是专家评定的基本依据，并以若干专家主观评估的数值为基础，总评为定量的结果。严格说这不能称为“测量”，而应称为“行为评价”。绩效(Performance)是组织对组织成员期望的结果，组织分解到每一个工作岗位以及每一个人，通过个人的有效行为达成了组织的目标。绩效是对员工岗位工作业绩的评定，这种定义组合通常称为“绩效考核”。

素质与绩效、素质与发展是互为表里的关系，素质是绩效与发展的内在条件，而绩效与发展是素质的外在表现。这里要注意素质与绩效的关系：

(1)素质是个体完成任务、形成绩效及继续发展的前提，任何一个有成就、有发展的个体，都必须以良好的素质作为基础；

(2)素质只是个体成功与事业发展的一种可能性、一种静止条件。事业成功、发展顺利还须有动态条件的保证，这就是素质功能发挥的过程及其制约因素的影响。

三、素质测评标准体系

素质测评标准体系的构成主要是素质测评标准体系的三要素：标准、标度、标记。举例见表 1-4。

表 1-4　感召力测评指标设计举例

测评指标	测评标准	测评标度和标记
感召力	1. 擅长说服，善于赢得支持	A. 精通　B. 善于　C. 一般　D. 很差
	2. 能调整表情以吸引听众	A. 精通　B. 善于　C. 一般　D. 很差
	3. 能运用间接影响等复杂手段以造声势，努力赢得他人支持	A. 精通　B. 善于　C. 一般　D. 很差
	4. 能策划引人注目的事件，以说明问题的要点	A. 精通　B. 善于　C. 一般　D. 很差

（一）标准

定义：测评标准体系的内在规定性，表现为各种素质规范化行为或表征的描述与规定。

(1)揭示的内涵指标有：客观、主观、半客观、半主观。

(2)标准的表现形式分为：评语短句式，设问提示式，方向指示式。

(3)根据测评指标操作的方式分为：测定式（工具）和评定式（现场/资料）。

（二）标度

定义：标准的外在形式划分，表现为对素质行为特征表现的范围，强度和频率的规定。测评指标的标度大致有量词式、等级式、数量式、定义式、综合式等。见表 1-5(a)和(b)，是连续区间型和离散点标式两种数量式测评标度方式。

表 1-5(a)　数量式标度：连续区间型标度示例

测评要素	测评指标	测评标度
日常工作是否踏实	工作踏实	5～3.5
	说得过去	3.5～2
	总是怠工	2～0

表 1-5(b)　数量式标度：离散点标式标度示例

测评要素	测评指标	测评标度
书面表达能力	流畅有效表达	10
	基本有效流畅	5
	不能表达撰写	0

（三）标记

定义：对应于不同标度（范围、强度和率）的符号表示，通常用字母、汉字或字表示。见表 1-4、表 1-5、表 1-6。

测评标准体系的构成(横向—纵向)分析：

横向结构是素质分解：包括结构性要素(身体素质，心理素质；行为环境素质(动态，内部＋外部)；工作绩效素质。见表1-6，知识、能力、思维形式、操作行为日常表现、绩效表现。

纵向结构是对素质的深度分解评级：包括测评内容、测评目标、测评指标。如表1-6中的德、智、体。

表1-6　　个体素质测评内容分析表

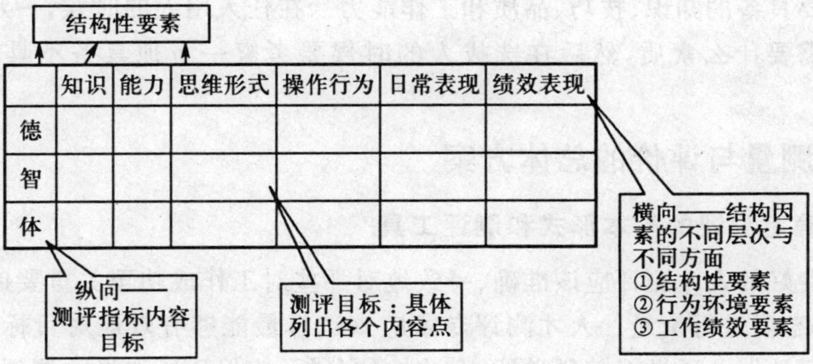

第四节　人力资源测评实施的一般过程

人力资源测评选择、实施的主要程序如图1-6所示。

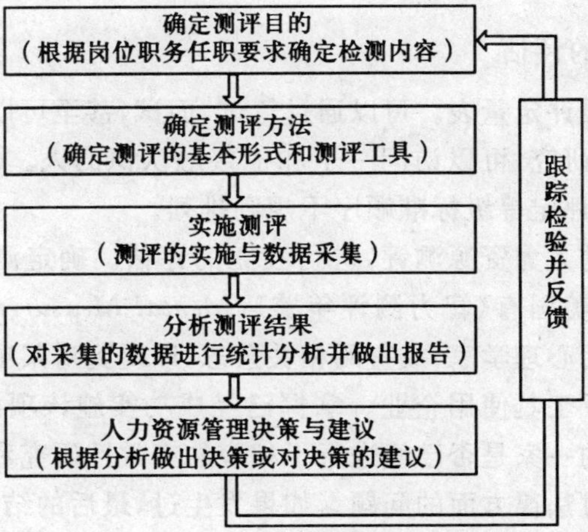

图1-6　人力资源测评的流程

一、确定测评内容

(一)进行工作分析

工作分析是将一项工作分解为对于工作业绩至关重要的各种不同的活动，以确定出人才测评应该预测的领域。具体说来，工作分析的内容包括对工作的描述和对从事工作的人的要求两方面。工作描述规定工作的责任和任务，对人员的要求规定完成某一工作必须具备的知识、能力和其他个人特性。通过对不同层次的定义和相应层次的具体行为的描述，确定核心能力的组合和完成特定工作所要求的熟练程度。

(二)建立评价模型

建立评价模型就是用可衡量、可观察、可指导的行为方式来定义和描述员工完成工作需要具备的知识、技巧、品质和工作能力。在任人用人的时候，一定要分析，这个职位需要什么素质，然后在选拔人的时候要考察一下他具备不具备这样的素质。

二、设计测量与评价的总体方案

(一)确定测评的基本形式和测评工具

一项良好的人才测评应该准确、一致地对那些对工作成功至关重要的知识、技术、能力和态度进行衡量。人才测评专家应该选择最能够有效地对目标行为进行预测的测评计划。通过对其科学性、合法性的分析，应保证所选择的测评是专业性的、有效的、公平的、不带歧视性的，并只涉及法律允许的问题。

在选择一项适合的人才测评中，对所有相关研究进行分析，最重要的因素是：

(1)支持测评系统有效性，证明测评分数与工作业绩标准相关的有效性研究；

(2)表明所有测评题目衡量的都是类似的工作内容、测评参加者的测评分数是一致的可靠性研究。

(二)测评工具的评估

科学地编制素质评定量表。可以通过笔试、面试，甚至可以通过心理测试的手段，也可以通过调查研究，可以访问一下和他接触认识的人。使用标准的指示语，合理确定评价等级，评定等级标准顺序不规则排列。

选择一项专业的人力资源测评，进行独立的评估。确定测评是否根据独立的来源进行评价，如在美国有《智力测评年鉴》(*Mental Measurements Yearbook*)，也可以咨询当地的实用心理学家，或查阅相关杂志，以得到对某项人才测评的评价。

确定成功的测评工具使用企业。掌握已经成功实施该项测评的企业的名单，然后询问其中典型的一家是否已经进行了相应的有效性研究和负面影响研究。查明该测评是否发生过法律方面的问题。如果发生过，最后的结果是什么。

三、测评的实施与数据采集

人力资源测评实施的基本要求是使所有的受测人都在相同的条件下表现出自己的真正行为。这就要求测试时，合理安排评定时间，制订标准的时限限制；创造合适的测试环境；控制施测中可能影响测评结果的任何其他因素；选派经验丰富的主试人。

对被试施测的指示语应包括：

- 如何选择反应方式(画圈、打钩、填数字、口答、书写等)；
- 如何记录这些反应(答卷纸、录音、录像等)；
- 时间限制；
- 如果不能确定正确反应时，该如何去做(是否允许猜测等)，以及计分的方法；
- 当题目形式比较生疏时，应该给出附有正确答案的例题；
- 某些情况下告知被试测验目的。

选择熟悉了解被评人的人员参加评定。主试人俗称考官或主考人，是控制测评进程的主要人员，主试的经验和知识如何，对测评结果有相当大的影响。在测评前，主试应熟悉测评指示语，熟悉测评的具体程序，组织测评工作人员准备好测验材料，并确保测评环境恰当；在测评中，主试应按测评指示语的要求实施测评，当被试询问指示语意义时，主试不能加入自己的主观看法，也不要透露任何可能对测评结果有影响的信息或线索。与此同时，应与被试建立一种友好、合作的、能促使被试最大限度地做好测试的一种关系，因此无论在个体还是在团体测评中，主试都应采取热情、友好并且客观的态度。

四、分析测评结果

(一)数据统计整理

对搜集得到的初始数据进行审核、分组、汇总，使之条理化、系统化，变成能反映总体特征的综合数据，并对已整理过的资料(包括历史资料)进行再加工，通过编制统计表和绘制统计图，将整理出的资料简洁明了、系统有序地显示出来。对原始评定数据进行统计整理时，把带有明显感情色彩和不负责任的评定表剔除，提高评定结果的可靠性水平。

(二)使用正确的标准

标准是称为“标准范例”或“标准群体”的给定测试人群所得分数的集合。通过标准，测评使用者就可以将某个人的分数和标准群体的分数进行比较，以确定其相应的等级。一些测评有其特定的行业性标准。例如，如果一个人在一项有效的字处理测试中的百分比得分为90%，就说明在相应的标准群体(100个人)中，他(或她)的能力要比其中90个人强。

(三)进行准确的选择决策

通常，有必要确定一个既能满足有效性要求，又不过于严格的测评合格分数。但是，测评管理人员应该认识到，不存在完美的对将来工作业绩进行预测的测评程序。所以，对于低得分者，不应一概而论为“没有能力的人”。

(四)正确地对测评进行管理

人才测评只是提供关于应聘人员或员工的部分信息，而不应取代应聘表格、面试、证明核查或工作经历等其他评价程序。企业人力资源部门应该制定出如何将人才测评结果结合到整个评价过程中去的相关政策。测评管理人员在对测评实施、评分以及解释的过程中,必须遵循相应测评手册或实施指南中所列明的原则。

五、根据分析做出决策或建议

人力资源测评都是有目的的,测评的结果总是与人们的某种利益或个人的成长发展相关,无论是从主测者还是受测者,都不是为测评而测评,而是要根据测评结果作出决策,如是否录用、是否晋升、是否给予奖励等等。

测评的结果使组织和个人能够进行反省和自我检查,找出存在的问题、缺陷和不足,以便采取针对性的措施加以改善,如优化组织结构、改善思维方式、更新知识和观念等等。

测评内容全面、系统,方法科学,提供的有关测评对象当前发展水平的信息丰富、客观,故其预测的准确性在现实上是有很大的可行性的。

测评的内容和评价标准反映了职业岗位对从业员工的素质要求,测评结果指导被测评者以测评的内容和标准为导航,针对测评的内容、标准,进行各种学习、训练,调整自己的行为,强化自己的基础和实际技能。

人力资源测评能够激励人们进取向上的愿望与动机,使人们自觉自愿地努力学习和工作,从而不断地提高每一个人的素质和工作能力。

六、跟踪检验和反馈

(一)人力资源测评的工具性评估

作为评价体系的组成部分,对人力资源测评的信度和效度进行鉴定是正确解释和应用测评结果的保证,它是对测评本身的测评,是对人才评价工作的评价。

(二)人力资源测评的投资回报评估

企业通过人力资源测评,可以实现对能够降低成本、提高生产力的应聘人员或员工的选择、安排以及晋升。所以,测评使用企业应该对测评计划所带来的回报进行不断的评估。

第六节 人力资源测评与职业咨询指导

职业指导是一定社会组织帮助人们走上职业道路的各种措施体系的总称,是对将要就业的学生和职业岗位不适应的已就业者的学力、智力、体力、个人性格、经历、志向以及家庭与社会环境等各种条件全面进行分析与了解,然后根据社会职业需要情况作出职业方面的建议,使其能够选择合适的职业和胜任的工作,从而较好地完成个人职业定向的过程。

一、职业指导与咨询

职业指导(Vocational Guidance)就是帮助学生和社会求职者了解社会就业形

势与当前就业状况，了解社会人力资源需求和有关政策法规，认识自己的职业兴趣、职业能力与个性特点的过程，运用职业评价分析、调查访谈、心理测量方法和手段，依据市场人才供求，按照求职择业者个人条件与求职意愿以及单位用人要求，提供咨询、指导和帮助，实现人职合理匹配的过程。

职业的种类与结构变化是由社会生产力的技术基础决定的。农业经济时代，职业形式基于手工劳动，几乎没有就业与职业的概念。当社会生产的技术基础由手工劳动转变为机器加工以后，产业内部分工向纵深方向发展，职业的种类多样化，职业的结构复杂化，因而出现了职业指导的客观要求。

职业指导理论与实践的成熟与完善是在 20 世纪 50 年代以后。随着社会生产的技术基础由机械化向自动化、信息化方向发展，信息产值占国民生产总值的 60%以上。1956 年在美国历史上第一次出现了从事技术、管理和事务工作的白领工人数量超过蓝领工人的现象。由于自动化技术的发展和广泛运用，职业的更新与流动加快。到 70 年代，职业指导引起世界各国关注。

帕森斯第一次提出"职业指导"这个概念，将其定义为：帮助求职的个体清楚地了解自己、了解职业，正确地选择职业，实现人-职匹配的实践活动。近百年来，职业指导的内涵有以下的变化：指导的内容不断深化；指导的时间范畴呈纵向延伸，从单纯的职业选择延伸到长远的职业生涯发展；指导的自主性更倾向受指导者，指导者从"帮助"变成了协助。职业指导变成了职业咨询。

《中国教育百科全书》中对"职业指导"是这样解释的："职业指导，亦称职业咨询或就业指导，指根据社会职业需要，针对人们的个人特点以及社会与家庭环境等条件，引导他们较为恰当地确定职业定向、选择劳动岗位或者转到新的职业领域的社会活动，是沟通求职者和用人单位、教育部门和社会的有效途径。"职业咨询(Career Counselling)包括求职、就业、创业指导、人才素质测评、职业生涯规划、职业心理咨询。职业咨询已经成为大中城市白领职业定位的重要标准，他们把自己关于职业蓝图方向不明的种种困惑交给职业咨询专业人士，由专家运用心理学、社会学等多学科的知识，为自己提供寻找职业以及发展过程中遇到的有关问题的建议、信息和帮助。

职业指导的主要任务包括提供职业咨询，开发职业潜力；引导树立正确的就业观念和用人观念；指导设计职业生涯；提高求职和招聘用人技巧。根据原劳动部印发的《职业指导办法》(劳部发[1994]434 号)第 6 条规定，职业指导工作包括以下内容：

(1)调查分析社会职业变动趋势和劳动力市场供求状况；

(2)开展对劳动者个人素质和特点的测试，并对其职业能力进行评价；

(3)帮助劳动者了解职业状况，掌握求职方法，确定择业方向，增强择业能力；

(4)向劳动者提出培训建议，并负责向就业训练机构推荐；

(5)对妇女、残疾人、少数民族人员及退出现役的军人等特殊群体提供专门的职业指导服务；

(6)指导用人单位选择招聘办法,确定用人条件和标准;

(7)对从事个体劳动和开办私营企业的劳动者,提供开业和生产经营方面的咨询服务;

(8)对就业训练机构的培训方向、训练规模和专业设置等,提供导向;

(9)对在校学生的职业指导工作,提供咨询和服务。

二、职业指导在我国高校中的发展

职业指导在高等院校还是新生事物,20 世纪 90 年代以来,我国通过到美国、英国等地院校学习,引进职业指导的先进理念和做法。职业指导除传统的就业指导外,还包括如下工作内容:

(1)人员素质测评,帮助学生了解个人能力水平及倾向、个性特点和行为特征等方面素质的重要手段,很多高校的就业中心购置了测评系统为学生进行测评以帮助学生自我认知。"测评"一词有两层含义,即"测"与"评"两个方面,学生需要对测评结果进行深度交流时,职业指导人员为学生提供更进一步的服务。

(2)开设职业指导课程。学校开设的专门的课程,课程名称多为"职业发展指导"、"职业生涯规划与就业指导"、"职业生涯规划与管理"、"大学生职业发展规划"等,由专业老师或就业中心的老师授课。

(3)提供生涯教育资料,包括书籍、杂志和报刊及多媒体资料,内容集中在就业指导、求职训练、心理咨询、名人传记、职业适应等内容,部分高校依托本校的图书馆开设"职业指导专架",也有学校在就业指导中心开设资料室,通过网站提供相关资料也是比较普遍的方式。

(4)讲座或论坛。邀请行业代表讲授行业发展的过去、现在与未来,目的在于加深学生对相关职业、行业或特定公司企业文化的了解。讲座和论坛是过去高校开展就业指导的主要途径,借助这种途径开展职业指导主要是在内容上进行拓展,内容不仅局限于就业技巧和政策,同时包括职业、行业发展的动态。

(5)工作坊(Workshop)是比较流行的为学生进行团体职业辅导的方式,有模拟面试工作坊、就业咨询工作坊、性格兴趣探索工作坊和简历指导工作坊等几类。工作坊一般由十几位或更多的参与者与嘉宾组成的团体进行交流分享活动,强调个人参与,互动性比较强。

(6)行业训练或素质拓展训练,以培养学生的职业技能、职业素养和职业道德。素质拓展训练主要是着眼于培养学生的心理素质和潜能,以专业化咨询、拓展训练满足学生进行自我探讨、追求自我发展的需求,如决策能力团体辅导、人际沟通团体辅导、职业价值观团体心理辅导等活动。

三、职业指导的主要步骤

职业指导作为一门应用性很强的新兴学科,涉及领域宽泛,有其特有的理论体系、工作规律和专业化的方法。职业指导有三个主要步骤:建立良好的咨询关系;职业素质测评;职业设计和实施:结合咨询者的工作经验、所受教育、性格倾向的程度、智力水平、身体条件、社会资源等各种因素，匹配最适合的职业，并对来访者在职业发展道路上遇到的复杂情况（如取舍、策略、次序、轻重、缓急等），提出中肯的建议。

（一）要建立良好的咨询关系

职业指导的分类很多，如对求职者的择业指导和对单位的用人指导，对劳动者的个体指导和群体指导等等。顺利实施这些指导，则要求在指导者与被指导者间建立良好的咨询关系。从心理学的角度讲，至少应做到以下三点：

(1)真诚相待。职业指导人员首先要对求职者表里如一，不隐瞒、误导和欺骗求职者。另外，也要以生活中真实的自我与求职者接触，坦率地与其分享成功和失败的经验和体会，并提供他需要的各类信息。职业指导人员通过自我探索和模拟演练等方式，可有效地训练自己在实际咨询工作中的真实感。

(2)设身处地。职业指导人员要能深入了解求职者的内心世界，就好像了解自己一样，了解对方的心理感受。一方面要注意倾听对方的陈述，同时观察其言外之意，如表情、动作等，从中体会谈话内容以及明显和暗藏的问题线索。同时也要注意，不要将“共情”与“同情”联系在一起，这将会使求职者担心你是否能帮助他真正解决实际问题。

(3)无条件积极关注。这是咨询指导过程中一种常用的技术，无论求职者所表现出的思想感受和反应是否正确，一律给予无条件的接纳。全面地接纳、关注、尊重求职者，可能提高其自尊心与自信心，同时可以使求职者真正从内心放松，畅所欲言，与职业指导人员交融在一起，促进问题的解决。这一点在咨询指导过程的初期是非常重要的。

（二）人力资源测评

在职业指导中，一个关键的问题就是要解决哪些人适合做哪些工作。这就需要职业指导人员能帮助求职者真正了解自我，而解决这个问题常用的技术就是心理素质测评技术。目前常用的心理素质测评，按照与我们职业指导工作相关的内容进行划分，一般分为职业能力测评、人格测评、职业兴趣测评、气质测评等几类。随着测评技术的发展，目前人们又采取了情景测评技术。例如建立一个无领导者的小组，对某一个问题进行讨论，通过言语沟通，小组成员之间互相测试等方法，调动被测试者发挥自己各方面的潜能，以便对被测试者在组织、协调、人际交往等方面做出有效评价。

（三）职业设计和培训

职业指导的一项重要内容就是针对求职者个人特点以及相关背景，为其进行职业设计。职业指导人员要采用自省分析、对比分析等多种方法指导求职者真正了解自己的实际情况，并分析自我职业取向的合理性，为求职者确定未来工作领域的发展方向，并能对不同择业群体进行宏观职业取向分析。在此基础上，要能依据求职者个人和群体的特点，开发和组织相关职业培训项目。针对更广泛的培训对象，选择合适的培训项目和培训方式，提高被培训人员的个性能力和综合素质。

帮助求职者成功求职，一方面，需要职业指导人员具备善于建立良好的咨询关系的基本素质；另一方面，还需要运用劳动力供需信息资源为求职者与用人单位空缺岗位进行合理匹配，能够适当地安排求职者与用人单位开展面谈，及时掌握面谈结果，并对其进行有效跟踪服务。

四、职业指导咨询的效果

职业咨询的效果取决于人力资源测评技术与职业规划。前者是后者的手段和根据，后者是前者的目的和结果。职业咨询师必须既掌握科学高效的人力资源测评技术，又拥有丰富全面的职业规划经验。

职业咨询效果衡量标准：

(1)测评正确到位。咨询师必须精确地测准来访者素质全貌，尤其是来访者的特别才干与素质结构，切不能泛泛而谈，必须确切具体，使来访者心悦诚服，愿聆指教。

(2)规划精湛实用。面对同一个社会现实，不同的人才自然有不同的角色定位和职业规划，这才真正实事求是。咨询师为咨询所作的设计建议，必须根据对方最主要的优势特长与弱点欠缺，面对当前的社会需求与发展趋势，规划出最适合其发展的事业领域、自身角色和办法步骤。

(3)跟踪反馈良好。来访者越是收到良效，社会的人力资源配置与开发就越得到促进，咨询师的积极调节作用就越彰显。因此，职业咨询必须有负责到底的跟踪服务和及时的信息反馈，形成良性机制。

在国际上，有专门的职业顾问为人们提供关于职业的各种建议和支持，帮助人们选择职业、寻找工作、发展现职。职业顾问的作用是指导人们给自己定位，扫清有关择业方向的困惑，策划转行或换工作的过程，制定职业发展远期计划等。职业顾问一般拥有心理、咨询、人力资源管理等相关的教育背景和丰富的职业经历，通过测评、交谈等方式来开展工作。

案例

国内某大型保健品上市公司营销中高层管理人员评价与选拔测评

一、项目背景

某大型保健品公司(以下简称“R公司”)是一家集现代生物和医药制品研制、生产、营销于一体的高科技股份制企业，在国内保健品行业具有很高的知名度，是国内保健品行业首家上市公司。随着业务的发展，R公司希望在未来的时间里抓住机遇，加快实现超常规发展，在产品系列化、产业多元化、经营规模化、市场国际化的基础上，使R公司的品牌真正成为国内、国际知名的一流品牌。

一流的品牌必须要有一流的人才来支持。为了创建一流的品牌经营团队，R公司决定对其所有的30余名品牌经理、市场经理和大区销售经理进行全面的考核与评价，以此全面了解这三类人员的岗位胜任能力和潜在素质。

为了保证评价的科学性和公正性，R公司希望通过专业的测评机构对这些营销骨干人员进行科学、公正的评估，并提供中立的、客观的专业评估意见，为科学、合理地配置这三类人才提供决策依据。R公司经过对多家专业测评机构的严格审核和比较，最终委托S人力资源管理咨询有限公司人才测评中心（以下简称"S人才测评中心"）对R公司的这三类人员进行评价与选拔。

二、项目工作组

S人才测评中心接受了委托之后，对该项目非常重视，成立了一个由测评中心主任、管理心理学博士、高级测评与咨询顾问任项目经理的项目工作组，工作组成员包括中心的三位资深测评咨询顾问、三位心理学硕士和四名分别来自宝洁、联合利华、可口可乐、三得利的中心特聘外部资深顾问。

三、S人才测评中心的解决方案

结合S人才测评中心管理人员选拔与评价的流程，项目工作组为R公司设计了一套科学、规范、专业的岗位胜任能力评估方案。

第一步：前期沟通与访谈

为了科学地把握三类岗位的具体评价要求，项目工作组在R公司进行了三次访谈：

第一，向R公司了解和收集了有关三类岗位的工作职责和任职资格要求等方面的基本信息；

第二，与R公司的总裁、营销副总、人力资源部经理等高管人员就公司的企业文化、发展战略、三类人员胜任能力和工作业绩的现状、高层对三类人员的期望与要求等方面进行了沟通与访谈；

第三，采取"两极抽样"的方式，对三类岗位上绩效良好和绩效较差的经理人员就相关岗位的工作职责、工作内容、工作流程、工作障碍和面临的挑战等方面进行了关键行为事件访谈。同时与他们的上司、助理、业务相关部门的同事进行了360°访谈。

通过对访谈所获得的各种信息的分析，结合S人才测评中心的项目经验，项目工作组从知识、能力、心理素质和职业素养四个方面分别初步确定了三类岗位的胜任能力模型。

第二步：建立胜任能力模型

为了确保岗位胜任能力模型的科学性和准确性，S人才测评中心组织了品牌经理、市场经理和大区销售经理岗位胜任能力模型的专家研讨会。邀请具有相关资深管理经验的人员作为外部专家，与中心的测评咨询顾问和R公司的人力资源管理人员一起对岗位胜任能力模型进行研讨，参会人数达16人。研讨会上，专家们运用德尔菲法对三类人员的岗位胜任能力提出了各自的看法，通过与会人员的交流与辩论，最终达成了品牌经理、市场经理与大区销售经理的岗位胜任能力模型专家意见。

在整合专家意见的基础上，项目工作组按建立胜任能力模型的要求，对能力维度的名称、定义、权重和标准等进行了分析和整理，形成了R公司三个岗位的胜任能力模型草案。随后，项目工作组就此模型草案向R公司高层领导征询了意见和建议，经修订后，最终达成了各方认可的胜任能力模型。

建立的三类岗位胜任能力模型主要包括四方面内容：职业素养、核心能力（核心业务能力与核心管理能力）、心理素质和知识素质。其中，品牌经理的岗位胜任能力模型具体内容为：

职业素养：包括诚信度、成就动机、激情等；

核心能力：包括市场分析能力、系统思考能力、创新能力等；

心理素质：包括情商、工作风格、个性特征等；

知识素质：包括市场营销、法律、财务等。

第三步：确定评估方案

结合胜任能力模型的内容与特点，项目组拟定运用专业化的评价中心技术对每个人进行全方位的评估与考察。所使用的评价中心技术主要包括：

心理测验——主要从个性特征、情商、工作风格等方面进行评价，以此评估个性和行为风格，预测职业生涯发展的方向；

综合知识考试——主要从市场营销、法律、财务等方面进行测验，以此评估知识技能，为公司培训和个人自我学习与培训明确方向；

结构化面试——通过收集相关的行为信息，重点评估企业视为重要的诚信度、市场分析能力、系统思考能力、激情等；

无领导小组讨论——重点评估创新能力、沟通协调能力等；

文件筐测验——重点评估市场分析能力、执行控制能力和组织协调能力等；

无领导小组任务——与上海某拓展训练中心合作，运用户外体验式评估的方式重点评估创新能力、团队合作等。

这些评价方法的具体评估内容和方案是项目组在前期工作分析的基础上，根据专业化的设计技术，结合企业的特点和三类岗位特点设计出来的，具有较强的针对性和实效性。尤其是结构化面试、无领导小组讨论和文件筐测验的具体评估内容具有较强的针对性和情境性，能让评估专家更有效地评价每位被测人员。

第四步：实施评估

具体评估实施共计四天时间，分别运用了上述的评估方法对30余名被测人员进行了全面的考察与评估。

心理测验主要运用S人才测评中心自主开发的人才素质测评系统进行个性、情商、工作行为风格等方面的人-机对话测验；

综合知识考试采用纸笔答卷的方式对被测人员的各项知识技能进行了测验；

结构化面试是评估专家通过一一面谈的方式对每一位被测人员的能力与素质进行观察与评价；

无领导小组讨论则在S人才测评中心设计的情境模拟测评室中进行，6～8位被测人员组成一个小组，共同讨论、解决一项任务或方案，评估专家则通过录像监控观察的方式对每位被测人员进行观察评估；

文件筐测验通过让被测人员处理针对岗位而设计的文件的方式对其能力与素质进行评估；

无领导小组任务是通过被测人员分组完成“地雷阵”和“一圈到底”两种游戏的情况，评估专家组对每位被测人员进行观察评估。

第五步：提交报告与建议

经过四天多时间，评估专家对30余位被测人员作了一系列科学、多角度和深入细致的观察与评估。通过评价数据的整理，对收集到的各种原始证据进行充分讨论和分析，从各种评价中收集反映被测人员的各项素质能力的行为证据与信息，评估专家形成了每位被测人员的书面评估报告，并向R公司提交了个体与群体书面评估报告。个体书面评估报告具体分析了每位被测人员的岗位胜任能力特征，并综合分析了被测人员的强项与弱项、优点与缺点，胜任水平与潜在素质，提出被测人员相应能力发展及培训的建议和推荐建议。另外，评估专家对被测人员群体作了综合分析与比较，分别以四级推荐的方式推荐出三类岗位的胜任人选、比较胜任人选、基本胜任人选和不胜任人选。

报告出台后，S人才测评中心专门举行了项目报告会，向R公司出席的9位高层领导汇报了被测人员的个体与群体的评价结果，并提出了一些针对团队建设和管理方面的问题和建设性意见。

四、评估效果

R公司高层人士认为S人才测评中心实施的品牌经理、市场经理和大区销售经理相关岗位人员的评价方法与评价结果比较科学、客观、公正，对于公司的人事调整与任用决策具有很好的参谋作用。事实上，在随后R公司对三类岗位任职人员的人事调整中，该公司基本上采纳了本次评价结果与建议。

复习思考题

1. 为什么说人力资源测评是现代人力资源管理工作中基础的、多学科的和系统的工程？

2. 人力资源测评应用形式有哪些？
3. 什么是人力资源测评的人职匹配理论？
4. 帕森斯“特质-因素”理论下职业指导过程的三个步骤是什么？
5. 人力资源测评具有哪五大功能？
6. 我国人力资源测评发展的三个阶段是什么？
7. 测评的技术形式有什么？
8. 如何理解人力资源测评的“测量”与“评价”？
9. 简述测评标准体系的三要素：标准、标度、标记的含义。
10. 简述人力资源测评实施的一般过程。
11. 简述职业指导的主要步骤。

第二章
能力素质模型指标体系的建立

第一节　能力素质模型的含义与应用

一、能力素质模型的含义

(一)模型与建模

模型(Model)是所研究的系统、过程、事物或概念的一种表达形式。模型可以是物理实体,也可以是某种图形或者是一种数学表达式。在一般的意义下,模型是指模仿实物或设计中构造物形状制成的雏形,其大小可以分为缩小型、实物型和放大型。有些模型甚至连细节都跟实物一模一样,有些则只是模仿实物的主要特征。数学模型是用字母、数字和其他数学符号构成的等式或不等式,或用图表、图像、框图、数理逻辑等来描述系统的特征及其内部联系或与外界联系的模型。随着人类使用数字,就不断地建立各种数学模型,以解决各种各样的实际问题。数学模型是真实系统的一种抽象,是分析、设计、预报或预测、控制实际系统的基础,对人力资源的综合素质测评和工作业绩的评定,以及诸如访友、采购等日常活动,都可以建立一个数学模型,确立一个最佳方案。

模型按人们对事物发展过程的了解程度分类如下:白箱模型,指那些内部规律比较清楚的模型,如力学、热学、电学以及相关的工程技术问题。灰箱模型,指那些内部规律尚不十分清楚,在建立和改善模型方面都还不同程度地有许多工作要做的问题,如气象学、生态学、经济学等领域的模型。黑箱模型,指一些其内部规律还很少为人们所知的现象,如生命科学、社会科学等方面的问题,但由于因素众多、关系复杂,也可简化为灰箱模型来研究。

随着科学技术的进步,人们将研究的对象看成是一个系统,从整体的行为上对它进行研究。这种系统研究不在于列举所有的事实和细节,而在于识别出有显著影响的因素和相互关系,以便掌握本质的规律。对于所研究的系统可以通过类比、抽象等手段建立起各种模型,可以大大减少实验工作量,还有助于了解过程的实质。概念结构是对现实世界的一种抽象,是从实际的人、物、事和概念中抽取所关心的共同特性。通过忽略非本质的细节,把这些特性用各种概念精确地加以描述,这些概念组成了某种模型。这一过程称为建模。

(二)能力素质模型

能力素质(Competency),又称"胜任力"、"能力"、"资质"、"才干"等,能力素质模型是驱动员工产生优秀工作绩效的各种个性特征的集合,是要求个体具备的多种条件的综合,它反映的是可以通过不同方式表现出来的员工不同的动机表现、个性与品质要求、自我形象与社会角色特征以及知识与技能水平。这些行为和技能必须是可衡量、可观察、可指导的,并对员工的个人绩效以及企业的成功产生关键影响。它是一个整体的、综合性的概念,在这一框架中,各种不同的知识、技能与职业素养共同作用、影响个体行为,它们的组合便构成了个体的能力素质结构。麦克利兰认为,从第一手材料直接发掘的、真正影响工作业绩的个人条件和行为特征就是能力素质。博亚特兹(Boyatzis,1982)等将能力视为完成工作的要素,是指工作所需,并可借由适当的训练和发展而予以"弥补能力差距"(Bridging the gap)。了解绩效的最好途径是观察杰出者(跟绩效挂钩)实际上做了什么而取得成功——胜任力,能区分在特定的工作岗位和组织环境中绩效水平的个人特征。

能力素质模型(Competence Model)就是用行为方式来定义和描述员工完成工作需要具备的知识、技巧、品质和工作能力,通过对不同层次的定义和相应层次的具体行为的描述,确定核心能力的组合和完成特定工作所要求的熟练程度。这些行为和技能必须是可衡量、可观察、可指导的,并对员工的个人绩效以及企业的成功产生关键影响。如胜任力研究中的冰山模型和洋葱模型,基本知识(Knowledge)、技能(Skills)、能力(Ability)及其他特质(Others)——"KSAOs"模型,罗茨(Losey,1999)提出胜任力方程模型:胜任力=智力+教育+经历+道德规范+/—兴趣。

素质模型有什么用?无论是在企业还是在现代公共部门的人力资源管理中,素质模型日益成为整个人力资源的基础。从企业角度来看,能力素质模型建立了能力发展阶梯,是推进企业核心能力的构建和进行组织变革、建立高绩效文化的有效推进器;有利于企业进行人力资源盘点,明晰目前能力储备与未来要求之间的差距;通过建立一套标杆参照体系,帮助企业更好地选拔、培养、激励那些能为企业核心竞争优势构建做出贡献的员工;可以更加有效地组合人才,以实现企业的经营目标;便于企业集中优势资源用于最急需或对经营影响重大的能力培训和发展;便于企业内部人员的横向调动和发展,可以更有效地进行员工职业发展路径的规划。而从员工角度来看,能力素质模型也对员工的工作和发展有良好的作用:为员工指明了努力的方向,使员工做事方法与做事内容同样重要;鼓励针对个人的技能增长进行激励,可以帮助员工更好地提高个人绩效;了解并实践与企业经营战略相一致的人力资源管理体系。在任用人才的时候,一定要分析,这个职位需要什么素质,然后在选拔人的时候要考察他具备不具备这样的素质。

正是因为这些优点,能力素质模型方法自 20 世纪 90 年代诞生以来,已经成为国外大型企业人力资源管理各项活动的基础,广泛用于企业人员招募、选拔、培训以及绩效考核。IBM 对员工领导力的培养就是素质模型应用的一个典型的成功案例:IBM公司1995年开始即在公司内部展开了一次全面的调查研究,确认了11项领导团队应该具备的优秀素质,其中包括必胜的决心、快速执行的能力、持续的动能以及核心特质四个素质群,这些素质成为IBM选拔历任领导人选的有力工具,IBM甚至成立了独立的管理咨询公司推广其领导力培养计划。另外,国内许多知名大型企业如海尔、联想等也已逐渐将素质模型作为人力资源体系建设的基础。虽然素质模型从理论上讲具有跨越行业的通用性,但具体的应用过程却十分个性化,必须与企业在特定阶段的个体特性相契合,同时必须保持与行业特征、文化特征、战略重心等等各个方面的动态一致性。

二、能力素质模型的应用

目前,在企业的一系列人力资源活动中,包括招聘选拔、培训发展、绩效考核、接班人计划等,都需要重新审视或建立各个关键岗位上的能力素质模型,因为一个科学、实用、符合企业经营发展战略需求的能力素质模型是保证以上一切人力资源活动成功、有效的基石。

(一)招聘选拔

基于素质模型的招聘能够以企业发展战略为导向,使得那些对企业成功最为重要的素质得到重视。因此,在人员招聘活动中,依据岗位对任职者的素质要求,通过适当的手段,如面谈、试题考核、案例分析等来确定候选人是否具备岗位期望的素质特征,科学地进行人员筛选,可以使个人素质最大限度地适合于工作和角色的要求,从而在工作中实现高绩效。这种基于素质的招聘方法既能体现企业的长远发展战略,又能确保企业获得合适的员工,因而将素质模型应用于人员招聘中能够确保其有效性。

能力素质模型是一种主要用于中高层管理者的招聘选拔评价方法。不是组织所有的岗位都适用能力素质的招聘选拔方法,对于组织基层的岗位,主要看重其知识技能;对于组织中高层的岗位,能力素质比知识技能更能决定个人的绩效。

(二)培训发展

在基于能力素质的人力资源管理系统中,员工的培训显得特别重要。因为在这一系统中,员工的工作安排、薪酬和职业发展等都是根据员工所具备的能力素质的水平来确定的。所以,员工自然而然就会主动争取培训机会,以不断提高自身的能力素质。

以能力素质为基础的培训发展对培训需求分析和诊断提出了更高的要求:培训需求如何确定?是根据个人的学习偏好还是根据企业的整体发展对人员能力素质的要求?

诚然,员工重视自身的发展对公司来说是一件好事,公司有必要为员工提供相应的培训机会,创造相应的条件。与此同时,公司也应该采取措施,以保证员工所培训的能力素质是公司业务发展所需要的能力素质,并且一定要创造条件让员工能把在培训中所提高的能力素质能真正应用到工作中,否则极有可能是员工通过培训，在一些公司并不需要的能力素质上有了显著提高，或者员工通过培训所提高的能力素质在员工的实际工作中派不上用场。

(三)绩效管理

绩效＝结果＋过程，即 Performance＝What＋How，引进平衡记分卡和关键业绩指标能清楚地界定绩效在结果方面的指标，而引进能力素质之后则能非常容易地界定绩效在过程方面的指标，从而极大程度地简化绩效评价过程，并能鼓励员工不断提高自己的能力素质水平。此外，在绩效管理中还能更加轻松地对员工在工作过程中表现出来的能力素质行为进行监控，并根据员工的表现提供及时有效的反馈，以帮助员工提高绩效水平和能力水平。

(四)薪酬管理

基于能力素质的薪酬管理系统，以素质模型作为科学考评的一部分，以其为模板对组织成员所表现出来的素质进行考评，当一个组织成员的行为表现与素质模型相符时，则认为该组织成员已经达到相应的素质要求或掌握相关的素质，并以此为基础，决定其岗位的晋升、薪酬调整的幅度或其他激励措施的实施(但此应用一般企业需慎用，薪酬作为员工工作动力的根本，没有完善、准确的评价势必导致严重后果)。

(五)人才储备建设

将适当的人员在适当的时候配置到适当的岗位上，并随时为提高的职位储备和输送合格的人才，是组织取得成功的必要因素。利用素质模型界定作为合格人才的具体要求，识别有潜力的可培训对象及其需要加强的方面，并为其提供强化和发展的机会，有利于筹建强有力的后备干部队伍，从而科学系统地建立人才梯队。

(六)职业发展

素质模型能够帮助组织成员进一步明确素质发展目标，从而更有效地开展职业生涯发展规划，为组织成员指明发展的道路，从而促进组织成员对自己的职业生涯和组织的业务发展负责。众所周知，员工在现有岗位上的成功并不意味着在另一岗位上也能取得成功和高绩效。基于素质模型要求的信息收集方法，为组织就如何评价员工的潜力提供了一致的标准和框架。不管在升迁之前还是之后，若根据素质模型的要求来对员工进行评价，就能够制定正确的发展计划，帮助员工强化优势，并明确发展方向。

(七)企业文化

企业文化是企业中得到普遍认可，由群体压力推动执行的思维方式和行为规范，分为价值理念和行为方式两个层面。它代表了企业的价值取向和经营理念，并服务于企业的发展目标。以价值理念宣导为主推动企业文化建设，在由价值理念向行为转化的过程中，每个人对价值理念的理解决定其具体行为。个人理解的差异性和片面性，容易导致个人行为的发散性，降低企业的凝聚力。

以价值理念规范行为的方法操作性差。以价值理念宣导结合行为要求的方法,对价值理念所需要的具体行为有明确的要求。由于建立了统一的行为标准,使个人行为的发散性降低,从而提高企业的凝聚力。以价值理念宣导结合行为要求的企业文化建设方法的操作性强。准确识别所要求的行为规范,帮助大家认同行为规范,并形成按行为规范工作的习惯是企业文化建设的关键步骤。

能力素质模型确定了企业文化建设中由核心价值和经营理念向行为转化时使用的共同语言和具体行为标准。明确的行为模式描述和量化的测评结果使推广共同语言和行为标准的努力具有可操作性。跨越表层的口号和宣导,涉及影响企业发展的深层次行为,直接与企业的发展战略和商业目标挂钩。

第二节　素质要素结构的设计

通用素质要素结构通常有基于“心理素质”结构设计、“品德素质”独立要素设计、公务员“德能勤绩”考核结构、能力素质“冰山模型”等。

一、基于“心理素质”素质结构分类

“心理素质”如果参照心理学的定义和分类方式,称为心理现象(Mental Phenomena),是心理活动的表现形式。一般是指个人在社会活动中通过亲身经历和体验表现出的情感和意志等活动。一般把心理现象分为两类,即心理过程与个性(如图 2-1 所示)。

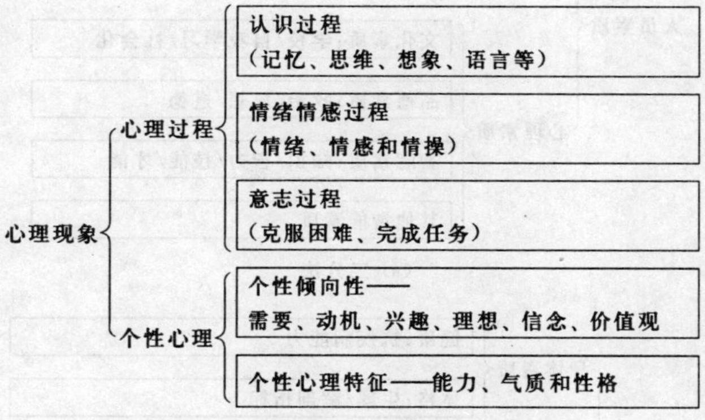

图 2-1　素质结构分类的心理学模型

心理过程是指人的心理活动过程,包括人的认识过程、情绪和情感过程、意志过程。认识过程是一个人在认识、反映客观事物时的心理活动过程,包括感觉、知觉、记忆、想象和思维过程。情绪和情感过程是一个人在对客观事物的认识过程中表现出来的态度体验。例如,满意、愉快、气愤、悲伤等,它总是和一定的行为表现联系着。人在认识客观事物时,不仅仅是认识它、感受它,同时还要改造它,这是人与动物的本质区别。为了改造客观事物,一个人有意识地提出目标、制定计划、选择方式方法、克服困难,以达到预期目的的内在心理活动过程即为意志过程。人的

认识过程、情绪和情感过程、意志过程统称为心理过程。它们是既有区别又有联系的心理活动过程的三个组成部分。人的认识过程和意志过程往往随着一定的情绪、情感活动,意志过程又总是以一定的认识活动为前提,而人的情绪、情感和意志活动又促进了人的认识的发展,两者相互影响。

由于每个人的先天素质和后天环境不同,心理过程在产生时又总是带有个人的特征,从而形成了不同的个性。个性心理结构主要包括个性倾向性和个性心理特征两个方面。个性倾向性是指一个人所具有的意识倾向,也就是人对客观事物的稳定的态度。它是人从事活动的基本动力,决定着人的行为的方向。其中主要包括需要、动机、兴趣、理想、信念和世界观。世界观在个性倾向诸成分中居于最高层次,决定着人的总的意识倾向。个性心理特征是一个人身上经常表现出来的本质的、稳定的心理特点。例如,有的人有数学才能,有的人有写作才能,有的人有音乐才能,因此,在各科成绩上就有高低之分,这是能力方面的差异。在行为表现方面,有的人活泼好动,有的人沉默寡言,有的人热情友善,有的人冷漠无情,这些都是气质和性格方面的差异。能力、气质和性格统称为个性心理特征。

基于心理学知识分类,又考虑到对应的身体素质、知识素质,人员素质分析又出现了二分法和三分法结构(如图 2-2 所示)。

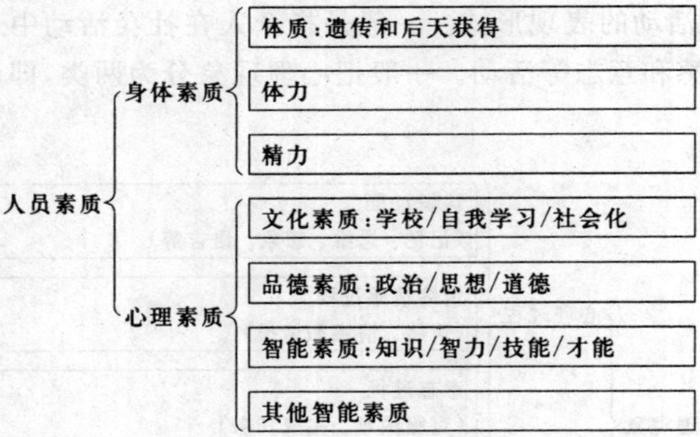

(a) 二分法

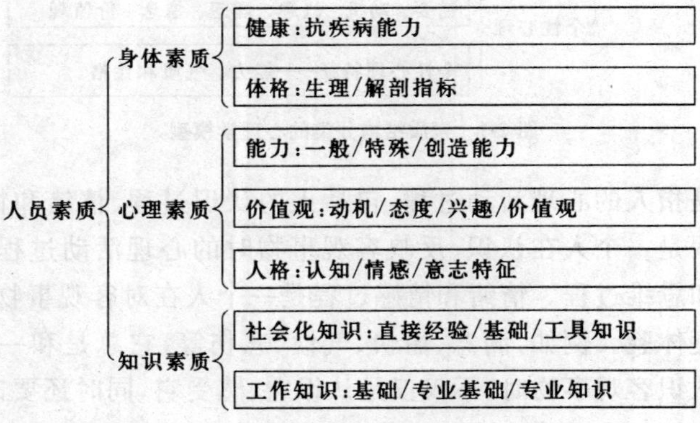

(b) 三分法

图 2-2 人员素质分析基于心理素质的二分法和三分法

二、"思想品德素质"的独立设计

人的个体素质是一个整体,在制定具体的素质结构的时候,坚持内容的全面性和结构的有序性。在学校教育情境中,学生素质教育应该把身体素质、心理素质作为培养目标的基本要素,这些素质应该有其特定的内容。素质构成四要素包括身体素质、思想品德素质、心理素质、智能素质。在这里,"思想品德素质"被独立设计为一个参考要素。

身体素质:包括体质、体力和精力。正常的发育、良好的体能及健康的体质等,这是适应和改造环境的需要,是人的其他各项素质形成和发展的生理基础。虽然现代社会高度发展的科学技术大大减轻了人们体力劳动的负担,但无论是学习和掌握先进的科学技术,还是适应紧张的社会生活和工作,都离不开强健的体魄。

心理素质:是指人的认识过程、情感过程、意志过程的具体特征以及人的个性心理特征和个性倾向性的特征。心理素质是适应环境、赢得工作和生活成功的必要条件,是形成和发展人的社会文化素质的基础。当今社会生活的一个显著特点是发展迅速、变化复杂、竞争激烈,对每个人来说,不但机遇与挑战同在,而且往往成功与挫折并存,这就需要有较强的心理适应能力和心理承受力。

智能素质:旺盛的求知欲、必要的知识技能结构、一定的智能基础、积极的创造精神等。这是人们认识、改造自然和社会、迎接科学技术高速发展的挑战所必需,是人们获取谋生手段和发展自身的必要条件。要纠正那种只重视知识而轻视智能、轻视实践、轻视创造的偏向。智能素质包括科学智能素质和社会智能素质。

思想品德素质:指良好的品德素养、健康的思想情操、正确的政治方向、远大的理想抱负等。这是调节个人的行为、处理个人与他人和个人与社会的关系所必需,是一个合格的现代公民最重要的条件,是做人的根本。同时还包括审美素质、劳动素质、交往素质等。其中,审美素质包括良好的审美意识、健康的审美情趣、一定的审美创美能力等。劳动素质是投身改造自然、社会的物质生产劳动和精神生产劳动的基础,也是通过实践促进其他各种素质形成和发展的需要。交往素质包括参与社会生活、人际交往、群体合作等方面所要求的素质。当今社会人与人之间的交往越来越频繁、广泛、深入和复杂,因而人的交往素质显得格外重要。

"品德素质"独立的设计,通常情况也常常被考虑进来。表 2-1 就是类似的情况,心理素质、能力素质、文体素质、身体素质,再加上"品德素质"的人员五素质构成体系见表 2-1。

表 2-1 人员五素质构成体系

心理素质	人格	气质、需要与动机、兴趣与情感、态度、习惯、意志等	它们相互作用,共同形成内在的精神动力,控制和调节着人员能力发挥大小和方向、发挥程度和发挥功效
	观念	世界观、人生观、价值观	
	自我意识	自信心、自主性、自知度	
品德素质	政治品质		
	思想品质		
	道德品质		

（续表）

能力素质	智力	心理年龄、比例智商、离差智商	它们相互作用，共同形成外在的物质上的牵引力，控制着人员可能发挥的能力
	技能	是在多种素质基础上，经过实践锻炼形成的工作能力	
	才能		
文体素质	知识素质	知识量；知识结构的合理性；知识的更新程度	
	经验素质	人的特殊的职业感觉力	
	自学能力	掌握学习方法，能独立地提出、分析和解决问题	
身体素质	体质	一部分是先天获得，一部分是后于遗传	
	体力		
	精力		

资料

人力资源管理者素质结构

人力资源是企业最宝贵的资源，要实现人力资源有效开发和管理，必须有一支高素质的人力资源管理专业队伍。因此，人力资源管理人员必须具备以下几种素质：

思想道德素质。人力资源管理人员应具有较高的马克思主义理论水平和政策水平，把坚定正确的政治方向放在第一位，具有强烈的事业心和责任感，形成崇高的道德品质、高尚的道德情操和道德境界。在人力资源开发与管理中必须严格自律、坚持原则、不徇私情、秉公办事、脚踏实地、兢兢业业、与时俱进、开拓创新、团结协作、干事创业，以广大人民群众的根本利益为切入点，完成历史赋予的神圣职责，为企业可持续发展做出积极的贡献。

心理素质。人力资源管理人员应具有较强的心理承受能力，良好的心理健康素质。面对各种压力要意志坚强、不怕压力、无所畏惧，还要心胸开阔、不计个人得失，并能容忍和原谅别人的过失，以良好的心理健康素质面对人力资源开发与管理中可能出现的新情况、新问题。

知识素质。人力资源管理人员应具备本体性知识、信息知识、人文知识和实践知识，对企业经营管理活动的主要内容要有所了解和掌握，从而具备较强的政策水平、宽广的业务知识、精湛的理论水平、丰富的实践能力。只有这样才能得到别人的尊重和信任，才能在人力资源有效开发与管理中施展各自的才华，把握时代的脉搏，推动人力资源开发与管理工作的协调发展、整体推进。

能力素质。人力资源管理人员应具备的能力主要有管理能力、文字组织能力、语言表达能力、计算机操作能力、外语能力、交流与合作能力、获取和处理信息的能力、学习能力、计算能力、分析和解决问题的能力等。

科研素质。人力资源管理人员要加大科研创新力度，坚持不懈地探索和研究，从新的广度和深度上，从新的视角重新审视人力资源管理工作，以新的动力激发起重新研究探讨人力资源管理理论，以先进的理论组织好自己的本职工作，大力实施由经验型向科研型的转变。

身体素质。身体是革命的本钱，干好本职工作，必须有健康的身体，要劳逸结合，做到精力充沛、精神饱满、身体健壮，适应人力资源开发与管理这一繁重的工作，承受住各种压力，始终保持旺盛的精力。

三、国家公务人员考核的要素

（一）德能勤绩的绩效评价传统

德能勤绩是我国传统的绩效评价方法，大部分国有企业和政府机关单位采用的都是这种考核方法。这种考核方法在内容上较为全面，不仅仅考核业绩，“德能勤”也占到非常大的部分。长期的管理实践证明，“德能勤绩”考核法取得了一定的成效，适合我国的传统思维和文化习惯。

德能勤绩基本要求：

1. 德

遵守法律法规。尊重领导，顾全大局，团结协作，廉洁自律，谦虚谨慎，注重礼仪。为人宽容厚道好相处，做事公正廉明能周全。能够时刻维护集体形象，维护政府形象，维护个人形象。2006 年实施的公务员法以法律形式确立了公务员考核制度。2007 年，中组部、原人事部下发了《公务员考核规定（试行）》，把德的考核放在首位，将德的内容细化为“思想政治素质及个人品德、职业道德、社会公德等方面的表现”。

2. 能

用知识武装自己，大胆探索，勇于创新，不断提高自身综合素质和办文、办事、办会能力，能讲会说，善于协调，靠水平和能力树形象，求进步。

3. 勤

勤奋工作，勤俭节约。积极做到手勤、腿勤、嘴勤、脑勤。以勤补拙、以勤养德、以勤修身，以勤求绩，以勤立信，以勤做人。

4. 绩

绩乃成果和功业。靠成绩展示能力，表现自我。用感觉得到的绩效，取得受人信任、支持、理解、尊重的资格，用领导肯定、同事认可、下级满意、群众拥护打造自己工作、学习、生活的发展空间。

（二）公务员考核的“德能勤绩廉”

考核工作是公务员管理的重要组成部分。2008 年的《公务员法》除了考核德、能、勤、绩，还将“廉”纳入了公务员的考核范围。“德能勤绩廉”成为评价、考察和任用干部工作上涉及的五个方面。对于每位干部，了解德能勤绩廉的内涵都是必要的。这样一来，将会有利于员工个人的发展，同时，时时刻刻以创新发展为己任，锐意创新，不断进取，取得更大的成绩。在考核方法上，各地各部门普遍推行了民主测评的方式，充分听取相关公务员的意见和建议；尤其是一线执法部门和窗口单位，考核时广泛听取服务对象意见，引入满意度调查等社会评价。

(三)关于考评体系“德能勤绩廉健”的总体构思

有一种意见是在“德能勤绩”和“德能勤绩廉”的基础上增设“健”，即“德能勤绩廉健”六个总体评价要素体系。“德能勤绩廉健”各方面的地位是：“德”是核心，即政治思想品德是核心，德的地位处在“首要”位置。“能”是本领，能的地位处在“重要”位置；“勤”是态度，是对本职岗位事业勤奋敬业的态度，勤是不可缺少的必要条件，勤的地位处在“必要”位置；绩是成果，是考核的重点，绩的地位处在“重点”位置，或者说处在“落脚点”位置；“廉”是操守，是开展工作的人格保障；“健”的地位处于精神层面，贯穿于“德能勤绩廉”的整体之中。

1. 德：为首、为纲

古语说：“德若水之源，才若水之波”，德，即品德、道德。概括地说，德的内涵是指工作人员的政治思想品德以及遵纪守法、廉洁奉公、遵守职业道德和社会公德的情况。德在不同的历史时期有不同的内涵。不同的阶级有不同的标准，但不论哪个阶级都把“德”作为考核和用人的首要标准。

现阶段对工作人员之“德”的考核，主要是看其是否坚持党的基本路线，是否忠于国家，是否遵纪守法，办事公道、行为廉洁，品德是否高尚。

具体地说，“德”由四个方面构成：

(1)政治品德。即指辩证唯物主义与历史唯物主义的世界观，以及建立在这个世界观基础上的政治立场等。具体表现为政治立场坚定、坚持四项基本原则，廉洁奉公、办事公道、品德高尚等方面。

(2)伦理道德。即指在处理个人与社会之间关系，在处理人与人之间关系时所表现出的思想品德。包括大公无私、牺牲精神、相容性等。

(3)职业道德。是指在从事职业活动中，用高尚的道德指导本职岗位职业活动的具体实践，包括职业上的原则性、事业心、责任感、政策性等。

(4)心理品德。是指个性心理倾向、动机、兴趣、理想品德是否高尚，包括行为动机、性格特征、志趣爱好等方面。

以上构成“德”的四个方面，其中，政治品德是最重要的，因为政治品德是决定工作人员的成长及发展方向的根本因素，政治品德是核心，对整个社会的发展方向起作用；伦理道德对交往对象产生作用；职业道德对社会劳动起作用；心理品德对个人成长起作用。在考核工作人员之“德”过程中，关键是考核其政治思想品德和职业道德。

2. 能：为胜任工作的基本条件

能，通常是指完成一定活动的才能、才干、本领。能力是有效地认识、改造和控制客观世界的综合力量。能力是对工作人员的才识和业务专业技术水平方面的要求。能力决定了工作人员是否能承担起某项工作任务的工作能力。

工作能力由一般能力和特殊能力两方面组成。一般能力是指各类工作人员完成一切活动都必须具备的能力，包括：分析判断能力(准确性、周密性、敏感性、预见性、果断性、条理性、灵活性)；基本工作能力(口头表达能力、文字表达能力、说服能力、归纳能力等);身体能力(年龄、健康状况等因素)。特殊能力是指为适应一定活动需要而形成的具有专业和综合特征的能力,包括:业务专业技术能力;领导能力(决策能力、用人能力、协调能力、解决问题的能力、计划能力等);创造能力(管理工作及高层次的职位人选尤其需要具备创造能力);执行能力(较强的执行力对工作的成功推进有举足轻重的作用);经验能力(经验是能力的一种表现形式,是在管理实践和业务专业技术工作实践过程中培养出来的能力)。

实践证明,能力具有以下特点:(1)潜在性。能力只有在工作中才能表现出来,能力不能离开一定的社会环境和社会实践而孤立存在。(2)变化性。它是不断发展变化的。(3)综合性。在考核工作人员之"能"的过程中,关键是考核其本职岗位的业务专业技术能力和管理能力的运用和发挥及业务专业技术提高情况和知识更新情况。同时还要看其能力运用的目的性是否明确、得当,手段方式是否合理、规范。

3. 勤:为担负工作的基本要求

勤,指的是工作尽力尽责,勤奋不怠,甘于奉献。古语说"勤能补拙",从某种意义上是说,勤奋的工作可以弥补能力上的不足。勤是工作态度的基本体现,也是一个人有没有良好道德素养的体现。勤是由组织纪律上的勤、工作态度上的勤、工作积极性上的勤、本职工作岗位上的勤奋敬业和出勤率等方面组成。或者说,勤由积极性、纪律性、责任心和出勤率四个方面组成。具体地说,勤是指工作人员是否具有积极的工作态度和事业心;工作中是否一丝不苟;平时是否肯学肯钻、任劳任怨,是否达到了规定的出勤率。勤的内涵是比较好理解的,重要的是在实践中真正做到勤。通常人们用"勤勤恳恳"四个字来评价工作人员在"勤"上做得好的人。在考核工作人员之"勤"的过程中,关键是考核其工作态度在本职工作岗位上的勤奋敬业精神和劳动工作纪律情况。

4. 绩:为工作优劣的集中体现

绩,指的是一个人的工作实绩,是综合反映个人工作能力、水平和努力程度的一个标志,是业务活动和管理过程中表现出来的改造客观世界的物质或精神的成果。

绩一般由以下四个方面构成:

(1)工作指标上的绩。在履行职责、完成工作任务时质量好、数量多。这就是工作质量指标成绩和数量指标成绩。

(2)工作效率上的绩。完成工作任务过程中体现出来的组织效率、管理效率和机械效率高。

(3)工作效益上的绩。完成工作任务的经济效益、社会效益、时间效益等方面的效益好,取得的成果绩效就好。

(4)工作方法上的绩。是指采取了什么样的好方法、什么样的好措施、什么样的好手段胜利地完成了任务。

实践证明，绩有三个明显的特点：绩的大小与德、能、勤成正相关关系；绩的表现形式不同，不同层次、不同性质和不同类别的工作岗位，有各自的绩的表现形式；绩受复杂多样的客观因素的影响。在考核中，要充分考虑各种客观因素对绩的影响，才能正确评价工作人员的真正才干和作用。

在考核工作人员之“绩”的过程中，关键是考核其履行职责情况、完成工作任务情况，数量、质量、效益、成果的水平等情况。

5. 廉：是工作的道德操守

古语说：“公生明，廉生威”，又有“其身正，不令则行；其身不正，虽令不从”，主要讲的就是道德操守对于人的重要性。从这个意义上说，在考核中要加强考廉，既是坚持德才兼备标准的需要，又是坚决、持久地开展反腐败斗争的客观要求。在实际的考核工作中，对于廉的判断，主要考核执行党和国家清正廉洁的有关规定和严格要求自己的情况，有无违纪现象；自身修养、爱好是否健康向上，能否积极参加一些公益活动，自觉抵制不健康行为，遵纪守法、克己奉公、廉洁自律等状况。

6. 健：是工作的精神灵魂

健的含义来自于《周易・乾卦・象》中：“天行健，君子以自强不息”，其含义是：天总是刚劲强健而运行不止的，君子观此象而感同身受，因而发奋图强，奋斗不息。健在一定程度上体现了中华民族的民族精神，落实在工作中，主要体现在以下方面：

(1)务实精神：讲求实用，追求事功，而轻浮华，贬空谈，鄙玄虚，以务实的精神开展工作。

(2)自强精神：自强不息，刚健有为，反映出朝气蓬勃、努力向上的顽强生命力，表现百折不挠的开拓精神，斗争精神，完善自我的进取精神，以及在日常生活中的勤劳节俭美德。

(3)宽容精神：解放思想、兼容并包兼容并蓄的精神，胸襟阔广，宽容大度，能够合理地对待大自然，能够团结各个方面的人，容纳各种不同的意见。

绩尤其是工作成绩，是在“德能勤廉健”五者相互作用下，在改造客观世界中获得的物质和精神成果。保持健的作风、有德、有能、有勤，再加廉，一般说来，就能创造绩。

四、博亚特兹(Boyatzis)“冰山模型”的解释

素质是判断一个人能否胜任某项工作的起点，是决定并区别绩效差异的个人特征。素质是在工作或情景中，产生高绩效或高绩效所必需的人的潜在特征，同时只有当这种特征能够在现实中带来可衡量的成果时，才能称为素质。素质模型就是为了完成某项工作，达成某一项绩效目标，要求任职者具备的一系列不同的组合，其中包括不同的动机表现、个性与品质要求、自我形象与社会角色特征以及知识与技能水平等。根据冰山模型，素质可以概括为以下 7 个层级(见表 2-2)：

表 2-2　素质冰山模型

素质层级	定义	内容
技能	指一个人能完成某项工作或任务所具备的能力。	如：表达能力、组织能力、决策能力、学习能力等。
知识	指一个人对某特定领域的了解。	如：管理知识、财务知识、文学知识等。
角色定位	指一个人对职业的预期，即一个人想要做些什么事情。	如：管理者、专家、教师。
价值观	指一个人对事物是非、重要性、必要性等的价值取向。	如：合作精神、献身精神。
自我认知	指一个人对自己的认识和看法。	如：自信心、乐观精神。
品质	指一个人持续而稳定的行为特性。	如：正直、诚实、责任心。
动机	指在一个人内在的自然而持续的想法和偏好，驱动、引导和决定个人行动。	如：成就需求、人际交往。

根据博亚特兹(Boyatzis)的解释(1982 年)，素质各组成部分的含义如下：

(一)动机(Motives)

动机是指推动个人为达到一定目标而采取行动的内部推动力，即内驱力。动机是一个人发自内心的自然持续而强烈的想法或偏好，它将驱动、引导和决定一个人的外在行动，如强成就导向或弱成就导向。动机会推动并指导个人行为方式的选择朝着有利于目标实现的方向前进，并且防止偏离。麦克利兰指出，动机是一种对目标状态或情形的关注，它表现为一种重复发生的幻想，从而持续驱动、引导着人们的行为(McClelland，1971)。比如具有成就动机的人常常为自己设定一些具有挑战性的目标，并尽最大努力去实现它，同时积极听取反馈意见以便使自己做得更好。

(二)个性(Traits)

个性表现出来的是一个人对外部环境与各种信息等的反应方式、倾向与特性。个性与动机可以预测一个人在长期无人监督状态下的工作状态。

个性就是人格特质，按照人格特质的 16 种划分方法，人格特质包括：

孤独—外向；　迟钝—聪慧；

情绪激动—情绪稳定；　顺从—支配；

严肃—乐天；　敷衍了事—谨慎负责；

胆怯—冒险；　理智—敏感；

信赖—怀疑；　现实—幻想；

直率—世故；　自信—忧虑；

保守—激进；　随群—自立；

不拘小节—自律严谨；　心平气和—紧张困扰。

当下十分流行的人格结构“大五模型”则分为：

外倾性(Extraversion)——描述一个人善于社交、善于言谈、武断自信方面的人格维度;

随和性(Agreeableness)——描述一个人随和、合作且信任方面的人格维度;

责任心(Conscientiousness)——描述一个人的责任感、可靠性、持久性、成就倾向方面的人格维度;

情绪稳定性(Emotional Stability)——描述一个人平和、热情、安全(积极方面)及紧张、焦虑、失望和不安全的人格维度;

经验的开放性(Openness to Experience)——描述一个人幻想、聪慧及艺术的敏感性方面的人格维度。

个性本质上是一个人持续而稳定的行为与心理特征,如研究型、艺术型、社交型、经营型、事务型、技能型,喜欢与人打交道还是与物打交道。

(三)自我形象与价值观(Self-image & Value)

自我形象是个人自我认知的结果,指个人对自身的看法与评价。一个人对自我的评价,主要来自于将自身与他人的比较,而比较的标准即他所持有的价值观。因此,这种自我形象不仅仅是一种自我观念,也是个人价值观范畴内对这种自我观念的解释与评价。这种价值观既受到个人过去与现在观念的影响,也与其所处的生活、工作环境中他人的观念不无关系。自我形象作为动机的反映,可以预测短期内在有监督条件下一个人的行为方式,如自信还是自卑,猥琐还是坦荡。事实上,自我形象就是一个非常鲜明的个性。

(四)社会角色(Social-role)

个人所承担的角色既代表了他对自身所具备特征的认识,也包含了他对别人期望的认识,从而形成大家都认为恰当的一套行为准则。这种角色建立在个人动机、个性与自我形象的基础上,表现为一种个人一贯的行为方式与风格,即使个人所在群体或组织发生变化也不会有所改变。例如,令客户满意是任何一个推销员必须坚持并遵循的行为准则。

(五)态度(Attitude)

态度是一个人的自我形象、价值观以及社会角色综合作用外化的结果,它会随着环境的变化而变化。在某种情况下可能会表现得很积极,在另一种情况下可能表现得很消极。这种态度的变化本质上是个人动机、个性等相对持久稳定的因素与外部环境相互作用的结果。当作用力一致时,态度对于达成目标是有利的,反之,则为不利因素。因此,态度是一个多变的因素。态度(Attitudes)是关于客观事物、人和事件的评价性陈述,也就是喜欢或不喜欢,反映了一个人对某些事物的感受。态度的过程是:认知(Cognitive Component An Attitude)——情感(Affective)——行为(Behavioral),其中情感是态度的核心。从管理角度来讲关心的主要是三种态度:工作满意度、工作参与度以及组织承诺。态度显示该员工对特定事物的偏好和判断,如是否乐意干,应付还是投入。

(六)技能(Skills)

技能指一个人结构化地运用知识完成某项具体工作的能力,即对某一特定领域所需技术与知识的掌握程度。技能的运用一定是要产生某个可测量的结果。技能显示该员工对特定领域的了解和对实践技能的掌握,会不会干,巧干还是笨干。一般来说,一个人的个性、动机、自我形象、社会角色、态度、价值观,大多由先天因素形成,难以进行评价,因为是深藏的个人素质;而知识与技能后天容易培养,由于其外显性特征,便于进行评价。

个人决定要采取何种行动通常是动机、个性与自我形象、社会角色之间相互调节的结果。自我形象与社会角色会根据动机与个性来判断与识别什么才是恰当的行为。所以,自我形象与社会角色充当了动机、个性乃至知识、技能与外部环境之间相互作用与影响的媒介与桥梁。

第三节 胜任力特征模型

一、KSAO 模型与能力的转化

人力资源的个人能力系统(个人知识与技能、个人业绩技能与能力)必须与具体的组织工作密切相关,而且还应反映组织的核心竞争力、组织潜能、组织的核心价值观和组织行为取向的要求。通常在建立组织成员的能力模型时一般都要先进行行业及竞争对手、企业内部的 SWOT 初步分析,再到企业具体的价值链分析,继而找出企业的关键成功领域,推导出企业的 KSF(关键成功因素),得出企业的核心竞争力以及对应的组织潜能,再将企业的核心竞争力和组织潜能通过行为描述分解到企业的各个价值链环节,形成企业的核心价值观和行为取向,继而分解得出个人的能力模型。

1999 年,美国保罗·柯林(Paul Colin)所著的《基于能力的人力资源管理》一书中首次引用到了 KSAO 的模型,并引出 1991 年哈维(Harvey)提出人力资源管理的 KSAO 模型,定义的含义如下:

K(Knowledge)知识。执行某项工作任务需要的具体信息,这种信息通常通过正规的学校教育、在职培训或者工作实践积累获得。知识层面既包括员工从事某一职业领域工作所必须具备的专业信息,例如财务管理、人力资源管理、市场营销等学科的专业知识,也包括员工在某一组织中工作所必须掌握的相关信息,例如公司知识、产品知识和客户信息等。

S(Skill)技能。在工作中运用某种工具或操作某种设备的熟练程度,也指掌握和运用某项专业知识完成具体工作的技术或能力,例如计算机操作技能、财务分析能力等。这种技能可以通过正规的课堂学习获得,也可以在工作实践中通过非正规的方式获得。操作工具的技能的例子很多,如使用弧焊灯、操作电脑、操作重型设备、SWOT 分析、技能矩阵,等等。

A(Ability)才能。它包括智力、空间感、反应速度、耐久力等方面的内容，也包括员工天生具备或在外部环境影响下不易改变的特质，例如人际协调能力、问题分析能力、市场拓展能力、判断推理能力等。才能大小一般通过测试来衡量，测试结果表明员工是否具备执行某一任务所需要的具体才能以及这些才能的大小。

O(Other)其他的个性特征。有效完成某一工作需要的其他个性特征和职业素养。它包括对任职者的绩效技能要求、工作态度、人格个性以及其他特征要求等等。例如应变能力与创新能力就是“其他”特征要求，能够反映某人开展工作与其他人执行这一工作有何不同。职业素养是指员工从事具体工作所应具备的思想道德、意识及行为习惯，例如主动性、责任心、成就欲、忠诚度、诚信意识、团队意识等。

根据 KSAO 模型，保罗·柯林将其在企业内部转化成组织与个人的能力四象限图。我们可通过知识、能力、个人特性、组织特性四个维度，将组织中存在的“能力”分为四个层次(如图 2-3 所示)。它们分别为：

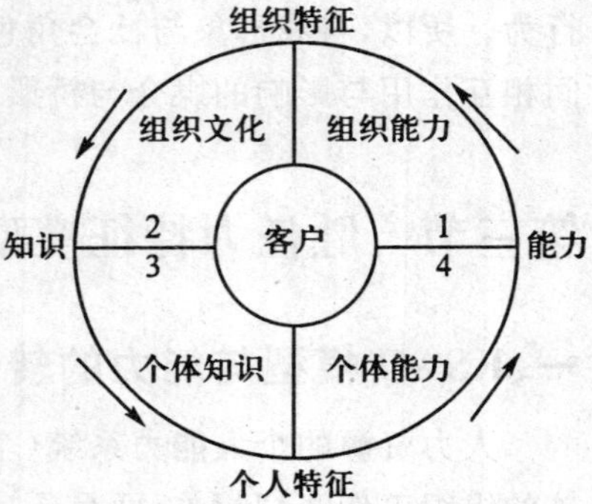

图 2-3 组织与个人能力转化的四象限图

第一象限是组织能力。它主要指组织所具有的能力，是不依赖个体而存在的能力，如组织的竞争力、组织潜能等。其表现形式为组织的流程，可以通过对流程运用效率和质量等形式来测量。

第二象限是组织文化。主要指组织所具有的文化、价值观等。它的表现形式为组织行为习惯、行为倾向等。

第三象限是个体知识。它主要指组织中的员工所具有的知识，如管理知识、专业知识。它的表现形式为员工所知晓的知识内容，可以通过提问、考试等形式来测量。

第四象限是个体能力。这主要指组织中的员工所具有的能力，如员工具有的行为能力、业绩技能等，其可以通过对员工行为、工作绩效等形式来测量。个体能力和个体知识的区别是：前者指员工能做到的，而个体知识指员工所知道的。

其中第一、二象限是基于能力的人力资源管理在组织层面形成的特征；而第三、四象限是基于能力的人力资源管理在个人层面形成的个人特征，其中第四象限的业绩技能与能力主要包括：才能、工作习性、人际技能。保罗·柯林用了 KSAO 模型成功地解决了能力管理中四象限组织与个体有机联系的问题。

使用 KSAO 模型可以打通人力资源能力管理组织和个人层面的关系，但要想在组织内部形成通用的、共同的沟通语言，还存在一些障碍，对于非人力资源管理者是一个很大的挑战，我们无法要求生产经理根据个性和才能测试去安排他众多下属的工作。在现代管理学中不得不研发出组织行为学来解决企业内部共同的人力资源管理语言。利用对员工的实际的工作活动进行行为描述的行为方法来将 KSAO 模型四个能力中 AO 要素转化为绩效技能，从而在组织的核心竞争力、组织潜能、组织的核心价值观与组织的行为取向与个人的知识技能、业绩技能与能力之间建立起相应的联系。

二、胜任力特征模型

现在越来越多的公司开始关注员工的胜任特征，即能把表现优秀的员工和表现一般的员工区分开来的个体的深层潜在特征。研究和实践也表明，胜任特征比KSAO更能预测员工的成功潜力。在评价员工的能力水平时，采用胜任特征比采用KSAO更合适。胜任力特征(Competency)指，能将某一工作(或组织文化)中有卓越成就者与表现平平者区分开来的个人的潜在特征，它可以是动机、特质、自我形象、态度或价值观、某领域知识、认知或行为技能、任何可以被可靠测量或计数的并能显著区分优秀与一般绩效的个体特征。招聘人才时，不能仅局限于对技能和知识的考察，而应从应聘者的求职动机、个人品质、价值观、自我认知和角色定位等方面进行综合考虑。如果没有良好的求职动机、品质、价值观等相关素质的支撑，能力越强、知识越全面，对企业的负面影响会越大。

在胜任力的研究中，有两个模型最为有名，分别是冰山模型和洋葱模型：

(一)冰山模型

美国著名心理学家麦克利兰于1973年提出了一个著名的素质冰山模型(如图2-4所示)，所谓“冰山模型”，就是将人员个体素质的不同表现表式划分为表面的“冰山以上部分”和深藏的“冰山以下部分”。

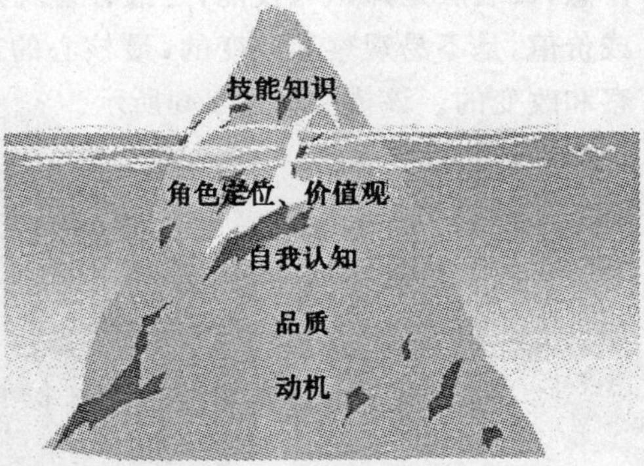

图2-4　素质冰山模型

“冰山以上部分”包括基本知识、基本技能，是外在表现，是容易了解与测量的部分，相对而言也比较容易通过培训来改变和发展。而“冰山以下部分”包括社会角色、自我形象、特质和动机，是人内在的、难以测量的部分。它们不太容易通过外界的影响而得到改变，但却对人员的行为与表现起着关键性的作用。作为冰山水面下的部分，就是我们通常所指的人的“潜能”，从上到下的深度不同，则表示被挖掘与感知的难易程度不同。在水下越深，通常越不容易被挖掘与感知。

资料

戴维·麦克利兰(David Clarence McClelland，1917—1998)

美国哈佛大学教授、行为心理学家、社会心理学家、当代研究动机的权威。1938年在Wesleyan大学获学士，1939年在密苏里大学获硕士，1941年在耶鲁大学获博士。之后曾先后任康涅狄格女子大学讲师、韦斯利昂大学教授及布林莫尔学院教授，1956 年开始在哈佛大学任心理学教授，1987 年后转任波士顿大学教授直到退休。

图 2-5 戴维·麦克利兰

麦克利兰从 20 世纪四五十年代起就开始对人的需求和动机进行研究，提出了著名的“成就动机理论”(即“三种需要理论”)。1963 年，他开创了麦克伯(McBer)顾问公司，这是一家专业协助管理人员评估和员工培训的公司。他在《美国心理学家》上发表论文，指出招聘中常用的智商和个性测试对于选取合格员工的无力和不足，他认为企业招聘应建立在对应聘者在相关领域素质的考查基础之上，应采用 SAT 测试方法。他那一度被认为过于激进的想法现今被企业界广为采用。

(二)洋葱模型

洋葱模型是由麦克利兰的同事，R·博亚特兹(Richard Boyatzis)在对麦克利兰的胜任力理论进行了深入和广泛研究的基础上提出的，他把胜任力比喻成一个洋葱，最表层是知识与技能，是最容易观察和改变的；再里层是自我概念、社会角色或价值，是不易观察和改变的；最核心的部分是特质与动机，是胜任力中最难以观察和改变的。该模型如图 2-6 所示。

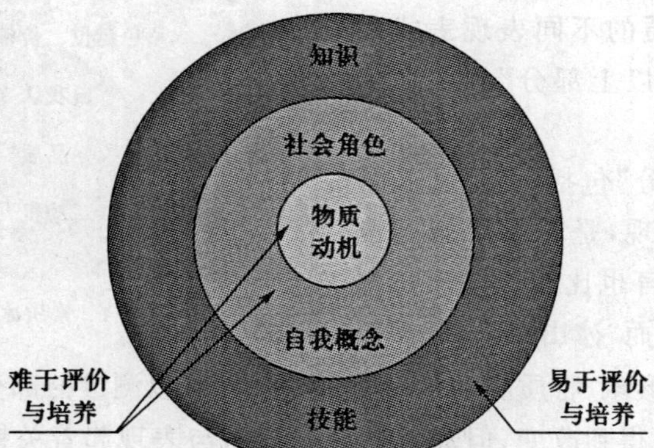

图 2-6 胜任力洋葱模型

素质洋葱模型中的各核心要素由内至外分别是动机、个性、自我形象与价值观、社会角色、态度、知识、技能等。就像一个洋葱一样，一个人的个性和动机是他的内核部，外面一层有自我评价、态度和价值观。第三层是外面表现出来，看得见的技能和知识。技能和知识是比较容易培养的，也是比较易于评价的，而个性和动机等内层要素则难以评价与后天习得。

(三)素质洋葱模型与冰山模型

冰山模型把胜任力形象地描述为漂浮在水面上的冰山，知识和技能是在水面以上的部分，是容易改变的胜任特征；而自我概念、特质和动机部分是属于潜藏于水下的深层部分，是不易改变的胜任特征，它们是个人驱动力的主要部分，也是人格的中心能力，可以预测个人工作上的长期表现。

洋葱模型的本质内容与冰山模型是一样的，但是此模型对胜任力的表述更突出其层次性。在这个模型中，最表层的是知识和技巧，由表层到里层，越来越深入，最里层、最核心的是动机和特质，是个体最深层次的胜任特征，最不容易改变和发展。

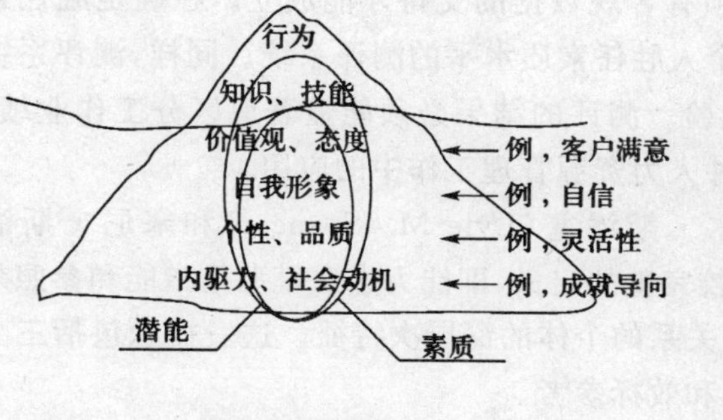

(a) 胜任力冰山模型

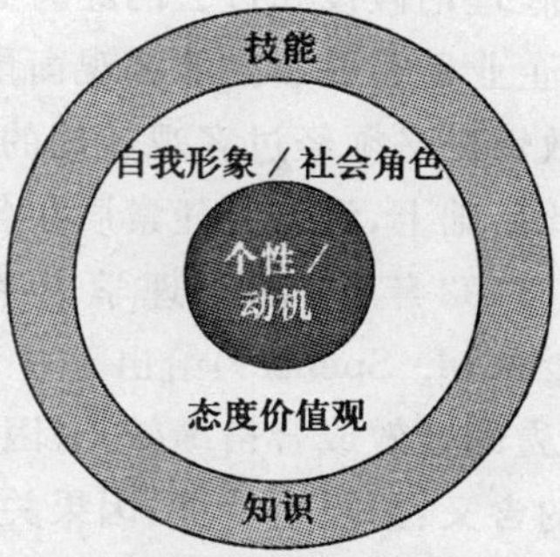

(b) 素质能力模型横切面

图 2-7　胜任力冰山模型及横切图

冰山模型与洋葱模型都说明了胜任力是由不同部分构成的，是有层次的，有的是与生俱来的，且表面上观察不到，也难以通过后天学习或培训改变的；有的不是天生的，可以通过各种方式观察到，同时也可以通过后天不断学习积累形成与改变。

三、麦克利兰能力素质模型的应用

麦克利兰的研究深深影响了美国心理学界和社会公众的观念。这一方法本身也被商业化运用，到 1991 年，胜任素质评价法已经在 26 个国家中的 100 个以上研究者得到应用。时至今日，经过 20 年来的商业运作，使得该方法已经形成了一个全球范围的胜任素质模型数据库和通用胜任素质辞典。目前，胜任素质评价方法已被全球众多的政府部门、教育机构、军队以及国际知名企业等组织所采纳、运用，并显示出它的重要价值。

(一)胜任素质应用原则

胜任素质方法的应用是一项系统性的工作。它涉及人力资源管理的各个方面。许多著名企业的使用结果表明，这种方法可以显著地提高人力资源的质量，强化组织的竞争力，促进企业发展目标的实现。

20 世纪 70 年代初期，麦克利兰博士在美国波士顿创立 MCBER 公司，为企业、政府机构和其他的专业组织提供胜任素质在人力资源管理方面的应用服务。在他的指导下，MCBER 成为国际公认的胜任素质方法应用的权威机构。在各方面的努力下，胜任素质方法在人力资源管理中的优势逐渐被大家认可。在国际上，特别是先进企业中得到普遍接受和广泛运用。一个企业运用胜任素质方法进行人力资源管理，首先要确定什么是某类工作岗位所需要的胜任素质。

确定胜任素质的过程需要遵循两条基本原则：

(1)能否显著地区分工作业绩，是判断一项胜任素质的唯一标准。也就是说，在实际工作中，表现优秀与表现一般的员工必须在所确认的胜任素质上有明显的、可以客观衡量的差别。

(2)判断一项胜任素质能否区分工作业绩必须以客观数据为依据。任何主观判断、理论假设和过去的经验必须有客观数据的支持才能成立。在确定胜任素质后，企业还需要建立能客观衡量个人胜任素质水平的测评系统。同样，测评系统的有效性也必须经过客观数据的检验。测评的结果必须能显著地区分工作业绩，并在此基础上，设计胜任素质在各种人力资源管理工作中的应用。

1993年，美国心理学家莱尔·斯潘塞(Lyle M. Spencer)和塞尼·斯潘塞(Signe M. Spencer)给出了一个较完整的定义，即能力素质模型是指能和参照效标(优秀的绩效或合格绩效)有因果关系的个体的深层次特征。这一概念包括三个方面的含义：深层次特征、因果关系和效标参考。

深层次特征：是指个体潜在的特征能保持相当长一段时间，并能预示个体在不同情况和工作任务中的行为或思考方式，其基本层面为深层的动机、特质、自我形象、态度或价值观，浅层的知识和技能。深层次特征具有跨情景和跨时间的稳定性，能够预测多种情景或工作中人的行为。我们可以把胜任特征描述为在水面漂浮的一座冰山，水上部分代表表层的特征，如知识，技能等；水下部分代表深层的胜任特征，如社会角色、自我概念、特质和动机等，后者是决定人们的行为及表现的关键因素。

因果关系：指胜任素质能引起或预测行为或绩效，也就是说，只有能引发和预测某岗位的工作绩效和工作行为的深层次特征，才能说它是该职位的胜任特征。一般说来，动机、特质、自我概念和社会角色等胜任素质能够预测行为反应方式，而行为反应方式又会影响工作绩效，可表述为意图-行为-结果。

效标参考：是指胜任素质能够按照某一标准，预测效标群体的工作优劣，效标参考是胜任素质定义中一个非常关键的内容。一种胜任素质如果不能预测有意义的差异，与参考的效标没有明显的因果关系，则不能称之为胜任素质。

(二)胜任能力素质的分类

素质模型的构建显然是以冰山理论为基础。水面以下的部分是核心能力素质，对一个人成功最为关键的素质，而恰恰这些素质很多是天生具备的，后天培养的难度非常大。有效识别这些素质对于提升全员素质及新员工招聘都是有帮助的。1981年，理查德·博亚特兹(Richard Boyatzis)对一些关于经理人胜任素质的原始资料重新进行分析，钻研并归纳出一组用来辨别优秀经理人才的胜任素质因素，这些因素能够同时适用于不同的公司及功能。从能力素质的适用范围，将其分为核心能力素质(Core Competency)和差别能力素质(Specific Competency)。其中核心能力素质是针对组织中所有员工的、基础且重要的要求,它适用于组织中所有的员工,无论其所在何种部门或是承担何种岗位;而差别能力素质是依据员工所在的岗位群,或是部门类别有所不同,它是为完成某类部门职责或是岗位职责,员工应具有的综合素质。

另一方面,从能力素质的行为表现形式来看,又有通用能力素质(Threshold Competency)和差别能力素质(Performance Competency)之分。通用能力素质和专业能力素质往具体的工作方面更进一步,通用能力素质是指某一类人所具备的共同的反映提升绩效、降低风险的素质要素,而差别能力素质是指某个专业方向的人操作层面所要求的知识和专业技能,后天比较容易培养,属于水面以上的冰山部分。

任何工作的完成都有一般标准,而职务承担者要完成某项工作,都要求具备一些通用技能和特定技能,并且要具备适应其工作环境的能力以满足工作中的需求。这三种技能分别是通用技能、特定工作技能和适应环境技能。职务承担者必须达到三种技能的某种程度的统一,才能以满意的标准完成工作任务。只有具备这三种技能的职务承担者才能称为完整意义上的职务承担者。

因此,能力素质模型通常包括三类能力:全员核心能力、职系序列通用能力、专业技术能力。

(1)全员核心能力:全体员工必备能力要求。是指适用于公司全体员工的工作胜任能力,它是公司企业文化的表现,是公司内对员工行为的要求,体现公司公认的行为方式。

(2)职系序列通用能力:是指在企业内一个职系多个角色都需要的技巧和能力,但重要程度和精通程度有所不同。通常有管理类、技术类和技能类等(如主任、主管和员工各职级)。

(3)专业技术能力:具体到岗位员工。指某个特定角色和工作所需要的特殊的技能,通常情况下,专业技术能力大多是针对岗位来设定的。

(三)麦克利兰的通用胜任素质

从1989年起,麦克利兰开始对全球200多项工作所涉及的胜任素质进行观察研究。经过逐步的发展与完善,共提炼形成了21项通用胜任素质要素,构成了胜任素质辞典(Competency Dictionary)的基本内容。这21项胜任素质要素概括了人们在日常生活和行为中所表现出来的知识与技能、社会角色、自我概念、特质和动机等特点,形成了企业任职者的胜任素质模型。麦克利兰将21项素质要项划分为6个具体的素质群,同时依据每个素质族中对行为与绩效差异产生影响的显著程度划分为2～5项具体的素质。6个素质群及其包含的具体素质和通用胜任素质与冰山模型的对应关系见表2-3、2-4:

表 2-3　　麦克利兰 21 项通用胜任素质

成就与行动素质群	成就导向　重视秩序　品质与精确　主动性　信息收集
帮助与服务素质群	人际理解　客户服务导向
冲击与影响素质群	冲击与影响　组织认知　关系建立
管理素质群	培养他人　命令:果断与职位权力的运用　团队合作　团队领导
认知素质群	分析式思考　概念式思考　专业知识
个人素质群	自我受制　自信心　弹性　组织承诺

表 2-4　　通用胜任素质与冰山模型的对应关系

麦克利兰素质冰山模型	麦克利兰通用胜任素质
社会角色(通常描述的词汇有价值、态度)	冲击与影响素质群
自我概念	个人效能群
个性特征	认知素质群
动机	帮助与服务素质群、成就与行动素质群

麦克利兰和他的研究小组根据对 200 多人在工作中的行为及其结果的观察(运用行为事件访谈)所得到的信息,建立了 286 项胜任素质模型数据库,其中包括一般企业、政府、军队、教育和宗教等组织中的技术/专业、市场、企业家/领导人、服务等类人员的胜任素质。该数据库记录了大约 760 种行为素质,其中与 360 种行为素质相关的 21 项胜任素质要素能够解释每个领域工作中 80%～98%比例的行为及其结果,其余 400 种行为素质只说明较少提到的胜任素质要素,因此这 360 种行为素质就构成了胜任素质辞典的基本内容。

表 2-5　　麦克利兰在 20 世纪 90 年代建立的企业通用能力素质模型

素质族	素质要素	级别			
		管理类	技术类	市场类	人力资源管理
目标与行动	成就导向	6	6	5	
	主动性	3	4	2	2
	信息搜寻	2	2	2	
	关注程序		2		
影响力	影响力	6	5	5	5
	关系建立	5		2	4
自我概念	自信	2	3	3	3
	自控能力				3
	灵活性				2
	正直诚实等				3
认知	演绎思维	3	4	2	3
	归纳思维	2	4	2	2
	专业知识技能		2		2
管理	团队合作	4	2		3
	培养人才	3		2	5
	监控能力	2			2
	领导能力	2			
帮助与服务	人际理解力		3	5	4
	客户服务		2	3	3

继麦克利兰对胜任素质进行研究与分析之后，后来的学术界和企业界都在各自的研究与实践基础上，将胜任素质辞典加以丰富和细化，进一步发展了对21项胜任素质的研究，使之不仅具有了更广泛的适用性，而且变得更加清晰有效。

辞典中所涉及的胜任素质项目，由于考虑到一般工作上的行为，因此在尺度的设计上，以适用于大多数工作的做法来呈现，使用时应特别注意：

(1)由于辞典的尺度具有广泛的适用性，所以缺乏精确性。一些胜任素质可能对某些具体的工作相关性不强，因此运用一般性的尺度可以协助企业加快胜任素质研究的精确度，但不应该取代企业应有的实际研究。辞典中的胜任素质要素为企业进行自身胜任素质研究提供了参考，各个企业在建立胜任素质模型时应针对组织的具体情况来进行研究，即根据企业所处行业特点以及自身特性，包括所处发展阶段、资源掌握的成熟度、市场情况等外部条件的完善程度等，通过对胜任素质要素的不断修订、增删以及重新组合，形成符合行业与企业个性需要的胜任素质辞典。

(2)辞典中呈现的是最经常出现的21项胜任素质。许多工作需要一些特殊能力或特性，这些独特的胜任素质约占工作的2%～20%，需要企业在辞典的基础上结合自身情况去研究开发。

第四节　能力素质模型的开发流程

胜任力模型是指将胜任岗位工作所需要的核心胜任力提取出来形成的集合体，其基本结构包括胜任力因子及定义、评价等级及相应的行为描述/指标。素质模型建立方案的选择因企业的目的、规模、资源等条件的区别而有所不同，其一般建模方案为：

一、前期工作

(一)确定问题与需求

深刻理解组织构建素质模型的目的，组织从事这件事情的出发点是什么。比如通过了解，组织有两个方面的人力资源管理问题：提高新员工招聘有效性问题。其中之一是，不同序列人员调配的“彼得高地”(The Peter Principle)问题(管理学家劳伦斯·彼得在其《彼得原理》一书中，曾经发出警告，在企业和各种其他组织中都普遍存在一种将员工晋升到一个他所不能胜任的职位上去的倾向。如果下降一个职位等级，这人可能是个非常优秀的员工，但他现在却不得不在一个自己所不能胜任的但级别却较高的职位上耗下去。)在传统的评价体系中，员工们所受到的激励就是不遗余力地“往上爬”，而不管他最终爬上去的这个岗位是否真的适合他。结果，不能发挥其本身的优势，造成业绩降低，情绪低落，看来这是一个双失的局面。所以，通过对各序列的人员形成素质模型，以便更好地调配人员。人力资源以往的招聘注重了笔试和面试，并没有有效地甄别新员工的能力(冰山以下的部分)，通过调研构建出新员工的素质模型。

(二)成立模型开发项目小组

要确保顺利开发基于岗位的胜任力模型，首先成立项目组，其组员要有中高层领导、人力资源管理者、外部胜任力模型专家以及所要开发胜任力模型的部门负责人参与。

中高层领导参与的目的主要是协调项目组与各部门的工作，调动需要配合人员积极参与到胜任力模型的开发过程中，是项目不可缺少的高层支持。

人力资源管理者是胜任力模型的直接使用者和管理维护者，没有他们的全程参与，可能因为缺乏对开发过程中的专业训练和胜任力模型的全面理解，开发出来的胜任力模型不能很好得到应用。

外部胜任力模型专家的参与，主要在方法、技术和工具给予指导，因而使开发的胜任力模型更具有科学性、可操作性。

另外需要开发胜任力的部门的负责人参与，一是利用成员身份加大他们对胜任力模型的宣传，二是减少以后推行胜任力模型的阻力。

一般来说，中高层领导1人为项目组长，组员为人力资源管理者2～3人，并在其中选出1人作为副组长负责项目管理，外部专家1人，部门负责人若干。

(三)企业调查分析

首先分析影响企业战略目标实现的关键因素，研究企业面临的竞争挑战，然后提炼出企业员工应具有的胜任素质，从而构建符合企业文化及环境的胜任素质模型。核心素质来源于由行业特征与企业文化与战略特征决定的素质，是整个组织获得成功应该具有的优势，也就是组织为实现其全部的愿景、战略、目的和目标所需要的素质。因此，企业所有的组织活动都围绕着企业的文化、核心价值观运行，这样其胜任素质模型才会有效。

(1)充分考虑公司的文化：能力素质模型应该考虑到人才对于文化的兼容性，促进公司形成符合战略需要的文化。

(2)以战略为导向：从行业、企业成长阶段出发，能力素质模型必须反映战略发展对于人才的需求。

(3)以职位的客观要求为依据：能力素质模型必须从职位的实际出发，以完成职位的工作任务为标准。

(4)考虑公司的成长阶段：能力素质模型必须反映公司成长阶段，以适应公司发展需要。

通过内部资料分析法对企业的制度文件、企业战略、企业文化等方面资料的收集，分析企业的个性化要求。同时，还要以行业内的排头兵企业作为重点研究对象，行业外的标杆企业作为参考研究对象，补全企业的素质模型要素。分析出这些素质要素后，还要能够明确地定义这些要素，以便在下一步访谈中做到尺度一致，使数据汇总时不至于出现矛盾和误差。

(四)研究方法

对胜任特征进行科学系统的管理与开发,建立胜任力模型的通常有归纳法、推导法和修订法三种做法,或将三种方法有机结合起来(如图 2-8 所示)。

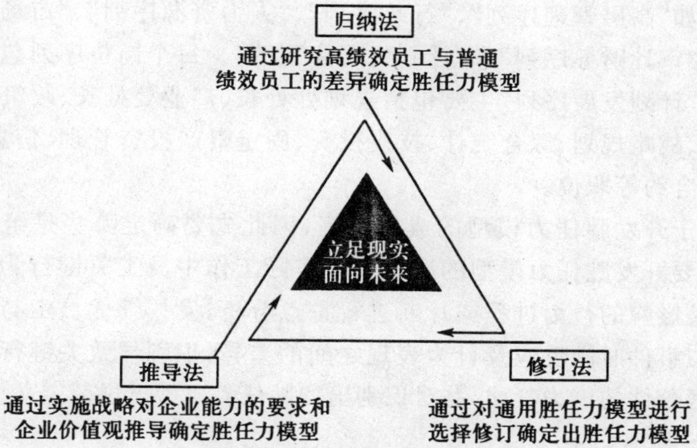

图 2-8 胜任力模型三种方法有机结合

(1)归纳法有具体的行为做依据,开发出的胜任力模型最能贴近企业现实,应用起来的效果好,更适用于成熟与稳定的企业。缺点是开发过程耗费时间和精力很大,又需要特殊的行为事件访谈能力,操作难度亦很高。

(2)推导法的实质是一个逻辑推导过程,其基本步骤是:澄清组织愿景、使命、战略和核心价值观;了解岗位角色和职责;推导胜任力。这种方法的优点是胜任力模型与企业战略及价值观密切相关,逻辑清晰。缺点是缺乏具体行为作依据,胜任力模型的描述过于抽象空泛,容易脱离现实。

(3)修订法是建立胜任力模型的一种简便方法。通常由专业顾问根据对组织的初步了解,结合通用的胜任力调查项目,提出一组相当数量的胜任力项目。然后由相关人员选择,根据选择频率筛选确定出胜任力模型。此种方法的优点是省时省力,对于初步引进胜任力概念而没有能力在胜任力模型开发上大量投资的企业不失为一种有效的方法。缺点是通用的成分多,与企业具体的文化、战略结合不够紧密。

单纯用某一种方法构建胜任力结构是有很大局限性的,因此需要采用 3 种方法相互结合的方式。

二、构建步骤

(一)岗位分类划分

如果组织对现有的职位群没有进行明确划分,则需明确组织的职位群和需要开发胜任力模型的职位,因此需要通过项目组讨论,对组织现在岗位进行职类职种划分。大体上,组织一般有管理类、技术类、市场类、专业类、作业类等职类职种的划分。

岗位序列的划分以岗位素质要求的相似程度为依据，每个序列中各个岗位的通用胜任素质要项相同，所以岗位序列的划分是岗位胜任素质模型设计的前提。针对岗位说明书中的职责描述与岗位能力素质的要求，依据岗位工作性质相近、素质要求相似的原则，在与组织有关负责人沟通的基础上，把组织的所有岗位划分为若干个序列，如“高层管理序列”、“行政序列”、“人力资源序列”、“市场营销序列”、“科研序列”、“审计财务序列”和“计划发展序列”等。每个岗位序列包含诸多具体的岗位，例如“计划发展序列”主要包括规划处处长、产业处处长、政策研究室副主任、管理改革、战略规划、综合统计、技改投资、固定资产投资管理、信息化管理、计划预算、预算合约等职位。

另外，由于开发胜任力模型的成本较高，因此先要确定哪些是组织的关键岗位，而且必须要开发胜任力模型的岗位。对实际工作中员工关键行为、特征、思想和感受有显著影响的行为过程或片断进行重点分析，发掘绩优员工与绩效一般员工在处理类似事件时的反应及行为表现之间的差异，识别导致关键行为及其结果的具有显著区分性的能力素质，并对识别出的胜任素质做出规范定义。

(二)确定绩效标准

简单地说，绩效标准就是能够鉴别工作表现优秀的员工的指标或者规定，通过对目标岗位的各项构成要素进行全面评估，区分员工在目标岗位绩效优秀、绩效一般和绩效较差的行为表现，从而界定绩优标准，再将界定好的绩优标准分解细化到各项具体任务中，从而识别任职者产生优秀绩效的行为特征。

一般采用工作分析和专家小组讨论法来确定。工作分析法即采用工作分析的各种专用工具与方法，明确工作岗位的具体要求，提炼出鉴别绩效优秀的员工与绩效一般的员工的标准。

工作分析的具体流程如下：

(1)对公司的所有岗位进行归总，整理出岗位清单；

(2)由组织有关人员为主要成员，成立工作分析小组；

(3)在做工作分析之前，首先对小组成员进行工作分析和岗位调查方面的培训，使其对工作分析的理论知识和操作方法有初步了解；

(4)对各岗位员工发放岗位调查问卷，进行岗位调查；

(5)对公司现有的资料(如部门职责、操作规范、业务流程等)进行分析和总结；

(6)结合部门职责与核心业务流程，以及岗位调查问卷结果，进行针对性补充访谈；

(7)针对岗位调查结果和访谈报告，结合对公司资料的理解，对每个岗位进行分析，最后编写出各个岗位说明书。

另外，专家小组讨论法则是由优秀的领导者、人力资源管理层和研究人员组成专家小组，就此岗位的任务、责任和绩效标准以及期望优秀领导表现的胜任力模型行为和特点进行讨论，得出最终的结论。其他简单有效的做法可以是以组织前两年考核结果作为确定绩效标准的依据。

(三)选取分析效标样本

选择那些对企业战略目标的实现起关键作用的核心岗位作为目标岗位，然后分析目标岗位要求员工所应具备的胜任力特征。按照制定的绩效标准，分别从绩效优秀和绩效普通的员工中分层分类抽取一定数量的员工进行访谈和调查。访谈结果举例，见表 2-6。

表 2-6　绩效优秀和绩效普通的员工的行为举例

低效的行为表现	高效的行为表现
— 沉醉于解决事务性问题	— 身体力行公司所宣扬的原则和精神
— 只是发号施令，不参与关键任务的执行或不重视任务执行中的关键细节	— 建立挑战性的愿景并确保团队的理解和认同
— 只建立员工对个人的信任崇拜而不是重视培养员工对组织的信任	— 保持对愿景、目标的热情并将热情传递给团队
— 只任用自己能控制的人	— 培养员工对于公司事业的使命感、自豪感
— 不能向团队有效沟通公司的愿景和战略	— 将公司的战略转化为可执行的行动计划
— 一言堂，听不得他人意见	— 将培养关键能力贯穿于短期目标的实现过程中
— 对于既定的战略遇到偶然、暂时的干扰就轻易放弃或改变方向	— 积极寻找、整合、分享内部及外部资源
— 以批评代替有效沟通	— 利用 80/20 原则，集中精力做最重要的事
— 政策制定缺乏连贯性、变来变去	— 为实现目标敢于承担经过分析的风险
	— 提供自己的品德、修养，形成个人独特的风格
	— 敢于任用不同于自己或比自己强大的人
	— 主动创造组织内人员背景、风格的多样性
	— 遇到困难时着重于可能性而不是局限性

基本要求：

(1)根据目标岗位的胜任特征，在从事该岗位工作的员工中随机抽取绩效优秀员工(3～6 名)和绩效一般员工(2～4 名)作为样本组。大企业抽取样本比例可适当大一些。

(2)员工在本单位的任职时间不少于两年。

(3)确保样本来自单位的各个层级和各部门。

(四)获取胜任力模型数据

获取效标样本有关胜任力模型的数据，可采用行为事件访谈法(BEI)、专家小组法、问卷调查法、全方位评价法、专家系统数据库和观察法等方法，并将获得的信息与资料进行整理归类，目的是从员工的行为事件中去提炼他经历成功与失败的主要原因。为保证信息量足够大，遇到不想说或者有顾虑的员工，要想尽各种方法去激励他们，找出他们成功的以及需要进一步提升的要素。通过问卷调查法对访谈结果和各方面资料的分析，制定相应的访谈问卷，在更广的范围上对优秀人员与一般人员作一个对比。当然还要去直接询问他本岗、上级、下级应该具备的素质，以便作为对该岗和其他岗位进行半结构化访谈分析结果的一个印证。

通常是以 BEI 为主、问卷调查和全方位评价为辅的方法获取胜任力模型数据。

(1)BEI 是开发胜任力模型的核心方法和工具，通过受访者描述的行为事例，一方面提取岗位的胜任力因子，另一方面为编制胜任力的行为描述提供信息。

(2)通过问卷调查一方面广泛收集员工的意见,弥补在 BEI 中遗漏的信息,另一方面验证行为事件的主题分析及编码结果,看从样本行为事件访谈提取的胜任力因子是否能够得到其他员工的认同。

(3)全方位评价主要通过与该类岗位的中高层领导和部门负责人进行访谈,让他们代表组织层面对该类岗位任职人员提出要求和标准。

通过以上三种方法的结合运用,不仅从员工层面提炼出胜任岗位所需要的胜任力标准,而且从组织层面提出胜任岗位所需要的胜任力标准,以达到双方都认同的胜任力标准,从而构建更为准确、科学的各类岗位胜任力模型。

(五)资料整理与统计分析

胜任力模型中各胜任力因子的权重确定主要通过问卷调查和专家小组讨论法,先通过问卷调查要求被试对每个胜任力的重要性程度进行评价,以每个胜任力因子重要性程度的平均值作为依据。对各个素质项目进行等级划分,并对不同的素质等级做出行为描述,初步建立胜任素质模型。

(1)运用"专业定性分析软件",将访谈现场录音资料整理成行为事件访谈报告。

(2)对其进行主题分析及编码,记录各种胜任力在报告中出现的频次,将编码所得到的数据进行汇总,得出优秀组和普通组在每一胜任力出现的频次和等级的差别。

(3)运用 SPSS 或其他统计软件进行描述性统计和 T 检验。

(4)将差异显著的胜任力因子提取出来作为岗位的核心胜任力,进而建立岗位的胜任力模型。

三、构建胜任素质模型

结合企业发展战略、经营环境及目标岗位的实际情况,将初步建立的胜任素质模型与企业、岗位、员工三者进行匹配与平衡,构建并不断完善胜任素质模型,其主要由核心胜任素质、序列胜任素质和专业胜任素质三个部分组成。

(一)确定核心胜任素质

核心胜任素质要求全体员工都应该具备,这是组织战略和组织文化的基本要求。在胜任素质模型的建立过程中,核心胜任素质是由组织的企业文化、价值观和发展战略推导出的,同时也要结合组织高层的访谈,寻找到组织领导人对全体员工的管理期望,经过对这些方面的综合分析,可以得到组织的核心素质。对于组织来说,其整体发展战略要求全体员工要具有强烈的服务能力,以此来应对激烈的市场竞争环境;同时,组织的管理又要求全体员工要有"敬业精神、主动性和责任心"。另外,组织高层对员工的要求,一般集中在做人方面"要讲求诚信,为人要正直"等。综上所述,组织的核心胜任素质可归纳为:"诚信正直、责任心与服务能力"。

(二)提炼序列通用胜任素质

序列胜任素质是每个序列中各职位所应共同具备的素质。在序列通用胜任素质的提炼过程中,主要采用了问卷调查法、行为事件访谈法(BEI)和专家评议法等方法。通过问卷调查来分析各个序列中通用胜任素质的重要程度。通过对组织的基本情况进行分析,初步建立了该组织的"能力素质库",作为问卷调查的依据。

例如,某公司的能力素质要项包括:学习能力、创新能力、协调能力、沟通能力、分析判断能力、问题解决能力、适应能力、培养下属能力、计划能力、组织能力、控制能力、执行能力、信息检索能力、领悟能力、情绪稳定性、心理承受能力、忠诚、自我认识、团队合作精神、全局意识、人际敏感性、责任心、原则性、事业心、魄力和胆量等。

根据能力素质库设计能力素质问卷,并且对每个岗位进行问卷调查,然后根据各序列所包含的职位进行归类,统计出各个序列各自的通用胜任素质,以此确定出各个岗位胜任素质的重要程度。比如,在"计划发展序列"中,最为重要的胜任素质是:学习能力、协调能力、沟通能力、问题解决能力、原则性等(如图 2-9 所示)。

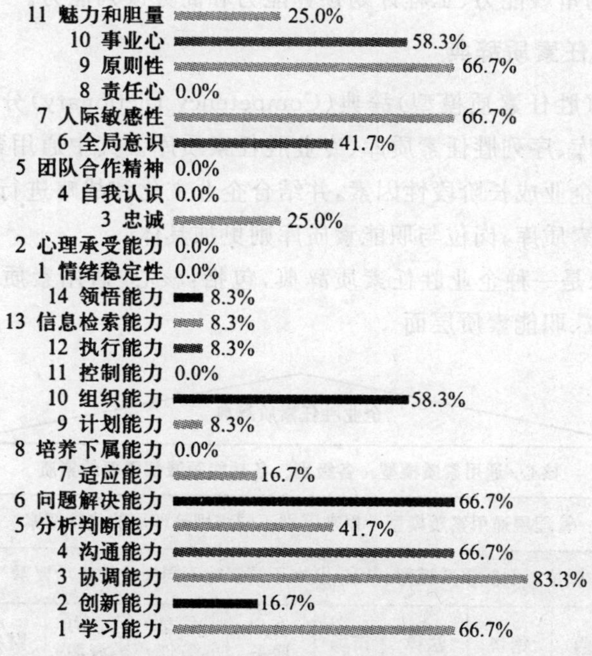

图 2-9　胜任素质问卷调查结果(计划发展序列)

通过行为事件访谈法(BEI)来确定各个序列中胜任素质的重要程度。对一些绩效良好的员工进行行为事件访谈,针对每个员工访谈的结果,统计出每个序列能力素质的频次,例如,根据计划发展序列中每个能力素质在访谈中出现的频次,来确定序列中胜任素质的重要程度。据此可以确定在各个岗位中出现较多的能力素质应该是最为重要的。

初步确定每个序列胜任素质要求，并通过专家评议法进行筛选。通过对问卷和访谈结果的分析和组合，可以初步确定出每个序列的胜任素质要项。在此基础上，有关专家（根据职位的不同，赋予不同的权重）对每个序列中初步确定的胜任素质进行筛选。参加评议的专家为公司的高层人员，需要先对他们进行素质模型、序列划分、各胜任素质释义方面的培训；然后再由专家对各个序列初步确定的胜任素质按照重要程度进行排序，根据选择的结果确定各个序列的胜任素质以及各个素质在本序列中所占的权重（在进行分值的确定时，直接上级所占的权重要加大）。这样每个序列最终都确定出若干序列胜任素质。

（三）推导出专业胜任素质

专业胜任素质是由各个岗位的具体职责要求决定的，每个岗位各有差异。对于每个岗位各自应具备的专业胜任素质来说，主要是以各个岗位的说明书为基础推导确定。先由各个岗位的职责推导出该岗位的工作任务，由工作任务再推导出相应的工作行为，对这些行为加以归类，便得到了每个岗位的专业胜任素质。例如“计划发展序列”中“计划预算”岗位专业胜任素质，经过推导过程，岗位的专业胜任素质为：预算合约审核能力、工程计划预算能力和商务谈判能力。

（四）制作胜任素质辞典

胜任力模型（胜任素质模型）辞典（Competency Dictionary）分为三种模式：通用核心胜任素质库、序列胜任素质库、专业胜任素质库。其中通用素质库综合考量了行业特性以及企业成长阶段性因素，并结合企业文化和战略进行梳理，包括不同管理层级的通用素质库；岗位与职能素质库则更加具体。

图 2-10 所示是一种企业胜任素质辞典，包括：核心/通用素质层面，管理层通用素质层面，岗位、职能素质层面。

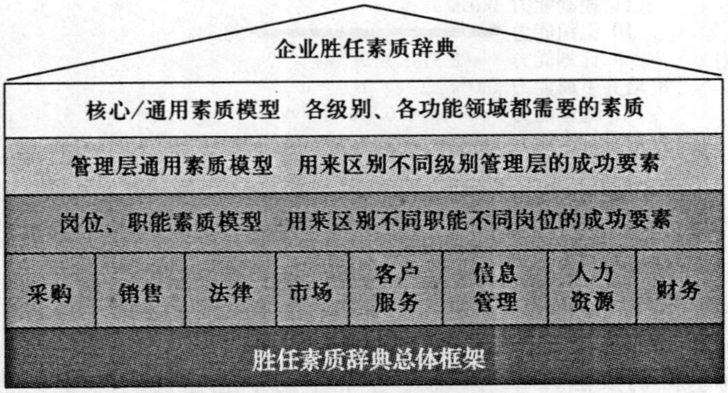

图 2-10　企业胜任素质辞典举例

（五）对各岗位胜任素质进行等级评定

经过以上各种方法的应用，就可以得到全员的核心胜任素质、各个序列的通用胜任素质和每个岗位的专业胜任素质，这样将三者加起来，每个岗位的胜任素质要项就明确了。例如“计划预算”岗位的胜任素质为：“诚信正直、责任心、客户服务能力、学习能力、问题解决能力、全局意识、分析判断能力、信息搜集能力、预算合约审核能力、工程计划预算能力和商务谈判能力”。

但是胜任素质的应用必须有量化的数据，这需要对每个胜任素质进行等级评定。首先要对各个胜任素质进行行为描述分级，然后以此为标准对各个岗位的胜任素质进行等级的评价（通过公司内外一些熟悉该岗位的专家对每一个岗位的各项胜任素质逐项打分），最终确定每个岗位的胜任素质模型。比如“诚实正直”这一素质是指行为与价值观一致，在与自己坚信的人生信条及价值观相冲突时能坚持正义，具体行为由低到高可以分为四个等级：一级，解决问题，对现有的机会采取行动；二级，行动与信仰一致；三级，有阻力，但仍按信仰做事；四级，敢于冒险行事。

模型构建要注意：员工必须根据职类职种进行分析，明确层级，保证素质模型的准确性和实用性；访谈的员工必须是绩效优秀（标准必须达到双方的一致认可）的员工，用以与绩效一般员工进行区分，提炼优秀员工所特有的素质要素。还要参考行业特点以及企业的个性要求，保证企业员工的素质模型不仅是反映现实的，更能够具有指向作用。

四、测评验证与模型功能调整

（一）素质测评验证

当素质模型构建完毕后，要对访谈对象进行测试，以验证素质模型构建的准确性，可以选取的测评手段主要是 BEI 访谈、无领导小组讨论、文件筐测试、360°反馈、标准化心理测验等。具体适配度见表 2-7。

表 2-7　素质模型构建验证适配度

胜任素质选项	测评方法				
	BEI 访谈	无领导小组	无文筐测验	360°反馈	标准化心理测验
战略思考能力			✓✓	✓✓✓	✓
商业敏锐度			✓	✓✓✓	✓✓
执行与结果导向	✓		✓✓✓	✓✓	
客户导向	✓✓	✓		✓✓	✓✓✓
团队领导		✓✓✓	✓		✓✓
人员培养	✓✓✓			✓✓	✓
适应性	✓✓	✓	✓		✓✓✓
冲突管理	✓			✓✓✓	✓✓
计划能力	✓✓		✓✓✓		✓

注：“✓”越多表示权重越大

（二）素质模型调整

当对所有受测对象进行素质测评后，如果发现某职类某职级的员工达标率在

90%以上或低于60%就需要对该类别员工的素质要素定级标准进行调整，素质等级不再变化。而对达标率在60%～90%的员工，需要更为仔细的辨别，如果该职类职级的员工某项素质一半以上任职者不达标，则需要调整该项素质的等级描述；如果只有少数人不达标，则不予调整。

(三)评价任职者能力素质

在确定各岗位能力素质标准的基础上，即可进行人员能力素质评价，确定岗位任职者的能力素质的实际等级。进行实际评价时，为保证能力素质评价的准确性和一致性，评估小组成员应当和岗位等级划分评估小组成员相同，而且，他们对任职者能力素质的等级评定也应按照同样的权重比例来确定最终等级结果。

在确定了各岗位任职者的能力素质评价等级之后，接下来就是按照既有的权重比例和赋分规则来计算任职者的各要项各维度的实际得分。在计算任职者的各要项各维度的实际得分基础上再进行加总，即可确定该岗位任职者的能力素质的总体得分。

对于岗位任职者的实际得分，可以比照岗位标准要求对其进行能力素质差异分析。一般而言，某岗位任职者的能力素质实际得分是会和标准分值存在差异的，可能是小于要求分值，也可能是大于要求分值。如果小于要求分值，就表明该任职者在能力素质上与岗位实际要求存在差距，必须通过培训来促进提升和改善；如果大于要求分值，就表明该任职者在能力素质方面能够胜任该岗位，并且符合晋升基本要求。

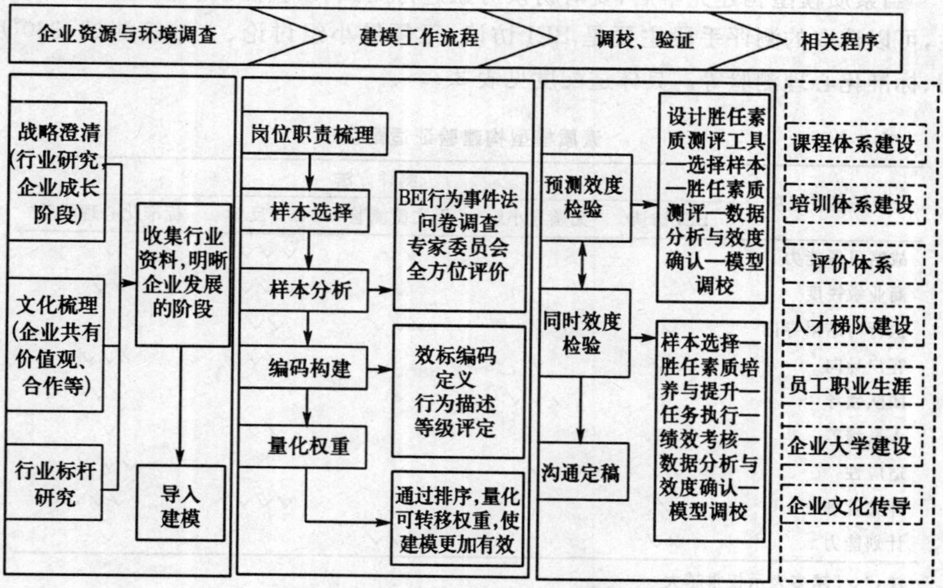

图2-11 胜任素质特征模型建构标准化流程图

复习思考题

1. 什么是能力素质模型？其作用和意义是什么？
2. 解释博亚特兹(Boyatzis)“冰山模型”。
3. 简述人力资源管理的 KSAO 模型定义的含义。
4. 简述你对麦克利兰素质冰山模型的理解。
5. 简述斯潘塞能力素质模型应用原则。
6. 简述能力素质模型的开发流程。

第三章
工作与人员分析

人力资源管理工作在企业中的重要性越来越引起人们的重视，人力资源管理已从传统的人事管理变成以评估考核为基础的能力主义管理路线。而一个能够被评估考核的基础就是能够被量化，量化也就是具有行为上的可操作性。可操作性的前提就是要进行工作与人员分析，可以说，工作与人员分析是人力资源管理的基石。工作与人员分析的结果可以应用在人力资源计划、招聘、培训、生涯设计、薪酬设计、绩效考核、定额制定等方面。工作与人员分析不仅是人力资源管理工作的核心，同样也是人本管理的基础。

第一节　工作与人员分析概述

工作与人员分析在企业管理中获得了广泛应用，从最初仅仅为了工艺流程的设计和人员的招聘发展到了应用工作分析的结果进行绩效考核、培训和薪酬管理等。工作与人员分析的内容包括对工作的描述和对从事工作的人的要求两方面。工作描述规定工作的责任和任务，对人员的要求规定完成某一工作必须具备的知识、能力和其他个人特性。

一、工作分析的定义

所谓工作分析，是指对某特定的工作职位作出明确规定，并确定完成这一工作需要有什么样的行为的过程。工作分析是通过系统全面的情报收集手段，提供相关工作的全面信息，以便组织改善管理效率。工作分析是人力资源管理工作的基础，其分析质量对其他人力资源管理模块具有举足轻重的影响。工作分析在人力资源管理中的位置，如图 3-1 所示。

工作分析是指对工作进行整体分析，以便确定每一项工作的 7 个 W：用谁做(Who)、做什么(What)、何时做(When)、在哪里做(Where)、如何做(How)、为什么做(Why)、为谁做(Whom)。分析的结果或直接成果是工作描述和工作说明书。

工作描述：具体说明了某一工作职位的物质特点和环境特点，主要包括以下几个方面：

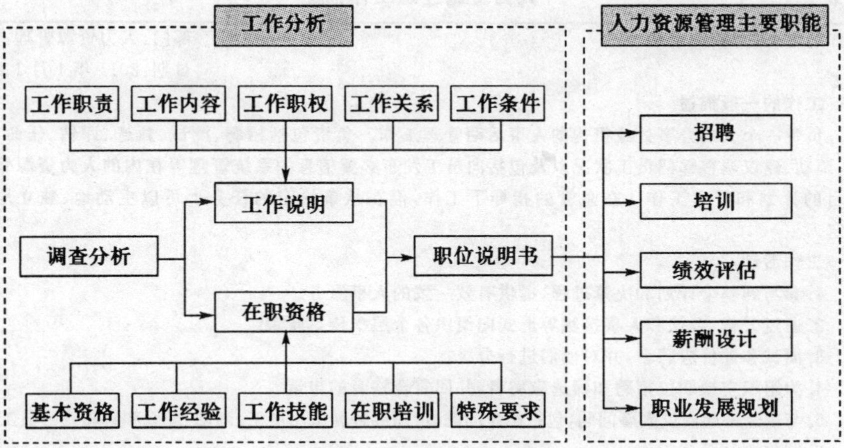

图 3-1 工作分析在人力资源管理中的位置

(1)职位名称。指组织对从事一定工作活动所规定的职位名称或职位代号,以便对各种工作进行识别、登记、分类以及确定组织内外的各种工作关系。

(2)工作活动和工作程序。包括所要完成的工作任务、工作责任、使用的原材料和机器设备、工作流程、与其他人的正式工作关系、接受监督以及进行监督的性质和内容。

(3)工作条件和物理环境。包括工作地点的温度、光线、湿度、噪音、安全条件、地理位置、室内或室外等等。

(4)社会环境。包括工作群体中的人数、完成工作所要求的人际交往的数量和程度、各部门之间的关系、工作地点内外的文化设施、社会习俗等等。

(5)聘用条件。包括工时数、工资结构、支付工资的方法、福利待遇、该工作在组织中的正式位置、晋升的机会、工作的季节性、进修的机会等等。

工作说明书:又称职位要求,要求说明从事某项工作职位的人职人员必须具备的生理要求和心理要求。主要包括以下几个方面:

(1)一般要求。主要包括年龄、性别、学历、工作经验等等。

(2)生理要求。主要包括健康状况、力量和体力、运动的灵活性、感觉器官的灵敏度等等。

(3)心理要求。主要包括观察能力、集中能力、记忆能力、理解能力、学习能力、解决问题的能力、创造性、数学计算能力、语言表达能力、决策能力、特殊能力、性格、气质、兴趣爱好、态度、事业心、合作性、领导能力等等。

工作说明书从工作描述发展而来。它说明了"有效地进行这项工作需要什么样的个人特性和实践经验"这个问题。工作说明书在为招聘和甄选提供依据方面尤为有用。例如,假设你需要为表 3-1 所示职位寻找一名人力资源经理,从工作说明书中你可以了解到,一名胜任的候选人需要有大学教育程度以及至少六年的人力资源管理经验。

表 3-1　　　　人力资源经理工作描述

工作名称:人力资源经理	部门:人力资源管理 日期:2011 年 1 月 1 日

工作的一般描述

负责一个大的办事处或机构的人事活动管理工作。负责包括招聘、测试、甄选、评估、任命、提升、调动、建议调整部门员工状况以及包括向员工发布必要信息的系统管理等在内的人力资源管理项目的计划和管理工作。在总管的指导下工作,但在从事给定的任务上可以主动地、独立地做决定。

工作活动

1. 参与到整个计划和决策过程,提供有效一致的人事服务。
2. 通过公告、会议和人事接触等形式向组织各个层次传达政策。
3. 面试和评价应聘者,并对他们进行分级。
4. 为组织空缺职位招聘和筛选应聘者,并回复合格者的申请。
5. 与主管一起商议人事问题,包括配置问题、留用或解聘试用员工、调动、降级和解聘终身员工。
6. 监督测试管理工作。
7. 发起人事培训活动,并使它们与办公人员和管理者的工作相适应。
8. 建立有效的服务评价体系,培训管理人员进行员工评价。
9. 管理员工人事档案。
10. 直接或通过下属来管理一群员工。
11. 从事分配的相关工作。

一般资格要求

1. 经验和培训:应当在人力资源管理领域有相当的经验,至少六年。
2. 教育:毕业于四年制的学院或大学,人力资源、工商管理、工业心理学等专业。
3. 知识、技能和能力:熟悉人力资源管理人员筛选和分配的原则和实践,能进行工作评估。
4. 责任:能够管理一个由三个人力资源管理专职人员,一个秘书和一个办事员组成的部门。

工作与人员分析对于整个人力资源管理活动甚至对整个公司的管理活动的意义非常明显。这主要表现在以下几个方面:

(1)通过工作分析可以使管理者明确目前和将来一段时间的工作量,从而明确人力资源需求的数量以及需要填补的岗位,为人力资源规划提供依据。

(2)企业哪些岗位空缺,需要招聘什么人,招聘多少人等信息都依赖于工作分析的过程与结果,即工作说明书中的要求。

(3)如何开发有效的、合法的测试和面试,才能从大量候选者当中遴选出最适合岗位要求的人。通过工作分析所得到的人员任职资格,即胜任岗位的人应该具备的知识、能力、经验等都可以作为开发人员遴选方法的标准。

(4)员工工作表现如何只能根据工作内容标准来考核,通过工作分析能够得到员工履行每一项工作的期望标准,这样建立的考核标准才称得上科学和合法。

(5)哪些人需要培训?培训什么?如何培训?通过工作分析得到各岗位胜任所需要的知识与技能,岗位任职者的能力与岗位要求有大的差异,就不会带来高的绩效,这些人需要培训以提高技能。

(6)根据工作分析得到各岗位在工作任务繁简、承担责任大小、岗位要求人员资格高低等信息的差异,可以做出科学的工作评价,从而明确各岗位对组织的相对价值,为岗位工资的建立奠定基础。

(7)工作说明书明确了特定工作岗位的上级岗位和下级岗位以及同级岗位的关系，为员工明确了晋升和发展的路径以及相应的资格条件，有力地促进了职业发展在激励员工方面所发挥的作用。

(8)通过工作分析，还能够发现一些妨碍工作效率、需进一步提高的因素（技术的或管理的），并通过组织对工作进行再设计，使工作内容更加丰富化，提高员工工作的满意度。

(9)有时，通过细致的工作分析还可以得到员工工作数量和工作定额方面的信息，为组织的定岗定员提供依据。

(10)通过工作分析得到的员工工作所处于的一些特殊工作环境如高温、高噪音等因素，可以为组织提供特定岗位员工津贴或为劳动与安全保护措施提供依据和支持。

二、工作与人员分析的发展

工作分析是在泰勒开创的动作与时间研究的基础上形成的一种最重要的人力资源管理技术之一，也是一种最基础的人力资源管理内容。美国学者称之为岗位评价(Job Evaluation)，西欧国家称之为工作分析(Job Analysis)。据美国劳工部定义，工作分析是指"通过观察和研究，确定关于某种特定职业的性质的确切情报和向上级报告的一种程序"。国内对工作分析的定义基本上都趋于一致，只是一些描述上的差异。其中比较有代表性的观点认为工作分析是对组织中某个特定工作职务的目的、职务或职责、权力、隶属关系、工作条件、任职资格等相关信息进行收集与分析，以便对该职务的工作作出明确的规定，并确定完成该工作所需要的行为、条件、人员的过程。工作分析的最终结果是产生工作描述书和任职说明书。

现代意义上的工作分析还包括人员分析(Personnel Analysis)。人员分析的人员是指担任一定工作的人，是工作中的"人"。人员分析是对工作人员以及与工作有关的个性特征进行分析和描述，寻找成功地从事某项工作的个人特征。一般来说，这种描述也是对工作的描述。但由于描述的对象是工作者，说成"工作描述"可能会引起混淆，故仍称为人员分析。现代意义上的工作分析还和人员选拔测评等联系在一起。所谓选拔无非是确定在某一职务上所要做的工作和胜任该工作所需的态度、技能和知识，从而实现人职匹配。由于任何一项工作在环境、时间、作业活动、任职者四个要素方面都存在差异，要做到人职匹配，就必须对工作进行合理的分析（当然，其中也隐含着对人的分析）。心理测量学的发展更为人事选拔和测评提供了技术上的支持。1905年，心理学家比内和医生西蒙应法国教育部的要求编制了世界上第一份智力测验。该测验对于筛选弱智儿童非常有效，于是在第一次世界大战和第二次世界大战期间，人们把测验应用于军人的选拔和安置上，并获得了极大的成功。人事选拔和测评又被广泛应用于商业，而且变得越来越重要。作为人事选拔和测评的主要方法和必经程序——工作分析也得到了迅速发展。当前的工作分析基本上都是围绕着企业中的人力资源管理层面展开，但还可以将其延伸到高校、机关单位、医院等社会的其他方面，而且在个人的职业生涯规划中也能起到一定的指导作用。

三、工作分析的职务定向与人员定向

对工作进行分析的方法是多种多样的。一类传统工业企业工作分析方法是在泰勒和吉尔布雷斯夫妇针对操作性工作所做的时间动作研究的基础上形成的，适用于对重复性的、规律性的和操作性的工作进行活动分析。主要包括时间研究法(Time Study)、动作研究法(Motion Study)、工作样本法(Work Sampling)、工作负荷分析及人事规划法(Workload Analysis and Personnel Scheduling)、电脑模拟工作分析法(Computer Simulation and Job Analysis)。早期的工作分析，侧重于对职务信息的定性描述。工作分析通用的工作信息收集方法主要包括问卷法、访谈法、工作日志法、观察法、工作实践法、文献分析法和主题专家(Subject Matter Experts,SMEs)会议法。特点是灵活性强、易操作、适用范围广，但存在结构化程度低、缺乏稳定性的缺点。随着统计科学、心理测量理论等发展及人们对工作分析要求的提高，20 世纪 70 年代以来，结构化、定量化的工作分析方法不断涌现。影响大的有工作者指向的职位分析问卷法(PAQ)、职务指向的职能工作分析法(FJA)等。同时也出现了关键事件法、功能性工作分析、工作要素分析等新的方法。西方国家还通过公平就业等法规对工作分析的某些方面做出规定。

现代组织中已经出现了一种“抛弃工作”的趋势。这种观点把组织看成是一个需要被人完成的工作领域，而不是一系列由个人所占据的零零散散的工作集合。由于工作总是不断变化的，工作者或管理者经常会对工作进行细微的、日积月累的调整，以使工作不断适应环境条件的变化以及个人的偏好。工作分析存在的问题需要从两个角度进行检查：一是工作描述可以准确地说明工作内容、工作环境和雇用条件；二是对于取得成功的工作绩效，具有不可缺少的个人特性的人实际上确实比缺少这种特性的人工作效率高。

当前对工作分析的研究可以划分为职务定向工作分析和人员定向工作分析两种不同形式。职务定向的工作分析强调工作本身的条件和结果，人员定向的工作分析则集中于了解工作人员的工作行为。事实上，人员的分析与工作的分析是一个问题的两个方面，工作是什么样，需要什么样的人来做，人员是什么特征，可以完成哪一类工作。

1. 职务定向分析

是以工作为基础的系统性方法，从工作角度出发，收集完成某项特定工作所需要的不同任务的特定信息的系统活动，侧重描述完成工作任务所需要的活动、业绩标准以及相关任职条件等。以职位定向的工作分析系统基本聚焦于记录内容信息，不仅包括工作者实际所做的细节，而且还包含工作者必须将工作做到什么程度的信息。

常用的工具有：

- 工作任务清单分析法(Job Task Inventory Analysis,TIA)
- 功能性工作分析方法(Functional Job Analysis,FJA)
- 关键事件法(Critical Incident Technique,CIT)
- 管理及专业职位功能清单法(Managerial and Professional Job Function Inventory,MPJFI)
- 职业分析调查法(Occupational Analysis Inventory,OAI)

2. 人员定向的分析

以人为基础的系统性方法,从任职者的行为角度描述工作,侧重于任职者在履行工作职责时所需要的知识、技术、能力及其他行为特征。人员定向的工作分析系统最适用于确定与工作有关的活动类型,如判断,人际关系等,而不是工作者实际所做的细节。

常用的工具有:

- 工作要素分析法(Job Element Method,JEM)
- 职位分析问卷法(Position Analysis Questionnaire,PAQ)
- 管理职位分析问卷法(Management Position Description Questionnaire,MPDQ)
- 能力要求法(Ability Requirements Approach,ARA)
- 基础(临界)特质分析系统(Threshold Trait Analysis,TTAS)
- 工作成分清单法(Job Components Inventory,JCI)
- 工作诊断调查法(Job Diagnostic Survey,JDS)
- 职位分析清单法(Occupation Analysis Inventory,OAI)
- 通用工作分析问卷(Common Metric Questionnaire,CMQ)
- 工作元素调查(Job Element Inventory,JEI)
- 与个性相关的职位任职资格表(Personality-related Position Requirement Form,PPRF)
- 技术和特征问卷(Skills and Attributes Inventory,SAI)

工作定位与人员定位两种工作分析的区别:

(1)出发点不同:任务分析从岗位工作描述出发,而人员分析是从工作者行为描述出发。

(2)依据不同:任务分析认为工作活动的内容与岗位工作要求相一致,而人员分析认为,人员工作行为与工作岗位要求相一致。

(3)分析过程不同:工作分析是从定性描述到定量评定,而人员分析是从定量描述到定性描述。

(4)分析结果的内容与表述形式不同:工作分析的结果主要是有关工作职责、工作数量与工作质量要求的内容,而人员分析的结果,主要是有关工作者任职资格的内容。

在进行工作分析之后,如何得到有关的职业测验的内容效度呢?内容效度一般不能用统计方法获得，可以采用专家评定的方式来确定测验和测验项目对工作是否适合，若采用试用、工作样本评估、模拟法、评价中心技术等综合评估法，则能得到较好的内容效度。近年来国内不少学者对新的研究方法工具进行了研究，但主要还是在工具的引进上，对工具的修订工作却没有相应地展开。测量工具具有社会文化背景性，我们只有在其基础上加以修订，使其符合我国的社会文化背景，才能起到相应的作用。

第二节 职务定向分析方法

以工作为基础的系统性工作分析方法，通用工作信息收集方法、工作任务清单分析法(TIA)、功能性工作分析方法(FJA)、关键事件法(CIT)和弗莱希曼工作分析系统。

一、通用工作信息收集方法

进行工作分析必须收集各种有关资料，如已有的印刷资料，包括工作入门或操作、练习手册等，工作表现的记录，特别是有关质量的描述，如常犯的错误、学习难点或工作失败的原因等。与有经验的职工、部门主管、车间主任及技师面谈也能获得有用的资料。在分析销售工作时，顾客的意见是很有用的。

一般收集工作信息的方法有以下几种。

(一)访谈法(Interviews)

谈话有利于确定各种工作所需要的任务、责任和行为。访谈法是与担任有关工作职务的人员一起讨论工作的特点和要求，从而取得有关信息的调查研究方法。在工作分析时，咨询顾问需要事先查阅和整理有关工作职责的现有资料，在大致了解各职务情况的基础上，与相关岗位实际工作人员进行访谈，由于被访问的对象是那些最熟悉这项工作的人，因此，通过优秀的顾问能够从访谈过程中获得很详细的工作分析资料。访谈时顾问要注意修正偏差。有时被访谈者会有意无意地歪曲其职位情况，比如说把一件容易的工作说得很难或把一件难的工作说得比较容易。这要靠和多个同职者访谈所搜集的资料对比加以校正。

(二)问卷法

问卷法是岗位分析中广泛运用的方法之一，它是以书面的形式，通过任职者单方传递来实现岗位信息的收集。在具体操作中有不同形式、不同导向的问卷。

按照问卷的结构化程度可分为定量化结构问卷和非结构化问卷两种。定量化结构问卷是在相应理论模型和假设前提下，按照结构化的要求设计的相对稳定的岗位分析问卷，一般采用封闭式问题，问卷遵循严格的逻辑体系，分析结果可以通过对信息的统计分析加以量化，形成对相关岗位的量化描述或评价。目前普遍采用的定量结构化问卷主要有 TIA、PAQ、MPDQ 等方法。

非结构化问卷是目前国内使用较多的职位分析问卷形式，其特点是能对职位信息进行全面、完整的调查收集，适用范围广泛，灵活高效等，能根据不同的组织性质和特征进行个性化设计。设计非结构化问卷首先要考虑的因素是问卷的用途，根据用途选择适当的信息收集版块。

问卷法的最大优点是比较规范化、数量化，适合于用计算机对结果进行统计分析。但它的设计比较费工，也不像访谈那样可以面对面地交流信息，因此，不容易了解被调查对象的态度和动机等较深层次的信息。

(三)观察法(Observing Work)

问卷法、访谈法两种工作分析方法都可以有效地采集工作职务方面的信息，但它们都有某些不足，某些有经验的员工并不总是很了解自己完成工作的方式，许多工作行为已成习惯，干起工作来并未意识到工作程序的细节。因此，观察法通过对工作人员的工作过程进行观察，记录工作行为的各方面特点。同时，便于了解工作中所使用的工具设备，了解工作程序、工作环境和体力消耗等。观察时，可以用笔记录，也可以用事先预备好的观察项目表，一边观察，一边核对。在运用观察项目表时，须事先对该工作有所了解。这样，制定的观察项目表才比较实用。观察前先进行访谈将有利于观察工作的进行。一方面，它有利于把握观察的大体框架；另一方面，它使双方相互有所了解，建立一定的合作关系。这样，随后的观察就能更加自然、顺利地进行。观察法又分为直接观察和工作表演，对在职者进行观察或者让在职者进行实际的工作表演。这种方法不适于要求许多智力活动和集中注意力的工作。

(四)工作实践法

工作实践法又称参与法，是指工作分析者参与某一职位或从事所研究的工作，从而细致深入，全面体验，了解和分析职务特征及要求，在工作过程中掌握有关工作的第一手资料。

工作实践法的特点：可以准确了解工作；花费代价较高；适用于短期内可掌握的工作。

工作实践法的优点：比面谈询问、书面调查等方法，能获得更真实可靠的数据资料；可以准确地了解工作的实际任务和体力、环境、社会方面的要求，适用于短期内可以掌握的工作。

工作实践法的缺点：工作分析人员本身知识与技能的局限，使工作实践法运用范围很窄；不适用于在现代化大生产条件下，对操作的技术难度、工作频率、质量要求高及有危险性的职务。

(五)文献分析法(Job Documentation Analysis)

文献分析法是一项经济且有效的信息收集方法。它是通过对现存的与工作相关的文档资料进行系统性分析来获取工作信息，由于它是对现有资料的分析提炼、总结加工，通过文献分析法无法弥补原有资料的空缺，也无法验证原有描述的真伪，因此文献分析法一般用于收集工作的原始信息，编制任务清单初稿。

(六)主题专家(Subject Matter Experts, SMEs)会议法

主题专家,某一特定领域的专家。在软件工程环境中,该术语被用来描述具有应用领域专有技能但不具备技术项目知识的专业人士。主题专家会议法是指将熟悉目标职位的组织内部人(任职者、直接上司、内部客户、其他熟悉目标职位的人等)和外部人(咨询专家、外部客户、其他组织标杆职位任职者)召集起来,就目标职位的相关信息展开讨论,以达到收集数据、验证、确认职位分析成果的目的。

(七)工作日志法(Work Diaries)

工作日志法又称为活动日志、工作活动记录表等,工作日志是通过任职者在规定时限内,实时、准确记录工作活动与任务的工作信息收集方法。任职者按时间顺序,详细记录自己在一段时间内的工作内容与工作过程,经过归纳、分析,达到工作分析的目的的一种工作分析方法。工作日志法的主要用途是作为原始工作信息的收集方法,为其他工作分析方法提供信息支持,特别是在缺乏工作文献时,日志法的优势就更加明显。工作日志法用于工作分析时常与其他方法相结合,很少作为唯一的、主要的信息收集技术。

工作日志法在完成工作以后逐日及时记录的内容,具有详尽性的优点。同时通过工作日志法所获得的工作信息可靠性很高,往往适用于确定有关工作职责、工作内容、工作关系、劳动强度方面的消息。工作日志法的主要缺点是将注意力集中于活动过程,而不是结果;使用这种方法必须要求从事这一工作的人对此项工作的情况与要求最清楚;使用范围较小,只适用于工作循环周期较短、工作状态稳定、无大起伏的职位;信息整理的工作量大,归纳工作繁琐;工作执行人员在填写时,会因为不认真而遗漏很多工作内容,从而影响分析结果,另外在一定程度上填写日志会影响正常工作;若由第三者进行填写,人力投入量就会很大,不适于处理大量的职务;存在误差,需要对记录分析结果进行必要的检查。

二、任务清单分析(TIA)

这是一种标准化的方法。典型的调查表是任务清单。任务清单是工作分析人员依据每一条检查项目或评定项目,列出任务或工作活动评鉴表,其内容包括所要完成的任务、判断的难易程度、学习时间、与整体的关系等。任务清单分析(Task Inventory Analysis,TIA)是一种典型的工作倾向性工作分析。TIA 由"美国空军(USAF)人力资源研究室"Raymond E. Christal 及其助手开发成功的,它的研究始于 20 世纪 50 年代,大约从 10 万名以上雇员那里收集过试验性数据,前后经历了 20 年时间才趋于成熟完善。

高度结构化的调查问卷包括背景信息和任务清单两部分,任职者填写并评价各工作项,评价维度有:相对时间花费、执行频率、重要程度、困难程度等。任务清单的产生方法有观察或工作日志法、SMEs 方法等。

任务清单分析的优点:

(1)信息可靠性较高,适合用于确定相关的工作职责、工作内容、工作关系和劳

动强度等方面的信息。

(2)所需费用较少。

(3)难度较小,容易为任职者接受。

任务清单分析的缺点:

(1)对"任务"的定义难以把握,即难以明确什么样的活动或内容能被称之为"任务",结果导致"任务"的粗细程度不一,有些任务描述只代表一件非常简单的活动,有的任务描述却包含丰富的活动。

(2)使用范围较小,只适用于工作循环周期较短,工作内容比较稳定,变化较小的工作。

(3)整理信息的工作量大,归纳工作比较繁琐。

(4)任职者在填写时,容易受到当时工作的影响,而且通常会遗漏其他时间进行比较重要的工作任务。

三、关键事件技术(CIT)

关键事件技术(Critical Incidents Technique,CIT)是由福莱诺格(John C. Flanagan)以及匹兹堡大学的学生在20世纪40年代时期至50年代初期研制的,福莱诺格在1949年《人事评价的一种新途径》(*A new approach to evaluating personnel*)一书中提到的方法。关键事件技术用以识别各种工作环境下工作绩效的关键性因素的一种工作分析技术方法。CIT是通过收集和分析顾客对关键事件的看法(满意/不满意)来测量顾客满意度的技术。其中的"事件"是指与企业提供的服务有关的过程,"关键"是指顾客对某项服务能够清晰地表达他们的满意或者不满意。通过关键事件技术,可以从行为的角度系统地观察和描述实际职务的绩效和行为。

(一)关键事件技术的具体内容

这种工作分析的方法主要是鉴别出可以用来区分业绩好(或满意)的员工和业绩差(或不满意)的员工的关键事件。这种方法的理论基础是,每种工作中都有一些关键事件,业绩好的员工在这些事件上表现出色,而业绩差的员工则正好相反。在使用这种方法时,工作分析专家采访目标岗位的任职者或其直接上级,鉴别出一系列的关键事件。在访谈过程中,通过询问关键事件的起因及任职者采用的解决方法,确定本项工作所需的知识、技能、能力(KSAs)。关键事件技术在开发工作样本测试中尤其有用。

关键事件技术集中关注关键的事件,来解释深入的基本问题。不管是采用问卷调查还是深入访谈作为主要的数据收集工具,其主要目的都是为了寻找激发重大事件的关键事件。关键事件技术要求以书面的形式至少描述出6个月到12个月能观察到的5个关键事件,并分别说明杰出的任职者和不称职的任职者在这些典型事件中会如何处事。在某些情况下,这些关键事件在组织内众所周知,但是在有此情况下,这些关键事件往往下意识地掩藏在人们的经验之中。

(二)关键事件技术的基本操作步骤

关键事件技术是一种半结构性的工作分析方法。该方法的操作基本步骤如下：

(1)明确调查目的。

(2)设计调查问题。调查员在设计调查问卷时，至少要考虑以下三个方面的问题：

——选择顾客亲身经历并对顾客满意/不满意产生了重要的影响的事件；

——该事件发生的时间和地点；

——该事件中，哪些因素影响了顾客的满意度。

(3)调查、记录。收集职务行为的各种轶事即事件，这些事件一般来说都表明一项特定职务或一级职务上个人的工作绩效特别好或特别差的特征。这些事件可以采用个别或群体访谈、问卷、工作日志以及其他手段，从任职者、同事、以前的任职者、上级或者他人那里收集。调查员对事件的描述要尽可能详尽，以备以后分析使用。

(4)选择关键事件。某事件是否是关键事件，必须满足两个条件：顾客对满意/不满意的感受十分强烈；顾客描述的事件过程必须是完整的。由专家评定这些事件是否真的就是好或坏的行为，因为有些任职者认为是好的事件其实是坏事件，反过来也一样。

(5)分组、归类。在运用关键事件技术时要注意类别的确定，或者说是维度的确定。要根据不同的维度来确定事件。调查后，根据各事件之间的相似点，将它们分组、归类。由 3 个任职者将已写出的事件归到一定的类别(或维度)中去。不同的维度之间的重要性是不同的。由另外 3 个任职者再次将写出的事件进行归类，并将归类的结果与前面的结果进行比较。对于那些不能一致归类的事件则把它排除掉或另列一类。

(6)分析。通过计算各组、各类的百分比，找出影响顾客满意度的主要因素。对分析提炼、划分类别的结果进行列表，从而得出一幅职务基本特性的总体画面。

(三)关键事件技术的优缺点

关键事件技术是通用汽车最早使用的方法，是工作分析的一种补充方法，不好独立使用，需要结合访谈法和问卷调查法，否则关键事件有失偏颇。关键事件法的主要优点是研究的焦点集中在职务行为上，因为行为是可观察的、可测量的。同时，通过这种职务分析可以确定行为的任何可能的利益和作用。但这个方法也有两个主要的缺点：关键事件的定义是显著的对工作绩效有效或无效的事件，但是，这就遗漏了平均绩效水平。而对工作来说，最重要的一点就是要描述“平均”的职务绩效。利用关键事件法，对中等绩效的员工就难以涉及，因而全面的职务分析工作就不能完成。关键事件法费时，需要花大量的时间去搜集那些关键事件，并加以概括和分类。

随着顾客满意重要性的不断提高,已有越来越多的企业将其作为人力资源绩效考核的指标之一,而且其权重也在不断增加。CIT 方法通过对顾客满意/不满意影响因素的分解,既可用做考核员工工作成果的依据,达到内部顾客满意,体现考核的公平性、公开性、透明性和合理性的原则,又可发现并改进工作中的缺点,提高服务质量,实现外部顾客满意。

四、功能性工作分析法(FJA)

功能性工作分析法(Functional Job Analysis,FJA)又可称为功能性职位分析法,它是美国培训与职业服务中心(U.S. Training and Employment Service)开发的一种以工作为中心的职位分析方法。它是以员工所需发挥的功能与应尽的职责为核心,列出加以收集与分析的信息类别,使用标准化的陈述和术语来描述工作内容。通过总结员工在工作时对数据(Data)、人(People)、事(Thing)的处理方式进行工作职能的分析,可以了解一项工作的职能层次、任职人员的特点、工作任务的内容和工作价值,并在此基础上归纳出任职说明、绩效标准、培训需求等工作信息。

功能性职务分析法主要集中于工作本身。对工作的每项任务要求进行详细分析,对工作内容的描述也较全面,一般能覆盖工作所能包括的全部内容的 95%以上。

(一)功能性分析方法的发展

功能性职务分析法(FJA)起源于美国的职业分类系统研究。1934 年 2 月,罗斯福总统为解决严重的失业问题,授权美国劳工部(United States Department of Labor)就业局成立一个专门委员会。心理学家宾汉(W. V. bingham)以此为契机,开始着手进行调查研究,编制《就业指导词典》和《职业编码表》。《就业指导词典》主要采用了“员工行为特点表”的分析工具,来分析当时各种工作所需的共同技能。随着研究的一步步推进,职业研究委员会开始编制《职业编码表》。1936 年,职业研究委员会的研究小组以《职业编码表》为基础,通过系统的职务分析,最终完成了《职业名称词典》的编辑工作,成为第一个受到各个国家普遍好评的职业分类词典。

美国劳工部的工作人员在编制《职业名称词典》的过程中,设计出一种独特的职务分析程序,即功能性的职务分析方法,目的在于找到一种能够对不同工作进行量化的等级划分及分类比较的标准化方法。1950 年,西德尼·法因(Sindey A. Fine)则在美国劳工部的基础上对功能性职务分析做了某些修改和详细说明,其中包括对任务描述写法的特殊规定,从而使包含在工作活动中的工作者功能更加具体。其基本观点是:

(1)做好了什么“事”,与“工作人员”做了什么来完成该事不尽相同。

(2)任何工作,如观察“工作人员做了什么”以完成某一项目,则可发现他们的活动不外乎与处理资料数据、人与事三个范畴有关,只是有关的程度有所不同。

(3)对此三类范畴所进行的活动,可以区分若干不同的功能。每一特定范畴的活动功能可以有层次区分,高层功能可以包括底层功能。

(4)任何工作或活动均可以依此三个范畴界定或评定其功能层次是属于哪一级。

西德尼·法因在他的职能职业分类计划理论后，提出了他的功能性职务分析方法版本。

(二)功能性职务分析理论架构

1. FJA 的原理

所谓职能分析法，就是从工作活动单元职能作用的角度，对工作进行分析的一种方法。FJA 依据的是共同的人与工作关系理论。作为一种职能分析系统，功能性职务分析的核心是分析职务承担者的职能。它对职能的分析是通过分析职务承担者在执行工作任务时与数据、人和事的关系来进行的。工作行为的难度越大，所需的能力越高。简而言之，这一理论认为所有工作都涉及职位任职者与数据、人、事三者的关系。通过职位任职者与数据、人、事发生关系时的工作行为，可以反映工作的特征、工作的目的和人员的职能。

数据、人、事三个关键性要素，是这样定义的：

(1)数据：指与人、事相关的信息、知识、概念，可以通过观察、调查、想象、思考分析获得。具体包括数字、符号、思想、概念、口语等。

(2)人：指人或者有独立意义的动作，这些动作在工作中的作用相当于人。

(3)事：指人控制无生命物质的活动特征，这些活动的性质可以用物质本身的特征反映出来。

2. FJA 的基本内容

最早的版本——美国劳工部提出的功能性职务分析法包含以下几个基本观点：

(1)完成什么工作及工人如何做才能完成工作，这二者之间存在很大的不同。在职务分析中，了解后者更为重要。例如，在公交司机的工作中，前者是指用公交汽车承载乘客，而后者是指司机遵照一定的程序开车和收费。

(2)任何工作，都包括处理人、数据(信息)和事三类对象，只是有关的程序可能有所不同。

(3)对此三类对象所进行的活动，可以区分为若干不同的功能，每一特定对象的活动功能可有层次之分，高层功能可以包括低层功能，但低层功能不包含高层功能。

(4)数据、人、事的三个维度分析提供了两种衡量工作的方法：一种是与数据、人、事有关的相对复杂的衡量方法，分析三种职能间相互关系的总和，另一种是衡量职务承担者在每种职能上的时间分配比例。

《职业名称字典》的最新版本运用功能工作分析的基本描述语言描述了 20000 多种工作。它采用九位数的代码对这些工作进行分类。如果有人对工作的一般描述感兴趣，《职业名称字典》是一个很好的起点。表 3-2 展示了《职业名称字典》对几种工作的描述。所列的工作的代码的前三位数(如：气象学者—025)列出了职位代码、名称和行业，下面的三位数 062 指明了工作执行者对数据、人和事件的一般的可以负责和判断的程度，最后的三位数 010 用于对可负责和判断程度相同的职位群按照工作名称的字母顺序进行分类。

表 3-2 《职业名称字典》中的工作描述举例

025.062-010 气象学者

分析和解释从地表和高空的气象站、卫星和雷达收集的气象资料，准备对公众和其他使用者进行报告和预测：研究和解释天气报告、地图、照片以及预兆图来预测长期和短期天气情况。通过电报和电话向媒体和其他使用者发布天气信息。为空运海运、农业、防火及空气污染控制等部门准备专门的预报和简报。发布飓风和强风暴警报。可能在气象站指导预报服务。可能从事基础或应用的气象研究。可能建立观测站并配备人员。

166.117-014 雇员福利管理者

为雇员服务的办公人员；

为商店、工厂和其他工业和商业机构的员工指导福利活动的人员：安排体检、急救及其他医疗活动；安排图书馆、食堂、游憩设施和教育课程的建立和运行；组织跳舞、娱乐和出游。保证光线是充足的，卫生设施是充分有序的，机器是安全的。可能会访问员工家庭，察看他们的住房和一般的生活条件，可能的话，并建议改进；可能会帮助员工解决个人的一些问题，如为他们的孩子介绍日常护理，在个人冲突或感情失调方面提供咨询。

184.117-022 进出口代理 国外代理

协调进出口代理商的国际交通活动，在国内外船运上达成谈判协议：计划和指挥空运和水运交通驶往国外目的地；对从事接收装运货物，管理文件、运货单，评估费用及收集运费的员工进行监督管理；作为国外客户的中介人，与国内客户进行商议，解决问题并达成共同协议；与国外航运界协商以达成互惠的航运操作协议。可能会与海关官员协商来放船和解决海关延迟。可能会准备交易报告以方便托运人和国外承运人。

187.167-094 度假农场管理者

指挥度假农场的运作：制定发放广告、公开性、来客率和信用等方面的政策；策划休养和娱乐活动，如露营、垂钓、打猎、骑马以及跳舞；指导假日论坛等活动；指导财务记录的准备和保管；指导其他活动，如繁殖、饲养以及展览马匹、骡子和其他牲畜等。

732.684-106 棒球手套造型师

利用加热的模子、槌棒和锤子来打洞、造出手指、消除缝隙以造出棒球手套形状：把手套从手型的加热了的模子上造出手指；用橡胶槌棒击打手套的手指和手掌，用球状的锤子消除接缝和不平的地方，形成手套口袋；把手套从模子上拿下，伸手进去，用拳头击打手套，检查手套是否在视觉上和感觉上都很舒服和适合。

3. FJA 的分析构架

在了解功能性职务分析法的基本内容的基础上，需要进一步了解功能性职务分析的构架。职务分析者需要通过这一构架来获取足够的职务信息。

一般而言，功能性职务分析构架包括以下几个部分。

(1)工作目的与工作行为

在进行功能性职务分析之前，职务分析者首先必须弄清楚职务的工作目的与工作行为，即职务要完成什么与做什么。如果职务分析者对某项特定工作应完成什么与做什么这两个概念没有区分清楚，其结果往往就容易造成工作行为和工作结果的混淆，并直接导致职务承担者实际的工作行为和需要他们来完成的工作行为被混淆。例如，通常以“机器”或“焊接工具”等名词开始的对工作行为的描述，实际上却是在描述工作结果。在功能性职务分析中，每项任务描述必须以能描述职务承担者行为的特定动词开始，例如打印、誊写、阅读等，而以“目的是”或“为了”等对工作结果描述的名词作为任务描述的结尾。只有同时具备工作行为和工作目的、结果，任务描述才算完整。

(2)职务承担者的职能——物、数据、人

功能性职务分析认为所有工作都涉及职务承担者与数据、人和事三者的关系。职务承担者与数据、人和事发生关系时所表现的工作行为，可以反映工作的特征、工作的目的和人员的职能。实际上，每一项任务描述都必须反映出职务承担者与事、数据和人的重要联系。只有当职务承担者与事、数据和人的联系并不显著时，才可以在任务描述中加以忽略。用于描述职务承担者与事、数据和人的关系的动词应从实际的工作过程中选取，并要进行精确的描述和定义。当动词以这种方式使用，而且任务描述能独立地进行分级时，就可能获得很高的效率。职务承担者在行使不同层级的职能时，需要具有不同程度的三种技能。通用技能指使人能够将事、人和信息有机联系在一起，虽然受个人偏好和个人能力(例如理解、算术、语言和人际交往能力)的影响，联系的程度存在差异，在任务分析中通用技能表现在培训时间单元中的通用部分。

(3)功能性职务分析中的职能等级

作为一种职能分析系统，功能性职务分析的核心是分析职务承担者的职能。它对职能的分析是通过分析职务承担者在执行工作任务时与数据、人和事的关系来进行的。工作行为的难度越大，所需的能力越高。

(三)FJA 系统的分析要素

1. FJA 的构成

(1)完成什么与做什么：即工作结果＋工作行为，为此，在分析中，对每项任务都以能描述任职者行为的特定动词开始，以“目的是”或“为了”等对工作结果描述的动词作为任务描述的结尾。

(2)任职者的职能：数据＋人＋事。所有工作都涉及工作者与数据、人、事三者的关系，所以将工作者职能相应分为数据职能、人员职能和事务职能。数据需要以思考进行处理，人需要运用人际关系方法进行管理，事需要体能支持。

(3)完整意义上的工作者：指同时拥有通用技能、特定工作技能和适应性技能的工作者。通用技能，指能够将事、人和数据信息有机联系在一起的能力；特定技能，指任职者能够根据工作标准进行特定工作的能力；适应性技能，指在工作所处的环境影响下趋同或者求变的能力，如在物理条件、人际环境和组织结构等方面。

(4)工作系统：由工作者、工作组织和工作本身组成。每个部分都有自己的规则和语言。任职者可以通过任职资格和技能组合来描述；工作组织可以用目标来描述；工作则以任职者行为(职能)、工作指南和绩效标准来描述。三者相互联系，密不可分。

(5)工作任务：工作分析中最基本的分析单元是工作任务，而不是工作本身。

因为虽然工作的名称经常变化,包含的工作任务也不固定,但相同的工作任务却在多种工作中反复出现。

(6)职能等级:表 3-3 是对数据职能、人员职能和事务职能划分的等级标准。与数据、人、事相关的职能根据从复杂到简单的顺序按等级排列,复杂的职能包括简单的职能,如汇编数据包括计算、复制和比较,但不包括分析。

表 3-3 FJA 的职能等级表

信息		人		事	
号码	描述	号码	描述	号码	描述
0	综合	0	教导	0	装配
1	协调	1	谈判	1	精确操作
2	分析	2	指导	2	操作控制
3	编辑	3	监督	3	驾驶操作
4	计划	4	使高兴	4	操纵
5	复制	5	劝说	5	照看
6	比较	6	发出口头指导	6	送进—移出
		7	服务	7	驾驭
		8	接受指导帮助		

2. FJA 的职能等级

作为一种职位分析系统,FJA 的核心是分析职位的职能。它对职能的分析是通过分析职位任职者在工作中处理数据、人、事的特征进行的。行为的难度越大,所需的能力越高,也就说明了任职者的职能等级越高。表 3-3 是 FJA 的职能等级表,每项职能描述了一种广泛的行为,概括了与数据、人、事发生关系时任职者所做的工作。

首先用一组代表“员工功能”的基本活动来描述一名员工事实上能对信息、人、事情做些什么。例如就信息方面来说,员工的基本功能包括综合、协调和复制等。就人方面而言,其功能包括监督、谈判和指导。就事情方面而言,其基本功能包括掌管、照看和处理。需要指出的是,每一项工作者功能都被赋予不同的重要程度等级。每一项功能的分值越低(高),其复杂性越高(低),例如,“协调”是 1,“复制”就是 5。如果你正在分析接待员的工作,你可能会把这项工作的等级根据以上 3 个方面的因素(即与信息、人和事情有关的方面)分别标注上 5、6、7,这代表复制信息、同别人交谈/传递信息、处理事情。而一名医院中的精神分析助理员的工作,则可能会被根据工作承担者在信息、人、事情三个方面的情况分别标为 1、7、5。事实上,员工所承担的每一项任务,都将被根据与信息、人、事情的关系来进行分析。最后,这三项得分(比如 4、6、5)的总和就成为此项工作的等级划分基础。因为这是工作承担者所可能达到的最高分数水平。

每项功能描述一种广泛的行动,它概括出在与信息、人和事发生关系时工作者做什么。在信息、人、事三个范畴中,每一类的工作者功能的安排是有结构的,即从不很复杂的功能上升到比较复杂的功能，然而这种等级关系有时是有限的、不精确的、本末倒置或根本不存在的。因而，应把这些情况解释为是反映工作者与信息、人和事之间的关系特性，而不是表明职务复杂的严格水平。

功能性职务分析应用，应该考虑以下几项要求：工作设施要与职工的身体条件相适应；要对职工工作过程进行详细分析；要考虑工作环境条件对职工生理和心理的影响；要考虑职工的工作态度和积极性。

FJA 的优缺点：FJA 法为工作内容提供了一种非常彻底的描述，对培训的绩效评估非常有用。但 FJA 法由于对每项任务都要求做详细分析，因而撰写进来相当费力气和费时间，同时 FJA 法并不记录有关工作背景的信息，对于员工必备条件的描述也并不理想。

职能分析法的一个发展是"才能与技能分析"，它是一个较新的体系。员工个人具有的才能与组织需要和适应程度是此方法关注的焦点。对于那些所需技能与产出有直接联系的组织，如科技人员和专业人士相关的岗位，这种方法尤其奏效。同时它也适用于现代组织结构：纵向层次较少，强调灵活性，多种技能和团队合作。但它不太适用于具有严密官僚化结构的组织。

第三节　人员定向分析的方法

以人为基础的系统性工作分析方法，有职位分析问卷法（PAQ）、管理职位分析问卷法（MPDQ）、工作要素法（JEM）、临界特质分析系统（TTAS）、能力要求法（ARA）、DOL（美国劳工部）分析系统、职业信息网（O*NET）工作分析系统。

一、职位分析问卷法（PAQ）

职位分析问卷法（Position Analysis Questionnaire，PAQ），是一种结构严谨的工作分析问卷，是目前最普遍和流行的人员导向职务分析系统。它是 1972 年由普渡大学心理学教授麦考密克（E. J. McCormick）、詹纳雷特（P. R. Jeanneret）和米查姆（R. C. Mecham）花费 10 年时间设计开发的。设计者的初衷在于开发一种通用的、以统计分析为基础的方法来建立某职位的能力模型，同时运用统计推理进行职位间的比较，以确定相对报酬。

PAQ 同时考虑了员工与工作两个变量因素，并将各工作所需要的基础技能与基础行为以标准化的方式罗列出来，从而为人事调查、薪酬标准制定等提供了依据。大多数工作皆可由 5 个基本尺度加以描绘，因此 PAQ 可将工作分为不同等级。由于 PAQ 可得出每一（或每一类）工作的技能数值与等级，因此它还可以用来进行工作评估及人员甄选。另外，PAQ 不需修改就可用于不同组织，不同的工作，使得比较各组织间的工作更加容易，也使得工作分析更加准确与合理。目前，国外已将其应用范围拓展到职业生涯规划、培训等领域，以建立企业的职位信息库。

(一)职位分析问卷法的结构维度

这是一种以人为中心的结构化分析方法。该方法认为人类工作的领域有某种潜在的行为结构和秩序,并且有一个有限系列的工作特点可以描述这个领域。职位分析问卷包含195项,表3-4列出了其中的11项。因为这个问卷要求相当的经验和较高的阅读理解能力,所以要由经过训练的工作分析人员来填写。工作分析人员必须判断每一项是否适用于一项特定的工作。例如,在表3-4中,测量设备(第六项)对这项工作起着非常实质性的作用。

表 3-4　　职位分析问卷表格范例

使用程度:A:不曾使用　1:极少　2:少　3:中等　4:重要　5:极重要

1　资料投入

1.1　工作资料的来源(请根据任职者使用的程度,来审核下列项目中各种来源的资料)

1.1.1　工作资料的可见来源

1. ________书面资料(书籍、报告、文章、说明书等)
2. ________计量性资料(与数量有关的资料,如图表、报表、清单等)
3. ________图画性资料(如图形、设计图、X光片、地图、描图等)
4. ________模型及相关器具(如模板、钢板、模型等)
5. ________可见陈列物(计量表、速度计、钟表、画线工具等)
6. ________测量器具(尺、天平、温度计、量杯等)
7. ________机械器具(工具、机械、设备等)
8. ________使用中的物料(工作中、修理中和使用中的零件、材料和物体等)
9. ________尚未使用的物料(未经过处理的零件、材料和物体等)
10. ________大自然的特点(风景、田野、地质样品、植物等)
11. ________人为环境特点(建筑物、水库、公路等,经过观察或检查以成为工作资料的来源)

职位分析问卷法包括194个标准化的问项,其中有187个问项被用来分析完成工作过程中员工活动的特征(工作要素),另外7个问项涉及薪酬问题。这些问项代表了从各种不同的工作中概括出来的各种行为、工作条件以及工作本身的特点。这些问项被划分为6个模块:

(1)信息输入:工人从何处以及如何获得工作所需的信息;

(2)体力活动:工人执行工作时所使用的身体活动、工具以及方法;

(3)脑力过程:在执行工作时所需要完成的推理、决策、计划以及信息加工活动;

(4)人际关系:执行工作所要求的与他人之间的关系;

(5)工作情境:执行工作的物理与社会背景;

(6)其他特征:其他活动、条件和特征。

这6大类信息包含187项工作要素,187项工作要素被类聚为31个维度,每项工作要素都有与之相对应的若干等级量表。职位分析问卷一共测量了12个总体性维度(见表3-5)。

表 3-5 PAQ 问卷工作元素的分类

类别	内容	例子	工作元素数目
信息输入	员工在工作中从何处得到信息，如何得到	如何获得文字和视觉信息	35
思考过程	在工作中如何推理、决策、规划，信息如何处理	解决问题的推理难度	14
工作产出	工作需要哪些体力活动，需要哪些工具与仪器设备	使用键盘式仪器、装配线	49
人际关系	工作中与哪些有关人员有关系	指导他人或与公众、顾客接触	36
工作环境	工作中自然环境与社会环境是什么	是否在高温环境或与内部其他人员冲突的环境下工作	19
其他特征	与工作相关的其他的活动、条件或特征是什么	工作时间安排、报酬方法、职务要求	41

(二)职位分析问卷(PAQ)的使用

1. 计分方法

在应用这种方法时，职位分析人员要依据 6 个计分标准对每个工作要素进行衡量，给出评分。

信息使用度：工人使用该项目的程度；

耗费时间：做事情需要花费的时间比例；

对工作的重要性：问题所细分出来的活动对于执行工作的重要性；

发生的可能性：工作中身体遭受伤害的可能性程度；

适用性：某个项目是否可应用于该工作；

专用代码(特殊计分)：用于职位分析问卷法中特别项目的专用等级量表，每个等级量表都包括 6 个级别，例如“对工作的重要性”的量表分为以下 6 个级别：

N(0)＝不使用；①＝很小；②＝低；③平均；④＝高；⑤＝非常高。

把对有效项的评分结果输入计算机，运用计算机程序生成一份报告，从而获得某种工作在工作的各个维度上的得分情况。一些具有重大特殊意义的数据库已经把某些工作维度上的分数与通用能力系列测试中的一些辅助测试的得分联系在一起。这样，只要知道了某种工作在某一维度上的分数，就能够为确定完成这种工作所需要的能力类型提供指导。

2. 职务核查

使用 PAQ 时，用 6 个评估因素对所需要分析的职务一一进行核查。核查每项因素时，都应对照这一因素细分的各项要求，按照 PAQ 给出的计分标准，确定职务在职务要素上的得分。

大多数职位皆可由 5 个基本尺度衡量，对所有工作项的问卷，PAQ 能用 5 个尺度去衡量。这 5 个基本尺度是：

(1)具有决策、沟通能力：是否负有决策/沟通/社会方面的责任；

(2)执行技术性工作的能力:是否执行熟练的技能性活动;

(3)身体灵活性与体力活动:是否伴随有相应的身体活动;

(4)操作设备与器具的能力:是否操纵汽车/设备;

(5)处理资料的能力及相关的条件:是否需要对信息进行加工。

这5个基本维度对工作进行等级划分,对于每一项工作可以分配到一个量化的分数。根据这5个基本尺度,就可以得出工作的数量性剖面的分数,职位与职位之间可相互比较和划分工作簇的等级,也就是说,PAQ可以使你用这5个尺度对每一项工作测量出一个量化的分数。

另外,也可以利用计算机程序基7个维度对职位分析问卷的等级进行打分:(1)决策;(2)沟通;(3)社会责任;(4)熟练工作的进行情况;(5)体能活动;(6)操作工具或设备;(7)处理信息。

3.问卷实施的技术要领

问卷法实施的一般程序包括被调查者的选取、发放问卷、回收问卷、分析问卷及结果处理。一般有两种发放和回收方式:

一种是现场发放、集中作答,现场回收;另一种则是先发送到各个部门,再另找时间作答。第一种方式的回收和做答效果最好,但操作时由于受时间、场地等诸多条件制约,往往较难实现。

其中,第二种方式最为常用,但操作时须注意,将问卷发放到各部门时,应首先召集各部门的各级主管进行动员和培训。培训内容包括调查目的、如何消除员工疑虑、常见问题及解答等。建议HR工作者带着主管人员先浏览整个问卷,然后由部门主管负责组织本部门员工集中填答。员工填完后,须交由主管审核签字,以确保资料的准确性。问卷回收后,HR工作者首先必须检查是否填写完整,并仔细查看是否有不清楚、重叠或冲突之处。若有,便需决定是否约此任职者或其主管进行面谈,以确认资料收集的准确性。另外,为提高调查质量,建议提供"工作分析问卷范例"(见表3-4),以提高员工填写的有效性。

(三)职位分析问卷法的可靠性

职位分析调查表的信度是由26对个人(工作分析人员、主管人和现职者的各种组合)分别对62种工作进行分析来确定的,总信度系数平均为0.80。研究结果表明,职位分析调查表的内容比较适合于制造工作,而不太适用于专业工作、管理工作或某些技术工作。

同时,职位分析调查表存在三个方面的限制:一是它没有描述具体的工作活动,它的通用化和标准化的格式导致了工作特征的抽象化,行为方面的相似性有可能掩盖各种工作中存在的任务差别,难以生动描述出构成实际工作的特定的、具体的任务活动,不利于编写工作描述。二是职位分析调查表要求具备较高学历才能全面理解调查项目,可读性低,任职者和主管人如果没有受过10～12年的教育就难以使用这种表格。三是花费很多时间,成本很高,程序非常繁琐。

二、管理职位描述问卷法(MPDQ)

管理职位描述问卷法(Management Position Description Questionnaire,MPDQ)是一种注重工作行为内容研究的技术方法,管理职位描述问卷的工作分析结果,对评价管理工作、决定该职位的培训需求、管理工作分类、薪酬评定、设计绩效评估方案等人事决策活动具有重要的指导作用。管理职位描述问卷法(MPDQ)是利用工作清单专门针对管理职位分析而设计的一种工作分析方法。是一种管理职位描述问卷方法,它是一种以工作为中心的工作分析方法,是国外近年的研究成果。这种问卷法是对管理者的工作进行定量化测试的方法,它涉及管理者所关心的问题、所承担的责任、所受的限制以及管理者的工作所具备的各种特征,管理职位描述问卷法是托诺(W. W. Tornow)和平托(P. R. Pinto)于 1976 年针对管理工作的特殊性而专门设计的,定型于 1984 年,与 PAQ 方法类似。

(一)MPDQ 的构成

在美国,它所分析的内容包括与管理者的主要职责密切相关的 208 项工作因素。这 208 项可以精简为 13 个基本工作因素:

(1)产品、市场和财务计划:指的是进行思考,结合实际情况制定计划以实现业务的长期增长和公司稳定发展的目标。

(2)其他组织单位和工人之间的相互协调:指的是管理人员对自己没有直接控制权的员工个人和团队活动的协调。

(3)内部事务控制:指的是检查与控制公司的财务、人力以及其他资源。

(4)产品和服务责任:指控制产品和服务的技术,以保证生产的及时性,并保证生产质量。

(5)公众和顾客关系:指通过与人们直接接触的办法来维护和树立公司在用户和公众中间的良好形象与声誉。

(6)高级咨询:指发挥技术水平解决企业中出现的特殊问题。

(7)行为主动性:指在几乎没有直接监督的情况下开展工作活动。

(8)财务计划的批准:指批准企业大额的财务流动。

(9)职能服务:指提供雇员录用服务。

(10)监督:指通过与下属员工面对面的交流来计划、组织和控制这些人。

(11)复杂性及压力:指在很大压力下保持工作,在规定时间内完成所要求的任务。

(12)高级财务职责:指制订对公司绩效构成直接影响的大规模的财务投资决策和其他财务决策。

(13)广泛的人力资源职责:指公司中人力资源管理和影响员工的其他政策具有重大责任的活动。

(二)管理职位描述问卷的使用

管理职位描述问卷涉及管理者的工作职责、对他们的要求和限制以及所需的不同特性等各个方面。使用 MPDQ 进行工作分析的步骤:

第一步——评定重要性，指出每项活动对你职位的重要程度，以 0～4 记分，写在每个项目后面的空白处。注意，你要考虑的是该活动和其他职位活动相比的重要性程度和发生次数的多少。

第二步——评论，在后面的空白处写下你认为在该维度中还应该包括的其他工作。

(三)管理职位描述问卷法的优缺点

优点：考虑了两个特殊问题：一是管理者常使工作内容适应自己的管理风格，而不是使自己适应承担的管理工作。面谈时总谈自己做的，忘了应该做的。二是管理工作具有非程序化的特点，常随着时间变化而变化。弥补了 PAQ 问卷难以对管理职位进行分析的不足。

缺点：在分析技术、专业等其他职位时显得不够具体，受工作及工作技术的限制，灵活性差；耗时太长，工作效率较低。

三、工作要素法(JEM)

工作要素法(Job Element Method，JEM)是一种典型的开放式人员导向性工作分析系统，它的发明者是美国人事管理事务处的 E. S. 普里默夫(E. S. Primoff)，该系统遵循德国心理学家冯特(Wilhelm Wundt)所提出的基本原则，即“在我们没有对最简单的东西熟悉之前不可能了解复杂的现象”，对于工作来说，简单的方面就是组成工作的要素或影响工作者成功完成工作所需的人员特征。

工作要素法(JEM)的基本做法是要建立一个主题问题专家小组，然后要他们直接推断出职位所要求的雇员要素和子要素(即，知识、技术和能力以及其他个性特征)。这些要素和子要素是人力资源甄选系统预测工具的内容基础。

JEM 的优点：

(1)JEM 开放性程度高，可以根据特定工作提取个性化的工作要素，可以比较准确、全面地提取影响某类工作的绩效水平的因素。

(2)与其他系统相比，JEM 的操作方法和数值的标准转化过程具有一定的客观性。

(3)JEM 对于人员招聘过程中的人员甄选以及确定培训需求具有重要的应用价值。JEM 分析结果中的选拔性最低要求要素为人员甄选提供了可靠的依据；而培训要素为企业确定员工培训需求找到了重要的来源。

JEM 的缺点：

(1)初步确定目标工作的工作要素时，过于依赖工作分析人员来总结要素。工作分析人员对工作的看法不同，导致大量要素的出现，而有些要素并不是对目标工作很重要的因素，而是一些几乎适用于所有工作的要素，这无疑会导致许多无用工作，因为正常情况下，这些要素是会被剔除的。

(2)评分过程比较复杂，需要强有力的指导与控制。

(3)焦点小组成员在工作要素评价时，容易偏向于肯定回答，认为这些要素很重要，另一些要素也很重要，难以取舍。这主要是由于他们进行的是主观判断，没有一定的客观标准。这样做的后果是得出的分析结果，比如最低要求要素、培训要素等，数量太多，难以突出重点，大大降低了工作分析结果应用在其他人力资源管理职能中的操作性和最终效果。

四、临界特质分析系统(TTAS)

费利克斯·洛佩斯(Felix Lopez)等人在1981年设计了临界特质分析系统(Threshold Traits Analysis System，TTAS)。临界特质分析系统是完全以个人特质为导向的工作分析系统。它的设计目的是为了提供标准化的信息，以辨别人们为基本完成和高效完成某类工作分别至少需要具备哪些品质、特征，TTAS称这些品质和特征为临界特质(Threshold Traits)。

麦考密克(McCormick)及其同事通过对工作分析资料以及有关特质的资料进行因素分析，得出了三大类特质维度：身体技能、认知能力、个性或动机因素。F. M. 罗派兹(F. M. Lopez)将其扩展为五个主要的工作范畴(Work Domains)：身体特质(Physical)、智力特质(Mental)、学识特质(Learned)、动机特质(Motivational)和社交特质(Social)，通过研究工作与这五类工作范畴的相关性对所有工作进行描述。基于因素分析又定义了21种工作职能(Job Functions)，如：信息处理、感官投入等，并将其分配到五个工作范畴中。在对有关特质的文献进行综合研究之后，他又针对这21种工作职能提炼出了33种特质因素(Traits)(见表3-6)，特质表的内容涵盖从事任何一项工作所需要的所有特质。

表3-6 TTAS特质表

工作范畴 work domains	工作职能 job functions	特质因素 traits	描述
身体特质 physical	体力	1. 力量	能举、拉和推较重的物体
		2. 耐力	能长时间持续地耗费体力
	身体活动性	3. 敏捷性	反应迅速、灵巧、协调性好
	感官	4. 视力	视觉和色觉
		5. 听力	能够辨别各种声响
智力特质 mental	感知能力	6. 感觉、知觉	能观察、辨别细微的事物
		7. 注意力	在精力不集中的情况下仍能观察入微
		8. 记忆力	能持久记忆需要的信息
	信息处理的能力	9. 理解力	能立即口头表达或书面表达的各种信息
		10. 解决问题的能力	能演绎和分析各种抽象信息
		11. 创造性	能产生新的想法或开发新的事物
学识特质 learned	数学能力	12. 计算能力	能解决与数学相关的问题
	交流	13. 口头表达能力	口头表达清楚、简练
		14. 书面表达能力	书面表达清楚、简练
	行动力	15. 计划性	能合理安排活动日程
		16. 决策能力	能果断选择一种解决问题的方法
	信息与技能的应用	17. 专业知识	能处理各种专业信息
		18. 专业技能	能进行一系列复杂的专业活动

（续表）

工作范畴 work domains	工作职能 job functions	特质因素 traits	描述
动机特质 motivational	适应能力	19. 适应变化的能力	能自我调整，适应变化
		20. 适应重复	能忍受重复性活动
		21. 应对压力的能力	能承担关键性、压力大的任务
		22. 对孤独的适应能力	能独立工作或忍受较少的人际交往
		23. 对恶劣环境的适应能力	能在炎热、严寒或嘈杂的环境下工作
		24. 对危险的适应能力	能在危险的环境下工作
	控制能力	25. 独立性	能在较少的指导下完成工作
		26. 毅力	能坚持一项工作任务直到完成
		27. 主动性	主动工作并能在需要时承担责任
		28. 诚实	遵守常规的道德与规范
		29. 激情	有适当的上进心
社交特质 social	人际交往	30. 仪表	衣着风貌达到适当的标准
		31. 忍耐力	在紧张的气氛下也能和人和睦相处
		32. 影响力	能影响别人
		33. 合作力	能适应团队作业

（资料来源：Lopez F M，Kesselman G A，Lopez F E. A Empirical Test of A Trait-oriented Job Analysis Technique. Personnel Psychology，1981，34:479-502）

TTAS对每个特质的含义都进行了严格的界定，而且对每个特质都列出了若干等级，并对每个等级进行了描述（例见表3-7），以供分析人员判断选择。

表 3-7　　解决问题的能力（problem-solving）（例）

所属工作范畴：智力特质（mental）

所属工作职能：信息处理（information processing）

工作职能的内容		任职者必须做到	
信息处理：对信息进行处理，得出特定的解决方案或得到某个问题的答案；处理信息，能对别人的建议提出正确的评价和修改意见。		对信息进行分析，并通过演绎推理，提出正确的结论和解决方案	
等级	等级描述	等级	对任职者的要求
0	工作任务需要解决一些细小的问题，提出简单的解决方法	0	任职者必须能解决细小的问题并给出简单的解决方案
1	需要解决一些包含的问题（如诊断机器故障或解决客户投诉等）	1	任职者必须能解决包含有限个已知因素的问题
2	需要解决一些包含许多已知因素的问题（如投资可行性分析等）	2	任职者必须能解决包含许多已知因素的问题
3	需要解决一些复杂的、抽象的且包含许多未知因素的问题（如设计或研究某套系统的改良方案等）	3	任职者必须能解决复杂的、抽象的且包含许多未知因素的问题

（资料来源：Lopez F M，Kesselman G A，Lopez F E. A Empirical Test of A Trait-oriented Job Analysis Technique. Personnel Psychology，1981，34:479-502）

完整的临界特质分析系统（TTAS）包括三种分析技术：临界特质分析

(Threshold Traits Analysis,TTA)、工作要求与任务分析(Demand And Task Analysis,DATA)、技术能力分析(Technical Competence Analysis,TCA)。TTA是其中的主要部分。

TTAS的要素被广泛运用于各种类型的企业中,如银行、保险公司、零售企业、制造型企业、公共服务型企业以及政府部门中。同时,这种工作分析系统被用来分析各种类型的职位,如管理者、一线主管、工程师、技术人员、生产人员、销售人员以及服务人员等。实践证明,TTAS的分析结果相对而言比较准确,为企业带来了一定的效益,但是与其他分析系统一样,使用者们也提出了对TTAS的批评。TTAS的引进和实施需要大量的人力和财力支持,在TTAS成功引入之后,还需要有持续的监测与不断的完善。TTAS是一套很复杂的分析系统,它的复杂性体现在它的理论、所用的工具和技术上,组织者需要大量细致的研究才能保证正确的运用。在大部分TTAS使用者的眼里,过于复杂仍然是TTAS的最大障碍。

五、能力要求法(ARA)

能力要求法(Ability Requirements Approach,ARA)是弗莱希曼(E. A. Fleishman)专门分析工作对人的能力提出的要求,是指完成任何一项工作的技能都可由更基本的能力来加以描述。例如击中一个棒球的技能可以用诸如反应时间、腕力、眼手协调的基本能力加以描述。

ARA方法把能力定义为引起个体绩效差异的持久性的个人特性。ARA向工作分析人员介绍了一种任何工作都需要的所有可能的能力清单。ARA的能力维度与内容包括5个维度的52种能力,充分代表与工作有关的各种能力。这种能力分类方法能够充分代表与工作有关的所有各种维度。这种分析系统首先对能力进行描述,然后再沿一条7分尺度图分别对顺序排列的每一能力水平列出一个行为基准的例子。

表3-8　ARA方法的5个维度的52种能力

心理能力	口头理解、书面理解、口头表达、书面表达、观念正确、独创性、记忆、问题敏感性、数学推理、数字反应、演绎推理、归纳推理、信息整理和思维灵活性
知觉能力	知觉速度、知觉灵活性、空间定向和形象化
心理动力能力	控制精确、多肢协调、反应定向、速度控制、反应时间、臂手稳定性、手工灵巧、手指敏捷、腕指速度、腿臂运动速度、选择性注意和时间分享
生理能力	静止力量、爆发力量、动态力量、躯干力量、伸展灵活性、动态灵活性、身体协调、身体平衡和耐力
感官能力	近视力、远视力、视觉色彩辨别、夜视力、周边视力、深度知觉、炫目敏感度、一般视力、注意力、声音定位化、语言听力和语言清晰性

应用这种方法时,需要把这52个维度都展示给主题专家们。专家只要指出每一尺度图中哪一个点数能够最恰当地代表某一特定工作所要求的能力水平就可以了。这些等级评价能够给某种工作的能力要求提供一个精确的全面的图景。研究

表明，这种方法对于职业生涯设计、甄选和培训等具有重要价值。

ARA 的优缺点：ARA 常用于招聘与选拔人员，尤其是当求职者并不被期望在进入工作门槛时便拥有特定技能的情况下。ARA 也被用来进行身体素质标准的确定。由于 ARA 提供了全面的人的能力清单，故工作分析人员不需要在每一次进行工作分析时都重新从零开始。ARA 的主要缺点是，它所收集的信息范围有限。比如关于任务与工作背景，它无法提供信息。所以，ARA 的使用一般要与其他工作分析法结合起来。

六、职业信息网(O* NET)工作分析系统

美国劳动部、雇佣和培训管理局进行了很多的工作分析工作。他们与其他一些投资者合作，推出了职业信息网（Occupational Informational Network，O* NET）。O* NET 吸收了多种工作分析问卷（如 PAQ 等）的优点，发展成为描述职业、员工 KSAOs 和工作场所要求的一个综合的系统。自动化的、可获取的 O* NET结合了最近 60 年关于职务和工作的性质的知识，目前 O* NET 已取代了笨重的《职位名称字典》(Dictionary of Occupational Titles，DOT)，成为美国广泛应用的工作分析工具。

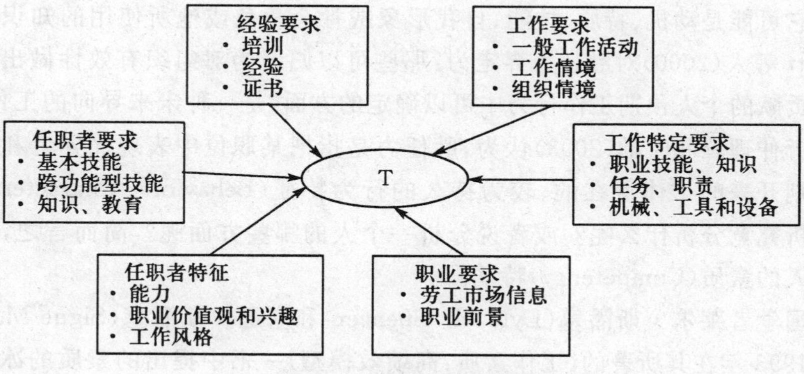

图 3-2　O* NET 的内存模型

O* NET 工作分析系统设计遵循三个原则：多重描述（Multiple Windows）、共同语言（Common Language）和职业描述的层级分类（Taxonomies and Hierarchies of Occupational Description）。

O* NET 设计了多重指标系统（如工作行为能力、技能、知识和工作情境等），不仅考虑职业需求和职业特征，而且还考虑到任职者的要求和特征；更重要的是，它还考虑到整个社会情境和组织情境的影响作用；同时该系统具有跨职位的指标描述系统，为描述不同的职位提供了共同语言，从而使得不同职业之间的比较成为可能。O* NET 运用了分类学的方法对职位信息进行分类，使职业信息能够广泛地被概括，使用者还可以根据自己的需要，选择适合自己的从一般到具体不同层次的工作描述指标。

O* NET系统综合了问卷法和专家访谈法等各种工作分析方法，能够将工作

信息(如工作活动组织情境和工作特征等)和工作者特征(如知识技能、兴趣)等统合在一起,不仅是工作导向的工作分析和任职者导向的工作分析的结合,考虑到组织情境、工作情境的要求,而且还能够体现职业的特定要求。Hough 和 Oswald 在 2000 年指出,在经济和市场急剧变化的现代社会,O* NET 是工作分析领域体现最新趋势的 能够应对新挑战的一大进展。

第四节 基于胜任力特征的工作分析

一、"素质":胜任力的定义

英文 Competency,译为素质、胜任力,操作定义为:个体所拥有的导致在工作岗位上取得出色业绩的潜在的、持久的行为特征。最早由美国心理学家麦克利兰(McClelland)在 1973 年提出。他认为决定一个人在工作上能否取得好的成就,除了拥有工作所必需的知识、技能外,更重要的是取决于其深藏在大脑中的人格特质、动机及价值观等。随后,众多研究学者提出各自的观点。比如 Boyatzis(1982)认为,胜任力是指一个人所拥有的导致在一个工作岗位上取得出色业绩的潜在的特征。它可能是动机、特质、技能、自我形象或社会角色或他所使用的知识实体等等。Tett 等人(2000)对胜任力界定为:那些可以归因为对组织有效性做出积极或者消极贡献的个人预期工作行为中可以确定的方面,是一种未来导向的工作行为。国内学者仲理峰和时勘(2003)认为,胜任力是指把某职位中表现优异者和表现平平者区别开来的个体潜在的、较为持久的行为特征(Behavioral Characteristics)。人员分析究竟分析什么呢? 或者说分析一个人的哪些方面呢? 简而言之,就是分析一个人的素质(Competency)特征。

美国学者莱尔·斯潘塞(Lyle M. Spencer)和塞尼·斯潘塞(Signe M. Spencer)于 1993 年在其所著的《工作素质:高绩效模型》一书中提出的素质的冰山模型(Iceberg Model)。该书指出,素质是人在工作或情境中产生高效率或高绩效所必需的潜在特征,同时只有当这种素质能够在现实中带来可衡量的成果时,才能称作为素质。素质在个体特质中扮演深层且持久的角色,而且能预测一个人在复杂的工作情境及担任重任时的行为表现。此后 Hay/McBer 公司提出了与职位相对应的胜任素质模型即冰山模型,在 1996 年版分级胜任力素质词典中,该模型对素质模型的构成要素进行定义:

(1)知识(Knowledge):指个人在某一特定领域拥有的事实型与经验型信息。

(2)技能(Skill):指结构化地运用知识完成某项具体工作的能力,即对某一特定领域所需技术与知识的掌握情况。

(3)社会角色(Social Roles):指一个人基于态度和价值观的行为方式与风格。

(4)自我概念(Self-Concept):指一个人的态度、价值观和自我印象。

(5)特质(Traits):指个性、身体特征对环境和各种信息所表现出来的持续反应。品质与动机可以预测个人在长期无人监督下的工作状态。

(6)动机(Motives):指在一个特定领域的自然而持续的想法和偏好(如成就、亲和力、影响力),它们将驱动、引导和决定一个人的外在行动。

莱尔·斯潘塞和塞尼·斯潘塞的素质冰山模型把个体素质形象地描述为漂浮在洋面上的冰山,其中知识和技能是属于裸露在水面上的表层部分,这部分是对任职者基础素质的要求,但它不能把表现优异者与表现平平者区别开来,这一部分也称为临界(基准)性素质(Threshold Competence)。临界(基准)性素质是容易被测量和观察的,因而也是容易被模仿的;换言之,知识和技能可以通过针对性的培训习得。内驱力、社会动机、个性品质、自我形象、态度等属于潜藏于水下的深层部分的素质,这部分称为鉴别性素质(Differentiating Competence)。它是区分绩效优异者与平平者的关键因素;职位越高,鉴别性素质的作用比例就越大。相对于知识和技能而言,鉴别性素质不容易被观察和测量,也难于改变和评价,这部分素质很难通过后天的培训得以形成。

二、麦克利兰的胜任力研究

(一)麦克利兰胜任力问题的提出

1973年哈佛教授戴维·麦克利兰(David McClelland)在《美国心理学家》杂志上发表了题为《测量胜任力而非智力》(*Testing for Competency Rather Than Intelligence*)的文章。麦克利兰认为采用智力测验的方式预测未来工作的成败是不可靠的,智力测验的结果与工作的成功之间没有太大的联系,它们之间的关系要视具体情况而定。换句话说,传统的性向检测和知识测验并不能预测职位候选人在工作中一定会取得成功。

麦克利兰指出:传统的智力测验、性向测验和学校的学术测验及等级分数,不能准确预测复杂工作和高层次职位的工作绩效或生活中的成功。而且,对于弱势群体如少数民族、妇女和较低社会经济地位的人,存在不公平性。针对这些问题,他强调抛开被实践证明无法成立的理论假设和主观判断,从实际出发,从第一手材料入手,直接去发掘那些能够真正影响工作绩效的个人条件和行为素质,为提高组织效率和促进个人事业成功,作出实质性贡献。具体归结为六条测验原则:

(1)最好的测验就是效标取样。

(2)测验应设计成能反映个体习惯的变化,而不被训练和阅历所改变的人类一般能力因素。

(3)测验应该使大家都知道要明确哪些需测试的品质,即测试项目是可以公开的和显而易见的。

(4)测验应评价与生活各方面结果相联系的胜任素质。

(5)测验既包括操作性的行为,也包括反应性的行为。

(6)测验应抽取操作性概念模式来最大限度地概括多种行为。

因此,倡导用素质模型评价取代智力测验作为预测未来工作绩效的方法。不同的行为导致不同的结果，特性与能力使人做出恰当的行为，素质使通过对行为的引导而最终影响绩效。麦克利兰提出用胜任力取代传统智力测量，找出那些造成绩效优秀者和绩效平平者之间差异的最显著特征，这些特征可以是动机、特质、自我形象、态度或价值观、某领域知识、认知或行为技能等任何可以被可靠测量或计数的并且能显著区分优秀与一般绩效的个体特征。由此，开启美国胜任力(Competency)运动的滥觞。

(二)麦克利兰胜任力研究的背景

胜任素质的研究起源于21世纪50年代初。当时，美国国务院感到以智力因素为基础选拔外交官的效果不理想。许多表面上很优秀的人才，在实际工作中的表现却令人非常失望。在美国外事局甄选驻外联络官(Foreign Service Information Officer，FSIO)的使命是借助图书馆管理、外交文化活动，以及与当地人民的演讲对话等手段，来宣扬美国的对外政策，使得更多的人理解和喜欢美国。政府求助于麦克利兰的原因是传统技能知识测验预测性低，不公平。1970年以前，FSIO必过苛刻的“驻外服务官员测试”：A.智商；B.学历、文凭和成绩；C.一般人文常识与相关的文化背景知识，包括美国历史、西方文化、英文以及政治、经济等专业知识。然而，经挑选的许多人并不能胜任自己的工作。

在这种情况下，麦克利兰应邀帮助美国国务院设计一种能够有效地预测实际工作业绩的人员选拔方法。在项目过程中，麦克利兰博士应用了奠定胜任素质方法基础的一些关键性的理论和技术。例如：抛弃对人才条件的预设前提，从第一手材料出发，通过对工作表现优秀与一般的外交官的具体行为特征的比较分析，识别能够真正区分工作业绩的个人条件。麦克利兰创造了“行为事件访谈法”(Behavioral Event Interview，BEI)，采用了对比分析的方法来寻找合理和正确的评选标准。

具体步骤：先找出表现最为优异的“FISO”和一般称职的人员，分为杰出者与适用者两组，借助行为事件访谈法(Behavioral Event Interview，BEI)分别与他们进行特殊沟通，总结出杰出者和适用者在行为和思维方式上的差异。研究发现FSIO三种核心的能力素质，也就是今天的各公司“胜任力模型”(Competency Model)的雏形：

——跨文化的人际敏感性：即深入了解不同的文化，准确理解不同文化背景下他人的言行，并明确自身文化背景可能带来的思维定势的能力；

——对他人的积极期望：尊重他人的尊严和价值，即使在压力下也能保持对他人的积极期望；

——快速进入当地政治网络：迅速了解当地人际关系网络和相关人员政治倾向的能力。

实践证明，这种方法非常有效。一般而言，杰出者所表现出来的特质在适用者身上是找不到的，这恰恰是研究小组所需要的称之为可“编码”的信息。将这类特质按照特定的原则分类并划分层级，最终研究小组就得到了体现杰出与平庸之间差异的特质体系。直至今天，美国政府仍将这三种能力作为选拔“FISO”的主要依据。

（三）行为事件访谈法（BEI）

麦克利兰帮助美国国务院设计一种能够有效地预测实际工作业绩的人员选拔方式。在项目过程中，麦克利兰应用了奠定胜任素质方法基础的一些关键性的理论和技术，如“行为事件访谈法”。具体流程是：

（1）运用表现优秀者与表现较差者的比较，建立模范效标样本；

（2）在“关键事件法”和“主题统觉法”的基础上，开发一项称为“行为事件访谈”的技术收集数据信息；

（3）根据行为事件访谈记录的内容，运用主题分析技术分析优秀与表现欠佳的外交官，两个样本素质的差异归纳出在优秀者身上展现出来的行为素质；

（4）将记录转化成客观的定义和计分方式；

（5）依照这些定义对 BEI 的记录，运用口语表达、内容分析法加以计分编码；

（6）建立胜任素质模型；

（7）验证胜任素质模型。

通过上述方法建立的外交官评价标准取得了很高的信度和效度。该标准至今仍被美国国务院所采用。

麦克利兰创造的 BEI 是一种开放式的行为回顾式探索技术，是揭示胜任特征的主要工具。这是一种结合弗拉纳根（John C. Flanagan）的关键事例法（Critical Incident Technique，CIT）与主题统觉测验（Thematic Apperception Test，TAT）的访谈方式，主要的过程是请受访者回忆过去半年（或一年）他在工作上最感到具有成就感（或挫折感）的关键事例，其中包括：

（1）情境的描述；

（2）有哪些人参与；

（3）实际采取了哪些行为；

（4）个人有何感觉；

（5）结果如何，亦即受试者必须回忆并陈述一个完整的故事。

在具体访谈过程中，需要被访谈者列出他们在管理工作中遇到的关键情境，包括正面结果和负面结果各 3 项。访谈约需 3 个小时，需收集 3 至 6 个行为事件的完整、详细的信息。因此，访谈者必须经过严格的培训，一般不少于 10 个工作日。

麦克利兰认为个人在“主题统觉测验”上的反应分数可以用来界定个人“对成功的希望”（Need to Achieve）的强度，而个人在考试焦虑问卷（TAQ）上的得分，可用来界定个人“对失败的恐惧”（Need to Avoid Failure）的强度，两者相结合便可以确定一个人的“成就动机”（Achievement Motivation）水平。

麦克利兰使用投影仪给一组被试者呈现图画，让他们根据图画写出故事；有的时候，也使用句子来代替图画。首先通过实验唤起所欲测量的动机，然后在 TAT 的故事里看实验唤起动机对故事内容的影响。麦克利兰对主题统觉测验的评分也不像莫瑞那样采用一套临床的计分系统，而是采用一种简单化的计分方法，即将故事的特征分成一些类别，看看各个类别的特征在被试的故事中是否出现。这一方法使得计分更为系统化和客观化了，但是却忽略了故事中的一些复杂特征。麦克利兰认为使用主题统觉测验方法和使用问卷方法测量的是两种基本不同的人格特征。问卷方法测量的是被试者的认知而不是自发表现出来的动机。因此他认为主题统觉测验的方法更适合测量内隐的、潜意识中的动机。

行为事件面试法中也需要使用技巧，具体来讲，有以下几个方面：

(1)从好的事件开始询问：让应聘人员先非常简单地描述关键事件的概要，在应聘人员详细讲完一个工作事件之前，不要让其转到别的事件上。

(2)引导应聘人员按事件发生的时间顺序来报告：一旦发现应聘人员的报告中有跳跃，就提出问题请其提供详细的资料。

(3)如果应聘人员讲的是抽象的观点，立即让其举例予以说明。

(4)尽量使用简单的问话引导应聘人员讲出事件的细节，而且要让应聘人员讲当时而非现在的看法或行为。

(5)如果应聘人员在叙述中提及“我们”，一定要问清楚“我们”是指谁，讲究追问的最基本技巧。

(6)如果应聘人员在面谈中变得很情绪化，如流眼泪，就要暂时停止发问直到其平静下来为止。

(7)如果面试人员不能想到任何具体事件，你可以通过自己的经历举例，向其描述一个完整的事件，或让其思考和回忆以前的经历。

(8)不要过多地重复应聘人员的话，一来得不到新的信息，二来很可能被应聘人员理解为一种引导性的问题。

(9)如果应聘人员向你咨询意见，顺势返还。

(10)面对众多的应聘者而丧失判断力，这种困惑也表现得更加明显，因为博弈程度越来越深。

总之，这种方法是目前在构建素质模型过程中使用得最为普遍的一种。它主要以目标岗位的任职者为访谈对象，通过对访谈对象的深入访谈，收集访谈对象在任职期间所做的成功和不成功的事件描述，挖掘出影响目标岗位绩效的非常细节的行为。之后对收集到的具体事件和行为进行汇总、分析、编码，然后在不同的被访谈群体(绩效优秀群体和绩效普通群体)之间进行对比，就可以找出目标岗位的核心素质。

三、胜任力特征的工作绩效

胜任素质包含愿望。愿望是动机或特质的原动力，这种力量能够产生充沛的行动力而导致结果。所有的人员差异最后都表现为行为的差异。所谓行为，就是外在的显性的行动和表现，如来没来，干没干，如何干的。因果关系流程模型可以被用来做“风险评估”的分析。如果组织不甄选、发展或引发员工的成就动机，我们就很难预测员工在财务方面、生产力、品质、新产品和服务上，会有较大的成长与进步。动机、特质、态度和自我概念的素质，可以用来预测行为。这些行为产生工作的结果，程序是动机/特质→行为→结果。流程如图 3-3 所示。

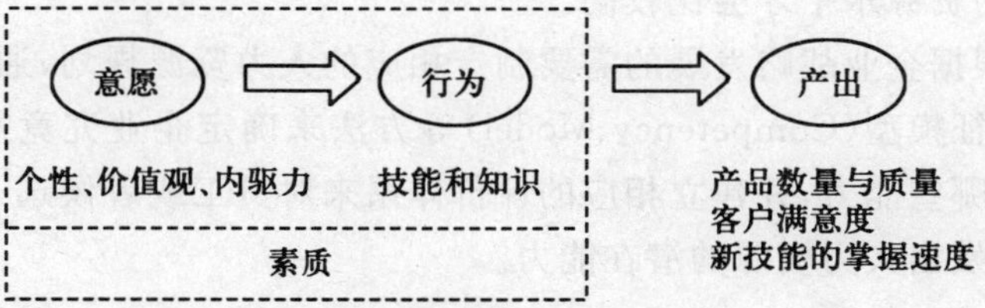

图 3-3 胜任特征因果流程模型

美国密歇根大学人力资源管理专家 Dave Ulrich 认为，人力资源水平＝员工的能力水平(Competence)×员工的承诺(Commitment)。所谓能力水平是指员工是否具备实现企业战略所需要的能力。而员工的承诺是指员工是否在工作中充分发挥了他们的能力，是否会不遗余力地为实现企业的目标而努力。

一般来说，决定员工承诺程度有两方面的影响因素：对员工的要求和对员工的支持。任何企业都会对员工的行为有一定的要求，也必须给员工提供一定的资源和支持，这些可能来自企业本身，也可能来自员工所在的部门、上级、同事、下属、客户，甚至家庭和社会。要想让员工能投入地为企业工作，必须保证对员工的要求是合理的，并向员工提供相应的资源和支持。因此，如果组织不关注员工成就动机的培养，员工的绩效将不会有大的改进，组织的业绩增长也会受到阻碍。图 3-4 表示了个人层面、团队层面和组织层面三个层次的素质、行为与产出之间的关系链。

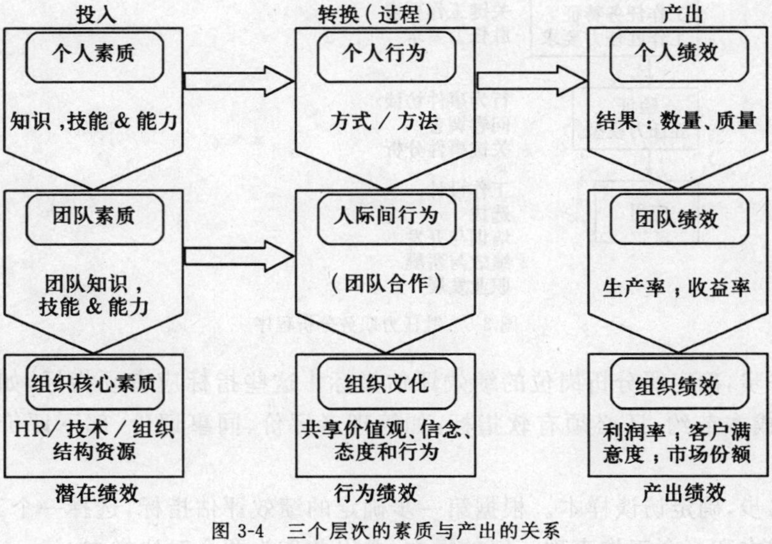

图 3-4 三个层次的素质与产出的关系

员工的能力水平和组织承诺程度共同决定企业的人力资源水平。如果能力水平比较高，但是组织承诺程度不够，整体的人力资源水平不会很高；同样，即使组织承诺程度很大，但如果能力水平不高的话，整体的人力资源水平也会受到影响。评价一个企业、部门或团队的人力资源，应该既考虑员工的能力水平，也考虑员工的组织承诺程度。只有当员工的能力水平比较强，而且组织承诺程度也比较大的时候，企业的人力资源水平才会比较高。

因此，要根据企业战略发展的需要制定相应的人力资源规划，通过职位分析或者建立胜任特征模型（Competency Model）等方法来确定企业究竟需要多少员工，要求员工具备哪些能力，并建立相应的评价体系来对员工或者候选人进行评价，同时改善条件激发出人力资源的潜在能力。

四、胜任力工作分析方法

虽然基于胜任力的工作分析与传统的工作分析有很大不同，但两者并不是没有联系。基于胜任力的工作分析是在传统的工作分析基础上发展起来的。

基于胜任力的职务分析的一般程序应包括以下五个方面步骤，具体实施路线如图 3-5 所示：

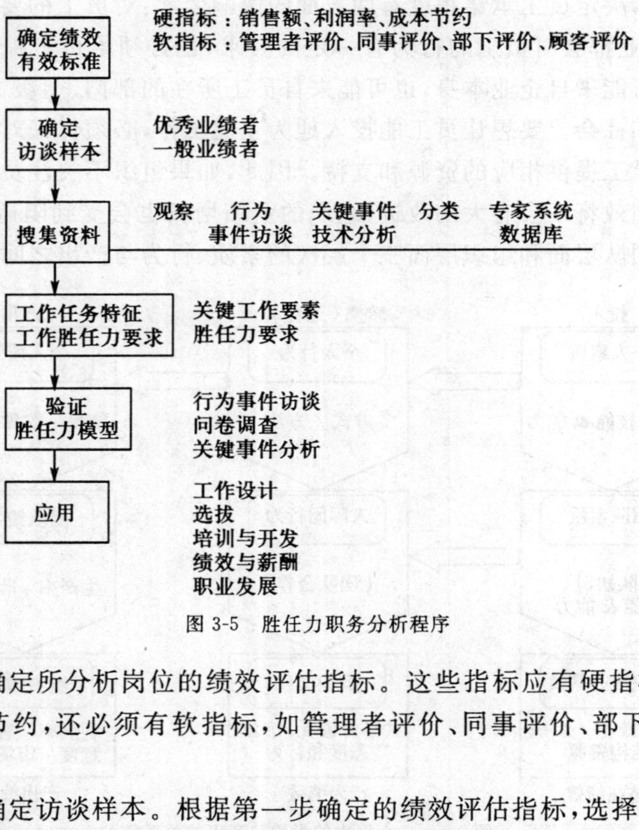

图 3-5 胜任力职务分析程序

第一步，确定所分析岗位的绩效评估指标。这些指标应有硬指标，如利润率、销售额、成本节约，还必须有软指标，如管理者评价、同事评价、部下评价、顾客评价等。

第二步，确定访谈样本。根据第一步确定的绩效评估指标，选择一个工作表现优秀的样本和一个工作表现一般的样本，并以此作为两个对比样本。

第三步，识别优秀业绩者与一般业绩者的关键行为。这是工作分析过程的关键程序，需要由受过专业训练的人员对这两组样本分别进行观察、行为事件访谈。胜任特征研究中常用的行为事件访谈法（Behavioral Event Interview，BEI）就是从工作分析关键事件技术(Critical Incident Technique,CIT)中发展而来的。行为事件访谈法采用开放式的行为回顾式探察技术,通过让被访谈者找出和描述他们在工作中最成功和最不成功的三件事,然后详细地报告当时发生了什么。

资料

进行行为事件访谈的过程

进行行为事件访谈的过程如下:

(1)要求让被访谈者简单描述其职位和责任,以及他们为该工作职务做了哪些准备,他们如何被挑选来担任这些职位的。

(2)让被访谈者对2～3件干得比较出色的事和2～3件被访谈者不满意的事加以详细描述:

- 什么导致了该事件,这个情境是怎样引起的?
- 牵涉到哪些人,哪些人处在该事件中?
- 他们说了什么,做了什么?
- 在事件的每一点上被访谈者当时是如何思考的,怎么想的,感觉如何?
- 在当时的情境中想完成什么,实际上又做了些什么?
- 结果如何?

通过这样的访谈,获得关于过去事件的全面报告。

(3)然后由4～6名职务分析者对访谈内容进行独立的主题分析,对导致绩效优秀者和绩效一般者的思想和行为进行整理归类。

(4)职务分析者汇集各自整理归类的结果,并进行比较、讨论和修改,整合各自的结果形成优秀业绩者与一般业绩者的关键行为。

第四步,确认工作任务特征和胜任力要求,运用关键事件分析技术、问卷调查方法以及统计分析技术,对上述收集到的关键行为进行分析评价,找出两组样本在哪些胜任特征上存在区别,并根据存在区别的胜任特征,确定所要分析岗位的关键工作要素,以及工作胜任力要求(即胜任力模型)。

第五步,对确定的工作任务特征和胜任力要求进行验证。在这里需要选择另外两个样本组(优秀业绩者和一般业绩者)进行验证,同样采用上述第三步的行为事件访谈以及关键事件分析、问卷调查等手段,考察这些假设的胜任力是否能区分业绩优秀者与业绩一般者,以进行研究的效度检验。

与传统职务分析相比,基于胜任力的工作分析具有以下显著的特征:

(1)强调优秀员工的关键特征,注重怎么完成任务,而不是完成什么。

(2)与组织经营目标与战略紧密联系,强调与组织的长期匹配,而不是与岗位的短期匹配。

(3)除了寻找岗位之间在胜任要求上的差异外,它更注重寻找岗位职务系列之间在胜任要求上的相似点，而传统的职务分析更加注重寻求岗位之间职务系列之间的差异。

(4)具有较高的表面效度，更易被任职者接受，即基于胜任力的职务分析是从优秀员工的关键行为出发来确认职务胜任要求，并且也是用关键行为来描述职务胜任要求，把员工的行为、精神体现在胜任要求的描述上。这样使得任职者能够在胜任要求描述中“看到”自己的样子和其他员工的样子。

(5)通过这种方法确定的职务要求一方面能够满足组织当前对岗位的要求，另一方面也适应了组织发展的需要，随着组织寻求在人力资源上获取竞争优势以实现可持续发展。

对于冰山模型在工作分析中的有效运用，还需要注意几个基本问题：

首先，不同类型的工作，素质要求是不一样的，需确定哪些素质是该类工作岗位所需要的胜任素质。确定胜任素质主要有两条基本原则：

(1)有效性。判断一项胜任素质的唯一标准是能否显著区分出工作业绩，这就意味着，所确认的胜任素质必须要在优秀员工和一般员工之间有明显的、可以衡量的差别。

(2)客观性，判断一项胜任素质能否区分工作业绩，必须以客观数据为依据。

其次，在确定胜任素质后，组织要建立能衡量个人胜任素质水平的测评系统，这个测评系统也要经过客观数据的检验，并且要能区分工作业绩。

最后，在准确测量的基础上，设计出胜任素质测评结果在各种人力资源管理工作中的具体应用办法。

总而言之，麦克利兰的冰山模型为人力资源管理的实践提供了一个全新的视角和一种更为有利的工具，它不仅能够满足现代人力资源管理的要求，构建了某种岗位的胜任素质模型，对于担任某项工作所应具备的胜任特征进行了明确的说明，而且成为进行人员素质测评的重要依据，为人力资源管理的发展提供了科学的前提。

复习思考题

1. 什么是工作分析？它对公司的管理活动有什么意义？
2. 为什么说现代意义上的工作分析还包括人员分析？
3. 简述工作分析的职务定向分析技术。
4. 简述工作分析的人员定向分析技术。
5. 收集工作信息的方法有哪几种？
6. 简述行为事件访谈法(BEI)。

第四章
人力资源测评的技术指数

建立完善的人力资源测评理论体系是当今人力资源测评事业发展的一个趋势，近年来测评理论建设的突出特点是更加重视定量过程、非控制过程和客观解释过程。人们对人力资源测评的信任感是建立在一定的可靠性和有效性基础之上的，作为评价体系的组成部分，对人力资源测评的信度和效度进行鉴定是正确解释和应用测评结果的保证，它是对测评本身的测评，是对人才评价工作的评价。在实际的测验编制过程中，为了改善和提高测验的信度和效度，应对每个测题进行分析，这就是项目分析，主要包括难度分析和区分度分析。

第一节　信度分析

一、信度的基本概念

信度(Reliability)又叫可靠性程度，用于分析一种测评方法所得结果的前后一致性水平，并以这种一致性水平为指标来判断测评的可靠性。测验结果的可靠性与测验结果受误差影响的程度密切相关。在人力资源测评中误差是不可避免的，只能尽可能追求高的精度，把误差控制在一个有规律的范围以内，这样测量得到的结果才比较稳定可靠。信度实际上就是对随机误差的一种度量。

二、信度系数及估计方法

一般条件下，信度指标都用信度系数的形式呈现。信度系数是同一样本在两种不同时间、不同情境条件下或两组不同评价材料评定结果之间的相关系数。针对不同的误差来源，信度可以有不同的确定方法。一般有以下几种类型：重测信度、复本信度、内部一致性信度、评分者信度。

(一)重测信度

重测信度(Test-retest Reliability)又称为稳定性系数，它反映了测评跨时间的一致性程度，即用同一测验在两个不同时间对同一群体施测两次，这两次测验分数的相关系数就是重测系数。一个测验的重测系数越高，说明测评的稳定性越好，测评受随机因素的影响越小。

重测信度所考察的误差来源是时间的变化所带来的随机影响。在获得重测系数时，最需要注意的是必须根据测验的性质和目的来控制合理的时间间隔，这样才有可能获得较好的稳定系数。时间间隔长了，被试的心理特征就会因学习、经历、教育培训等因素发生变化，使相关系数降低；时间间隔短了，又会使首次测评时的练习效果和记忆效果的影响增大，从而造成了假性的高相关。

(二)复本信度

复本信度(Equivalent-forms Reliability)又称为等值性系数，它反映了测评跨形式的一致性，即在对被试进行测评后间隔一定的时间，运用复本再测评一次所获得的复本相关系数。复本是指在内容、数量、格式、难度、平均数、标准差等各方面与原测评一样的测评，即功能等值但题目内容不同。两个等值的测评互为复本；复本信度的高低反映了两个测评复本在内容上的等值性程度。

复本信度的优点在于适用于长期追踪研究或调查某些干涉变量对测评成绩的影响，同时降低了辅导或作弊的可能性。当然，复本相关系数也有局限性。一方面，在现实中，编制理想的复本常常很难，有许多测评都没有复本；另一方面，复本测评也会受练习的影响。

(三)内部一致性信度

用重测相关系数和复本相关系数，都需测评两次，不但花费较多的精力，而且受测者会受练习的影响而使第二次测评失真。但内部一致性系数则不同，它只需要测评一次，通过分析同一测评内部各测评项目之间的相关系数的方法来估计信度系数。内部一致性系数反映的是跨测题的一致性，即测评内部各部分之间是否具有同质性。内部一致性信度又分为分半信度、同质性信度和 α 系数。

1. 分半信度

获得分半系数的方法是把一个测评分成两个最为等值的两半，并分别计算每位被试在两半测验上的得分，再求出这两个分数的相关系数，从而来估计整个测评的信度。因为分半系数只是根据原测试题的一半题目而来，而信度的大小又与测验的长度有关，所以分半系数常常要比原测验的信度低。为了校正这个差异，常运用斯皮尔曼-布朗公式(Spearman-Brown Formula)，它可以估计增长或缩短一个测验对其信度系数的影响。用此公式的前提条件是：两半测验的方差相等。斯皮尔曼-布朗修正公式为

$$r_{xx} = 2r_{hh}/(1 + r_{hh})$$

其中，r_{hh} 为两半测验的相关系数；r_{xx} 为估计或修正后的信度。

当两半测验的方差不同时，应采用卢伦公式(Rulon Formula)或弗拉纳根公式(Flanagan Formula)进行修正。

2. 同质性信度

同质性信度不需要把测评分为两半，它反映了测验内部的各题目在多大程度

上考察了同一内容。所谓的同质性是指所有的测验题目测量的只是单一的特质或内容，表现为所有测验题目得分的一致性。常用的计算方法是库德-理查逊(Kuder-Richardson)估计方法 。计算公式有库德-理查逊 20 号公式(简称 KR20)和 21 号公式(简称 KR21)。

下面是 KR20 公式：

$$r_{\mathrm{KR20}}=\frac{n}{n-1}\left(1-\frac{\sum_{i=1}^{n}p_iq_i}{S_X^2}\right)$$

式中：n 为测验题目数；p_i 为通过 i 题的人数比例；q_i 为未通过该题目的人数比例；$p_i+q_i=1$；$\sum p_iq_i$ 为所有题目答对与答错人数百分比乘积的总和。

库德-理查逊信度系数的运用需要满足几个条件：所有测试题都采用二分法记分，即都采用 0,1 记分，答对记 1 分，答错记 0 分；测验的项目难度比较接近；项目间的组间相关系数相等。

3. α 系数

当测验项目采用多重记分法(如人格测验、态度量表)记分时，库德-理查逊估计方法就无法运用。克伦巴赫(Cronbach. L)提出了适用于各种记分情况的 α 系数来估计信度。具体公式如下：

$$\alpha=\frac{n}{n-1}\left(1-\frac{\sum_{i=1}^{n}S_i^2}{S_X^2}\right)$$

式中，S_i^2 为每一项目的方差，S_X^2 为测验总分方差。

(四)评分者信度

在人事测评中，不同的评分者其观察角度、注意力、对被试的偏见等都会使评分的结果不一致，因此，评分者的评判也是误差的来源之一。评分者信度就是指不同评分者对同样对象进行评定的一致性程度。

具体方法：由两名评分者对同一个被试样组进行评分，求出两个评判分数的相关系数。计算这种相关系数可以用积差相关方法，也可以采用斯皮尔曼等级相关方法。

如果评分者在三人以上，而且又采用等级记分时，就要用肯德尔和谐系数法来求评分者信度。公式为

$$W=\frac{S}{\frac{1}{12}K^2(N^3-N)}=\frac{\sum_{i=1}^{N}R_i^2-\frac{\left(\sum_{i=1}^{N}R_i\right)^2}{N}}{\frac{1}{12}K^2(N^3-N)}$$

式中，K 为评分者人数，N 为被评定的人数或答卷数，R_i 为每一个对象被评等级。

三、影响信度系数的因素

测验的信度会受到各种因素的影响，在解释信度系数时我们应充分考虑这些

因素，在编制测验和测验的实施过程中要力图避免它们。主要的影响因素有：测验长度、测验难度、样本团体的性质。

测验长度：在其他条件相等的情况下，测验长度（题目的多少）越长，信度值越高。因为测验越长，题目取样或内容取样就越充分，结果就越可靠，同时也能避免猜测题目的影响。

测验难度：测验难度对信度也会产生影响。如果一个测验的难度太低，大多数被试都可以轻而易举地答对题目，测验分数会非常集中并聚集在高分端；如果测验的难度太高，多数被试都只能凭猜测答题，所有分数都集中在低分端。这样都会使测量到的分数分布太窄，导致信度降低。只有当难度水平适中，使得测量到的分数分布范围最大时，测验的信度才会比较理想。

样本团体的性质：一般而言，在其他条件不变的情况下，样本团体的分数分布范围越大，变异性越大，信度系数也越大。样本团体的异质性越大，信度系数就越大。

第二节 效度

一、效度的含义

测量的效度（Validity）是指测量结果的有效性程度，也就是已测到的质和量与主试者欲测的质和量相符合的程度，有的也称效度为正确性。人事测量的效度就是指测量的有效性，即所采用的测评工具对其所要测评的特性测量到什么程度的估计。

效度是任何一种测评必须解决的首要问题，因为有效性决定了对测量效度的考查是一个很复杂的问题，特别是对人的潜在特质的测量，因为潜在特质并不是一个看得见摸得着的物质实体，而是一种观念构想。对潜在特质的测量只能采用间接的方法，其测量模型可用行为主义的公式 S－R 表示，在测量过程中所能控制的是呈现给被试的刺激 S，所能观测到的是被试在一定测量情景下对刺激 S 的反应 R。而潜在特质是介于 S 和 R 之间的，在这一中间过程对 S 传入大脑的信息作出了处理，处理后的信息以 R 方式输出。简单地说，效度要弄清楚的是在 S 信号传入大脑后，哪种（哪些或最主要是哪一种）特质参与了对输入信号的处理。

对效度的理解需要注意以下几点：一是效度是针对测验结果的；二是效度是针对某种特定的测评目的而存在的；三是效度是连续性的，是一个关于程度的估计。在前面对信度进行分析时，只考虑了随机误差的影响，而在对效度进行分析时将系统误差也引入进来。原因就在于系统误差是恒定的，所以不影响测验的一致性，但却影响测验的准确性。信度高是效度高的必要条件，而不是充分条件。一个测量工具要有效度必须有信度，没有信度就没有效度，但是有信度并不一定有效度。信度低，效度不可能高。因为如果测量的数据不准确，也就不能有效地说明所研究的对象。信度高，效度未必高；效度低，信度很可能高；效度高，信度也必然高。信度与效度的关系如图 4-1 所示。

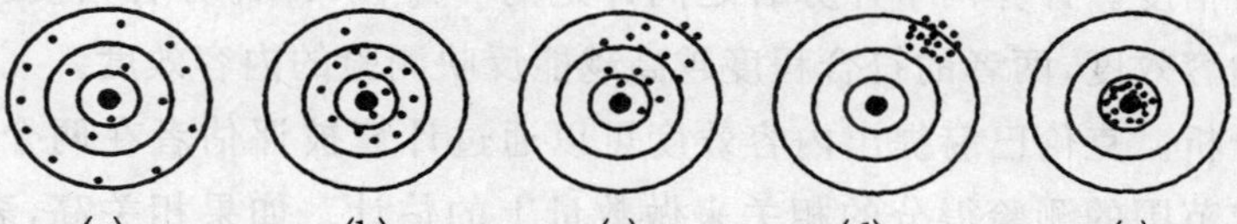

(a) 太不可信，所以也无效　(b) 相当有信度，和相当有效度　(c) 相当有信度但没有效度　(d) 好的信度但没有效度　(e) 好的信度和好的效度

图 4-1　信度与效度的关系

针对效度问题提出了诸多解决方案，因而有很多效度名称。如，同时效度、预测效度、表面效度、相容效度、协同效度、假设效度、效标关联效度、实证效度和经验效度。为了规范效度问题的研究与解释，美国心理学会在 1974 年将测量的效度分为三大类，即，内容效度，是指测验的内容对欲测范围内内容的代表性程度；结构效度，指测量结果与测验的理论假设之间的一致性程度；效标关联效度，又称实证效度，指测量的结果与某种外在效标之间的一致性程度，一般用测验分数与效标之间的相关系数表示。

效度的检验不是一次就能完成的，往往要通过累积证据的方法不断积累效度资料来证实它的有效性。在根据某一理论结构模型（智力、个性等）编制测验时应特别注重结构效度，它也是通过累积证据的方法来检验效度以获得支持的。成就测验或学科测验（以检测知识为主的考试）较容易获得较高的内容效度，而对这类测验也往往注重考察它们的内容效度。对于能力测验、个性测验、态度测验、品德测评等，对其内容效度的考察往往比较困难，因而采用效标关联效度的较多。

二、效度的类型及估计方法

一般把效度分为内容效度、构思效度和效标关联效度三类，这三类效度是相互联系的，一个好的测评通常可以用一种或一种以上的效度来表示。

（一）内容效度

内容效度（Content Validity）是检验测验内容是否是欲测的行为领域的代表性取样指标，即指标与标准是否符合该类人员的功能特征。要素的设计与标准的编制成为鉴定测评效度的内容。内容效度的估计方法有以下几种：

通过对照内容范围来估计。这种方法是通过考察测验中包含的项目是否涵盖了内容范围来对内容效度加以检验。在具体的操作过程中，可以编制双向细目表来确定项目的分配是否将主要问题都包含进去了。可以用内容效度比 *CVR* 来计算内容效度：

$$CVR = 2(Ne - n/2)/N$$

式中，*Ne* 为评判中认为某项目很好地表示了测量内容范畴的评判者人数，*N* 为评判者总人数。

CVR 的值从－1～1，－1表示所有人都认为内容不当，而1则表示所有人都认为内容很好。

评分者信度。计算两个评分者之间评定的一致性，即评分者信度。通过此信度来说明内容效度，两者的符合程度越高越能反映测验的内容效度。

统计分析。克伦巴赫提出内容效度可以通过计算被评估者在两个独立的、取自同样内容范围的测验得分的相关来做数量上的估计。如果相关高，表明具有高的内容效度；如果相关低，表明两者中至少有一个缺乏内容效度。

(二)构思效度

构思效度(Construct Validity)是指测验能够测量到理论上的构思或特质的程度。所谓的构思是指一些抽象的假设性的概念、特性或变量，如智力、创造力、言语流畅性、焦虑、动机等。构思不能直接被测量，需要借助一定的测评工具来反映。

构思效度的估计方法有许多，总的来说，可以分为测验内部的方法和测验间方法两大类。

测验内部的方法：这种方法主要是通过研究测验内部的构造来分析测验的构思效度。具体来说包括测验内容效度、被评估者解答测试题时的反应过程及因素分析法。

测验间方法：这一方法同时考虑几个测验间的相关性，考察这些测验是否在测量同一构思。这里主要介绍两种常见的方法。

第一，相容效度。理论上测量相同构思的测验，彼此之间应该有高相关。因此新测验与原有的测验间的相关，可以作为衡量新测验大致测量的相同行为的程度的标准。这种相关系数被称为相容效度。

第二，聚合效度和辨别效度。聚合效度和辨别效度是由肯贝尔等人在1959年提出的。聚合效度是说如果两个测验是测量同一特质的，即使使用不同的方法进行测量，它们之间的相关也应该是高的。辨别效度是说如果两个测验测量的是不同的特质，即使使用相同的方法进行测量，它们之间的相关也应该是低的。

(三)效标关联效度

效标关联效度(Criterion-related Validity)是以测评分数和效度准则之间的相关系数来表示测评效度的高低的，也就是测评分数对个体的效标行为表现进行预测的有效性程度。这里效标是指考察测验效用的外在参照标准，是一种可以直接、独立测量的行为。通常情况下，对一般职工来讲，其效标应为产量与质量；对于科技人员应以发明、创造及技术成果的数量和效益为效标；对管理人员应以工作效率、职工积极性调动程度和经济效益为效标；对领导人员应以开发人才、开创局面和社会、经济效益为效标。可以用预测效度和同时效度这两种方法来估计效标关联效度。预测效度的效标资料是在测量结束后隔一段时间才能获得，它是决策前得到的测评分数和决策后得到的效标分数之间的相关，反映的是测验分数对任一段时间间隔后被试行为表现的预测。同时效度的效标资料可以和测验分数差不多同时搜集。

影响测验的效度除了有测验本身、测验实施过程、被试主观状态等因素外，还有受测样本因素。一个测验施测于不同的样本，由于受测者在年龄、文化程度以及经验背景上的差别，效度会随之不同，因此，受测样本的选取是用来考察效度所依据的重要因素。样本容量的大小与效度系数的高低也有一定关系。样本容量越大，测量误差就会有相互抵消的趋势，由此会有助于提高测验和效标测量的信度，同时有助于提高效度系数。此外，样本的同质性也会影响效度系数。当测验的其他条件均相同时，样本的测验分数和效标分数分布范围越小，则效度系数就越小。因此，随机抽样可以保证样本中受测者的异质性，有利于提高效度系数。另外，选择适当的效标是统计效度的先决条件。一个测验由于采用的效标不同，其效度可能会大相径庭，甚至由于效标选择不当，可能导致无法衡量测验的效度。

第三节 项目分析

为了提高测验的信度、效度和测验项目的质量，除了深入研究试题的类型和功能及编制技巧外，还发明了一系列筛选、甄别项目的方法，统称为项目分析（Item Analysis），其中最主要的是难度分析和区分度分析。项目难度的主要指标是通过率，即在该题上答对的人数与全体被试的比率（或平均得分与该题满分的比率）。仅难度还不足以说明题目质量的优劣，CTT（项目分析理论）提出以题目对被试水平的区分鉴别能力作为评价试题质量的区分度概念。

一、难度分析

通过以上的分析，可以看出信度与效度的分析是直接对测评结果质量的考查，而一个测验的信度和效度在很大程度上取决于该测验的题目参数（难度和区分度），编制和筛选具有适当参数的题目是提高测验信度和效度的前提。我们根据测验结果对组成测验的各个题目进行分析，从而评价题目好坏。

（一）难度的概念

难度是指测验题目的难易程度，也是反映试题对被试知识和能力水平的适合程度的指标。难度是一个相对的概念，难度的高低与被试的水平直接相关。我们在说测量的难易程度时，应该针对具体的被试。测验难度影响测验分数的分布形态，难度值过大或过小，都会造成测验分数的偏态分布。难度值越接近于0，测验的难度就越大，测验分数就越是集中在低分段，其分数分布呈正偏态；相反，分数分布呈现负偏态。测验难度影响测验分数的离散程度，测验分数过高或过低，分数分布都会高度集中，测验分数的离散程度就会变小。测验难度还影响测验的鉴别能力。

(二)难度的计算

1. 以答对百分比来估计难度

如果试题为二分法反应-记分项目,P 值可以采用通过率公式计算。公式为

$$P=\frac{R}{N}$$

式中,P 为试题难度,R 为答对试题的人数,N 为参加测验的总人数。

当被试人数较多时,可以采用极端分组法求解试题的难度,先按测验总分的高低进行排序,然后将被试分成三组:分数高的 27%的被试为高分组,分数最低的 27%的被试为低分组,中间 46%的被试为中间组。分别计算高分组和低分组的通过率,再求试题的难度:

$$P=(P_H+P_L)/2$$

式中,P_H 和 P_L 分别代表高分组和低分组的通过率。

为了避免在多项选择题的测验中,由于猜测的因素带来被试得分的提高,吉尔福德提出了一个难度的校正公式:

$$CP=\frac{KP-1}{K-1}$$

式中,CP 为校正后的通过率,P 为实际得到的通过率,K 为选项的数目。

2. 题目难度的等距量表

在进行测量时,用来表示一些对象和事件的某些特征的指标称作量表。根据不同的单位和参照点,从低级到高级,从模糊到精确,可以用不同的量表表示。用平均得分比率或答对人数比率表示难度,仅说明事物含有某种属性的多少,它是无相等单位、不具有等距性和可加性的顺序量表。这种量表只能表示事物间的大小、次序关系,不能反映两个比率间的数量差异。我们可以把这种量表转换成不仅具有大小关系,而且具有相等单位和规定参照点的等距量表,使其能表示题目之间难度差异的大小。其中较为常用的是美国教育测验服务处(ETS)采用的难度指数:

$$\Delta=13+4Z$$

式中,Δ 是正态化的等距难度指数,13 是平均数,4 是标准差,Z 是标准正态曲线下的面积(即 p 值)所对应的值。转换后的难度指数介于 1～25,不会出现负值,从而使精确度大大提高。

确定合理的测验难度才能使试题产生区分不同程度的被试的最大效果。但题目的难度水平究竟多高合适,依赖于测验的目的、性质、和题目形式。一般来说,进行测验的目的是要了解被试个体间的差异,所以在选择题目时,最好使试题的平均难度接近 0.50,而各题难度在 0.20～0.50。此外,对于不同的题型应该有各自适宜的难度,如是非题难度值应为 0.75,而对于四选一的题目,难度值约为 0.63。

二、区分度分析

区分度又称鉴别度,它是指测验项目对不同水平的被试的反应的鉴别能力和

区分程度。若项目鉴别力高，则能力强、水平高的被试得分高；若能力弱、水平低的被试得分低，则没有鉴别力。它是评价测试题质量，筛选测试题的主要指标和依据。区分度的估计方法有鉴别度指数法、方差法、内部一致性系数计算区分度法和项目与外部准则的相关——项目效度分析法。

（一）鉴别度指数

鉴别度指数是衡量区分度的一种最常用，也是最简便的方法，它是比较得分高和得分低的两组被试在项目通过率上的差值。

一般思路为，当成绩是连续变量时，可从分数分布的两端各选择 27% 的被试组成高、低分组，分别计算两组在每道题目上的通过率，二者之差就是各题目的鉴别度指数 D。公式如下：

$$D = P_H - P_L$$

式中，P_H 为高分组答对该题的人数比率，P_L 为低分组答对该题的人数比率。

（二）方差法

方差表示一组数据的离散程度，方差大，则数据分散。被试在某一试题上的得分越分散，则该题的鉴别力越大。

$$S^2 = \frac{\sum (X_i - \overline{X})^2}{n}$$

式中，X_i 表示第 i 个被试在该题上的得分，$\overline{X}$ 表示所有被试在该题上的平均分，n 是被试总人数。

在进行实际的项目分析中，被试一般不能少于 30 人，在这种情况下使用上述公式才有效。

（三）内部一致性系数计算区分度

一般以总分来衡量被试能力的高低，当被试总分高时，在某个项目上的得分也高；总分低时，在某个项目上的得分也低，说明该项目和总分有一致性。在标准化和大规模的测验中，通过考察项目和总分的相关，来检测各项目所测查内容的一致性。如果项目与总分高相关，那么项目的鉴别力也就高。

（四）项目与外部准则的相关——项目效度分析

项目效度分析是考察被试在项目上的反应和在效标上的表现之间的关系，即每个测题所测查的行为是否反映了被试在效标上的表现。相关系数就是项目通过率与效标成绩的相关系数。相关越高，表明项目越具有区分的能力。

区分度的值具有相对性，不同的计算方法会带来不同的区分度值。此外，区分度还与受测团体的同质性程度有关，同质性越强，区分度就越低。所以，在确定合理的区分度时，我们既要考虑采用哪种区分度指标，以及样本大小和特性外，还要考虑测验的目的、性质和功能。

第四节 标准化和常模

一、标准化

所谓标准化(Standardization)是指对测验实施程序、对象范围、施测环境、测试方式、测验时限、分数解释(常模)等作了统一的规定,使测验能够在异时、异地、不同的主试等条件下进行,并能得到同等有效的测验结果。标准化的思想主要来自于自然科学中对实验条件进行严格控制以降低测量误差的思想,其方法主要源自于实验心理学中对无关变量和干扰变量控制的方法。它包括:测验题目的标准化;实施过程和记分的标准化;选用有代表性的常模。

(一)原始分数与标准分数

原始分数的高低很难直接进行比较和评价,不能直接反映出被试间的差异状况,不能显示出被试相互比较后所处的地位,不能说明被试在其他等值测试上应获得什么样的分值。

标准分数:原始分数通过与常模比较,可以转换成等值的导出分数即为标准分数。

原始分数:通过将被试的反应与标准答案相比较,直接获得的分数。接受测验后,按照评分标准对其作答反应直接评出的分数。原始分数反映了被试答对题目的个数,或作答正确的程度。

导出分数:是在原始分数的基础上,按一定的规则推导出来的,其目的就是进一步解决原始分数所没有解决的问题,或者说,就是为了更好、更科学地解释分数的含义、进行分数的组合、实现分数的等值化。

这种把原始分数转化为导出分数的过程,称作分数转换。导出分数的种类有很多,最常用的是百分等级和标准分数。标准分数是一种由原始分数推导出来的、用来说明原始分数在所属的那批分数中的相对位置的量数。

(二)标准分数的求解方法

常见的标准分数有 Z 分数、T 分数、标准九分等。每一种标准分数的求解方法都是基于特定的根据平均数和标准差转换原始分数而计算出标准分数的方法。Z 分数是以一批分数的平均数作为参照点,以标准差作为单位表示距离的分数。它由正负号和绝对数值两部分组成,正负号说明原始分数是大于还是小于平均数,绝对数值说明原始分数距离平均分数的远近程度。IQ 分数实质上就是一种 Z 分数,其平均分为 100 分,标准差为 15.

一批分数全部转换成 Z 分数后,它们的整个分布形态并没有发生改变。

$$Z=(X-\overline{X})/S$$

式中:X 为原始分数;$\overline{X}$ 为原始分的平均数;S 为原始分的标准差。

Z 分数准确地表达了一个分数在一批分数中的相对位置,但是,由于 Z 分数有

负值，常带有小数，不易被人理解和应用。转换通式为

$$Z' = \alpha Z + \beta$$

式中：Z' 为其他形式的标准分；α 为转换方程的斜率；β 为转换方程的截距。

在 Z 分数的基础上进一步转换，从而产生了一系列其他形式的标准分数。我国普通高校全国招生统一考试所使用的标准分数，就是用这种方法进行转换的，即

$$T = 500 + 100Z$$

式中取 500 为平均分，100 为标准差。

标准分数有线性转换的标准分数和正态化的标准分数。Z 分数为最典型的线性转换的标准分数。标准分数还有 T 分数、标准九分等。T 分数一词最早是由麦柯尔在1939年为纪念推孟和桑代克而提出的。只要其平均数为50，标准差为10即可。标准九分是另一较为知名的标准分数系统，其量表是一个 9 级的分数量表。它以 5 为平均数，以 2 为标准差。标准十分的平均数为 5，标准差为 1.5。标准二十分的平均数为 10，标准差为 3。而使用最广、影响最大的一种常态化标准分数是离差智商。

二、常模

常模(Norm)是一种可供比较的标准量数，它是心理测评用于比较和解释测验结果时的参照分数的标准。测验分数必须与某种标准进行比较才能显示出它所代表的意义，仅从测验试卷上的得分不能获得被试个体所处的确切位置的信息。为了对测验的分数进行合理的解释，所以提出常模的概念。

(一)常模及其获得

常模由标准化样本测试结果计算而来，即某一标准化样本的平均数和标准差。所谓常模即是从某一总体中抽取的被试样本在该测验上得分的分布，以常模团体的平均数(或中位数)为参照点，将个体的分数标定在高于或低于参照点的某一位置上以确定该被试在团体中的相对地位。常模团体是用来搜集、整理、比较的参照团体。常模团体是由具有某种共同特征的人所组成的一个团体或该团体的一个样本。常模团体的分数分布是解释测验分数的基础。

在心理测量中，经常应用的一种解释分数的方法是参照常模解释分数的方法，即将被试的分数直接或间接地用在某个团体中的相对位置或相对等级来表示。获得标准分数的过程就是常模参照解释。这种标定可以通过原始分数(Raw Score)转换成量表分数(Scale Score)，或称导出分数来实现。这种类型的测验称为常模参照测验(Norm-referenced Test)，与此相对应的称为标准参照测验(Criterion-referenced Test)，二者在对测验分数的解释与转换方法方面有所不同。

(二)常模样本的选择(抽样)

常模样本的构成即确定常模样本中各部分的数量、比例及相互关系。成为常模样本有以下几个条件：常模样本的构成必须明确；常模样本必须是所测群体的代表性样本；样本的大小要适当；注意常模的时效性。取样的方法有简单随机抽样、系统抽样、分组抽样和分层抽样。

简单随机抽样：总体中每个个体均有独立的等概率被抽取的可能。常用方法有抽签法和随机数字法(如从50人中随机选取10人)。

系统抽样：假设总体数目为N，选择$1/K$的被试作为样本，则样本的大小(n)为$n = N \times 1/K(K = N/n)$。逐一给被试编号，按组距$K$分段，每段取1人。系统抽样要求目标总体无序可循，也无等级结构存在。例如：从40人中抽取5人，从第3号开始抽取，为3、11、19、27、35。

分组抽样：如按各方面条件基本相同的学校取样，适用于总体数目大，而且群体有多样性的样本，将群体分组，在组内随机取样。分组抽样要求尽可能缩小组间差异，扩大组内差异。

分层抽样：将目标群体按某种变量(如年龄)分成若干层次，再从各层次中随机抽取若干被试。其特点是使各层次差异显著，同层次保持一致，增加了样本的代表性。分层抽样要求尽可能加大层次间的差异，尽量减小层次内的差异。它有两种分类，一是分层比例取样；二是分层非比例取样，当各层次的差异很大时采用此方法。

(三)常模的表示方法

转换表也叫常模表，它由原始分数表、相对应的导出分数表和对常模样本的具体描述三个要素组成。一个转换表显示出一个特定的标准化样组的原始分数与其对应的等值分数——百分数、标准分数、T分数或其他任何分数。利用转换表可将原始分数转换成与其对应的导出分数，从而对测验的分数作出有意义的解释。

表4-1　常模举例：中国产业工人的16PF常模($n=151$)

因素	1	2	3	4	5	6	7	8	9	10	因素	X	S
A	0—3	3	4—5	6—7	8—10	11—12	13	14—15	16—17	18—20	A	10.02	3.27
B	0—4	4	5—6	7	8	9	10	11	12	13	B	8.65	2.61
C	0—4	7—8	9—10	11—12	13—15	16—17	18—20	20—21	22—23	24—26	C	11.00	3.5
E	0—2	6	7—8	9—10	11—12	13—14	15—16	17—18	19—23	24—26	E	12.77	3.60
F	0—5	4—5	6—7	8—9	10—12	13—14	15—17	18—19	20—21	22—26	F	12.39	4.40
G	0—1	6	7—8	9—10	11—12	13—14	15—16	17	18—19	20	G	12.63	3.31
H	0—3	2—3	4—6	7—8	9—10	11—13	14—16	16—18	19—20	21—26	H	11.07	4.43
I	0—4	4—5	6	7	8—9	10—11	12	13—14	15	16—20	I	9.65	2.95
L	0—3	5	6—7	8—9	10—11	12	13—14	15	16—17	18—20	L	10.95	3.06
M	0—3	4	5—6	7—8	9—10	11—13	14	15—16	17—18	19—26	M	10.89	3.51
N	0—3	4	5—6	7	8—9	10—11	12	13—14	15	16—20	N	9.66	2.75
O	0—1	2	3—4	5—6	7—8	9—10	11—12	13—14	15—16	17—26	O	8.53	3.64
Q1	0—4	5—6	7	8—9	10—11	12—13	14	15—16	17	18—20	Q1	11.50	2.91
Q2	0—5	6—7	8—9	10	11—12	13—15	16	17—18	19	20	Q2	12.95	3.44
Q3	0—4	5—6	7—8	9—10	11—12	13—14	15—16	17	18—19	20	Q3	12.16	3.58
Q4	0—2	3—4	5—6	7—8	9—10	11—13	14—15	16—17	18—19	20—26	Q4	10.78	4.01

剖面图是用图形表示测验分数的转换关系的一种模式图，如卡特尔16PF剖

面图、明尼苏达 MMPI 剖面图，如图 4-2、4-3 所示。从剖面图上可以直观地看出被试在测验以及测验的各个子测验或维度上的分数及其相对的位置。

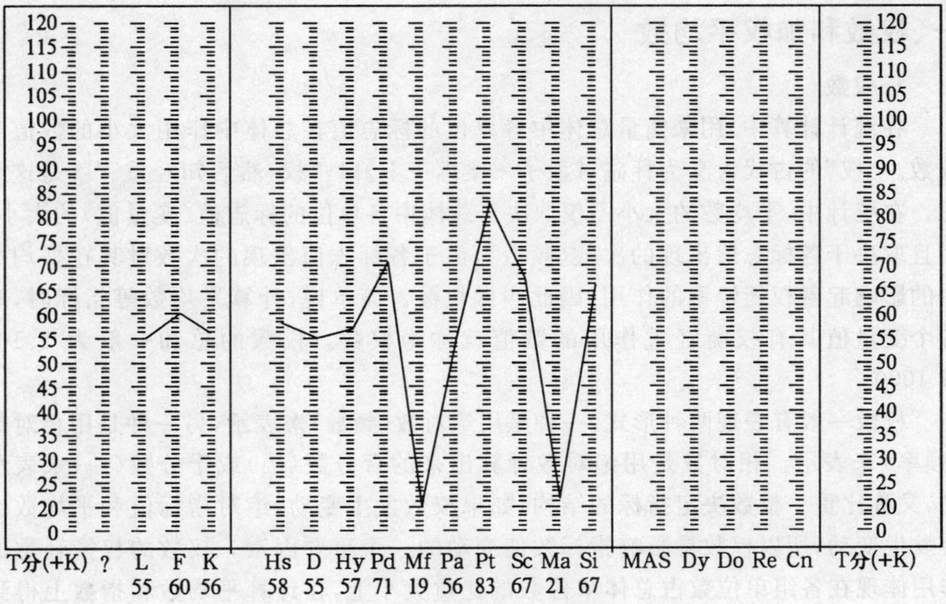

图 4-2 明尼苏达剖面图(样例)

因素	原始分	标准分	低分者特征	标准分 1 2 3 4 5 6 7 8 9 10	高分者特征
A	12	6	缄默孤独	A	乐群外向
B	11	8	迟钝、学识浅薄	B	智慧、富有才识
C	18	7	情绪激动	C	情绪稳定
E	15	7	谦虚顺从	E	好强固执
D	11	5	严肃审慎	D	轻松兴奋
G	10	4	权宜敷衍	G	有恒负责
H	13	6	畏缩退怯	H	冒险敢为
I	7	3	理智、着重实际	I	敏感、感情用事
L	7	4	信赖随和	L	怀疑刚愎
M	11	5	现实、合乎常规	M	幻想、狂放不羁
N	9	5	坦白直率、天真	N	精明能干、世故
O	6	4	安详沉着、有自信心	O	忧虑抑郁、烦恼多端
Q1	16	9	保守、服从传统	Q1	自由、批评激进
Q2	13	6	依赖、随群附众	Q2	自主、当机立断
Q3	12	5	矛盾冲突、不明大体	Q3	知己知彼、自律谨严
Q4	8	4	心平气和	Q4	紧张困扰

图 4-3 16PPF 剖面图(样例)

第五节 权数与加权(Weighting)

一、权数和加权平均数

1. 权数

在统计计算中,用来衡量总体中各单位的标志值在总体中作用大小的数值叫权数。"权"的古代含义为秤砣,《孟子·梁惠王上》曰:"权,然后知轻重。"就是这意思。在统计中,平均数的大小不仅取决于总体中各单位的标志值(变量值)的大小,而且取决于各标志值出现的次数(频数),由于各标志值出现的次数对其在平均数中的影响起着权衡轻重的作用,因此叫做权数。简单说,计算平均数等指标时,对各个变量值具有权衡轻重作用的数值就称为权数。权数的总和一般为 1、100 或 1000。

权数一般有表现两种形式:一种是用绝对数(频数)来表示,另一种是用相对数(频率)来表示。相对数是用绝对数计算出来的百分数(%)或千分数(‰)来表示的,又称比重。权数决定指标的结构,如果权数发生变动,绝对指标值和平均数也会发生变动,所以权数是影响指标数值变动的一个重要因素。权数的权衡轻重的作用体现在各组单位数占总体单位数的比重大小上,在计算平均数和指数上得到广泛的应用。如,工业生产指数中的权数是对产品的个体指数在生产指数形成过程中的重要性进行界定的指标;零售物价指数除选用代表规格品来计算个体物价指标外,还采用零售额作为权数。

2. 加权平均数

一般所说的平均数就是把所有的数值相加,除以这些数值的总个数,表示为 $(x_1 + x_2 + x_3 + \cdots + x_k)/k$。

但是,加权平均数是不同比重的数值的平均数,是把原始数值按照合理的比例来计算所得出的平均数。若在 n 个数中,x_1 出现 f_1 次,x_2 出现 f_2 次,…,x_k 出现 f_k 次,那么 $(x_1 f_1 + x_2 f_2 + x_3 f_3 + \cdots + x_k f_k)/(f_1 + f_2 + \cdots f_k)$ 就叫做 $x_1, x_2, \cdots, x_k$ 的加权平均数;$f_1, f_2, \cdots, f_k$ 是 $x_1, x_2, \cdots, x_k$ 的权数。

例如:

• 求下列数串的平均数:3、4、3、3、3、2、4、4、3、3。

一般求法:$(3+4+3+3+3+2+4+4+3+3)/10 = 3.2$

加权求法:$(3\times 6+4\times 3+2\times 1)/(6+3+1) = 3.2$

• 学校食堂吃饭,吃三碗的有 x 人,吃两碗的有 y 人,吃一碗的 z 人。平均每人吃的碗数 $= (3\times x+2\times y+1\times z)/(x+y+z)$。这里,3、2、1 分别就是权数值,"加权"就是考虑到不同变量在总体中的比例份额。

• 某人射击十次,其中二次射中 10 环,三次射中 8 环,四次射中 7 环,一次射中 9 环,那么他平均射中的环数为 $(10\times 2+8\times 3+7\times 4+9\times 1)/10 = 8.1$。这里,7,8,9,10 这四个数是射击者射中的几个不同环数,但它们出现的频数不同,分别为

4,3,1,2,数据的频数越大,表明它对整组数据的平均数影响越大,实际上,频数起着权衡数据的作用,即为权数或权重。

•学校计算期末成绩,期中考试占30%,期末考试占50%,作业占20%。假如某人期中考试得了84分,期末92分,作业分91分,则算数平均=(84+92+91)/3=89;加权平均数=84×30%+92×50%+91×20%=89.4,这是在已知权重的情况下;

若想知道两个班的化学分数的加权平均值,一班50人,平均80分,二班60人,平均82分,算数平均是(80+82)/2=81,加权后是(50×80+60×82)/(50+60)=81.09。

•还有一种情况类似于第一种,也是人为规定,比如说你觉得专家的分量比较大,老师其次,学生最低,就某观点,满分10分的情况下,专家打8分,老师打6分,学生打7分,但你认为专家权重和老师及学生权重应为0.5∶0.3∶0.2,那么加权后就是8×0.5+6×0.3+7×0.2=7.2,而算数平均是(8+6+7)/3=7。

在人力资源测评情境中,例如某医药广告代理公司,其各项业务主要由五位项目主管负责。最后的测评结果是分别汇总测评人员对被试A、B、D、F在无领导小组讨论、公文筐测验、角色扮演及结构化面试中的表现评分并排列名次(见表4-2)。最后,经过所有测评人员及测评专家商议,确定被试F为销售经理。

表4-2　　被试A、B、D、F在评价中心项目中的得分汇总表

被试人员	无领导小组讨论	公文筐测验	角色扮演	结构化面试	总分	名次
被试F	4.611	4.550	5.000	4.600	18.761	1
被试A	4.507	4.562	4.500	4.551	18.120	2
被试D	4.450	4.540	4.450	4.533	17.973	3
被试B	4.410	4.500	4.430	4.511	17.851	4

成绩的加权计算过程以无领导小组讨论为例,被试A在无领导小组讨论中的表现由四位评委评分,表4-3即是他们的评分统计表(以5分制为例)。

表4-3　　评委对被试A在无领导小组讨论中的评分统计表

测评项目:无领导小组讨论　　被试姓名:被试A　　测评日期:　　年　月　日

测评要素(权数)	评委				
	评委1	评委2	评委3	评委4	平均分
组织计划能力(15.53%)	5	4	4	5	4.5
说服沟通能力(14.56%)	5	5	5	5	5.0
人际关系营造能力(13.59%)	4	5	4	5	4.5
团队建设和协作能力(12.62%)	4	4	5	3	4.0
思维分析能力(11.65%)	5	4	3	4	4.0
果断决策能力(11.26%)	5	5	5	5	5.0
客户服务倾向(10.68%)	5	5	4	4	4.5
成本收益意识(10.10%)	5	4	5	4	4.5
8项胜任素质加权得分Σ(平均分×权数)					4.507

二、权数的获得

仍以上述某医药广告代理公司为例，测评小组成员通过访谈、问卷调查、查找历史资料等方法获得数据，交由测评专家分析并汇总，这样就可以获得相关表格的内容。汇总所有表格的内容，逐条讨论，合并相似的要素，并检查胜任素质要素是否完整。将所获得的素质要素按个人内在素质、人际关系能力、组织管理能力分类，并着手调查各个要素的相对重要性（权数），以便确定需要重点测评的素质要素。表 4-4 即是分类后的素质要素构成情况及重要程度调查表。

表 4-4　　初步胜任素质分类及重要程度调查表

填表说明：按各个要素对销售经理胜任工作的重要性进行打分，采用 10 分制，“1～6 分”表示“一般重要”，“6(含)～8 分”表示“比较重要”，“8(含)～10 分”表示“非常重要”。

测评维度	胜任素质要素	重要程度调查评分		
		1～6 分	6(含)～8 分	8(含)～10 分
个人内在素质——专业知识	销售专业知识			
	医药广告专业知识			
	成本收益知识			
个人内在素质——心理素质	职业兴趣取向			
	积极主动性			
	灵活性和适应性			
	自我成就动机			
	思维分析能力			
	承受压力能力			
	创新能力			
个人内在素质——专业技能	信息调查与收集能力			
	销售技能			
	时间管理能力			
人际关系能力	书面交流能力			
	人际关系营造能力			
	说服沟通能力			
	个人影响力			
	客户服务倾向			
组织管理能力	团队建设和协作能力			
	果断决策能力			
	领导指挥能力			
	管理绩效			
	组织计划能力			
	行为的结果导向			

由测评专家统计、分析、调整所获得的数据，取分数最高的 8 项素质作为素质测评的最终胜任素质，并对此 8 项素质确定权值（如表 4-5 所示）。

表 4-5　　销售经理 8 项胜任素质权重表

胜任素质要素	重要程度调查得分	权重
组织计划能力	8	8/51.5＝15.53％
说服沟通能力	7.5	7.5/51.5＝14.56％
人际关系营造能力	7	7/51.5＝13.59％
团队建设和协作能力	6.5	6.5/51.5＝12.62％
思维分析能力	6	6/51.5＝11.65％
果断决策能力	5.8	5.8/51.5＝11.26％
客户服务倾向	5.5	5.5/51.5＝10.68％
成本收益意识	5.2	5.2/51.5＝10.10％
总分	51.5	100％

复习思考题

1. 信度的类型及影响信度系数的因素。
2. 效度的含义、类型。
3. 难度分析和估计方法。
4. 区分度和估计方法。
5. 标准化、原始分数与标准分数。
6. 常模、常模获得、常模的表示方法。
7. 权数和加权平均数的含义及权数的获得。

第五章 职业测验

职业测评是心理测验的一个分支，在学术上被广泛认可的心理测验的定义是“行为样组的客观的标准的测量”。如果你真的想借助职业测评达到了解自我的目的，那么你应该选择科学的职业测评。科学的职业测评是客观化、标准化的问卷，它的科学性、客观性、可比较的功能是其他自我了解的方法所不具有的。职业测评已经得了越来越广泛的运用，甚至不少杂志、网站、电视上也会出现各式各样的职业测评。但是人们应该清楚地知道，在传媒上所看到的大多数职业测评都不是严格意义上的职业测评，只能将它们当做娱乐。

第一节　职业测验概述

一、职业测验的产生与应用

在 19 世纪，西方社会经历了工业的突飞猛进的发展，这种发展促使了对各类专业人员的需求，同时由于行业的不断分化，使得人们在进入工作领域时有了更多的选择性，这一切都从客观上推动了职业测验的产生和职业指导、职业选拔的发展。

资料

• 从 1850 年开始，美国开展了职业指导运动。系统的科学的职业指导开始于美国的帕森斯(Frank Parsons)，他在 1909 年出版的《选择职业》一书中系统论述了他的指导理论及程序。

• 20 世纪初，职业测验在美国军事和工业领域中获得了广泛应用，大大提高了职业招聘和培训部门的经济效益。1926 年在美国飞行学校的学员中，因为空中飞行心理适合性不佳，有 87%被淘汰。从第二次世界大战期间开始，心理选拔技术不断发展和普及，因飞行不佳而被淘汰的人数才开始下降：美国空军淘汰率由 70%降至 36%；法国则由 61%降至 36%，不仅大大减少了培训资源的浪费，而且有利于个人的职业生涯发展。

• 1927 年，斯特朗(E. K. Strong)出版了第一个兴趣测验，即斯特朗职业兴趣问卷，使测验结果与具体职业直接对应。

• 1928 年，赫尔(C. L. Hull)出版了能力倾向测验，他强调人类特质与职业要求的匹配，提倡将能力倾向测验即性向测验应用于职业指导中去。

• 第二次世界大战后，应用心理学的许多分支如工业心理学、管理心理学、教育心理学、社会心理学、咨询心理学等，都加强了测验在本领域中的应用研究。测验工具与测验手段的开发使接受指导的各类人群受益匪浅，同时也使得职业测验越来越受到重视。与此同时，美国大学的生源猛增，这使得各种心理与教育测验得到更广泛的应用，这些测验既可用来预测学生的成绩，也可帮助学生选择自己感兴趣、能胜任的专业和职业。

• 1958 年美国通过的《全国义务教育法》鼓励将心理测验与职业指导紧密结合起来，促进了职业指导运动的进一步发展。

资料

卡特尔与职业测验

职业测验热情的倡导者是詹姆斯·麦基思·卡特尔(McKeen Cattell, 1860—1944)。他出生在宾夕法尼亚的伊斯顿城，在拉弗页大学接受教育，1883 年来到莱比锡跟随冯特学习直至 1886 年。他主要的研究兴趣是反应时间，但是冯特不允许他在实验室进行不遵守他的内省法的实验。1887 年获取博士学位后，他来到伦敦，遇到了高尔顿。两年中，他在南肯辛顿博物馆的“人体测验实验室”里时不时地为高尔顿工作，并熟悉了在这里进行的一些测验。

图 5-1 詹姆斯·麦基思·卡特尔

1889 年，在卡特尔刚满 28 岁时便成为了宾夕法尼亚大学的心理学教授，他是世界上第一位获得这个教衔的人；他收集了一套测试题，约 50 项测验，有些来源于高尔顿，有些则来源于费希纳、冯特和其他心理学家，他把其中的十项测验交给学生去测量智力的个体差异。1890 年，他在《意识》杂志的一篇论文“心理测验和测量”中描述了他的工作，第一次用到了心理测验这个术语，掀起了心理测验运动。

卡特尔于 1891 年来到哥伦比亚大学担任心理学教授和系主任。他将心理测验的范围扩大，每年让 50 个新生志愿者进行这些测验。他的目的是要证明这些测量可以测出智力、可以显示测验结果与学生的成绩之间的关系，为了达到这个目的，他收集了近 10 年的测验数据和学生成绩。

到 1901 年，卡特尔设计了其他的一系列测试，特别是在价值评判方面，他编辑了两份科学杂志，创立了心理学公司，把心理学应用作为一门生意来做，并成为该领域的代表人物。

心理测验经过近百年的稳步发展，现已成为最有效、最客观的职业测评手段。时至今日，职业指导和咨询在各发达国家中都已相当活跃，职业测验已成为心理测验中不可缺少的一个领域。

职业测验的产生与发展离不开因素分析这一数学方法。由于因素分析，对人的各种特质的确认、分类及定义才成为可能，才有可能编制出对各种特质或因素进行最佳测验的代表性测验。心理测验的目的是希望以科学的方法测量人的行为及特质，客观地找出人与人之间的差异并化繁为简加以条理化。

职业测验在职业决策中的应用大体可分为三个方面，即为人择事的职业指导、为事择人的职业选拔和安置及各种执照和资格的授予。

为人择事的职业指导是一种发展性的指导，主要用于针对不同人的特点给以选择何种职业或专业的建议。在职业指导中，对个人能力倾向的区分并不是唯一重要的，兴趣、价值观和经历等因素在职业指导中也很受重视，因为大多数心理学家认为，职业的成功是一种综合效应，很难判断出是能力的作用还是其他人格因素的作用。

为事择人的职业选拔和安置主要是用来挑选合适的人从事某一项工作。这种测验对人的能力有严格的要求，应用于工业和军事的各种人员选拔与安置测验、各类机关团体的人员选拔测验等。其中，对管理者的选拔和评价还强调对人格特质的测量。

各种专业资格的鉴定主要是用来确定个人是否具有从事某项专业所需要的知识和能力，以鉴定他从事该专业的资格并颁发证书或执照，如用于不同行业的各种资格考试等。在评定专业知识、技能时，常常要用到有关的成就测验。

二、测验分类

企业在选才时，若能有效运用各种测验工具，将可为组织遴选适合的人，健全组织的人力资源的发展与管理。企业界在对人员甄选中使用心理测验是相当普遍的，其所能提供的帮助亦相当大，而且测验只要适当的被运用便能发挥极大的效果。一般而言，职业测评中的心理测验依其内容大约可以分为智力、人格、性向、能力与兴趣测验五大类。

(一)智力测验

智力测验(Intelligence Test)是有关人的普通心智功能的各种测验的总称，又称普通能力测验。智力被广泛地定义为一种思考和解决问题的总体能力，并将之界定为与语文能力、理解能力、记忆能力、抽象思考能力、判断能力等有关能力。

编制这类测验的目的是为了综合评定人的智力水平。智力测验大多以言语推理测验为主要内容，如对词汇、词的异同及类比等项目进行测量，另外还包括一些测量一般常识、数值推理、记忆以及感知技能与组织技能的项目。心理学家强调测验的标准化，认为智力是对被试在某些工作中操作水平的描述性标记。常见的智力测验包括斯坦福-比奈智力量表和韦克斯勒智力量表，这两种测验在我国都有修订本。

智力测验有各种类型，如个人智力测验、团体智力测验、特殊人口(如婴幼儿、智力落后者、言语障碍者和身体残疾者等)用的测验以及学习能力测验等。长久以来智力测验即是一种被广泛使用的甄选工具，具有考察智力(能力)水平及其结构的双重目的，一般适用于教育、工业和军队等部门，可较为迅速地获得有关被试心智功能的客观指数。一方面，不同的人的智力水平不同，选择优智的人，可期望获得高绩效；另一方面，智力水平相近的人，其智力结构可能不同，有的人擅长言语理解、加工、表达，有的人擅长数字加工，而有的人则擅长对形象的分析、加工。不同智力结构的人适应于不同类型的工作，在使用该类测验时，应先考虑工作性质及要求，才能真正招取适合的人选。

(二)性向测验

性向测验(Aptitude Test)，又称特殊能力测验。它不同于成就测验或教育测验，其目的在于测量未来的成就；它和智力测验也不同，后者主要是对个人认知发展总水平的综合衡量。事实上一种传统的智力测验总是包括一些分得清的特殊能力，但其中分测验的分数又不能成为衡量各种特殊能力个别差异的可靠指标。

从测验学的角度看，一般称为普通能力的智力并不像所想的那样"普通"，但又不够特殊。绝大部分的智力测验，主要是与语文、数学的理解有直接关系，一般未接触到机械能力(某些非文字的作业量表除外)。因此有人在智力一词的前面加上一个形容词，以示区别：比如说"学业的"和"实践的"智力；"抽象的"、"机械的"和"社会的"智力，等等。性向(或能力倾向)测验就是在这种条件下产生的，用来补充智力(普通能力)测验的不足，以便适应职业指导和人才选拔的需要。性向测验主要是测量一个人在学习活动和职业训练上的特殊潜在能力，可用来预测被试在某方面有所成就的可能性，包括机械性向测验、文书性向测验、美术性向测验、音乐性向测验、创造能力测验等。

如今性向测验通行于美国，人们采取两种方法：一种是用成套的多种特殊能力测验来测量几种能力；另一种是为每一种能力分别编制一个测量工具。前者效率较高，测试结果提供了一组常模数据，可以识别每一个被试优缺点的相对模式。后者是专为特殊目的而编制的，所以测量的效度较高，但因为缺乏交叉情境的概括作用，当进行个人内部比较时就难免出现问题。

成套的多种性向测验包括少量的小测验(一般6～20个)，每个小测验测量一种范围较广的能力(这些能力的定义，通过因素分析，具备逻辑上的或实证性的根据)。"分异特殊能力测验"(DAT)就是一个例子，它由一组8个纸笔式小测验(文字推理、数学能力、抽象符号推理、空间关系、机械推理、抄写速度与精确度，以及拼写和文法)组成，测试学业与职业的能力，如对中学生进行升学与就业指导。

专为测量学业能力(倾向)的成套测量工具有"主要心理能力测验"(PMA)，包括语词的意义、数的熟练、空间关系、推理和知觉速度5种。专为测量职业能力的成套测量工具有"一般能力倾向成套测验"(GATB)，包括一般学习能力、语言能力、算术能力、空间能力、形象知觉、文书知觉、动作协调、手指灵巧和手工灵巧9

种，其中最后两种需用简单的仪器进行测试。

至于专为特殊目的而编制的单一能力倾向测验的例子有很多，音乐、美术以及英语测验(如 TOEFL)皆属于此类。

(三)人格测验

人格测验(Personality Test)也称个性测验，是针对人格特点的标准化测量工具，测量个体行为独特性和倾向性等特征。它根据人格理论，从特定的几个方面对被试的人格特征进行考察，体现在人格测验中的就是各个测量指标。人格测验通过回答有关个人喜好或对于某些陈述句的同意程度，测量求职个体与他人相区别的独特而稳定的思维方式和行为风格，这些特点可能影响该求职者的工作绩效和工作方式及习惯，该测验可以用来甄选具有工作潜力的应征人员。

各派心理学者持有不同的理论，在测验学上有的学者主张使用投射技术，有的学者认为应使用自陈式人格问卷，还有一些研究者主张使用行为评定量表及情境测验加以衡量。最常用的方法有问卷和投射技术。问卷法由许多涉及个人心理特征的问题组成，进一步分出多个维度或分量表，以反映不同的人格特征。常用的人格问卷有艾森克人格问卷(EPQ)、明尼苏达多项人格测验(MMPI)和卡特尔 16 种人格因素测验(16PF)。投射技术包括几种具体方法，如罗夏克墨迹测验、逆境对话测验、语句完成测验等。

由于人格测验工具的编制难度较大，所以目前国内很少有我国自己编制的人格测验工具，修订并用于国内的国外心理测验技术也不是很多。美国心理学家卡特尔经过多年的研究，运用一系列严密的科学手段研制出 16PF。他把对人类行为的 1800 种描述称为人格的表面特质，并将这种描述通过因素分析的统计合并成 16 种因素，称这 16 种因素为根源特质。他认为只有根源特质才是人类的潜在的、稳定的人格特征，是人格测验应把握的实质。这 16 种人格因素有：A 乐群性；B 聪慧性；C 稳定性；D 恃强性；F 兴奋性；G 有恒性；H 敢为性；I 敏感性；L 怀疑性；M 幻想性；N 世故性；O 忧虑性；Q1 实验性；Q2 独立性；Q3 自律性；Q4 焦虑性。

1987 年，由辽宁省委组织部、东北工学院、辽宁青年干部学院组成的中组部"GB"("干部"GanBu，GB)课题组研制出了一种人才人格测量表，其基本原理和操作以卡特尔的 16PF 为主要参照，此外还参照了艾森克人格测验(EPQ)、加利福利亚心理测验(CPI)、明尼苏达多相人格测验(MMPI)等几个经典心理测验量表。人才人格测量表在编制中注意到了心理测量在人事管理中的多种作用，如领导班子的匹配，领导者心理健康诊断等等，力求所制定的量表具有多功能、多用途的特性，并使其操作简单可行。该量表将人才素质分为自然素质、情操和工作风格三大类共 15 个指标。

- 自然素质：Z1 性格倾向；Z2 稳定性；Z3 平衡性；Z4 聪慧性；
- 情操：Q1 律己性；Q2 宽容性；Q3 进取性；Q4 负责性；Q5 世故性。
- 工作风格：G1 独立性；G2 探索性；G3 敢为性；G4 乐群性；G5 敏感性。
- 此外还包括了 Y 掩饰性，以了解被试回答问题的诚实程度。

人才人格测验可以将每个被试的测验问卷上各因素的原始分数通过与制订的常模表相对照，换算成标准分数。将标准分数描绘在剖面图上，便可得到被试的人格曲线。在常模的基础上，还可以制订出不同层次、类型的人才的职业人格带，如果所测得分在所对应的带宽之内，便可初步认定被试具备从事某项工作的基本素质。

人格测验用于人才选拔或评价，与其他方法相比较，具有以下三方面的特征：

1. 人格测验，不仅可以用于对在任人才进行工作绩效的考核、评价，而且更适合对人才的选拔过程，具有一定的预测性。

2. 心理测验用于人才选拔，不仅可以反映人才的外在行为特征，对于人们不易观察到的内在特征（诸如情操、工作潜力、心理健康等）也可进行客观描述。

3. 人格测验是以自陈为主，打破了以往在人事资料的获取的方式上以“他评”为主的一贯做法。

当然，他评可以充分反映民意，但也增加了主观意识的参与作用。人格测验可以完全抛开其他方法中对参与评价人员的直接依赖性，主要依靠被试个人和测量工具之间的“刺激—反应”的关系。这样可以有效地避免在人才选拔过程中人为的参与作用，同时也注定了一个良好的心理测验工具其制定过程的复杂性和作用的谨慎性。

尽管将心理测验的方法用于人事选拔上的准确性和其社会效果一直受到来自各方面的质疑，事实上，其本身也确实存在着不完善之处，但是这种方法便于人事部门比较直接的，在不牵扯其他人的情况下迅速、客观地掌握用其他方法难以获得的被试的基本人格特征。

(四)兴趣、态度、价值量表和成就动机测验

不同人的工作、生活、兴趣可以按照人、概念、材料这三大基本内容要素进行分类，而社会上的所有职业、工作也是围绕这三大要素展开的。基于这一理论思想设计的职业兴趣测验可以在个体兴趣与职业之间进行匹配。

所谓动机是指由特定需要引起的，欲满足该种需要的特殊心理状态和意愿。通过动机测验，可以了解个体的工作生活特点，从而找到激励个体积极性的依据和途径，并以此为依据安排相应的工作内容。成就动机测验用来评量一个人学习和训练所得的知识与技能，可作为教育以及政府、工商界评鉴人员学识技能之用，如高考就属于成就测验范畴。

资料

美国职业测验一览

1. 职业性向测验 Aptitude Tests for Occupations(1951)
2. 传记调查表 Biographical Inventory Blank(1950)
3. 商业判断测验 Business Judgement Test(1953)
4. 加州就业学习指导 California Career Study Guide(1964)

5. 加州职业偏好调查 California Occupational Preference Survey(1971)

6. 美国加州前辅导自治协议分析 The California Pre-Counselling Self-Analysis Protocol(1965)

7. 加拿大职业兴趣量表 The Canadian Occupational Interest Inventory (1993)

8. 加拿大的工作偏好量表 Canadian Work Preference Inventory (1992)

9. 职业生涯指导调查 Career Directions Inventory(1986)

10. 克莱顿职业兴趣量表 The Cleeton Vocational Interest Inventory (1943)

11. 合作测验—通用教育系列兴趣指数 Cooperative Tests - General Education Series Interest Index (1950)

12. 柯蒂斯兴趣量表 Curtis Interest Scale(1959)

13. 教育兴趣量表 Educational Interest Inventory(1962)

14. 员工面试调查评估表 Employee Evaluation Form for Interviewers(1943)

15. 弗拉纳根工业试验 Flanagan Industrial Tests (1960)

16. 格雷戈里的学术兴趣量表 The Gregory Academic Interest Inventory (1946)

17. 吉尔福德-父施耐德曼-齐默曼兴趣调查 Guilford-Shneidman-Zimmerman Interest Survey(1948)

18. 吉尔福德-齐默曼兴趣量表 The Guilford-Zimmerman Interest Inventory(1963)

19. 霍兰德自我指导探测系统 Holland Self-Directed Search(1991)

20. 你怎么知道你的兴趣? How Well Do You Know Your Interests? (1958)

21. 杰克逊职业兴趣量表(调查) Jackson Vocational Interest Inventory (Survey)(1977)

22. 库德一般兴趣调查 Kuder General Interest Survey (1971)

23. 库德职业兴趣调查—DD 版 Kuder Occupational Interest Survey - DD (1970,1971 修订)

24. 库德偏好记录表 C,CH, CM, CP 版 Kuder Preference Record Form C, CH, CM, CP

25. 库德职业偏好记录 Kuder Preference Record Occupational (1959)

26. 领导意见问卷调查 Leadership Opinion Questionnaire (1960)

27. 明尼苏达咨询调查 Minnesota Counselling Inventory (1953)

28. 明尼苏达职业兴趣量表 Minnesota Vocational Interest Inventory (1965,1964)

29. 多项人格问卷 Multiple Personal Inventory (1964)

30. 国家心理研究所工业文书测验 National Institute of Industrial Psychology Clerical Test

31. 职业兴趣量表 Occupational Interest Inventory

32. 职业选择援助 Occupational Selection Aid

33. 奥蒂斯就业考试 Otis Employment Tests (1928 年)

34. 个人资料调查表 Personal Data Blank (1952)

35. 工业人事测验 Personnel Tests for Industry (1952)

36. 新闻测试 The Press Test (1965)

37. 初级商业兴趣测试 Primary Business Interests Test (1941)

38. 职业兴趣专项测验 Vocational Interest Profile Psycan(1966)

39. 普渡大学机械适应性测验 Purdue Mechanical Adaptability Test (1950)

40. 职业性向量表 Rating Scale of Vocational Aptitudes (1966)

41. 修订版编程能力倾向测验 Revised Programmer Aptitude Test

42. 赛峰职业兴趣测试 Safran Vocational Interest Test (1961)

43. 自我职业选择指导问卷(SDS)(参见霍兰德职业选择指导问卷)Self-Directed Search (SDS) SEE Holland Self-Directed Search

44. 自研究项目 Self-Study Projects (1966)

45. 短期就业考试 Short Employment Tests (1951)

46. 斯特朗兴趣量表 Strong Interest Inventory(1994,1985)

47. 斯特朗职业兴趣调查 Strong Vocational Interest Blank (1965)

48. 斯特朗-坎贝尔兴趣量表-第二版 Strong-Campbell Interest Inventory - 2nd Edition (1977)

49. 瑟斯顿兴趣表 Thurstone Interest Schedule (1947)

50. 职业偏好量表 Vocational Preference Inventory (1985)

51. 职业语句完形测验-实验版 Vocational Sentence Completion Blank - Experimental Edition (1959)

52. 宽泛兴趣-意见测试 Wide Range Interest-Opinion Test (1979)

53. 工作环境偏好表 Work Environment Preference Schedule (1973)

54. 职业测试(专用)Vocational Tests - Specific

55. 会计能力倾向测试-高中 Accounting Orientation Test - High School

56. 一般文书能力测试 General Clerical Test (1944)

57. 明尼苏达文书能力测试 Minnesota Clerical Test (1961)

58. 销售理解力测验-修订版 Sales Comprehension Test - Revised (1963)

59. 销售动机量表 Sales Motivation Inventory (1953)

60. 销售语句完形调查表 Sales Sentence Completion Blank (1961)

三、职业测验的效度

对于职业测验来说,能否有效地测量出个人的特质以做到人尽其才、才尽其用,是检验其效度的根本。有效的选拔和安置,意味着与一特定工作无关的特质不应该影响到职业决策。如果某项工作并不需要高水平的阅读理解能力,但与此工作有关的机械能力测验却包含了较深的阅读内容,那么这个测验就不能为该工作获取理想的人选。一个无效的测验或者说一个包括了与该工作无关因素的测验将会漏选一些能够成功完成该工作的优秀人员。

职业测验主要涉及的效度有两种：预测效度和内容效度。虽然构想效度不能被忽视，但职业测验的预测效度和内容效度显得更为重要。

(一)预测效度

在工业情境中，制订一套测验计划要遵循以下四个主要步骤：

第一步，进行工作分析，确定主要的工作内容及完成该工作所必需的具体技能、知识和其他条件；

第二步，挑选或编制一系列测验，以评价和衡量第一步确定的那些工作所需要的特质；

第三步，求出各测验与工作作为的适当效标之间的相关，挑出相关高的测验组成最后的组套；

第四步，说明在人事决策中该测验的用法，即确定在实际决策中应如何使用和解释测验分数。

上述第三步是确定测验的预测效度。

求预测效度的理想方法是：在一段特定时间内对所有的求职者进行一个心理测验，不管这些求职者的测验分数如何，都把他们雇用下来。经过一段时间后，对每个雇员的工作表现进行评定，然后计算测验分数与工作评定等级之间的相关，这样就可看出心理测验的实际预测性的效果如何。

很明显，这种全面的、追踪的效度研究对于大多数的企业来说是不现实的，因为，在无论求职者分数高低一概录用的情况下，如果他们之中有些人工作表现很差，那么企业的损失就会很大。

在实际中，常用在职人员代替求职者建立同时效度，即对在职人员进行一个心理测验，计算测验分数与工作表现的相关。这种方法的主要缺点是，由于在职人员都已具有一定的工作经验，这有可能影响他们的测验表现，从而使测验分数和效标之间的关系变得复杂，很难说清楚是被试的能力倾向的作用，还是工作经验的作用。同时，当在职人员得知测验仅仅是为了做研究时，他们的动机或对测验的态度就会与那些求职者大不一样，这也将影响到他们的测验表现。职业测验的预测效度是一个非常棘手的问题，但也是一个不可回避的问题。

(二)内容效度

内容效度在职业测验中日益受到重视。前面已经介绍过内容效度的概念，它可以被用来评价一个心理测验的内容是否是所有应该测量的内容的代表样本。在工业和组织情境中，内容效度依赖于彻底和系统的工作分析。工作分析的目的在于根据完成工作所需要的行为对每一种工作作出明确规定，它包括两方面的内容：对工作本身作出规定；确定工作对工作人员的行为有什么要求。

工作分析必须具体、明确，应当确定某种工作所需要的一切条件。内容效度就是通过分析工作的要求和确定测验是否包括从事该项工作所需要的能力和知识来考查的。例如，在雇用秘书时，打字和速写等技能是从事该工作所必须具备的能力，而机械能力与此工作无关，则测验就应该包括前两种能力，后一种能力就不应包括在内。

资料

通俗杂志中心理测试多不符合科学标准

通俗杂志刊载的心理测试很受读者尤其是女性读者的欢迎，不过，德国心理学家提示，这种心理测试大多只为娱乐，不能太过当真。

德新社18日援引德国女性杂志《自己》"思考与感觉"栏目负责人安妮特·霍贝格的话报道，心理测试是《自己》杂志网站点击率最高的页面，"自我发现和觉醒是很普遍的话题"。

不过，德国心理学家哈根·赛布特认为，这类测试结果往往把被试归为三类，"这说明不了任何重要问题。这类心理测试与科学无关，他们不符合任何科学标准。"

心理学家米夏埃尔·齐格尔迈尔说："开发一个有事实根据的性格测试需要数年，"而通俗杂志可等不起。

德国心理学家耶德·赖曼对德新社记者说，人们总想寻找一根可以抓住的稻草，这是人类需要"安全感"的反应。"这类测试强调，测试结果可以揭示你的个性。人们也愿意相信这些说法。"

还有一些心理学家认为，这类心理测试之所以广受欢迎，是因为人们可以"匿名"完成测试，而不用顾及别人的眼光。

齐格尔迈尔认为，虽说不够科学，但这类心理测试有一点好处："如果你是喜欢自我批评的人，那不妨以批判的眼光看待通俗杂志的心理测试，反复思考测试结果，尤其当结果无法如你所愿时。这样你就会重新审视自己，使自己总能保持积极向上。"

第二节 职业决策中的智力测验

能力测量是对能力的个体差异进行研究的定量手段，是心理学研究科学化的反映。但是，作为个性心理特征的能力，和其他的心理因素一样，有其固有的特殊性，这使能力测验不可能像物理测量那样稳定和准确。由于人的能力结构的复杂多样性，人的主观努力和个体实践、环境、教育等因素都处在不断变化之中，各种工作对人的能力的要求也往往大相径庭，因此，考察人的能力差异必须把定量研究和定性分类相结合、横向研究和追踪研究相结合，才能对人的能力差异作出客观准确的评价。

一、智力测验一般问题

在人才测评中，对能力测验的要求是考察其一般能力的标准，包括言语能力、非言语能力、数字和空间关系能力、反应速度和准确性、归纳推理能力、机械知识和推理能力等。用于职业决策的测验种类繁多，根据不同的目的可以选用不同的测验。例如，评价一般能力时可采用智力测验；评价专业知识技能时，可参考成就测验和特殊能力测验；评价求职者的能力以进行职业指导时，可采用多元性向测验和兴趣问卷；选拔管理者时可采用性向测验和相关的个性测验。很多智力测验可用于各行各业的人事挑选，主要是作为初选手段。一般用于职业决策的智力测验都是团体测验，测验内容往往不多，用很少时间即可完成，可以对众多的人同时施测，同时分数可由专人或者机器迅速给出。

智力测验之所以能够用于职业决策，是由于它具有以下三个特点：

①它直接测量了大多数重要工作所必须具备的智力技能；

②它测量了许多职业所必须具备的相关的知识储备；

③它为被试业已形成的学习策略、问题解决方式和工作习惯提供了一个间接的指标。

至少在这三个方面，智力测验提供了被试今后学习、解决问题和相关活动的线索。

由于对能力和智力研究的不同角度和方法，关于能力和智力的理论可谓数目繁多，要全面地测量一个人的各种特殊能力，不仅要花费大量的时间和人力物力，而且在现实的人才测评中也是行不通的。对于这一点，人事心理学家也有深刻的认识，许多心理学家努力致力于这一方面的研究，以编制出一个统一的量表，对人的各种特殊能力进行测验，并找出其能力结构与相应职业的匹配关系。如日本劳动省编制的适用于一般职业的特种技能测验，把人的特殊能力划分为 10 个种类，根据被试的最后得分，找出他最适合的职业选择。

在人才测评的发展趋势中，许多国家，包括中国的企业，都将创造力作为人员选拔的一个重要标准，所以创造力测验在人才测评中也占据着越来越重要的地位。但总的说来，创造力测验是比较晚才发展起来的人事测验。从 50 年代末期开始，在吉尔福特提出创造力理论后，心理学家开始考虑过去的智力测验在这方面的不足，编制出了着重测量分散思维的创造力测验。主要有南加利福尼亚大学分散思维测验、托兰斯创造思维测验和芝加哥大学创造力测验等。这些测验的题目多属于开放性的，导致在评分和确定效度和信度方面有很大的困难。创造力测验目前主要用于科学研究中。

二、智力与"情绪智力"

(一)智力与智商(IQ)

对能力水平差异的细致区分可以通过能力测验来进行。为了客观、定量地测定人的能力水平，心理学家研究出各种各样的测验方法，如速度测验、语言测验、创造力测验、特殊能力测验和智力测验等，其中，比较常用的是智力测验。

智力测验也称一般能力测验，是法国心理学家比奈(A. Binet)和西蒙(T. Simon)于1905年首创的，后经心理学界不断的修订完善。智力的高低以智商(IQ)来表示。智商(Intelligence Quotient, IQ)一词由德国心理学家W.斯特恩首先提出，后被美国心理学家推孟(L. M. Terman)于比奈-西蒙智力测验的斯坦福修正方案1915)中予以采用，用以表示人的智力水平。采用智力年龄(心理年龄，MA)代表智力达到的年龄水平；它与实际年龄(生理年龄，CA)的比称为智力商数(简称智商，IQ)，被试的智力水平等于智力年龄除以实际年龄再乘以100，即IQ=(MA/CA)×100。正常人的IQ在90～109；110～119为中上水平；120～138为优秀水平；140以上为非常优秀水平；而80～89为中下水平；70～79为临界状态水平；69以下为智力缺陷。

智商为人的普通心智机能提供了一种综合指数，美国心理学家韦克斯勒(D. Wechsler)等人通过智商研究了人的智力分布表，说明了智力差异的常态曲线分布。智力测验在人才选拔、职业指导、儿童教育、临床诊断等方面得到了许多应用，成为度量智力水平的普遍标准。但智力测验的运用不能绝对化，必须结合一个人在学习、工作中的能力表现来进行全面评价。

(二)"情绪智力"与情商(EQ)理论

在日常工作和生活中，经常看到这样的事实：

• 一个人有很高的智力，但却难以与人合作；

• 一个人有良好的社会认知能力，但在工作中却缺乏应有的原则性和责任感；

• 一个人有良好的教育和文化素质，却安于现状、不求进取，缺乏一种蓬勃向上的精神风貌和顽强执著的敬业精神；

• 一个人可能有很强的能力，但是情绪不稳定，与同事关系紧张，很难充分发挥能力。

人才选择不仅要看某个人"能不能干"，而且更要(首先和特别)看这个人"愿不愿意干"和"他将怎么干"，即"行为的可能性"和"行为的方向性"问题。20世纪80年代初，美国心理学家嘉德纳对传统的智力测验提出质疑，认为智商测量中所界定的智力在概念上太过狭窄，只适用于衡量对书本知识的学习能力。他提出了多元智能结构理论，把人的智能分为理性认知能力和非理性的情感体验能力。20世纪90年代初，美国心理学家彼特·沙洛维(P. Salovey)和约翰·梅耶(J. Mayer)把"情绪智力"(Emotional Intelligence)从人的智慧中分离出来，并把它界定为人的社会智能的一种类型。这一理论的提出受到了社会各界的广泛关注。

他们提出的情绪智力的内容主要包括：

(1)情绪知觉、评价和表达能力；

(2)思维过程中的情绪促进能力；

(3)理解与分析情绪可获得情绪知识的能力；

(4)对情绪进行有效调控的能力;等等。

沙洛维和梅耶认为,情绪智力以自我意识为基础,包括乐观、同情心、情绪自制、情绪伪装等,情绪智力影响和支配着人的决策和行为,对人的成就具有决定性作用。

美国人才学家丹尼尔·戈尔曼博士指出,IQ很高的人未必能够成功,而IQ平均的人却有可能成功,其原因就在于EQ的不同。EQ,一般称为社会智商或心理智商,也叫"情商",包括:自制力、忍耐力;热情、积极性、责任心;同情心、协调力。

丹尼尔认为人在社会取得成功的可能不仅仅取决于IQ,而更多地取决于EQ;如果一个人EQ高,就能够无限地发挥IQ,反之,IQ的发挥就会受到阻碍。在《情商:它为什么比智商更重要》一书中,戈尔曼使用清新易懂的大众媒体笔调,一扫学究们笼罩在"情商"上吓唬人的阴霾,向人们娓娓讲述着小孩和大人应如何学习和利用"情商"在学校和社会生活中取得成功。而且,它颠覆了长期以来占据主流地位的人生成功"惟智商论"。

资料

丹尼尔·戈尔曼(Daniel Goleman,1946—)

哈佛大学心理学博士,也是美国时代杂志(Time)的专栏作家,曾任教于哈佛大学,专门研究行为与头脑科学,撰写的作品多次获奖,现为美国科学促进协会(AAAS)研究员,曾四度荣获美国心理协会(APA)最高荣誉奖项,20世纪80年代即获得心理学终生成就奖,并曾两次获得普利策奖提名。他凭借主张情商应该比智商更能影响成功与否的《EQ》(Emotional Intelligence,情商)一书,成为全球性的畅销作家。凭此书一举成名的丹尼尔·戈尔曼,再接再厉,又先后于1998年和2002年分别撰写、出版了《情商实务》和《最根本的领导力:情商的威力》两本情商专著。

图5-2 丹尼尔·戈尔曼

戈尔曼把情商实务化工作引向它的主战场——企业组织,帮助企业组织中的个人、团队乃至整个组织改善情商,提高绩效,而这正是后两本书的任务。同样出于让读者容易读懂和运用的目的,戈尔曼利用企业组织分析的一般框架构筑了《情商实务》一书,分别揭示了情商在个人、人际和组织三个层面中所体现出来的不同能力,以及介绍了应怎样培养和利用这些能力实现个人职业和企业组织的目标。由于领导对于企业组织成功的极端重要性,戈尔曼把它从企业组织中单独抽调出来,专门在他和知名的情商专家里查德·博亚特兹斯(Richard Boyatzis)及安妮·麦基(Annie McKee)合著的新书《最根本的领导力:情商的威力》中加以阐释。

案例

“学业成绩优异，并不保证你在面对人生磨难或机会时会有适当的反应。既然高 IQ 不一定能与幸福快乐或成功画上等号，我们的教育与文化却仍以学业能力为重，忽略了与个人命运息息相关的 EQ。处理情感同样有技巧高下之分，同样有一套基本的能力标准，这和算术、阅读等能力并无二致，EQ 正可解释同样 IQ 的人何以有不同的成就，因为它可决定其他能力的发挥极限。”

“EQ 的基本定义分为五大类：

一、认知自身的情绪。认识情绪的本质是 EQ 的基石，这种随时随地认知感觉的能力，对了解自己非常重要。不了解自身真实感受的人必然沦为感觉的奴隶，反之，掌握感觉才能成为生命的主宰，面对婚姻或工作等人生大事能够有所抉择。

二、妥善管理情绪。情绪管理必建立在自我认知的基础上，如何自我安慰，摆脱焦虑、灰暗或不安。这方面能力较匮乏的人常需与低落的情绪交战，掌控自如的人则能很快走出生命的低潮。

三、自我激励。无论是要集中注意力、自我激励或发挥创造力，将情绪专注于一项目标是绝对必要的。成就任何事情都要靠情感的自制力——克制冲动与延迟满足。保持高度热忱是一切成就的动力。一般而言，能自我激励的人做任何事效率都比较高。

四、认知他人的情绪。同理心也是基本的人际技巧，同样建立在自我认知的基础上。对他人的感受视若无睹的代价，以及利他精神与同理心的关系。具同理心的人较能从细微的讯息察觉他人的需求，这种人特别适于从事医生、教学、销售与管理工作。

五、人际关系的管理。人际关系就是管理他人情绪的艺术，一个人的人缘、领导能力、人际和谐程度都与这项能力有关，充分掌握这项能力的人常是社会上的佼佼者。

当然，每个人在这些方面的能力不同，有些人可能很善于处理自己的焦虑，对别人的哀伤却不知从何安慰起。基本能力可能是与生俱来的，无所谓优劣之分，但人脑的可塑性是很高的，某方面的能力不足都可以加以改善。”

摘自丹尼尔·戈尔曼《情商》一书

日本人才学家土屋京子认为，一个人在社会上获得成功的因素，IQ 仅占 20%，EQ 要占 80%，如图 5-3 所示。人的成就欲、责任感、敬业精神、合作与协调能力、价值观、人生观、信念都具有很强的社会性特点，并在人的社会化过程中形成并稳定下来，是在人才选拔和公务员录用过程中应该认真研究的课题。日本在公务员选拔中首先注重人的品格即人品，其次是人的知识能力。录用公务员面试的选拔标准是健康、开朗、积极、协调能力、责任感、创造性、执行能力、国际性、爱国家、爱乡土，其中情商占了 9 项中的 5 项。一个人的敬业精神、责任心、协调能力是他日后发展的源动力和基础。

在制定人才评价标准中，应该正确处理 IQ 与 EQ 的关系，按着更科学、更合理、更能反映人才发展规律的结构确定人才及公务员的选拔标准。应加强理论研究，重点弄清 EQ 概念的范围及其在人才发展中的作用；要研究 EQ 的测评技术，如测量技术、面试中的评价技术、考核中的评价技术等；要研究 EQ 在实践中应用的比例，在各种测评中的地位及划分方法。

图 5-3　IQ(20%)与 EQ(80%)的关系

三、智商(IQ)、情商(EQ)与社会品质(SQ)的讨论

(一)社会品质的提出

“社会品质”源自于社会学的“社会质量”一词及其相关理论。SQ 是英文 Social Quality 的缩写，中文有两种翻译方法，其一为“社会品质”，其二为“社会质量”。

在国际上，“社会品质”理论是 20 世纪 90 年代中期出现的一个相对比较新的理论。它不仅为政策制定者和普通民众提供了一个了解社会及其变化的分析工具，而且也提供了一个理解和评估社会政策有效性的标准，成为引导社会福利政策发展的重要理论和工具。“社会质量”理论还透射出对现代社会公众特别是管理者和执政者普遍的对个人品质的追求与要求。从个体水平上来说，“社会质量”反映的就是人类自身的“社会品质”。

“社会品质”指的是在现代公民社会中每个公民应具备的基本人文精神，包括公平、公正、人文关怀、利他精神等，类似于我们常说的“良知”、“良心”。公平是指按照一定的社会标准、正当的秩序合理地待人处事。公平既包含公民参与社会生活的机会、过程和结果分配的公平，也包括社会正义、政治正义和法律正义等。

(二)社会品质的定义

社会品质(Social Quality)是一个关于人们日常生活质量的综合性的概念与理论，用以衡量公民的日常生活质量达到社会可以接受的水平的程度。它的影响和应用主要集中在欧洲，现在正扩展到其他地区。根据欧洲学者的界定，社会品质是以“社会”为导向，认为社会品质是社会关系的产物，反映了社会的特征，强调人们在团体、社区和社会中相互依存的关系，强调社会关系的质量提升与个人发展的关系。该理论的核心价值观强调人的尊严、公民权、民主、社会公平和社会团结。

社会品质的因素与资源密切相关，具体包含四个方面：社会经济保障、社会凝聚、社会融入、社会赋权。这四个基本条件结合到一起决定着社会关系朝社会品质方向发展的机会。

社会经济保障(Socio-economic Security)是衡量社会物质条件和生活状况的指标，反映了公民获取必要的、促成其互动的物质资源和非物质资源等基本需求保障(就业和社会保障)的机会和途径，涉及收入保障、教育、健康照顾、社会服务、环境、公共卫生、个人安全等政策领域。在社会政策的制定上，很多制度是在这一两年才制定出来的，想要看到其成效还需要一段时间，并且中央政府的推进与地方政府的执行之间也存在着矛盾。另外，劳动者收入增长的速度跟不上经济增长的速度，劳动者享受不到经济发展带来的实惠，社会收入差距增大，相对贫困日益严重。

社会凝聚（Social Cohesion）涉及社会整合和社会团结方面的情况，关注必要的、有助于社区建设的、被集体认可的价值基础和规范，并以社会信任和社会资本为核心概念，对个体的自我实现和社会发展都非常重要。在社会凝聚这个维度上，中国的食品安全事件层出不穷，它反映了中国企业的诚信问题。

社会融入（Social Inclusion）涉及公民的身份和权利问题，通过考察社会的结构和制度性因素，反映这些制度和结构框架对公民而言是否具有可及性。这些制度包含社会保障、劳动市场、健康服务、住房市场和教育等制度。在社会融入这个维度上，我们经常讨论失业群体、孤老病残群体、农民工群体、问题青少年群体等边缘群体。

社会赋权（Social Empowerment）涉及人们全面参与社会互动的能力实现和拥有状况，聚焦个体的潜能（知识、技能、经验等）及其可以实现的程度，并通过这些参与提升人们的社会权利、认知权利和社会质量。在社会赋权这个维度上，我国目前主要存在的问题是反映意见的制度性渠道不仅有限，而且有时还不畅通，这导致了大量信访、群众事件的出现。

（三）社会品质与公平正义

公平正义，自古以来就是人类社会共同的理想和不懈的追求，是人类社会普遍的价值取向，是社会主义法治的价值追求和重要目标，是构建社会主义和谐社会的基础和前提，也是中华民族传统美德的重要规范。它既是社会公德的最高原则，也是个人修养之要。它所要求的是关心他人、扶危济困，“老吾老以及人之老，幼吾幼以及人之幼”，追求平等、公正，视公共利益高于一切。它的最高境界是在义利相矛盾、相冲突的情况下，以“义”为重，“先义后利”乃至“公而忘私”、“大公无私”的自我牺牲。不同时代，不同社会制度、意识形态、历史文化传统，不同国家，不同阶级或群体，不同学派，甚至不同的人，对公正或正义的内涵都有不同的理解。但这种众说纷纭的情形，并没有影响人们对公正或正义的价值追求，因为人们可以在相对的意义上找出公正或正义的构成要素，找到识别公正或正义与否的标准，特别对具体的事物可以从公众的意识出发，做出公正或正义与否的判断和选择，追求并努力实现公正或正义的价值。

公平正义是每一个现代社会孜孜以求的理想和目标，因此，许多国家都在尽可能加大公共服务和社会保障力度的同时，高度重视机会、过程和结果分配的公平。中国要和谐富强，那种以天下为己任，与国与民同呼吸共命运，国而忘家、公而忘私、义而忘利，一心为了祖国的强盛和人民的安康而不懈奋斗，无私奉献，心忧天下的“天下为公”的精神，正是我们须臾不可忘记、当时时践行的。温家宝总理在2009 年 3 月 14 日十一届全国人大三次会议会后会见中外记者时说：“社会公平正义是社会稳定的基础，一个正确的经济学同高尚的伦理学是不可分离的。我们的经济工作和社会发展都要更多地关注穷人，关注弱势群体，因为他们在我们的社会中还占大多数。”“中国的现代化绝不仅仅指经济的发达，它还应该包括社会的公平、正义和道德的力量。”“公平正义比太阳还要有光辉。”构筑一个公平正义的社会，需要全社会进行长期努力，要提高全体公民的文化、道德、法制等方面的素质，使人们有渴求公平正义的意识、参与公平正义的能力和依法维护公平正义的权利。

社会品质是情商理论所不能包容的。情商理论在我国的传播和影响过程中，已经被理解成为一种个人化、利益化、小群体化的东西，与庸俗的“关系学”沆瀣一气，而离公平利他的原则却越来越远。社会品质应是除智商、情商之外必须独立测评的关键要素，这关系到如何回答“人到底有没有良心，良心值多少钱”这一世纪性的疑问。在人力资源测评工作中，特别是在公务人员的选用聘任工作中，除了考虑 IQ 与 EQ 外，还应重点考虑 SQ（社会品质）。IQ（智商）、EQ（情商）与 SQ（社会品质）的三元关系如图 5-4 所示。不过这样一来，从结构上看上去更接近于弗洛伊德的人格冰山理论，即自我（IQ）、本我（EQ）和超我（SQ）的关系。因此，个人的社会品质（Social Quality）或称社会智力（Social Intelligence）同样需要在整体素质能力的结构中予以考虑。

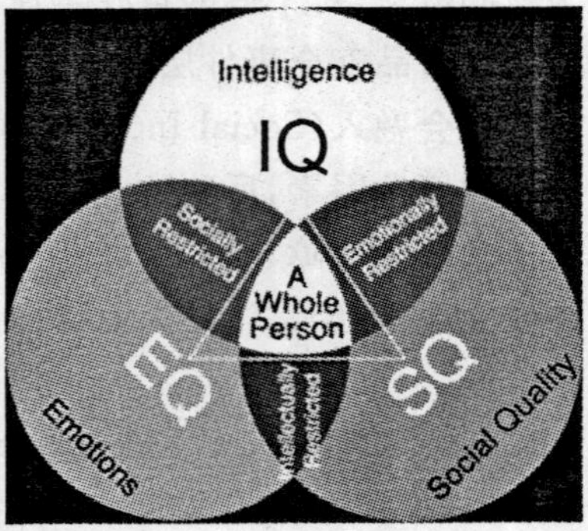

图 5-4　IQ（智商）、EQ（情商）与社会品质（SQ）三元关系

第三节　能力测验的种类

一、智力测验的种类量表

国内外关于智力的理论有很多，智力测验的种类和量表也有很多。卡曼在 1968 年的研究中指出，一般智力测验应测量那些与管理工作或职务密切相关的能力（如学习能力、分析能力、决策能力、空间能力等）。常用的这类测验有以下几种：

（一）温德利人事测验

温德利人事测验（Wonderlic Personnel Test），又名冯德里克人员测试，或温特列克人事测验，它是用于工业选拔的一般智力团体筛选测验之一，在第二次世界大战期间最为流行。它实施简单、方便，一共有 50 个项目，共需时 12 分钟，测验的许多项目选自于饿提斯心理能力测验，所用的类型与第一次世界大战期间流行的军队甲种测验相同。有证据表明此测验是测量一般智力的。经研究，本测验与操作性工作的相关较高，而与管理行为等工作相关较低。温德利测验对低智力的个体及特殊学校不适用。

在美国心理学家塞斯顿的多因素论中提出的7种基本智力能力分别为空间能力(S)、计数能力(N)、言语理解(V)、词汇流畅性(W)、记忆能力(M)、推理与归纳能力(R)和知觉速度(P),这7种能力彼此之间是正相关的。后来的研究者在此理论基础上,创造了多种认知能力测验,温德利人事测验就是其中一项成果,它包括字词、句子、短文、几何图形和情节问题,考察逻辑推理能力。

由于一般雇主认为智力的高低与工作表现有关,因此智力测验大多被用来为雇主淘汰部分智力较低、无法胜任组织工作的人。温德利人事测验是一个高信度而且很简短的一般智力能力测量工具,测量的是语言、数字和空间能力,以确定候选人是否可胜任该项工作。它简洁便宜,适用于中小型企业。

温德利测验作为测验上应用的一个工具,常常不需要对被试加以训练,通常是直接测试和评估被试的人格,因此温德利测验仅仅是一个筛选工具。

(二)韦克斯勒成人智力量表

韦克斯勒成人智力量表(WAIS-R)是一种需时很长的个别测验,在职业决策中应用得不十分广泛,主要用于对高级经理人员的挑选工作。测验的施测、记分和结果解释要求测验者训练有素、经验丰富。

韦克斯勒成人智力量表为17～74岁的成人智力测验所使用,它包括11个分测验,其中,前6个为言语分测验,后5个为操作分测验。韦氏采用离差智商对这11个分测验进行评分,可以分别评出言语智商、操作智商和全量表智商,并依此在图表上画出线性图。WAIS-R的信度、效度都很高,目前已有中国修订版。但这种测验只能一对一地进行施测,每次施测要花费1～2个小时,而且需要一整套测量器材,成本较高,故只能极少地应用于对高级管理人员的选拔中。

(三)瑞文推理测验

瑞文推理测验包括“瑞文一般推理测验”和“瑞文高级推理测验”,是英国心理学家瑞文(J. C. Raven)于1938年编制的,原名“Progressive Matrices”(渐进方阵),它是一种非文字的测验,主要测量一个人的观察能力和清晰的形象思维推理能力。国内已有“瑞文测验联合型(CRT)修订本”,高级型包括渐进矩阵Ⅰ型(12题)和Ⅱ型(36题),适用于高才智者。瑞文测验适合团体测验,有较高的信度、效度,常常被用于公务员考核和企业人才测评中。

(四)南加利福尼亚大学分散思维测验

吉尔福特认为,分散思维是思维向不同方向分散的能力,它不受给定的事实的局限,使个体在解决问题时能够产生出各种不同的解决问题的方法和思路。根据该理论,他和他的同事们一起编制出了这个测验。测验共分为14项,其中前10项为言语反映,后4项为图形内容。该测验适用于中学水平以上的被试,主要从流畅性、变通性和独特性方面分别记分(有时也根据精细性记分)。

(五)托兰斯创造思维测验

为了减少被试的心理压力,托兰斯(E. P. Torrance)使用了“活动”一词来代替

"测验"。该测验适用于幼儿至研究生人群，普遍采用集体施测的方法。施测时以游戏方式进行，以创造舒适、轻松、积极的心理气氛，测验时有严格的时间限制。该测验分 3 套，共有 12 个分测验。测验共有四个评分标准：流利性（中肯反应的数目）、灵活性（由这一种意义转到另一种意义的数目）、独特性（反应的罕见性）和精密性（反应的详细性和特殊性）。从整个测验中得到一个总的创造力指数，代表个体创造力思维的水平。

（六）芝加哥大学创造力测验

美国芝加哥大学心理学家盖泽尔斯（J. W. Getzels）和杰克逊（P. W. Jackson）根据吉尔福特的理论对青少年的创造力进行大量的研究，于 20 世纪 60 年代初编制了这套量表。该测验包括 5 个课题，即语词联想、用途测验、隐蔽图形、寓言完成、组成问题测验等 5 个分测验。

另外，专门应用于人才测评的测量量表还有奥特斯（Otis）于 1922～1929 年编制的心理能力自我测验，韦斯曼人员分类测验（Wesman Personnel Classification Test），提芬（Tiffin）于 1942 年编制的实应性测验。

二、特殊能力倾向测验

特殊能力倾向测验是鉴别个体在某一方面是否具有特殊潜能的一种工具。这类测验最初是为了弥补智力测验的不足而编制和使用的，最早出现的特殊能力倾向测验是机械能力倾向测验。由于职业选拔与咨询的需要，各种机械、文书、音乐及艺术能力倾向测验纷纷出现，同时视力、听力、运动灵敏度方面的测验也被广泛应用于工业、军事上的人才选拔与分类中。

特殊能力倾向是相对于一般智力而言的，一些传统的特殊能力倾向，如机械和文书，现在都已并入某些多重能力倾向测验中。但特殊能力倾向测验还是很有必要的，原因有两个：一是多重能力倾向测验很少涉及视力、听力、运动技能及艺术才能等领域，因为它们的情况较特别，即使在多重能力倾向测验中也包含有特殊能力倾向，如机械、文书等，有时需要与学业能力倾向测验、特殊能力倾向测验结合使用，因为特殊能力倾向测验有着广泛的常模和效度资料；二是特殊能力倾向测验具有很大的弹性，它既可以与其他能力测验结合使用，也可以单独使用。

特殊能力测验有衣阿华大学西肖尔（C. E. Seashore）等人的音乐能力测验、温格（H. D. Wing）编制的音乐能力标准化测验、戈登（F. Gordon）编制的音乐能力倾向测验、飞行能力测验与文书能力测验等。

（一）感知能力测验和运动能力测验

一般说来，感知能力测验和运动能力测验不属于心理测验，但这些测验能够提供有关个体机能的重要信息，当工作成绩的高低依赖于感知觉和心理运动能力时，这种测验就成为人员筛选、安置、咨询及诊断的重要依据。

感知能力测验包括视敏度、颜色视觉、听觉感受性测验等。在人才测评中常常用纸笔测验来进行测评，比如明尼苏达秘书测验，该测验对秘书职务工作具有较高的效度，其效度系数在0.40左右。

运动能力主要指运动协调能力，如飞机驾驶员、钢琴演奏等职业的需求。主要测量量表有普德(Purdue)与提芬(Tiffin)于1941年编制的木栓版测验，奥康纳(O'Connor)手指灵活性测验，明尼苏达的操作速度测验，克劳费德(C. L. Crawford)于1946年编制的小部件灵活性测验。

(二)机械能力和空间能力测验

前者涉及机械理解能力，后者涉及空间关系能力和想象构造能力，即依照设计在个体心理内部设计这种结构的能力。对这种能力在具体的不同的职业中往往有严格的要求，如对驾驶员、飞行员等特殊行业的员工的选拔。

机械能力测验是被最早和最经常用于工业或军事测验中的特殊能力倾向测验。有证据表明，存在着一种不明显的机械能力的一般因素，但大多数机械能力测验所测量的能力很广泛，例如视-动协调因素、知觉及空间关系能力、机械推理和机械知识等。组成分测验的各种机械能力间彼此的相关都较低，但不同的机械能力分测验得分和总分之间具有较高的正相关。在机械能力测验上存在性别差异，男性通常在空间和机械理解题上得高分，而女性在手部灵巧度与知觉辨别测验上成绩较好，且这种差异与年龄成正比，这其中可能有文化因素的作用。

这类测验的量表主要有：本纳特于1940年编制的机械理解测验，该测验包括一系列图形，反映了不同的机械关系和机械原理，其信度为0.80左右，测验对许多体力工作有很高的效度；吉塞利于1937年编制的机械能力、空间关系以及定位能力测验，对驾驶员、经营者、工艺职务员工、文书职务员工的预测效度系数在0.25～0.30，对推销员和服务人员略低一点；迟密特(Schmitt)等人在1984年也作出了类似的研究，平均效度系数为0.27。这些研究均说明，特殊能力测验对人事选择都有一定程度的预测能力。

应用广泛的空间关系测验的还有明尼苏达空间关系测验、明尼苏达拼版测验。另一种主要的机械能力测验是以机械知识、机械理解或机械推理为主。所谓机械理解是指被试理解实际生活情境中的机械原理的能力。早期的这类测验是给被试一堆零件，要求他们拼成常见的物体，但目前为一般目的而使用该类测验的大多采用纸笔形式。

(三)文书能力测验

文书能力测验的特点是强调知觉速度和动作的敏捷性，但在实际的文书工作中，除了需要这两种能力以外，言语能力和数字能力也很重要。因此许多文书能力测验包括与智力测验类似的题目以及测量知觉速度和准确性的题目。

文书能力测验分为一般文书能力测验和测量速记能力、计算机程序编制与操作能力的测验。

(四)艺术能力测验

艺术情趣在不同个体、不同文化和不同年龄之间存在着很大差异，因此艺术能力的判断标准是很难确定的。虽然在寻找可靠标准和使用测验预测方面存在着许多问题，但从 20 世纪 20 年代起仍有许多关于美术能力和音乐能力的测验产生。较具代表性的是梅尔艺术鉴赏测验（Meier Art Judgement Test）和格雷夫斯图案判断测验（Graves Design Judgement Test）、洪恩艺术能力倾向问卷（The Horn Art Aptitude Inventory）、西肖尔音乐才能测验（Seashore Measures of Musical Talents）、温格音乐能力标准化测验（The Wing Standardized Tests of Musical Intelligence）、音乐能力倾向测验（Musical Aptitude Profile，MAP）。

（五）专业能力倾向测验

能力测验多被用于职业指导及一般性的职业选拔，还常被用于各专业的人员选拔和专业资格鉴定，这些测验称为专业能力倾向测验。

1. 专业选拔测验

专业能力倾向测验可被用于选拔那些适合接受专业训练的人员，如普通医学、牙医、护理、法律、商业工程、神学、建筑等专科学校的学生，就需要接受这种测验。这种测验的编制，一般是针对各种专业，分析其所必需的各种能力特质并编成测验，内容包括一般学业能力倾向测验（大多以测试普通能力和学业成就为主），入学前使用的成就测验，有时也使用兴趣测验或其他人格特质测验。自传资料、推荐信、过去的学业记录与面谈等也可作为评价其专业能力的补充资料。这些内容接近所要测的专业领域，这样做可以提高表面效度，同时，某些证据表明，这些测验的预测效度比一般的智力或学业能力倾向测验高。我国专业选拔测验还有待于进一步发展，比较有影响的是由空军招飞办公室组织专家编制的飞行员心理选拔测验，这项测验目前正在不断完善中。

2. 资格考试

资格是指地位、声望、阅历和从事某种活动应具备的条件、身份等。专业技术资格是指可以独立从事专业技术工作的条件与身份，这实际上是一种实力，包括学历、工作实绩与经验、信誉、社会关系（公众承认度）等可在工作上产生效益的实力，获得专业技术资格的人实际上是获得了就职、升迁、流动、独立开业等的权力。标准化测验可被用于资格和执照的鉴定，这些测验偏重于测量专业知识的成就测验，但也包含一般能力测验。在美国，这种测验中较为著名的有教育测验中心编制的国家教师考试（National Teacher's Examination，简称 NTE），主要用于测量即将成为教师的人的专业性准备的程度，颁发证书，以此作为允许进入更高等的师范学校接受教育的资格。

总的来说，这些专业资格考试具有以下几个特点：

第一，考试由权威机构管理，如台湾的专门职业及技术人员资格考试由考试院组织实施，考试院有正、副院长，下设考试委员会，考试委员会委员由政府机构直接任命；

第二，考试要符合社会需要，包括专业知识的成就测验和实际业务能力测验；

第三，对报考者有一定的资格要求（如学历、工作经验、业绩等）；

第四，对免考获得职业资格者有较严格的限制；

第五，应考人报名、参加考试程序、准考次数皆有法可循；

第六，资格考试科目多已定型。

资料

美国心理学家资格考试和执照授予

心理学家资格本质上是指有权拥有"心理学家"这个头衔，而执照则是指有权开业进行心理治疗。在美国，各州对心理学家资格考试与执照授予的基本要求大致相同，必须同时具备心理学博士学位和指导经验(通常一年至两年)，并参加由美国州立心理学协会的考试委员会(Examination Committee of the American Association of State Psychology Board)主办，专业考试部(Professional Examination Service)技术协助的全国统一的专业心理学家执业考试(Examination for Professional Practice in Psychology 简称 EPPP)。这项测验包含了心理学的实际知识、方法等内容，以及心理学家的道德原则、相关的专业、政府与司法规定等。这种考试最合适的效度一般是内容效度，原因在于我们很难在已获得执照开业的心理学家身上获得相同的效度资料。这也是其在他资格考试中所面临的共同的问题，因此一般资格考试所提供的效度资料都是内容效度。

一般来说，通过资格考试所获得的资格或执照，都是一般性的执照，代表的是达到专业业务所需的最低要求。较高层次的认可由美国专业心理学会(American Board of Professional Psychology，简称 ABPP)执行。最初 ABPP 只授予三个领域的资格，即临床、咨询和工业组织心理学，后来又增加了学校心理学、临床神经心理学、法律心理学及临床催眠等领域的资格。

第四节 职业兴趣测验

兴趣是在一定需要的基础上，在社会实践过程中形成并发展起来的一种重要的心理倾向，它的形成受到自身和外界环境等诸多因素的影响。职业兴趣则是兴趣在职业选择活动方面的一种表现形式，它体现了职业与从业人员之间的相互影响。通过对职业兴趣的分类测量，可以将个体归属到某种职业兴趣的类型中，从而便于找到其适合从事的职业。

一、职业兴趣测验的发展

早期的职业指导理论主要是帕森斯的特质因素论，职业测验也多偏重于对能力的测量。随着测验研究和测验实践的发展，心理学家逐渐注意到职业兴趣对职业成功的影响很大。有研究证明，职业兴趣、价值观和职业经历对职业成功的预期比职业能力的预期效果要好。同时随着职业指导理论的发展,"职业自我探索"、"职业生涯"、"职业决策"、"职业心理类型"等概念被广泛接受,职业兴趣、价值观、经历等内容日益多地与职业能力测验相结合,形成了各种综合的职业指导计划。

兴趣测验的研究可追溯到20世纪初。1912年,桑代克(Thorndike)开始对兴趣和能力的关系进行探讨,但真正系统的对兴趣进行研究是从迈纳(James Miner)开始的。1915年,迈纳在卡内基技术所工作期间编制了一个兴趣测量的问卷,这标志着对兴趣测验系统研究的开始,并于1919年主持了著名的兴趣测量研究生讨论课。讨论课的其中一位参加者是斯特朗(E. K. Strong),在20世纪20年代及其以后的岁月中,他对兴趣测量进行了大量的认真的研究,并于1927年编制了斯特朗职业兴趣量表(Strong Vocational Interest Blank,简称SVIB)。他采取的方法是让两组被试接受测验,将两组被试反应不同的题目放在一起,构成特定的职业量表,这就是最早的职业兴趣测验。

与此同时,库德(G. F. Kuder)也开始了对职业兴趣测验的研究,并于1934年发表了KPR(Kuder Preference Record);1939年,他将其发展成为库德职业兴趣调查(Kuder Occupational Interest Survey,简称KOIS)。该测验采用的方法是:把所有职业分成10个兴趣领域,确定与之相应的10个同质性量表,被试的结果按照这10个量表记分,通过得分高低决定兴趣领域的重要程度。这种测验采用的是三择一的迫选法。

霍兰德于1953年编制了职业爱好问卷(Holland Vocational Preference Inventory,VPI)。霍兰德不太重视纯粹的心理测量学指标。他把职业兴趣分成6个方面,与之相应的职业也有6个平行的领域。根据被试对160个职业标题反应的得分高低,在职业分类表中查找职业,既可以得到范围较大的职业领域,也可以得到具体的职业。在此基础上,他又于1969年编制了自我职业选择指导问卷(Self-Directed Search,简称SDS),并提出了"人格特质与工作环境相匹配"的理论(1970)。

从1965年以来,职业兴趣量表出现了一些明显的发展趋势,主要表现在:

第一,各量表之间互相吸收,首先是库德(1966)在KOIS中引入SVIB,其次是坎贝尔(D. Campbell, 1968)在KOIS的同质性量表中引入SVIB;

第二,越来越倾向于采用大样本的实证资料库来解释测验分数,如利用《职业名称词典》(Dictionary of Occupational,简称DOT)或职业性向模型(Occupational Aptitude Pattern,简称OAP)里提供的资料,建立测验分数与实证的联系;

第三,越来越多的问卷同时提供较广泛的同质性兴趣量表以及特定的职业量表;

第四,越来越多的量表采用霍兰德的6种职业理论;

第五,扩大了所包括的职业水平。

职业兴趣测验经过90年的发展,如今已经进入到了一个比较成熟的阶段。兴趣问卷的测验重点起初集中在专门的职业以及一些要求略低于大学或专科教育水平的职业,而现在扩大到了更大的范围(包括那些不需大学学历也可以从事的职业）。当前国际上最受欢迎的三大职业指导测验分别是：SDS、SCII和K OIS。其中前两者都是以霍兰德的六边形职业兴趣理论为基础，将职业兴趣分为六种类型；KOIS对职业兴趣的分类虽然与霍兰德的分类不完全相同，但是也将其测验结果转化成霍兰德六边形职业兴趣的得分，以便进行解释。由此可见，霍兰德的职业兴趣理论在职业指导领域具有非常重要的地位。

二、职业兴趣测验的效度

兴趣测验不是学校成绩或其他工作成功效标的有效预测源，一般来说，兴趣问卷的分数和学校成绩的相关在0.20～0.30，而通常智力测验与同样效标的相关是0.50左右。兴趣测验的分数能较好地预测职业选择、职业稳定性和职业满意度。人们虽然可以避开不喜欢的职业，却不一定能进入感兴趣的行业，因此可以说兴趣测验更能预测被试不会去做什么，而不是他将去做什么。

职业兴趣测验在本质上是一种人格测验，与其他人格测验一样，职业兴趣问卷的效度常常面临掩饰和反应定势两种挑战。

（一）掩饰

有关研究发现，若要求被试按照某种方式作答，则大学生回答兴趣问卷的反应方式与特定职业被试的反应方式非常相似。当被试作出的掩饰反应对他有利时，兴趣测验的效度降低。当测验用于选拔和录用时，往往掩饰作用会增强，但当用于学术或职业咨询时，这种掩饰作用往往小到可以忽略不计。

当然情况并非总是如此，美国海军一直用斯特朗职业兴趣问卷来选拔获得海军奖学金和接受高级训练的候选人，人们预计掩饰的作用应该会很明显，但研究结果表明现实却并非如此。那些候选人在斯特朗职业兴趣量表上的平均成绩与他们一年前在高中时的成绩以及接受奖学金在大学学习一年后的平均成绩相似。作为奖学金申请人的兴趣测验分数与一般测验条件下的分数之间的相关在0.90以上。可见，即使认为申请人伪装了他们对问卷的反应，但这种伪装也并未达到明显的地步。

（二）反应定势

最为突出的两种反应定势是默认和社会赞许性。

- 默认是指在两可的情况下，被试倾向于肯定而不是否定题目；
- 社会赞许性是指被试持社会赞许的立场来回答并非如此的问题，可以用强迫选择来加以平衡。

同时，社会经济地位也会影响对兴趣测验问卷的反应及其效度。低阶层的人们没有机会去发展他们的兴趣或接受训练以进入他们感兴趣的行业，兴趣对他们来说不是第一位的，因此对兴趣的测量也成了无意义的。早期的兴趣测验大多被用于咨询和帮助那些希望进入某个学科专业领域的年轻人。

另一方面，即使是社会经济地位高的年轻人，也不一定选择他们喜欢的工作，他们会更多地受到社会期望和传统观念的影响而选择其父母所期望他们从事的职业。而中产阶级家庭的孩子，可能希望从事自己感兴趣的职业以增加工作成功的机会，因此在职业兴趣测验对中产阶级的被试的预测效度相对高一些。

三、职业兴趣测验的理论

从广义上来说，兴趣是一种人格特征。休伯(D. Super)曾一再主张职业的选择是自我观念的延伸及完成。现在越来越多的研究报告指出，不同职业团体具有其特有的性格特征。例如，人们已经发现：

- 具有较高的文学和审美兴趣的被试，其精神症指标偏高；
- 具有科学兴趣的被试，性格明显内倾；
- 与推销兴趣有关的是攻击性。

除此之外，人们还发现，被试在斯特朗-坎贝尔兴趣问卷(SGII)上的分数与在人格问卷上的分数(如爱德华个性偏好量表)之间有显著的相关。

很多心理学家认为职业选择反映出个体基本的情绪需求，职业的调整一般是生活步调调整的主要成分。因此对职业兴趣的测量——找出与个体的态度及兴趣最贴近的职业团体——就成了了解不同人格的一个焦点。霍兰德就是持这种观点的人之一，他把职业爱好作为一种生活方式的选择—— 一种反映出个体自我观念和主要性格特征的选择。另外，心理学家罗(A. Roe)也是持这种观点的人。

(一)霍兰德的职业心理类型说

1959 年，霍兰德提出了以人格类型学说为基础的职业指导理论。他于 1973 年指出，个体的人格特征和背景因素决定了他的职业选择方向，职业选择是个体人格的一种表现方式。霍兰德理论的核心思想是，个体趋向于选择最能满足个人需要、实现职业满意的职业环境。理想的职业选择是使人格类型与职业类型相互协调和匹配。

霍兰德认为，在美国社会中主要存在六种人格类型和六种与之相对应的环境模式(如图 5-5 所示)：现实型(R)、研究型(I)、艺术型(A)、社会型(S)、企业型(E)和常规型(C)。各种类型具有各自的主要特征。

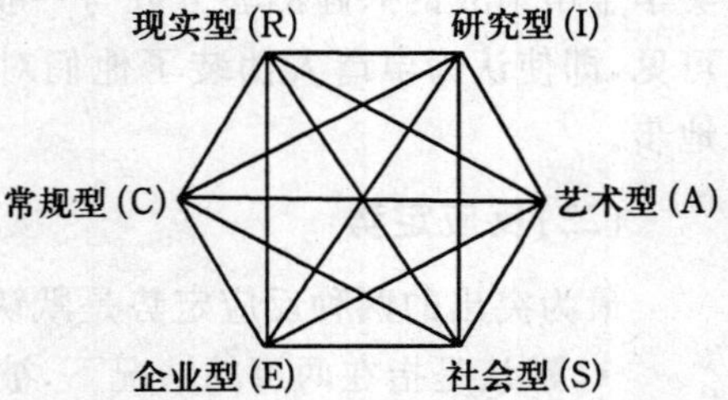

图 5-5 霍兰德的职业与人格类型六边形

①现实型的人：遵守规则、实际、安定，喜欢需要基本技能的具体活动。

现实型的职业：具有具体的规则和程序，需要特定的技术或技能，如机械、农林、机电、维修等。

②研究型的人：内省、理性、创造，喜欢独立分析与解决抽象问题。

研究型的职业：需要系统观察、科学分析和一定程度的创造性，如数学、物理、化学、生物、天文、生理学等。

③艺术型的人：想象、直觉、冲动、无序，喜欢用艺术形式来表现自己的思想与情感。

艺术型的职业：通过非系统化的自由活动进行艺术表现，如绘画、音乐、写作、表演等。

④社会型的人：助人、合作、责任感、同情心，喜欢并善于社会交往，乐善好施。

社会型的职业：对人进行说服、劝导、帮助、教育和治疗活动，如心理咨询、教育、法律、宗教和社会服务等。

⑤企业型的人：支配、自信、精力旺盛，喜欢指挥、劝导别人接受自己的意见。

企业型的职业：需要动员、组织和领导他人实现既定目标，如工商与行政管理、市场营销、保险业等。

⑥常规型的人：有条理、稳定、顺从、有序，喜欢程序化的条理性工作。

常规型的职业：具有固定规则的习惯性、重复性工作，如秘书、档案、会计、出纳、总务、数据录入等。

霍兰德认为：

- 环境造就了人格，反过来人格又影响着个体对职业环境的选择与适应；
- 人们总是寻找能够施展其能力与技能、表现其态度与价值观的职业；
- 职业满意感、稳定性和职业成就取决于个体人格类型和职业环境的匹配与融合；
- 职业行为是人格与环境相互作用的结果。

霍兰德用六边形模型来表示六种人格与职业类型的相互关系，边和对角线的长度反映了六种人格类型之间在心理上的一致性程度，同时也代表着六种职业类型之间的相似与相容程度。人格、职业类型的适应与匹配也可从该模型中得以体现。大多数人都属于六种职业类型中的一种或两种以上类型的不同组合，某种人格类型或类型组合的个体在与之相对应的职业类型或类型组合中最能满足其职业需求，表现出职业兴趣，发挥职业能力。霍兰德的职业、人格类型六边形模型如图5-5 所示。

(二)罗的职业心理类型理论

罗提出，职业选择的首要因素是个体是“以人取向”还是“不以人取向”。她认为，实际存在两种维度或连续体，而不是一种维度。职业角色的一种维度是从“有目的的交流取向”到“利用资源的取向”；第二个维度是从“人际关系取向”到“自然现象取向”。

她于 1956 年创立的职业需要理论，从个体早期的人格发展、成长经历和亲子关系来判断和推测当前个体的职业选择。她将所有的职业划分为两大类，即定向于人的职业，包括社会服务型、商贸型、管理与组织型、一般文化型和艺术与娱乐型；定向于物的职业，包括技术型、户外型和科学研究型。这种分类与霍兰德的分类有殊途同归之势。

美国的《职业名称大辞典》第四版中的兴趣测验都是以这种分类系统为基础的。

四、斯特朗-坎贝尔兴趣量表(SCII)

斯特朗-坎贝尔兴趣量表是国外流行的职业兴趣测验，它被广泛地应用于人才测评中，为个人职业选择以及企业的选员提供了非常有益的信息。

(一)什么是斯特朗-坎贝尔兴趣量表

美国心理学家斯特朗认为，兴趣在某种程度上决定了一个人成就的方向，各种职业的人，都有其特定的兴趣类型。

1927 年斯特朗(E. K. Strong)编制完成了第一个正式的职业兴趣量表(Strong Vocational Interest Blank)，这是最早的职业兴趣测验。他的方法是先编制涉及各种职业、学校科目、娱乐活动及人的类型的问卷，然后选取两组被试，一组代表专门从事某种工作的标准职业者，另一组代表一般人，让两组被试接受测查，将两组被试反应不同的题目放在一起，构成职业兴趣量表。这种量表当时仅适用于男性，而专门为女性编制的量表则于 1933 年出版。

1968 年坎贝尔(D. P. Campbell)主持了对该量表的修订工作，增加了基本兴趣量表(BIS)和一般职业主题(GOT)，更名为 Strong-Campbell Interest Inventory (SCII)。最新的版本是于 1985 年出版的，共有 325 个项目(详见第四节)。

(二)SCII 的组成及其发展过程

1927 年，斯特朗编制了著名的《斯特朗职业兴趣问卷》，这主要是一个经验性问卷，并不是一个严格的量表，不具有理论支持和统计支持。《斯特朗职业兴趣问卷》共有 420 道题目和十个职业组的评价。1938、1946、1966、1969 年，该兴趣问卷曾被多次修订，在 1969 年修订的版本中，共包括 399 道题目(妇女版 398 道题目)，其中，男性被划分为 54 种职业兴趣类型，女性被划分为 32 种职业兴趣类型。1963 年斯特朗教授去世后，坎贝尔主持了该量表 1966、1969 年的修订。1974 年坎贝尔主持的修订本，改名为斯特朗-坎贝尔兴趣问卷，此后又相继进行了多次修订，主要有以下几种改变：

第一，引用一套理论构架作为分数组合和解释的依据；

第二，提供了新的男性及女性样本，并重新建立常模；

第三，增加了很多只需大学以下学历即可从事的职业、技术工作量表。

此后，汉森(J. C. Hansen)对该测验又进行了两次修订，发表了 1981、1985 年的修订版本。SCII 的 1985 年的最新版本共包括 325 个项目，构成 264 个量表，其中包括：

- 一般职业主题量表(The General Occupational Theme，GOT)6 个，
- 基本兴趣量表(The Basic Interest Scale，BIS) 23 个，
- 职业量表(The Occupational Scale，OS)，207 个
- 特殊量表(The Special Scale，SS) 2 个，
- 管理指标量表(The Administrative Indexe) 26 个。

(三)SCII的建构理论

SCII在近70年的发展过程中,其理论基础不断地被加强和丰富。目前,SCII主要包括经验性量表、同质性量表和依据霍兰德的职业理论建立起来的量表。

1. 斯特朗(E. K. Strong,1927)的经验性量表

经验性量表,是SCII最为主要的特色。使用这种方法建构职业偏好量表,最早是由斯特朗于1927年提出并实际运用于工作之中的。斯特朗通过大量的调查发现,从事不同职业的人,在兴趣爱好上是不同的,在此基础上,斯特朗给出了建构各种职业量表的方法。

这种经验性的方法,自斯特朗提出之日起,由于其高度的实际应用性而受到职业兴趣量表编制者的钟爱。直至今日,它仍然是用于建构职业兴趣量表的主要方法之一。

2. 坎贝尔(D. Campbell,1968)的同质性量表

采用经验性的方法,使得人们能够编制出特定职业兴趣量表,区分出各种职业群体的兴趣模式。但是,由于在建构这种量表的过程中,编制者只注重了项目的区分性,忽视了项目的内容,使得每种特定职业量表的题目几乎都涉及了非常广泛的领域,使人们无法对从事某种职业的群体的兴趣特点给出清楚的解释。为了解决这一难题,克拉克于1961年提出了制订同质性量表的方法:取一个由一般人组成的被试组进行施测,通过采用聚类的统计方法,将那些具有很高相关的题目归结到一起,组成具有某种共同特性的同质性量表,也就是说,该同质性量表的所有题目在内容上都具有很高的一致性。

由于同质性量表的结果非常易于理解,而且,将它与经验性量表一起使用,能够帮助人们了解特定职业量表所反映出的某种职业群体的兴趣特点,因此,坝贝尔在1969年将它融入到SCII的编制过程中。

3. 霍兰德(J. L. Holland,1972)的职业兴趣分类理论的引入

为了发展出一种系统的职业分类方法,霍兰德于1959年第一次提出了他的职业选择理论:人们总是选择那些能够使自己的人格特点与工作环境要求达到最大限度匹配的职业。

这种理论主要建立在以下7个假设的基础上:

(1)在我们的社会中,绝大部分人都可以被归结到6种不同的类型之中即艺术型(Artistic)、常规型(Conventional)、企业型(Enterprising)、研究型(Investigative, Intellectual)、现实型(Realistic)和社交型(Social),每个人都属于一种类型或是几种类型的组合。

(2)绝大部分的职业环境同样也可以被归结为6种类型,而且每种职业环境都由某种特殊类型的人所主导。因此,工作环境的要求与工作伙伴的人格特点就构成了该种职业的风格。

(3)人们倾向于寻找和选择那种有利于他们技术、能力的发挥,能充分表达他们的态度、实现他们的价值,并使自己能扮演令自己满意的角色的环境。在这方面,人们选择环境,同时环境也选择人,个体与环境相互作用,使个体产生一些他所喜欢的处理人际问题和环境问题的方法。这个过程的完成需要一段相当长的时间。

(4)一个人的所作所为是他本人个性和环境特征相互作用的结果。个体人格模式和环境模式的不同匹配可以预测个体的一系列行为的发生概率和好坏程度,包括职业选择、工作改变、工作绩效和个人能力。

(5)个体类型和环境类型的一致性(identical)、和谐度可由一个六边形模型来解释和评估。在模型上,若个体类型和环境类型的距离越短,则其两者之间的关系便越紧密。比如说,一个社交型的人和一个社交型的环境是取最和谐一致的。这种六边形模型能得到四种不同的人-环境之间关系的和谐度。

(6)个体内部或环境内部的相容性(Consistency)程度也可以用一个六边形模型来确定。在六边形模型中相邻的类型是高相容的,或是有着一致的兴趣和职业职责的;若是六边形上相对的类型则有高的非相容性,或者说包含着一些无关的个体特征和职业功能。例如,一个人同时在艺术型和常规型维度上得了高分,那么他将得到一个非相容的编码。因为艺术型和常规型在六边形上的位置是相对的,它们所包含的所有内容也是相对的(如图 5-5 所示)。

(7)个体或者环境的区分度可由职业的编码、所绘的结果剖面图以及两者相结合来解释。

以上三种理论或方法,从 70 年代起被同时用于对 SCII 的编制和解释中,使得 SCII 的应用性被大大地提高。现在,人们能够对 SCII 的结果进行多方位、多角度的全面的解释,使得人们对自己的职业兴趣了解得更清晰、更完整。

(四)SCII 的使用及其意义、影响

像其他心理测验一样,SCII 的使用主要包括施测和对数据的处理与解释两个阶段。在施测过程中,首先要让被试对 SCII 的功能有个大概的了解,然后再具体明确在答题过程中的注意事项。在对数据的处理与解释过程中,应遵循以下的顺序进行:首先,统计测验管理指标,检查在答题及数据录入过程中是否有异常情况发生;其次,依次统计在特殊量表、一般职业主题量表、基本兴趣量表和具体职业量表上的得分;再次,根据被试在这些量表上的得分,逐步将其兴趣范围缩小,最后集中在某几种基本职业兴趣和具体职业上。

SCII 出现后,被广泛地应用于教育、职业咨询和升学、就业指导中。它可以帮助人们对自己有一个更加清晰地了解,不仅能了解自身的特点,而且还能够了解自己在群体中的相对位置的信息;另外,它可以帮助老师和家长加深对学生和子女的兴趣的了解,从而为他们提供更适宜的建议和指导;它还可以帮助企业领导加深对员工的了解，从而使工作安置更符合员工的兴趣特点或者帮助在职员工找出对工作感到不满的可能原因。

除了具有这种针对个体的应用意义外，SCII 还可以被用来进行群体性研究，如某种特殊职业群体的兴趣特点、社会潮流的发展规律，以及某些跨文化的研究。另外，SCII 在某些领域还具有潜在的应用价值，如根据人们的职业兴趣特点进行工作设计，从兴趣的角度进行人际交往指导，等等。

总之，SCII 是一个非常成功的心理测验。它不仅给我们提供了一个具体的测量工具，而且更重要的是它在量表的建构、应用范围及使用方法等方面提供了许多值得借鉴的经验。

五、MBTI 性格类型指标测试

人的性格倾向，就像分别使用自己的两只手写字一样，都可以写出来，但惯用的那只写出的会比另一只更好。每个人都会沿着自己所属的性格类型发展出个人行为、技巧和态度，而每一种性格类型也都存在着自己的潜能和潜在的盲点。本测试主要探讨各种性格类型与相关职业的匹配程度。

（一）MBTI 性格类型指标测试

MBTI 全称 Myers-Briggs Type Indicator，由美国的心理学家 Katherine Cook Briggs (1875—1968) 和她的心理学家女儿 Isabel Briggs Myers 根据瑞士著名的心理分析学家荣格（Carl G. Jung）的心理类型理论和她们对于人类性格差异的长期观察和研究而著成。MBTI 是一种迫选型、自我报告式的性格评估工具，用以衡量和描述人们在获取信息、作出决策、对待生活等方面的心理活动规律和性格类型。它主要被应用于职业发展、职业咨询、团队建议、婚姻教育等方面，是目前国际上应用较广的人才甄别工具。

经过了长达 50 多年的研究和发展，MBTI 已经成为当今全球最为著名和权威的性格测试，被翻译成近 20 种世界主要语言。全球每年约有 250 万人使用这套测验，其中超过 80 万人为管理阶层，MBTI 已成为近年心理辅导界及商界广泛使用的性格测验。当前活跃在国内管理咨询与培训、职业规划以及婚姻、学校教育辅导等领域的合格的 MBTI 施测师有近 200 位，他们都有 CPP 或 APP 的资格证书。Myers-Briggs Type Indicator 和 MBTI 是 Myers-Briggs Type Indicator Trust 在美国以及世界各国的注册商标。

MBTI 能够让人们更好地认识和了解自己，可以帮助 HR 部门对不同类型的员工进行更好的组合。它目前已成为世界上应用最广泛的识别人与人差异的测评工具之一。MBTI 主要用于了解被试的处事风格、特点、职业适应性、潜质等，从而提供合理的工作及人际决策建议。在美国每年约有 300 万人以上参加 MBTI 的测评和培训，在世界 500 强企业，如迪斯尼、百事可乐、西南航空公司等，约有 80%以上的高层管理者使用过这个工具。

(二)MBTI 理论基础

根据 MBTI 理论,每种个性类型均有相应的优点和缺点、适合的工作环境、适合自己的岗位特质。使用 MBTI 进行职业生涯开发的关键在于如何将个人的人格特点与职业特点进行结合。职业咨询专家说,大部分人在二十岁以后会形成稳定的 MBTI 类型,此后基本固定。当然,MBTI 的类型会随着年龄的增加、经验的丰富而发展并完善。

Jung 把感知和判断列为人脑的两大基本功能,前者帮助我们从外部世界获取信息,后者则使我们以特定的方式做出决定。MBTI 把人的性格分为 16 种类型,由四个维度上的不同偏好构成,两两组合,可以组合成 16 种人格类型:

• 精力支配:"外向 E—内向 I"代表着各人不同的精力(Energy)来源;他们把注意力集中在何处,从哪里获得动力。

• 认识世界:"感觉 S—直觉 N"代表他们获取信息的方式。

• 判断事物:"思考 T—情感 F"代表他们做决定的方法,分别表示人们在进行感知(Perception)和判断(Judgement)时不同的用脑偏好;对外在世界如何取向。

• 生活态度:"判断 J—感知 P" 通过认知的过程或判断的过程,是就人们的生活方式(Life Style)而言,表明我们如何适应外部环境。

对待不确定性的态度(如表 5-1 所示):

表 5-1

	你的倾向是:	或是:
心理能力的走向 E 或 I	外向型(Extroverted):着重外在世界,因注意外在事情而获得动力	内向型(Introverted):着重内心世界,因反省、感觉和意念而获得动力
认识外在世界的方法 S 或 N	辨识型(Sensing):使用五官收集数据,强调事实,注重实际和具体观点	直觉型(Intuition):注重事情的可能性与关联性,看见潜在远景
倚赖什么方式做决定 T 或 F	理智型(Thinking):根据客观事实,倚重分析来做决定,注重公平原则	感性型(Feeling):做决定时,以个人观点出发,重视个人价值、喜好和原则
生活方式和处事态度 J 或 P	决断型(Judging):喜欢有条理的生活,实践计划时,以目标为本	熟思型(Perceiving):不介意突发事情,喜欢弹性生活,注重过程而非目标

由这四大类演变及配搭出 16 种外在状态模式,这 16 种模式包括了人类的所有行为:

1)ESTJ 大男人型　2)ESTP 挑战型　3)ESFJ 主人型
4)ESFP 表演型　5)ENTJ 将军型　6)ENTP 发明家型
7)ENFJ 教育家型　8)ENFP 记者型　9)ISTJ 公务员型

10)ISTP 冒险家型　11)ISFJ 照顾型　12)ISFP 艺术家型

13)INTJ 专家型　14)INTP 学者型　15)INFJ 作家型

16)INFP 哲学家型。

以上 16 种型态，各有优点及缺点，没有哪一个类别是特别好或特别差的，整个世界所有人类的外在行为以此 16 类型为依据进行分类。当您完成这个课程后，在与人沟通及交谈的时候，你就可以在 15 分钟内洞悉别人的心态及他的行为模式，使自己的事业蒸蒸日上。

六、FFM 模型及 NEO 人格问卷

20 世纪 80 年代，美国心理学家科斯塔(P. T. Costa)和麦克雷(R. R. McCra)提出，特质在很大程度上是遗传的，十分相似的因素可在许多不同的语言和文化中找到。他们在人格的大五(The Big Five)或五因素模型(Five-Factor Model，FFM)基础上，从 1978 年开始编制问卷，即 NEO 人格量表。NEO 人格量 表最初只适用于测量人格的神经质(Neuroticism)、外向性(Extraversion)和对经验的开放性(Openness to Experience)，后于 1985 年又增加了两个新的维度，即宜人性(Agreeableness)和谨慎性(Conscientiousness)。这样，人格的五因素包括神经质(N)、外向性(E)、对经验的开放性(O)、宜人性(A)和谨慎性(C)。

大五人格量表经过两次修订。在不断对问卷进行修订和改进后，作者于 1992 年出版了 NEO 人格问卷的修订版 NEOPIR。该问卷仍包括自我报告和他人评定两种形式，适用于 16 岁以上的青少年和成人。每种问卷由 240 个陈述句组成，如我经常感到无助，并希望他人能解决我的问题，用五点量表从非常不同意到非常同意进行评定记分。

问卷包括了“大五”理论所提供的五个大维度，其中每个维度又包含六种成分，每种成分用八个项目进行测试，具体如下：

(1)神经质(Neuroticism)，在此维度上得高分者可能有出现某种精神问题的危险性，低分者具有情绪稳定、冷静、放松等特点，并有能力面对紧张、压力等情境。测量成分有焦虑、愤怒、敌意、抑郁、自我意识清醒、冲动性和脆弱性。

(2)外向性(Extraversion)，在此维度上得高分的特点是合群、喜欢刺激、精力充沛且乐观。测量成分有热情、合群、果断、活跃、寻求兴奋和积极情绪。

(3)对经验的开放性(Openness to Experience)，开放的个体对自身和外界都充满好奇，他们生活经验丰富，思想充满新意，价值观念不保守。测量成分有想象力、审美能力、感觉、行动、思想和价值。

(4)宜人性(Agreeableness)，得高分者是亲社会的，他们乐于助人，信任他人；得低分者具有怀疑他人，不愿与他人合作等特点。测量成分有信任、诚实坦率、利他、顺从、谦逊和善心。

(5)谨慎性(Conscientiousness)，得高分者的特点是做事有目的、有计划，可靠；得低分者缺乏原则性。测量成分是能力、秩序、责任心、努力成功、自律和谨慎从容。

目前，NEO 人格问卷已被广泛应用于心理咨询、人力资源测评、临床心理学和人格心理学等领域。

复习思考题

1. 职业测验的含义及分类。
2. 为什么智力测验能用于职业决策？
3. 情绪智力的含义。
4. 丹尼尔·戈尔曼的“情商”在制定人才评价标准中的作用。
5. 如何看待 IQ（智商）、EQ（情商）与 SQ（社会品质）的讨论？
6. 职业智力测验和特殊能力倾向测验的种类。
7. 职业兴趣测验的理论和种类。

第六章
笔试与面试方法

第一节　笔试方法概述

一、什么是笔试

笔试(Written Test)是一种与面试相对应的测试，是考核应聘者学识水平的重要工具。这种方法可以有效地测量应聘者的基本知识、专业知识、管理知识、综合分析能力和文字表达能力等素质及能力的差异。

笔试在员工招聘中起着相当大的作用，尤其是在大规模的员工招聘中，它可以一下子把员工的基本情况了解清楚，依此可以划分出一个基本符合需要的界限。这种方法的优点是适用面广，费用较少，可以大规模地运用；但是分析结果需要较多的人力，有时被试会投其所好，尤其是在个性测试中显得更加明显。

二、笔试的形式

笔试形式主要有七种：多项选择题、是非题、匹配题、填空题、简答题、回答题、小论文，每一种笔试形式都有它的优缺点，以多项选择题和论文为例。

多项选择题，又称多选题，是一种正确选项数目通常多于1个的选择题题型。如果正确选项个数只能多于1个，即为狭义的多选题，可能为1个或1个以上时为广义的多选题，特别地，当正确选项数目可以在1至所有选项数目之间取任意值时，称为不定项选择题。多选题典型的分值为2～4分，错选一个答案通常不给分，以免出现给回答了3～4个答案的考生送分的现象。

论文笔试，它以长篇的文章表达对某一问题的看法，并表达自己所具有的知识、才能和观念等。该方式有下列优点：易于编制试题，能测验出书面表达能力，易于观察应聘者的推理能力、创造能力及材料概括能力；同时它也存在下列缺点：评分缺乏客观的标准，命题范围欠广博，不能测出应聘者的记忆能力。

其他笔试形式的优点：评分公正、抽样较广、免除模棱两可及取巧的答案，可以测出应聘者的记忆能力，试卷易于评阅；但它也有下列的缺点：不能测出应聘者的推理能力、创造能力及文字组织能力，试题不易编制，答案可以猜测，有时甚至可以以掷骰子的方式来碰运气。

三、笔试的类型

笔试分为技术性笔试和非技术性笔试两种类型。对于技术性笔试，大公司和小公司的笔试内容的侧重点有很大区别的。一般小公司注重实用性，考的比较细，目的是拿来就用；大公司则强调基础和潜力，所以考得比较宽泛，多数都是智力测验，情感测验，还有性格倾向测验。例如 Motorola 曾经的笔试内容就主要是非技术的，但有很多英文阅读和智力测验。

(一)技术性笔试

技术性笔试主要针对研发型和技术类职位的应聘选拔，这类职位的特点是对于相关专业知识的掌握要求比较高，题目特点是主要涉及工作需要的技术性问题，专业性比较强。这类考试的结果与同学们的大学四年的学习成绩密不可分，所以，要成功应对这类考试，需要坚实的专业基础。对本科生而言，技术性笔试主要考察基础知识、基本技能，而不是很高深的学问，一般都是专业基础课，比如电路分析、模拟电路、会计学、财政学等等。一般大型公司，如 IBM，Microsoft，Oracle 等在招聘 R&D 职位时都会进行这样的笔试。例如微软工程院在 2004 年安排的笔试中，都是关于 C、C++语言的题目，对应聘者的编程经验要求非常高。最后经过笔试筛选，淘汰了 90%的候选者，由此可见笔试对技术性职位的重要性。

(二)非技术性笔试

非技术性笔试一般来说更常见，对于应试者的专业背景的要求也相对宽松。它的考察内容相当广泛，除了常见的英文阅读和写作能力、逻辑思维能力、数理分析能力外，有些时候还会涉及时事政治、生活常识、情景演绎，甚至智商测试等。英文笔试还有一类非常重要的形式，就是对英文写作的考察。有些公司的笔试，是结合了英文阅读测试和写作测试的，有些则是专门考察英文写作能力的。

资料

KPMG 英文笔试

英文笔试是在所有的笔试中占的比例最大的一类非技术性笔试，其考察的重点主要是阅读理解能力和写作能力，即表达能力。KPMG 的笔试是典型的英文笔试，主要分为两个部分。

第一部分是 Verbal，阅读理解。这和我们平时常见的大学英语四、六级的阅读理解不同。一方面它更接近于商业英文的表达习惯，文意表达得清楚和规范是最主要的特点，因此它并不讲求句式的繁复和修辞的多变；另一方面，它注重的是逻辑思维能力的考察，因此重要的是透过表面的文字了解其内在的意思。

第二部分是 Numerical，数学。KPMG 的笔试题在这部分是中文的，难度相对降低很多，但是我也遇到过很多是英文的，比如仲量联行。这一部分的主要考察重点不是你的数学运算能力，因而并没有上升到高等数学的难度，因此无论你是否学过微积分和导数的运算都并不影响你在这一部分的发挥。和阅读相似的，数学部分的考察内容也是以商业英文为主，因此它注重的是从数字和图表中获得有用的信息的能力。

对于这样的英文笔试，还有一个非常重要的考察点就是速度，也许这样的试题，给你一天的时间，大部分人都能够做得八九不离十，但问题是只有一个小时。这样的一份试题，能够在规定时间内做完(注意是做完，不是把答题卡涂完)的人，不超过10%。对于KPMG来说，这一轮的淘汰率高达85%以上。

四、笔试的设计原则

在设计试卷时，要注意以下一些原则：

(1)自始至终符合目标。知识考试的目标是什么，在设计试卷时要从头到尾贯彻执行，这样才能得到应有的效果。

(2)各种知识考试类型可以结合起来运用。比如，在一张试卷上既可以有百科知识的内容，也可以有专业知识的内容，还可以有相关知识的内容。这样可以节省时间，在较短时间内全面了解一个应试者各方面的水平。

(3)充分重视知识的实际运用能力。在设计试卷时，要尽量多用案例以及讨论等方式。

五、笔试的优缺点

笔试的优点是一次能够出十几道乃至上百道试题，考试的取样较多，对知识、技能和能力的考核的信度和效度都较高，可以大规模地进行分析，因此花费时间少，效率高，报考人的心理压力较小，较易发挥水平，成绩评定也比较客观。

笔试的缺点主要表现在不能全面地考察应聘者的工作态度、品德修养以及组织管理能力、口头表达能力和操作技能等。因此，笔试虽然有效，但还必须与其他测评方法结合使用，如行为模拟法、心理测验法等，以补其短。一般来说，在企业组织的招聘中，笔试作为应聘者的初次竞争，成绩合格者才能继续参加面试或下一轮测试。

第二节　面试方法概述

一、什么是面试

面试是指在特定的时间、地点所进行的，有着预先精心设计好的明确的目的和程序的谈话，通过主试与被试双方的面对面的观察、交谈等双向沟通的方式，了解应试人员的素质特征、能力状况以及求职动机等方面情况的一种人员甄选与测评技术，包括认知测验(成就测验、智力测验、能力测验等)和人格测验(用来评价、测量人的情绪、兴趣、态度、价值观、动机、性格等方面的测验)。可以说，面试是人力资源管理领域应用最普遍的一种测量形式，企业组织在招聘中几乎都会用到面试。

面试是公司挑选员工的一种重要方法。面试给公司和应招者提供了进行双向交流的机会，能使公司和应招者之间相互了解，从而使双方都可更准确地做出聘用与否、受聘与否的决定。

“在特定场景下”使面试与日常的观察、考察等测评方式相区别。日常的观察、考察，虽然也少不了面对面的观察与交谈，但那是在自然场景下进行的。“精心设计”使面试与一般性的交谈、面谈、谈话相区别。“面对面地观察、交谈等双向沟通方式”，不但突出了面试“问”、“听”、“察”、“析”、“判”的综合性特色，而且使面试与一般的口试、笔试、操作演示、背景调查等人员素质测评的形式也区别开来了。

面试与笔试相比，具有以下几个作用：

(1)可以考察到笔试甄选手段难以考察到的内容

笔试是以文字为媒介，考察一个人的知识水平和素质能力，但很多素质特征很难通过文字表现出来。比如一个人的仪表风度、口才、反应的敏捷性等。有些素质特征虽然可以通过文字形式来表达，但由于应试者的掩饰行为或其他原因没能表达的，可以通过面试来考察。例如，对某些隐情，应试者往往不愿表露，对这些不愿表露的东西，在文字性的笔试、问卷等测试中，可以做到天衣无缝，但在面对面、眼对眼的面试中，就很难做到了，因为我们的身体不容易撒谎。

(2)可以综合考察应试者的知识、能力、工作经验及其他素质特征

面试是主考官和应试者之间的一种双向沟通活动，但面试的主动权还是被控制在主考官手里，面试测评时主考官要专即专，要广即广，要深即深，要浅即浅，具有很大的弹性和灵活性。笔试和心理测验等在这方面的效果均不如面试。

(3)可以弥补笔试的失误，并有效地避免高分低能者和冒名顶替者

有人在笔试过程中没有发挥好，如果仅以笔试成绩作为录用依据，那么这些人就没有机会被录用了。但如果再辅之以面试形式，就给了这些人再次表现的机会。沈阳市在一次干部录用考试中发现，有些人虽然笔试成绩不算很高，但在面试中对答如流，表现极佳，显示出了很大的发展潜力，从而成为理想人选。

笔试还存在一定的局限性，在笔试中难免有高分低能者甚至冒名顶替者。在一些省市的干部录用考试中，有些人笔试成绩很高，但面试时却言语木讷，对所提的问题的回答观点幼稚、没有深度；有的则只能死背书本知识，分析问题和解决问题的能力很差。

(4)面试可以测评应试者的多方面素质

从理论上讲，面试只要精心设计、时间充足、手段得当，就可以准确地测评出应试者的任何素质。如果说心理测验中的许多问卷是测评应试者的智力、心理、品德等方面的有效手段，那么把这些心理测验中的问题以口头问答的形式表现出来，往往会收到与笔试不同的效果，由于信息量利用的高频率，其测评质量会更高。如果在面试中引入无领导小组讨论、角色扮演、管理游戏等情景模拟的人员甄选手段，还可考察出应试者的组织能力、领导能力等；如果引入工作演示的方法，还可直接考察出一些应试者的实际工作能力。甚至，对于应试者的身体状况，通过面试也可

获取大量信息。

(5)与笔试、心理测验等人员甄选方式不同,面试中应试者的语言及行为表现与主考官的评判是直接相连的,中间没有任何中介形式。面试中主考官与应试者的接触、交谈、观察是相互的,是面对面进行的,主客体之间的信息交流与反馈也是相互作用的。而在笔试、心理测验中,命题人、评分人是严加保密的,不让应试者知道。面试的这种直接性提高了主考官与应试者之间相互沟通的效果与面试的真实性。

作为一种经典和常用的人事测评方法,面试也是一种精心设计的科学有效的人事测评方法,具有良好的心理测量学的性质。如果科学、规范地使用它,就可以很好地测评人员素质,较好地预测工作绩效。

但从测评实践来看,面谈的科学化、规范化程度不高,具体操作中还存在诸多问题,这些问题直接影响了面试方法的信度及效度,甚至使人们对这种方法本身产生了质疑。我们应当对这些问题进行梳理、分析和研究,增强人们对面试方法的科学性的认识,提高人们正确运用面试方法的信心和相关技能。

二、面试的具体形式

按结构化程度、目的、内容和实施的方法等不同标准可将面试分成很多种类,按面试的结构化(亦称标准化)程度来划分,可分为结构化面试(Structured Interview)、半结构化面试(Semi-Structured Interview)和非结构化面试(Unstructured Interview)三种。

结构化面试是指依据预先确定的内容、程序、分值结构进行的面试形式。在面试过程中,主试人必须根据事先拟定好的面试提纲逐项对被试进行测试,不能随意变动面试提纲,被试也必须针对问题进行回答,面试各个要素的评判也必须按分值结构合成。也就是说在结构化面试中,面试的程序、内容以及评分方式等标准化程度都比较高,面试结构严密,层次性强,评分模式固定。

非结构化面试没有固定的面谈程序,是主试官与应试者围绕某一主题随心地交谈,让其自由发表议论,在"闲聊"中观察应试者的组织能力、知识面以及谈吐和风度的一种面试方式,也可称为自由化面试。非结构化面试的特点是灵活,获得的信息丰富、完整和深入,但是同时也具有主观性强、成本高、效率低等弱点。

半结构化面试的规范化程度介于自由化面试与结构化面试之间,即使有确定的试题和程序,也可以不完全遵守。这实际上简化了的结构化面试,严格化了的自由化面试。自由化、半结构化、结构化面试之分,是相对的,没有绝对分明的界限。就有效性而言,结构化面谈较为理想。

有人对此做了一项研究:把 42 位有经验的面试官分为结构化面试、半结构化面试和自由化面试三个组,要求他们与 5 位应聘推销员的考生进行面谈。发给结构化面试组的考官一份详细的《面谈表》(复合式)并要求不得偏离既定的《面谈表》的内容;半结构化面试组的考官也得到了与结构化面试组考官相同的《面谈表》,但允许他们进行取舍调整;对于自由化面试组的考官,不发《面谈表》,允许他们就任何项目、以任何方式进行面试。结果表明:结构化面试的每位考官似乎都知道该问什么且知道该如何处理所获取的信息资料,由于所提问题的范围相同,各个考官对考生的评价结论非常接近,因此这组的评价结果也最可信。自由化面试组,几乎是各个考官各问各的问题,范围很广,不集中,考官之间不明白相互的测评意图,以致这一组的评价结论比较肤浅、分散,甚至互相矛盾。半结构化面试组的效果,也远不如结构化面试组的效果好。

另外,根据面试应聘者与面试人员人数的配置,面试又分为个别面试、小组面试、成组面试。

(1)个别面试:在这种形式下,一个应聘者与一个面试人员面对面地交谈,有利于双方建立较为亲密的关系,加深相互了解。但由于只有一个面试人员,所以决策时难免有失偏颇。

(2)小组面试:通常是由两、三个人组成面试小组对各个应招者分别进行面试。面试小组可由人事部门及其他专业部门的人员组成,从多种角度对应招者进行考察,提高判断的准确性,克服个人偏见。

(3)成组面试:通常由面试小组(由两、三人组成)同时对几个应招者(最好是五到六个)同时进行面试。在面试人员的引导下,完成一些测试和练习。在这个过程中,对应试者的逻辑思维能力、解决实际问题的能力、人际交往能力、领导能力等进行测试,以便于做出用人决策。

三、面试的特点

普通面试方案具有很多特点,因而较其他测评方式会受益很多。谈话首先表现为一个对考官队伍的组成、所提问题、评定的依据,以及对谈话的顺序、时间和场合等所作的预先规定的设计方案,其次是按设计方案所展开的谈话过程。

面试技术的种种特征使得它具有明显的优势。

(1)对面谈结果的评定,不把受测者阐述的观点的正确与否作为第一位的指标,而是看受测者的整体素质。面试依据受测者在现场的全部表现,对其素质状况作出评定。

(2)它不仅分析受测者的回答是否正确,而且更重要的是考察受测者回答问题的灵活性、逻辑性、应变性。

(3)面试的测评手段灵活,可针对不同职位的需要进行调整。由于不同职位对人的素质有不同的要求,因此面试可根据不同职位的需要,灵活地采用不同的手段去测评一个人的素质。

(4)通过双方的努力,能够全面地测试出考生的真实水平。考官能根据受测者回答情况和考试目的,积极主动地变换测试方法和内容,考生也能充分发挥自己的才智以跟上考官的出题思路,积极地、主动地回答考官提出的各种问题。

(5)面试技术费时较少,一般给受测者10～15分钟的准备时间,然后利用15～30分钟的时间进行正式的谈话。

(6)这也是一种对缺乏经验的管理人员进行培训的很好的方法。

四、面试的程序

一般比较正式的面试，又被称为深度面试。在深度面试中，通过开放式问题，主考官可以深入地考察了解每个求职者的任职资格、价值观、态度和能力等。面试过程中的这一环节是最费时间的，用人单位事先一般都会经过仔细考虑、认真规划。深度面试可以分为四个阶段：开场、主体阶段、结束、评价。

(一)开场

开场阶段的目的在于使求职者放松，以便使面试能在坦率、真诚的气氛中进行。主考官会先问候求职者并与之进行交谈，以建立一种和谐融洽的氛围，然后告诉求职者整个面试是怎样安排的，面试大约需要多少时间，面试结束时可以提问，面试重点是了解求职者的兴趣、经历、技能和职业目标等。如果整个招聘过程需要数次面试，主考官会向每个求职者说明，告诉求职者在什么时候、用什么方式通知他是否被录用。

(二)主体阶段

在这个阶段，主考官将运用事先准备好的开放式问题，对求职者进行深入了解。

由于手头上有预先准备好的问题，因此这时主考官的主要任务就是：

(1)仔细聆听每个求职者说了些什么；

(2)充分利用面试过程中的沉默时间研究求职者；

(3)请求职者提出问题，然后评价其所提问题的优劣，进而更好地了解求职者。

求职者应当充分地回答问题。因为真心求职的人肯定是有所准备的，只有那些所提出的问题表现出了对在该公司发展有兴趣的人，才是主考官要找的人。所以求职者可以主动询问下列问题，如："我需要怎么做才能符合贵公司的期望"、"贵公司怎样奖励有成绩的员工"、"我想了解一下贵公司的长期发展目标"等。

(三)结束

面试结束时，要感谢主考官花费时间准备和安排面试，也可以称赞一下你所看到的主考官的一些优点，最后要目视对方，有力地握手道别。

(四)评价

求职者一离开，主考官便会立刻写下对他的评语。很多用人单位都制有"面试评价表"，其中罗列了一些评价要素。通过面试评价表，求职者也许可以从中发现用人单位最感兴趣的是哪些方面。

五、面试技术的评价与分析

在人力资源测评方法体系中，笔试是最古老的，而面试则是最受欢迎的，或者说是在现有测评方法中使用频率最高的。

(一)面试方法的有效性

国外调查发现:99%的企业使用面试作为筛选工具;57%的被调查者认为,在人员选拔过程中,面试是一个重要的测评环节。这反映了人们对面试的一种态度。在国内,面试被作为一种人员选拔的手段,受到了广泛的欢迎,也是使用得最多的一种筛选手段。不论是政府机关还是企事业单位,不论是在员工招聘中还是在单位内部员工竞争上岗时,面试都是不可缺少的环节。在某些情况下,它甚至成为唯一使用的选拔人员的手段。研究表明,企业一般通过面试等传统环节招聘的成功率约为30%,辅以内部推荐成功率可以增长到50%,如果前面再加上测评等专业手段,成功率会超过70%。

但在现实中我们非常遗憾地发现,很多时候,人们通过面试来测评一些可以用其他更经济、更简便的方法去了解的信息,或评价一些根本不适合用面试来测评的素质,这使得面试造成了一种人力、物力和时间资源的浪费。面试具有直观形象、操作灵活的特点,但同时其时间成本也是比较高的,面试一名候选人,往往需要多位考官同时参与评价。从这个角度来说,面试应该考察那些一般方法不易考察的素质,换句话讲,如果笔试就能考察出来的素质,就不应该由面试来考察。但在实际使用中,许多面试者却只是把面试作为一种获得应试者基本背景信息(如家庭情况、教育背景等)的手段,而事实上背景信息本不应成为面试的主要测验内容,因为这些信息通过申请表的方式就可以获得。面试更应该关注的是那些通过其他途径所难以得到的信息,这样才能节省时间和人力、物力的投入,提高面试的效益。

(二)面试方法的问题

就面试方法本身比较来看,突出的问题反映在以下三个方面:

1. 信度与效度较低

与笔试相比较,面试方法的信度与效度普遍较低。背景调查、团体评价、个人评价、行为观察等均以纯经验的记分方式操作为主,这种记分方式若从技术角度考察,存在着比较严重的信度和效度问题。在加权方面,由于缺乏必要的理论根据,权数的决定完全依靠经验进行,所以这类方法从使用的一开始,就产生了公平性问题。

在面试方法中,面谈法被应用的最为广泛,有些人甚至把面谈看作选拔性测评过程中唯一的和最重要的方法。从客观角度分析,这种方法也有许多不足之处。多年来的研究结果表明:面试的信度水平较低。面谈的内部效度不高,这是由于受到信度的制约,因此整体效度水平也上不去。例如,被试的性别、年龄、学历、谈吐、风度,甚至服饰都有可能影响面谈结果,这些因素的影响又随录用职位的工作性质而发生变化。面谈方法所面临的情境不定性问题是效度降低的关键,这种情境不定性主要来自于难以把握并很难消除的个人因素,如情感、需要、双方的投入程度、考官的偏好、考生的谈吐、个性特点等。

2. 面试考官的问题

在人力资源测评领域中,目前一个引人注目的趋势是对考官所起作用的进一步认识。事实上,对许多人力资源测评的批评和反对意见并非只针对测评性高的、简洁的、迅速的决策答案,也针对按照自己的习惯方法解决的决策问题。这样做恰恰改变了面试的要旨,由于面试不是决策本身,因此它所具备的功能仅仅是在一个或几个方面为决策提供可供参考的帮助。当考官没有把面试看作工具,或没有把面试看作是对测评被试有价值的辅助时,他们对面试结果的理解常常出现偏差,要么认为面试无用,要么无条件接受。

3.面试方法的使用范围问题

由于人类的职业范围多种多样,对工作行为的测评范围也十分广泛,因此当工作行为和面试相结合时,面试方法的使用范围就显得十分重要。这里应该注意两个问题:

(1)每种面试方法只有在一个和实际工作情境相吻合的条件下才能使用,并且所测评的行为和工作本身要求的行为有适当的对应性时,才能发挥它的有效作用。

(2)每种工作行为的测评在某些重要方面又是实际工作的升华,即使测评的结果与工作要求完全一致,也只预示着有高的预测水平。因此,不能期望面试能够将应试者的所有素质一测无余。

(三)面试功能发挥时应注意的问题

最大限度地发挥面试的功能,要注意以下问题:

(1)设计面试步骤时,要先确定所要测评的行为内容,然后选择最佳方法。

(2)每种方法都将在适合于这种方法的应用范围和使用目的之内发挥自己最大的作用,并且每种方法也有它的局限性。因此,综合使用各种方法,才有可能较全面地把握应试者的情况,从而做出准确的预测。

(3)如果用不同的方法得出的信息之间存在矛盾,就可以利用它来考察应试者行为的一致性、甄别方法的适用性。如果这些方法揭示了应试者与众不同的特点,可以利用这些信息了解应试者更深层的问题以检验面试方法的合理性。

(4)面试官有别于面试方法的设计者。目前,我国的面试官多为行政管理人员,但不论什么人、选择什么样的面试方法,都必须具备有关面试方面的基本知识和对面试功能的基本了解。

(5)对面试分数的解释既需要具备有关数据比较的知识,也需要具备面试所涉及的有关行为方面的知识。这就要求考官具备必要的测量统计方面的知识,以及与被试专业、经验有关的知识,包括能力因素、情感因素、社会因素等。必须牢记,不能对面试分数作孤立的解释,还需要其他方面的真实资料加以补充,因为面试本身不可能对被试做出全面的评价。

(6)建立规范的面试官资格制度,从根本上消除资格不合格的考官给面试工作带来的不必要的消极影响;同时,对现有的面试管理人员进行有计划的、分门别类的专业培训,从整体上提高面试的水平。

(四)面试技术的发展趋向

对近些年来面试实践的分析表明，面试出现了新的发展趋势：

1. 形式的丰富化

面试早已突破那种两个人面对面、一问一答的模式，而是呈现出丰富多彩的形式。从单独面试到集体面试，从一次性面试到分阶段面试，从非结构化面试到结构化面试，从常规面试到引入了演讲、角色扮演、案例分析、无领导小组讨论等情景面试。

2. 结构化面试被越来越广泛地采用

以前对面试的过程缺乏有效的把握，面试的随意性大，面试效果也得不到保证，但目前许多面试的操作过程已被逐步规范起来。从主考官角度来说，对面试的起始阶段、核心阶段、收尾阶段中要问些什么、要注意些什么，事先一般都有一个具体的方案，以提高对面试过程和面试结果的可控性。

3. 提问的弹性化

以前许多面试基本等同于口试，主考官提出的问题一般都事先拟定好，应试者只需抽取其中一道或几道题来回答即可，主考官不再根据应试者对问题的回答情况提出新问题。主考官评定成绩仅依据事先拟定好的标准答案，仅看回答内容的正确与否，这实际上只不过是笔试的简单地口述形式而已。

现在面试中主考官提出的问题虽源于事先拟定的思路，但却是适应面试过程的需要而自然提出的，前后问题自然相接，问题是围绕测评的情景与测评的目的而随机提出的。最后的评分不是仅依据内容的正确与否，还要综合总体行为表现及整个素质状况的评定，充分体现了因人施测与发挥主考官主观能动性的特点。

4. 面试结果的标准化

以前面试的评判方式与评判结果没有具体要求，缺少可比性。但近年来对面试结果的处理逐渐标准化、规范化，基本上趋于表格式、等级标度与打分形式等。

5. 面试测评内容的全面化

面试的测评内容已不仅限于仪表举止、口头表达、知识面等，而是已发展到对思维能力、反应能力、心理素质、求职动机、进取精神、身体素质等全方位的测评；由主要以一般素质为测评依据发展到主要以拟录用职位要求为测评依据，包括一般素质与特殊素质在内的综合测评。

6. 面试考官的内行化

可以由组织人力资源部门、具体用人部门和人力资源测评专家共同组成面试考评小组。人力资源部门培训业务专业知识，并进行面试前的集中培训，面试考官的素质有了很大提高。提高面试考官的素质对于提高面试的有效性、保证面试的质量有着至关重要的作用。

7. 面试的理论和方法的不断突破

在面试的理论和方法方面，不再一味沿袭传统的做法，而是对传统的方法不断进行分析、总结和提高。一些专业领域的人员大力开展研究工作，提出一些新的面试方法和观念，并在实践中尝试这些新的方法。例如，近年来，国外有人提出行为性面试，目前这种方法在国内一些企业的招聘中就已有所应用。

第三节　结构化面试

企业在选拔员工时必须遵循两项基本的原则：第一，选拔标准必须基于对职位申请者所需的岗位胜任特征水平进行评估；第二，必须采用系统化、结构化的方法和手段来评价被试在这些胜任特征上的行为表现水平，保证选拔的公平性和科学性。从心理学专业的角度来看，采用结构化面试方法则是应用上述两项心理学原则的最好体现。

一、结构化面试

结构化面试(Structured Interview)，是指在面试前进行了系统设计的面谈式面试，即对面试程序、测评项目、话题、测评标准、时间等都做了详细的设计安排。中国科学院研究员时勘教授将其定义为：根据特定职位的胜任特征要求，遵循固定的程序，采用专门的题库、评价标准和评价方法，通过考官小组与应考者面对面的言语交流等方式，评价应考者是否符合招聘岗位要求的人才测评方法。考官小组的面试，一般是结构化面试。在比较重要的面试场合，如录用公务员，选拔管理人员、领导人员等，常采用结构化面试。

结构化面试首先根据对职位的分析，确定面试的测评要素，在每一个测评的维度上预先编制好面试题目并制定相应的评分标准，对被试的表现进行量化分析。不同的被试使用相同的评价尺度，对应聘同一岗位的不同被试使用相同的题目、提问方式、计分和评价标准，以保证评价的公平合理性。结构化面试虽然也是通过考官与考生的谈话方式进行的，但从形式到内容上，都突出了系统结构的特点，以确保这种面试方法更为有效、客观、公平、科学。

结构化面试主要测评考生的一般能力。面试试题采用主观性试题，没有唯一的正确答案，只有评分参考，同样一个问题，考生可以从不同的角度回答，具有很大的开放性。结构化面试的类型结构化面试问题的类型大致分为如下七类：

- 背景性问题
- 知识性问题
- 思维性问题
- 经验性问题
- 情境性问题
- 压力性问题
- 行为性问题

结构化面试作为行之有效的人才测评技术在实际的招聘工作中取得了良好的效果。有研究表明，经过结构化面试录用的应聘者在实际工作中的工作业绩明显优于采用普通面试方法录用的应聘者。结构化面试的一项主要要求是对应聘相同职位的被试，应测试相同的面试题目。结构化面试是当前面试实践中被应用最广泛的一种面试方法，公务员录用考试、公开选拔党政领导干部考试、竞争上岗等都把它作为一种主要的面试方法。

二、结构化面试的优势

结构化面试既保持了面试中双向交流、综合评价、与工作实际结合紧密的优点，又吸收了笔试中的一些客观化、标准化的措施，因此显著地提高了面试的信度与效度。结构化面试相对于传统的面试，优势在于：

(1)内容确定、形式固定、便于考官面试时的操作；对于有多个被试竞争的场合，这种面试更易做到公平、统一；

(2)面试测评项目、参考话题、测评标准及实施程序等，都是事先经过科学分析而确定的，因此要点突出，形式规范，能保证整个面试有较高的效度和信度；这种面试能更加简洁地实现目标；

(3)针对应聘同一岗位的不同被试，结构化面试的题目、提问方式、计分和评价标准都是相同的。这种标准化的测评方法大幅度地提高了评价结果的客观性、准确性和实用性。

(4)在面试过程中，不是只由一位考官进行评定，而是由7～9名考官独立评定，然后对所有考官的评定加以平均，这避免了由一位考官决定被试命运的情形，且考官上岗前都须经过培训，因而减少了主观评分误差。

(5)结构化面试以工作分析为基础确定测评要素，使试题与工作内容紧密结合。进行结构化面试的第一步工作是进行深入的岗位分析，在充分了解岗位需求的基础上，确立需要考察的要素。因此，结构化面试具有很强的岗位针对性，相对于非结构化面试而言，测评效度更为理想。

(6)由于结构化面试对每位被试提出同样的问题，给每位被试回答问题的时间也基本相同，因此增加了公平性，减少了许多不必要的矛盾。

(7)有些情境性的题目如果过长，则被试不易听清楚并记住有关条件，而题目过短又不能很全面地表现某一情景。目前已出现用录像代替考官对情景描述的面试，这样既生动直观，又易于被试设身处地的回答问题。

三、行为描述性面试和情境性面试

结构化面试的最主要的方法有两种：行为描述性面试(BDI)和情境性面试。

(一)行为描述性面试(BDI)

(1)基本假设：行为描述性面试的基本假设源于“行为一致性原则”，即“过去的行为是对未来行为的最好预测”。设置招聘情境就意味着我们对未来工作人员的最好预测方式是了解他们过去干得怎么样。

(2)行为描述性面试题目的开发:行为描述性面试的题目是基于关键胜任特征的行为性问题,所以首先要对胜任特征行为要求进行工作分析。工作分析是收集与工作相关信息的系统方法,依据工作中取得成功所需要的特殊的知识、技能和其他品质,来决定所需的胜任特征。

进行行为描述性面试的工作分析有两种方法:关键事件技术和基于工作任务分析的胜任特征推断。面试题目的确定是行为描述性面试的关键,题目的形成则是通过提取每项胜任特征的行为描述来完成的。

在关键事件中,行为描述包括三个成分:求职者面临的情境、求职者自身的行为和结果。研究者从每一个行为描述中寻找关键事件,首先询问一个对特殊情境的开放式问题,随后,以追踪式调查来证明被试的行为和结果。如果工作分析中不包括关键事件,面试题目仍然根据每一个胜任特征形成,但是提问的情境类似于工作中最有可能遇到的事件。

(二)情境性面试

(1)基本假设:情境性面试的理论来源是动机理论中的目标设置理论。目标设置理论认为,一个人的未来行为会在很大程度上受到他的目标或行为意向的影响。基于这个假设,情境性面试的目的是给求职者设置一系列工作中可能会遇到的事情,并询问"在这种情况下你会怎么做?",以此来鉴别求职者与工作相关的行为意向。

(2)情境性面试题目的开发:与行为描述性面试一样,开发情境性面试题目的第一步是进行工作分析。但是,与行为描述性面试不同的是,情境性面试的题目可以通过分析任务所需的胜任特征而得出,这就需要进行关键事件的工作分析。由于必须有关键事件,所以情境性面试不适用于新的、变动比较大的,以及过去只有一两个职员承担过的职位的招聘。一旦确定了胜任特征,相关事件专家们需要从鉴别出来的关键事件中为每项胜任特征选择3个以上的关键事件,而每项胜任特征都是开发面试题目的基础,因此,需要选择更能清晰代表胜任特征的事件,从而形成情境性面试题目。

四、结构化面试实施过程中的注意事项

结构化面试不同于传统的面试方法,它是由一系列连续向某个职位的求职者提出的与工作相关的问题构成。

(1)面试中的和谐氛围。面试现场的和谐气氛是结构化面试的一个条件。和谐的氛围可以使求职者能够自如地回忆和表达他过去的经验,使面试达到预期的效果。

(2)面试中的问题追问。问题确定后,在探查求职者行为描述的过程中,面试官必须询问许多追踪式问题,以获得求职者所面临情境的足够细节,包括求职者的行为、结果和行为描述的记录。

(3)面试中考官小组的使用。情境性面试中通常需要几位面试官,有时这些面

试官是以小组形式出现，有时是以面试委员会，或者通过一系列的参与面试的不同人员得以体现。在行为描述性面试中，使用多个面试官也是有好处的。面试官可以分工协作，有的询问有的记录，对同一求职者进行评分，以求获得较客观公正的结果。

(4)面试人员的培训。结构化面试不同于传统的面试，只有面试官具有良好的素质才能提高面试的信度和效度。首先面试官需要具有相关的专业知识，掌握相关的员工测评技术；同时，面试官需要具有丰富的社会工作经验，以及良好的个人品德和修养。

(5)面试之前的材料准备。这里所指的材料包括应聘者的个人资料、结构化问题表、面试评分表、面试程序表等。结构化面试前的资料充分准备，有利于面试官合理确定面试时间，并且有助于面试官在充分获取应聘者的真实信息的同时，又不至于过多地增加面试成本。

(6)行为描述性面试和情境性面试的结合。行为描述性面试和情境性面试是单独开发的，但是，他们可以被结合起来应用于同一次的面试中。如果在一次面试中包括情境性面试和行为描述性面试，需要给所有题目确定预期得分点，这样有助于对求职者的回答进行公正的评价。

(7)面试人员的分工协作。一般来说参与面试的人员应包括：人力资源部的人员、用人部门的人员，有时还需要有顾问专家的加入。人力资源部的人员负责工作、学习经历、薪资、福利、求职动机等一般事项的考察；用人部门的人员负责技能、知识、工作经验等专业业务方面的考察；顾问专家则针对特殊项目进行考察。

(8)面试成绩的评定及统计。面试结束后，可通过最终评分法或一问一评法对成绩加以评定，可以采用按预定标准将得分简单相加以得出分数，或按照反映每个属性的相对重要性对得分进行加权求和以得出分数，也可以按照面试人员的权威程序对得分进行加权求和以得出分数。

资料

结构化面试方法例题

某企业在录用时大部分以结构化面试方法为主，例题如下：

1. 你对要报考的单位有什么了解吗？是通过什么渠道知道的？

此题所测试的要素为言语表达能力，并为深入了解求职动机、工作能力等收集信息。题型是背景性题目，问这类题目的目的一是让被试心理放松，能够自然进入面试情境；二是作为面试的最初探查，了解被试是否有备而来；三是收集话题，为深入面试提供引导；四是核实被试的某些背景信息。被试回答言语清晰、流畅，表达内容层次分明、富有逻辑性，可评为上等；被试回答言语通顺，表达内容基本分明，评中等；被试回答结巴，言语表达不清、累赘，表达内容没有条理、缺乏逻辑性，评下等。

2.你有个朋友生病在家，你带着礼物前去看望，碰巧在楼道里遇见了你领导的爱人，对方以为你是来看你的领导，接下礼物并连连道谢，这时你该如何向对方说明你的真正来意，又不伤害对方的面子。

此题所测试的要素为应变能力。题型是情境性题目，使被试面临一种微妙、棘手、有压力的情境，观察被试思维的敏捷、周密、机智、灵活的程度及情绪的稳定性。

3.从你的自我介绍中知道你做过管理工作，能否请举一个你认为管理成功的工作例子，详细说明从事计划、组织、协调方面的情况。

此题所测试的要素为计划组织协调能力及处理问题的风格。题型是行为性题目，对没有管理经历的被试可换一个角度或问题进行了解。在被试所举的例子中，由其负责组织活动的计划、组织、协调内容较复杂，被试能综合各方面的因素很好地进行组织，采取措施效果好，说明层次清楚，可评为上等；组织活动的内容不很复杂，措施基本有效，说明有条理，评中等；所组织的活动简单有漏洞，说明不清，评下等。

4.随着经济发展，环境污染也日益成为百姓关注的问题。你对环境与发展的关系有什么见解？

此题所测试的要素为综合分析能力。题型是智能性题目，重点了解被试对热点问题的关注程度，考察日常观察问题的能力，思考问题的深度，有没有独立的见解，知识面是否宽广，思想是否成熟，而非让被试发表专业性意见。

5.《红楼梦》中你最喜爱的人物是哪一位？该人物具有什么样的个性？

此题所测试的要素为形象思维能力，属于专业素质，适用于新闻出版、文学评论方面的职位，不属于公共素质的范畴。题型是知识性题目。对于应聘某种专业职位的被试，了解他们在专业方面的意识和能力很有必要，同上一题相反，需要被试发表专业性的见解，若没有专业方面的意识和能力，应试人胜任不了这类专业性较强的职位。

6.如果报酬等条件相当，任你选择，你更加倾向于图书馆管理员还是大学生政治辅导员？

此题所测试的要素为求职动机与拟任职位的匹配性。题型是意愿性题目，提问方式是迫选，强迫被试在选择比较中表现出真实的特点。一般情况下，被试选择图书馆管理员可能反映其与物打交道的倾向，两种选择也可能反映被试人不同的个性。不论被试怎样选择都无对错，但评价时应以与拟聘职位的匹配程度来决定等级和分值。

7.如果在工作中，你的上级非常器重你，经常分配你做一些属于别人职权范围内的工作，对此同事对你颇有微词，你将如何处理这类问题？

此题所测试的要素为人际交往的意识和技巧，将被试置于两难境界，测评其处理上下级和同级权属关系的意识及沟通的能力。题型是情境性问题。被试感到为难，并能从有利于工作和团结的角度考虑问题，积极、婉转、稳妥地说服领导改变主意，同时对同事一些不合适甚至过分的做法有一定的包容力，并适当与同事进行沟通，可以评为上等；感到为难，但又不好向领导提出来，怕辜负领导的信任，私下里与对其有意见的同事进行沟通，希望能消除误会，评中等；不感到为难，坚决执行上级交代的任务，并认为这是自己能力强的必然结果，评下等。

表 6-1　　面谈记录表

姓名		评判项目			
评判说明	请主持面谈人员：在适当的格内划√；无法判断时请空白				
评分项目	配分				
	5	4	3	2	1
仪容、礼貌、精神态度、整洁、衣着	极佳	佳	一般	略差	极差
体格、健康	极佳	佳	普通	稍差	极差
领悟、反应	特强	优秀	一般	稍慢	极劣
对其工作各方面及有关事项的了解	充分了解	很了解	尚 了 解	部分了解	极少了解
所具经历与本公司的配合程度	极配合	配合	尚配合	未尽配合	未能配合
前来本公司服务的意志	极坚定	坚定	普通	犹疑	极低
外文能力　区分	极佳	好	一般	略通	不懂
外文能力　英文					
外文能力　日文					
总评	□ 拟予试用 □ 列入考虑 □ 不予考虑 面谈人：　　日期：　年　月　日				

第四节　情景模拟面试

一、情景模拟面试

情景模拟面试也是人力资源测评中被应用较广的一种方法，它主要测试应试者的各种实际操作能力。模拟面试用面试情景模拟法去测评一个人在某项工作上已有的和潜在的能力，是角色扮演的一种形式，一种经过精心设计，在特定场景下以面对面的交谈与观察为主要手段，由表及里测评应试者有关素质的一种方法，是人力资源测量方法中的面谈模拟技术的一种演变。

一般是由评价者的一名助手扮演与被评价者谈话的人。这个人是经过培训了的，他的行为将遵循一种标准化的模式。这个与被评价者谈话的人可以充当各种与被评价者有关的角色，例如被评价者拟任职位的下属、客户或其他可能与被评价者在工作当中发生关系的角色，甚至可以充当对被评价者进行采访的电视台的记者。按照具体情境的要求，这个人可以向被评价者提出问题、建议或反驳被评价者的意见，拒绝被评价者的要求等。被评价者必须与这个人进行交谈以解决他所要解决的问题，由评价者对面谈的过程进行观察和评价。这个项目主要考察被试的说服能力、表达能力和处理冲突事件的能力及其思维的灵活性和敏捷性等。可在内容上针对不同职位、不同受测者进行调整和变化，以准确地测试出被试在某一方面适应某一职位的实际能力水平，而且能够充分调动被试的主观能动性，情景模拟面试是在“互动”式的气氛中进行的。

这种方法也有一些不足的地方。一是它需要一个人来扮演与被评价者进行交谈的人，这就增加了对人员的需求。对这个问题的一个解决办法就是让评价者扮演与被评价者进行交谈的人，但这样做会给评价者增加难度，他需要同时扮演评价者和与被评价者谈话的人这两个角色。二是这个与被评价者交谈的人在与一个被评价者和另一个被评价者交谈时可能会有不同的表现，这一问题可以通过对角色扮演者的培训和评价者仔细的观察来进行解决的。

二、情景模拟面试的特点

情景模拟面试，是设置一定的模拟情况，要求被测试扮演某一角色并进入角色情景中去处理各种事务及各种问题和矛盾的方法。面试官通过对被试在情景中所表现出来的行为，进行观察和记分，以测评其素质潜能，或看其是否能适应或胜任该职位。

情景模拟面试有以下特点：

(1)针对性。由于模拟测试的环境是拟招岗位或近似拟招岗位的环境，测试内容又是拟招岗位的某项实际工作，因而具有较强的针对性。

(2)直接性。测试内容与拟招岗位业务有直接关系，而且使面试官能够直接观察被试的工作情况，直接了解被试的基本素质及能力，所以更具有直接性。

(3)可信性。由于模拟测试接近实际，考察的重点是被试分析和解决实际工作问题的能力，加之这种方式又便于观察、了解被试是否具备胜任拟招岗位的素质，因此普遍反映情景模拟面试比笔试和其他面试形式更具有可信性。

案例

面试案例

某外企人力资源部经理因故离职，公司准备招聘一个候选人。由于这是对高层管理人员的选拔，公司林总决定亲自主持招聘。经咨询，了解到评价中心是近几十年来西方企业中流行的一种选拔和评估管理人员，尤其是中高层管理人员的一种人员素质测评体系。它可以使用情境性测评方法对被测评者的特征进行观察和评价。林总心想："太好了！这不正是我所需要的吗？"经过比较选择，他决定使用模拟面试的方法。嗯，就这样，让被评价者表演人力资源部经理的角色，看他是否能够胜任这种特定岗位的需求。

招聘开始，候选人已经进来了。在经过简单的介绍之后，林总告诉应聘者："下面我们做一次模拟面试，你的任务呢，是作为人力资源部的经理，对一'应聘者'进行面试，我们看看怎么样。"

这位"应聘者"是由林总的助手扮演的。林总首先提供给被试一些关于空缺的职位的基本要求的资料以及"应聘者"的简历。让他有15分钟的时间阅读这些材料，做一些准备。被试与"应聘者"谈话的时间为20～30分钟。在面试的过程中，被试还要填写一张面试的记录表。之后，林总主要从以下几个方面对被试进行了评价。

——所提的问题是否有助于对"应聘者"进行了解；

——问题表述是否清晰；

——追问是否恰当；

——对"应聘者"的优缺点的判断是否准确；

……

使用这种方法之后，林总觉得很有效果。

三、情景模拟面试的主要方式

情景模拟面试的具体形式有许多种，主测人扮演一个角色，被测人扮演对应的另一个角色，就某一问题进行交谈。适于考察被试的领导能力、组织能力、销售能力、敏感性、倾听能力、行为灵活性、语言表达能力、坚定性、分析能力、自我控制能力等。比如，要求被试模拟中层行政管理人员，考官模拟上层领导，讨论绩效考核问题；或者是被试模拟高层主管，考官模拟记者，采访捆绑销售问题；或者是被试模拟消费者服务代理，考官模拟发怒的顾客，商谈解决劣质产品投诉问题等。

(一)机关通用文件处理的模拟

这一项目可作为对被试的通用情景模拟手段。它以机关的日常文件处理为依据，编制若干个(约15～20个)待处理文件，让被试以特定的身份对文件进行处理。这些待定文件应是机关干部经常要处理的会议通知、请示或批复、群众来信、电话记录和备忘录等，要求被试在两至三小时内处理完毕。

用于测试的待处理文件的编制大体可分三类：

第一类是工作中已有正确结论的，可以在对文书档案调查的基础上对某些文件略作加工提炼。这类文件便于对被试处理结果的有效性进行评价。

第二类是某些条件和信息尚不完备的文件，这主要是测试被试是否善于提出问题、假设或要求以及进一步获取有关信息的能力。对这类文件的处理应有一定难度，以评价被试观察力的细致性和深刻性，思维力的敏感性、逻辑性和周密性。

第三类是文件处理的条件已具备，要求被试在综合分析问题的基础上作出决策。这类文件应难易相间，以拉开被试得分的档次。

机关通用文件处理应以团体方式进行。在测试前，由主持测评者作统一的指导，说明测试的目的及要求，消除被试的紧张情绪，以利相互配合。

(二)工作活动的模拟

这个测试项目可以采用以下两种形式进行：

一是上下级对话形式的测试。由被试饰上级，测评者饰下级，模拟上级接待基层工作人员或下级向上级领导汇报或请示工作的情景。这种模拟测试可采用主考人员与其对话，其余测评人员观察打分的方式进行。测试前应让被试阅读有关材料，使其了解角色的背景和要求。测试主题可一个专业一题，并且需要有一个有一定难度和明晰度的评分标准，时间以每人半小时左右为宜。

二是布置工作的测试。要求被试在看阅一份上级文件或会议纪要后，以特定的身份结合部门实际，对工作进行分工布置和安排，这一项目可以按个别测试的方式进行，测评人员一般为招考部门领导。在一定条件下，测评人员可向被试进行发问，以对其进行较深入的整体测评，并依据评分标准分别评分。

(三)角色扮演法

事先向被试提供一定的背景情况和角色说明，模拟时要求考生以角色身份完成一定的活动或任务。例如，接待来访、主持会议、汇报工作等。

(四)现场作业法

提供给被试一定的数据和资料，在规定的时间内，要求考生编制计划、设计图表、起草公文和计算结果等。被普遍应用的计算机操作、账目整理、文件筐作业都属于此类形式。

(五)模拟会议法

将若干(10 人左右)被试分为一组，就某一需要研讨的问题或需要布置的活动或需要决策的议题，由考生自由发表议论，相互切磋探讨。具体形式有会议的模拟组织、主持、记录及无领导小组讨论等。其中，文件筐测验、无领导小组讨论是近几年在借鉴国外先进测评技术的基础上开发出的面试方法。

在上述各种面试模拟中，面试对象往往由主考官扮演，这是由于他们接受过专门的训练，会按照标准化的方式向应聘者提问、建议并且回答问题，甚至会作出一些令被试心烦意乱的行为，具体表现出哪一种行为视面试的具体要求而定。主试人在暗处观察被试如何与面试对象面谈以及如何解决有关问题。面试对于测评被试的口头交流技能、灵活性与应变能力、解决人际关系问题的能力等非常有效。

高度的针对性、逼真性是情景模拟面试的突出特点。这些特点使得情景模拟面试不仅可以对应试者简单的能力与素质进行评价，同时也可用于测评复杂的能力与素质，即对应试者的素质进行全面测评。应试者处理问题的合理性、科学性及其他的组织协调能力是主考官员对应试者作出评定的主要依据。这说明在情景模拟面试中，必须努力表现，使自己鹤立鸡群，方能得到考官的赏识。

四、模拟试题

试题一：某市政府办公厅考试录用文秘职位公务员模拟测验

[**模拟测验方法**] 实地调查法。

[**题目**] 写一篇标题自拟、篇幅不限的有关该市某蔬菜批发市场的调查报告。

[**时间**] 1天。

考生8点30分在市政府礼堂集合，工作人员点名、验证、宣布测验形式、题目、时间安排及注意事项。

8点45分，考生统一乘车出发。

9点15分，到达某蔬菜批发市场工商所会议室，集体听取有关人员对市场基本情况的介绍。考生可以做笔录，但不得录音。

9点45分，考生就地解散，分头到市场自由采访、考察。买主和卖主、批发小贩、职业倒爷和菜农、本地人和外地人，还有外国人、开大卡车的、蹬三轮车的、骑摩托车的、鱼贩子、肉贩子、牛羊贩子、海鲜贩子、细菜贩子、大路菜贩子、因塞车吵架的、因争摊位发生口角的、讨价还价的、没事闲逛的、收税的、打扫卫生的，包括维持秩序的交警、巡警都成为考生们的采访对象，商品的品种、质量、价钱、产地、运输、储存保管、成交量、损耗，还有度量衡、治安环境、税费等都在考生的关注之列。

12点45分，考生统一乘车到一学校教室吃盒饭，然后回原地。期间任何人不得动笔。

下午1点30分，开始答卷。

5点30分，交卷。

试卷密封后，由资深专家封闭批阅，每卷经3人分别独立打分，取加权平均分为最终成绩。

试题二：角色扮演模拟试题

[**指导语**] 请快速阅读关于你所扮演角色的描述，然后认真考虑你该怎样去扮演这个角色。你将与其他两个人合作，因为你们三个角色的行为是相互影响的。进入角色前，请不要和其他两个应试者讨论即席表演的事。请运用想象力使表演持续10分钟。

[**角色一**] 图书推销员

你是个大三的学生，一直不让家里寄钱，想多挣点钱养活自己，在这个月内你要尽可能多地卖出手头上的图书，否则就将发生“经济危机”。你刚才在党委办公室推销，办公室主任任凭你怎样介绍书的内容，他就是不肯买。现在你正进入人事科。

[角色二] 人事科科长

你是人事科的科长，刚才你已注意到一位年轻人似乎在党委办公室推销书，你现在正急于拟定一个人事考核计划，需要参考有关资料。你想买一些参考资料，但又怕上当受骗，你知道党委办公室主任走过来的目的。你一直很反感别人觉得你没有主见。

[角色三] 党委办公室主任

你认为大学生推销书是“不务正业”，只想自己多挣点钱而已。他们只是想一个劲儿地说服别人买他的书，而根本不考虑买书人的意愿与实际用途，因此你对大学生推销书的行为感到恼火。你现在注意到那位大学生走进了人事科的办公室，你意识到这位大学生马上会利用你同事想买书的心理进行推销。你决定去人事科阻止这个推销员，但又意识到你的行为过于明显，会使人事科长不高兴，认为你的好意是多余的，并会产生你认为他无能的感觉。

角色扮演要点参考：

[角色一] ①对人事科科长尽量诚恳而有礼貌；②避免党委情形的再度发生，注意强求意识不要太浓；③防止党委办公室主任的不良干扰(党委办公室主任一旦过来，即解释说，该书对党办的人可能不一定适合，但对人事科的工作人员则不然)。

[角色二] ①应尽量鉴别书的内容，看其实用价值如何；②最好在党委办公室主任说话劝阻前作出买还是不买的决定；③党委办公室主任一旦开口，你又想买则应表明你的观点，说该书不适合党办是正确的，但对你还是颇有用的。

[角色三] ①装着不是故意来阻挠大学生的；②委婉表述你的意见；③掌握火候，注意不要惹恼了人事科科长和大学生。

第五节　非结构化面试

现代企业越来越重视员工的沟通能力、人际交往能力、团队精神、接受新事物的能力。想要在很短的时间内让招聘者了解到应聘者具备这些能力，往往需要非结构化面试。

一、非结构化面试(Unstructured Interview)

非结构化面试，又可称为自由化面试，面试官的目的在于了解被试，被试的目的在于推销自己和了解用人部门的情况。在自由化面试中，面试官随兴地提问，并不遵循一定的提问路线，被试也可以扯起话题，因此，双方之间的话题可以多种多样。通常面试的起头都差不多，但在往下进行的过程中，交谈的内容和程序就没有常规了，面试官和被试都可以凭兴趣往下聊。非结构化面试有一定长处。一是自由灵活；能够充分发挥面试官的主观能动性，如可以针对不同的被试进行不同的面试；被试也可以自由活泼一些，争取更多的表现自己的机会。二是简便易行，非结构化面试，只需一两名面试官，组织起来很简便，不拘场地、形式，免去了许多设计上的重任。

非结构化面试的内容必须事先依目标拟定，以供提问参照，避免面试偏离岗位的任职资格的具体要求。但这并不意味着主试官必须按照事先拟定好的题目逐一提问，而是要根据应聘者回答某一问题的情况，顺势追问，而不必拘泥于预定的题目。也是说，非结构化面试的内容既要事先拟定，有的放矢，又要因人而异，灵活掌握；既要让应聘者表现出自己的水平，又不能完全让应聘者海阔天空地自由发挥，应该在恰当的控制下灵活掌握面试的主题内容。虽然非结构化面试采用的形式不定，但面试的目的却很明确、集中。一般来说，在非结构化面试中采用案例分析、脑筋急转弯、情景模拟等方式。

非结构化面试的信度是很高的，但是其在面试过程中不可避免地也会出现一些问题，这些问题在一定程度影响面试结果的准确性。例如主观性强，在短短的30分钟左右的时间内，让主试官全面深入地了解应聘者是不可能的。在面试考核资料中，只有姓名、性别、学历、年龄、工作时间及以前工作表现等基础信息，即使还有案例分析等，对人员筛选来说也是不够的。一般招聘单位在这时候往往通过面试时对求职者的主观印象做出判断，但这种判断的客观性和准确性是值得怀疑的。每一项资料所反映的只是求职者的某一方面、某一属性，而每个应聘者个体都是立体的、动感的，是由多方面组成的，其中每一个方面、每一个属性都会对其本人在以后的工作表现中有不同的影响。

这种面试意在观察被面试者的知识面、价值观、谈吐和风度，需要其有丰富的知识和经验及掌握高度的谈话技巧，现在许多大型的企事业单位及公务员考试均采用此种形式的面试。它比较适用于招聘高、中级管理人员。但是，这种形式的面试也有很大的局限性。一是要求考官有相当高的面试经验和技巧，能够驾驭整个面试过程；二是这种面试，往往是一人担任面试考官，若因考官水平不高而出现失误，或有意舞弊时，则难以挽救；三是在应聘者较多时，往往很难做到难易相当，不公平现象较明显，此时这种形式的面试常被人怀疑和指责为“走过场”、“简陋”和“有失公允”。

二、非结构化面试的实施

非结构化面试同样需要和谐融洽的现场气氛，让应聘者感到放松。根据面试的岗位的资格需要提出各种问题，循序渐进，让应聘者自由发挥，但是注意不能偏离已经拟订的目标。

(1)案例分析。案例分析就是让应聘在有限的时间内模拟分析真实的案例问题，它与其他面试形式的最大区别就是它的实践性。主试官向应聘者提供一个有关特定问题的信息，由应聘者进行分析并给出结论。应聘者的工作是基于提供的信息进行合理的假设，之后向主试官提出一连串逻辑性良好的问题，进一步收集信息，最后做出总结并提出建议。大多数的案例分析并没有某个特定的正确答案，主试官希望通过观察应聘者分析案例的过程，测试其的反应能力和创新能力。应聘者如能想到连主试官都想不到的解决方案，即使这个方案并不成熟，那么应聘者的表现也将属于最出色的。通过案例分析能真实准确地看出应试者的反应能力和潜质。

(2)脑筋急转弯。随着社会的发展，面试结构的不断完善，脑筋急转弯将被越来越多的应用到面试中去。脑筋急转弯主要是考察应聘者的逻辑思维能力，应聘者是否具备快速的反应能力和逻辑思维能力，通过脑筋急转弯可以很快地检测出来。

(3)情景模拟。情景模拟测试方法是一种非常有效的选择方法。它是将应聘者放在一个模拟的真实环境中，让应聘者解决某方面的一个"现实"问题或达成一个"现实"目标。

面试人员通过观察应聘者的行为过程和达成的行为结果来鉴别应聘者的处理工作能力、人际交往能力、语言表达能力、组织协调能力、考察事务能力等综合素质能力。对于面试中提出的问题，主试官并不是想得到"正确"的答案，而是想看看应试者是否能找到最好的解题方法，看看他们是否能够创造性地思考问题。

案例

面试案例题

面试过程中，面试官会向应聘者发问，而应聘者的回答将成为面试官考虑是否接受他的重要依据。对应聘者而言，了解这些问题背后的"猫腻"至关重要。本文对面试中经常出现的一些典型问题进行了整理，并给出相应的回答思路和参考答案。读者无需过分关注分析的细节，关键是要从这些分析中"悟"出面试提问的规律及回答问题的思维方式，做到"活学活用"。

问题一："请你自我介绍一下"

提示：

(1)这是面试的必考题目；

(2)介绍内容要与个人简历相一致；

(3)表述方式上尽量口语化；

(4)要切中要害，不谈无关、无用的内容；

(5)条理要清晰，层次要分明；

(6)事先最好以文字的形式写好并背熟。

问题二："谈谈你的家庭情况"

提示：

(1)了解家庭情况对于了解应聘者的性格、观念、心态等有一定的作用，这是招聘单位问该问题的主要原因；

(2)简单地罗列家庭人口；

(3)宜强调温馨和睦的家庭氛围；

(4)宜强调父母对自己教育的重视;

(5)宜强调各位家庭成员的良好状况;

(6)宜强调家庭成员对自己工作的支持;

(7)宜强调自己对家庭的责任感。

问题三:"你有什么业余爱好?"

提示:

(1)业余爱好能在一定程度上反映应聘者的性格、观念、心态,这是招聘单位问该问题的主要原因;

(2)最好不要说自己没有业余爱好;

(3)不要说自己的那些庸俗的、令人感觉不好的爱好;

(4)最好不要说自己仅限于读书、听音乐、上网,否则可能令面试官怀疑应聘者性格孤僻;

(5)最好能有一些户外的业余爱好来"点缀"你的形象。

问题四:"你最崇拜谁?"

提示:

(1)最崇拜的人能在一定程度上反映应聘者的性格、观念、心态,这是面试官问该问题的主要原因;

(2)不宜说自己谁都不崇拜;

(3)不宜说崇拜自己;

(4)不宜说崇拜一个虚幻的、或是不知名的人;

(5)不宜说崇拜一个明显具有负面形象的人;

(6)所崇拜的人最好与自己所应聘的工作能"搭"上关系;

(7)最好说出自己所崇拜的人的哪些品质、哪些思想感染着自己、鼓舞着自己。

问题五:"你的座右铭是什么?"

提示:

(1)座右铭能在一定程度上反映应聘者的性格、观念、心态,这是面试官问这个问题的主要原因;

(2)不宜说那些易引起不好联想的座右铭;

(3)不宜说那些太抽象的座右铭;

(4)不宜说太长的座右铭;

(5)座右铭最好能反映出自己的某种优秀品质;

(6)参考答案——"只为成功找方法,不为失败找借口"。

问题六:"谈谈你的缺点"

提示:

(1)不宜说自己没缺点;

(2)不宜把那些明显的优点说成缺点;

(3)不宜说出严重影响所应聘工作的缺点;

(4)不宜说出令人不放心、不舒服的缺点;

(5)可以说出一些对于所应聘工作“无关紧要”的缺点,甚至是一些表面上看是缺点,从工作的角度看却是优点的缺点。

问题七:“谈一谈你的一次失败经历”

提示:

(1)不宜说自己没有失败的经历;

(2)不宜把那些明显的成功说成是失败;

(3)不宜说出严重影响所应聘工作的失败经历;

(4)所谈经历的结果应是失败的;

(5)宜说明失败之前自己曾信心百倍、尽心尽力;

(6)说明仅仅是由于外在客观原因导致失败;

(7)失败后自己很快振作起来,以更加饱满的热情面对以后的工作。

问题八:“你为什么选择我们公司?”

提示:

(1)面试官试图从中了解你求职的动机、愿望以及对此项工作的态度;

(2)建议从行业、企业和岗位这三个角度来回答;

(3)参考答案——“我十分看好贵公司所在的行业,我认为贵公司十分重视人才,而且这项工作很适合我,相信自己一定能做好。”

问题九:“对这项工作,你有哪些可预见的困难?”

提示:

(1)不宜直接说出具体的困难,否则可能令对方怀疑应聘者能力不够;

(2)可以尝试迂回战术,说出应聘者对困难所持有的态度——“工作中出现一些困难是正常的,也是难免的,但是只要有坚韧不拔的毅力、良好的合作精神以及事前周密而充分的准备,任何困难都是可以克服的。”

问题十:“如果我录用你,你将怎样开展工作?”

提示:

(1)如果应聘者对于应聘的职位缺乏足够的了解,最好不要直接说出自己开展工作的具体办法;

(2)可以尝试采用迂回战术来回答,如“首先听取领导的指示和要求,然后就有关情况进行了解和熟悉,接下来制定一份近期的工作计划并报领导批准,最后根据计划开展工作。”

问题十一:“与上级意见不一致,你将怎么办?”

提示:

(1)一般可以这样回答——“我会给上级以必要的解释和提醒,在这种情况下,我会服从上级的意见”;

(2)如果面试你的是总经理,而你所应聘的职位另有一位经理,且这位经理当时不在场,可以这样回答:“对于非原则性问题,我会服从上级的意见,对于涉及公司利益的重大问题,我希望能向更高层领导反映。"

问题十二:"我们为什么要录用你?"

提示:

(1)应聘者最好站在招聘单位的角度来回答;

(2)招聘单位一般会录用基本符合条件、对这份工作感兴趣、有足够的信心的应聘者;

(3)如"我符合贵公司的招聘条件,凭我目前掌握的技能、高度的责任感和良好的适应能力及学习能力,完全能胜任这份工作。我十分希望能为贵公司服务,如果贵公司给我这个机会,我一定能成为贵公司的栋梁!"

问题十三:"你能为我们做什么?"

提示:

(1)基本原则上"投其所好";

(2)回答这个问题前应聘者最好能"先发制人",了解招聘单位期待这个职位所能发挥的作用;

(3)应聘者可以根据自己的了解,结合自己在专业领域的优势来回答这个问题。

问题十四:"你是应届毕业生,缺乏经验,如何能胜任这项工作?"

提示:

(1)如果招聘单位对应届毕业生的应聘者提出这个问题,说明招聘单位并不真正在乎"经验",关键看应聘者怎样回答;

(2)对这个问题的回答最好要体现出应聘者的诚恳、机智、果敢及敬业;

(3)如"作为应届毕业生,在工作经验方面的确会有所欠缺,因此,在读书期间我一直利用各种机会在这个行业里做兼职。我也发现,在实际工作中所学到的知识远比书本知识丰富、复杂。但我有较强的责任心、适应能力和学习能力,而且比较勤奋,所以在兼职中均能圆满完成各项工作,从中获取的经验也令我受益匪浅。请贵公司放心,学校所学及兼职的工作经验使我一定能胜任这个职位。"

问题十五:"你希望与什么样的上级共事?"

提示:

(1)通过应聘者对上级的"希望"可以判断出应聘者对自我要求的意识,这既是一个陷阱,又是一次机会;

(2)最好回避对上级具体的希望,多谈对自己的要求;

(3)如"作为刚步入社会的新人,我应该多要求自己尽快熟悉环境、适应环境,而不应该对环境提出什么要求,只要能发挥我的专长就可以了。"

问题十六:"你在前一家公司离职的原因是什么?"

提示:

(1)最重要的是,应聘者要使招聘单位相信,应聘者在过去的单位的"离职原因"在此家招聘单位里不存在;

(2)避免把"离职原因"说得太详细、太具体;

(3)不能掺杂主观的负面感受,如"太辛苦"、"人际关系复杂"、"管理太混乱"、"公司不重视人才"、"公司排斥我们某某的员工"等;

(4)但也不能躲闪、回避,如"想换换环境"、"个人原因"等;

(5)不能涉及自己负面的人格特征,如不诚实、懒惰、缺乏责任感、不随和等;

(6)尽量使解释的理由为应聘者个人形象添彩;

(7)如"我离职是因为这家公司倒闭。我在公司工作了3年多,有较深的感情。从去年始,由于市场形势突变,公司的局面急转直下。到眼下这一步我觉得很遗憾,但还要面对现实,重新寻找能发挥我能力的舞台。"

同一个面试问题并非只有一个答案,而同一个答案也并不是在任何面试场合都有效,关键在于应聘者掌握了规律后,对面试的具体情况进行把握,有意识地揣摩面试官提出问题的心理背景,然后投其所好。

三、行为面试法(CBBI)

以职能为基础的行为面试法(Competency-Based Behavioral Interviewing,CBBI),又称为行为学面试(Based Behavioral Interviewing,BBI),是一种面试流程,它将应聘者的素质与最佳预测未来绩效或行为的历史绩效或行为指标相结合,出现这种绩效或行为的历史越短,就越有可能被复制。行为面试是一种重点在发现申请人在具体有关职业情境中如何采取行动的面试,它的逻辑是你在过去的工作表现会预测你的未来业绩。面试官不是问你将如何表现,而是问你过去是怎么做的。也就是说,行为面试人员想要知道你曾经处理这一情境的方法,而不是在一个假设的情境中你可以做什么。

任何面试都是通过对应聘者尽可能多地了解来预测其在职绩效和行为,这些信息的收集被用来作为聘用的决定或推荐的基础。普通的面试往往过分关注于教育背景、工作经验和知识——简历上体现的东西,当然这些是相当重要的,但它们只是验证一位应聘者做了什么,但行为面试揭示了怎样去做和为什么这么做。行为面试技术的基础假设是:应聘者过去和现在的行为是将来的表现的最好的预测,但行为特性在简历上体现不出来,它只能通过面试被发现;另外,面试者应反复测试应聘者的行为以保证它们的确存在。基于行为面试的重点是相关工作经验、行为、知识、技能和能力,因此它基于这样一种信念,即用过去的行为和性能预测未来的行为和表现,可以是你的工作经验、活动、兴趣爱好、志愿工作、学校的项目、家庭生活,以及你的过去行为等任何真实的事例。

以职能为基础的行为面试运用"职能"来描述行为特质,比如分析力、问题解决能力、团队合作精神和客户责任心等。行为职能应被用来描述工作需要(如,有适应力、注重承诺等),无论是在面试中还是在面试后对应聘者的评价中。在以职能为基础的行为面试法中,招聘经理不是直接询问应聘者是否具有某种特定的素质,因为应聘者极有可能会响亮地回答"是的",而是会要求应聘者举例说明他是如何在工作中展示这种素质的。这个问题关键在于让应聘者通过讲述亲身经历，来证明自己具有特定的素质。使用 CBBI 方法，面试官关注过去的行为则会这样提问："请你讲述一段在巨大的工作压力下完成任务或项目的经历。"从中可以发现，该应聘者在现实情况下如何处理压力及其对压力感的理解。

在以职能为基础的行为面试法中，面试问题是根据真实的工作场景而提出的，这些场景都与目标岗位的素质有关。对应聘者做出的评估是基于已知的行为或绩效进行的，而不是基于可能或潜在的绩效或行为。如此一来，这种面试方法比其他方法更能准确预测应聘者在目标岗位上可能出现的行为和绩效。当前职业研究显示，当以职能为基础的行为面试成为招聘人的框架时，面试者的职业决定将有效得多，这种面试类型有一定的强烈发展的趋势。

复习思考题

1. 什么是笔试，笔试的形式、类型、设计原则。
2. 什么是面试，面试的形式、特点、程序。
3. 如何对面试技术作出评价与分析？
4. 结构化面试与传统的面试相比的优势。
5. 结构化面试实施过程中的注意事项。
6. 情景模拟面试的特点、主要方式。
7. 非结构化面试的实施形式。

第七章
评价中心技术

科学、高效的人事决策依赖于准确、高效的人员选拔方法。传统的人员选拔方法主要有资料审查(简历筛查,学历、资历和资质证书检查、背景调查等)、面试(形象展示、语言表达能力、思维的逻辑性和敏捷性、应变能力等)、心理测验(一般能力和特殊能力、性格、兴趣、社会愿望等测验)等,主要关注静态的能力审核、以往业绩认定和个性鉴别等,而缺乏在预期工作情景中的动态考察。所以,以动态的情景模拟测试为核心的评价中心技术成为人才选拔技术的重点和未来的发展方向。

第一节　评价中心技术介绍

评价中心技术是现代人力资源测评理论在最近 30 多年来的主要发展领域之一,工业和组织心理学家对此颇感兴趣,并进行了大量的研究和实验。随着人力资源管理在各种形态的组织发展中日益得到重视,评价中心也越来越在人才评价、个人发展指导、人员培训等人力资源管理领域得到更为广泛的实际应用。目前,评价中心技术在工业、教育、政府、军队和其他组织形式中都被广泛地加以应用。

一、评价中心技术

(一)评价中心技术

评价中心技术(Assessment Center or Development Center)是一种综合性的人员测评方法,它由几种选择测试方法组合而成,利用现场测试或演练,由测评人员观察候选人的具体行为,并给予评分。

评价中心技术是在情景模拟和角色扮演测评方法的基础上发展起来的,其主要特点就是情景模拟性。评价中心技术的内容主要有公文筐作业、投射测验、无领导小组讨论、角色扮演、案例分析、管理游戏、演讲、事实判断、模拟面谈等。

评价中心技术有两种用途:

(1)选拔与晋升管理人员;

(2)以发展为目的,为应试者辨别其自身的优缺点。

根据对 64 家应用评价中心技术的公司的调查,其中 48%的公司是以选拔为目的,46%的公司以训练和职业安排为目的。

评价中心技术是集合了许多选拔管理者的方法和技术的一种评价技术，比较复杂，也难于掌握。第三次评价中心技术国际年会规定，在应用评价中心技术选拔人才时，必须遵循以下几项最低要求：

(1)必须应用多项评价方法；

(2)必须有不止一位评价者参加；

(3)必须根据所有参加的评价者的意见下结论；

(4)必须对应试者的行为做出综合评价，而不仅是观察到的行为；

(5)必须实施模拟练习。

(二)评价中心技术的产生

评价中心技术起源于第二次世界大战期间的德国军事部门和美国战略情报局，并在第二次世界大战后迅速发展起来。美国心理学家道格拉斯·布雷(Douglas Bray，1918～2006)于1956年在美国电话电报公司(AT&T公司)首先研究和使用了这一方法。

德国心理学家哈茨霍恩等人于1929年为德国军事部门建立了一套挑选军官的多项评价程序。随后，美国战略情报局也将此方法用于军事人才的选拔中，使用小组讨论和情景模拟练习来选拔情报人员，并获得了成功。由于战略情报局的特工人员要在高度压力下的敌后进行活动，所以他们设计了一套具有这种情境压力的测验来选拔特工人员。

1956年，道格拉斯·布雷对美国电报电话公司的管理人员进行了素质与潜能测评选拔和培训活动，公司几百名初级管理人员接受了评价。

美国电话电报公司从1956年起，用了长达8年的时间对这项技术的效度进行追踪研究，结果表明，运用该技术选拔中层管理人员的效度极好。例如，在一次测试中，用评价中心技术进行预测，确定出55人是中层管理人员的最佳人选，追踪结果表明，评价中心技术的预测效度达0.78。该公司正式决定采用评价中心技术作为其中层管理人员的选拔手段。

1968年威廉·白翰姆(William C. Byham)在布雷的帮助下，在杰西潘尼(JC Penney，美国第三大连锁百货零售商)建立了评价中心，应用成功后，白翰姆在哈佛商业周刊首次公开发表关于评价中心的文章，这引起全球各地的各种组织的兴趣，并请白翰姆博士和布雷博士帮助他们建立评价中心。为满足社会需要，白翰姆和布雷成立了“美国智睿咨询有限公司”(Development Dimensions International，DDI)提供评价中心的咨询服务。DDI目前遍布全球各地。

到1972年，世界著名的大公司中有12家采用了这一技术，并建立了相应的评价中心机构来评价管理人员，如通用电器公司、西尔斯公司、福特汽车公司、国际商用机器公司、俄亥俄州标准石油公司、柯达公司等。评价中心技术正受到越来越多的研究者、企事业单位甚至国家行政机构的重视。目前，英国、法国、加拿大、澳大利亚、日本等国家，都在管理评价工作中积极应用此技术，美国政府的一些部门也应用评价中心技术选拔人才。

评价中心在应用中也被称为发展中心、职业发展评价中心、潜能评价中心。一旦评价中心将测评结果反馈给候选人，对候选人而言，整个评价过程就是一个很好的培训过程。通过评估报告和具体行为表现的反馈，候选人知道了自己的素质状况在人群中的位置，知道了自己的优势领域、有待发展的素质，知道了在今后工作中如何扬长避短，积极发挥自己的特长，并在行为层面改进自己，有意识地弥补自己的劣势，成为更为优秀的人才；同时对于候选人中存在的共同不足，可以开设专题性培训课程。所以说评价中心技术除了是一种最有效的选拔工具，同时对人员的培训、职业生涯规划等均有很强的应用价值。

(三)对评价中心技术的理解

评价中心技术是应用现代心理学、管理学、计算机科学等相关学科的研究成果，通过心理、能力、个性和情境测试对人员进行测量，并根据工作岗位要求及企业组织特性进行评价，从而实现对人个性、动机和能力等较为准确地把握，做到人—职匹配，确保人员达到最佳工作绩效。现代人力资源测评理论认为，人的行为和工作绩效都是在一定的环境中产生和形成的。对人的行为、能力、绩效等素质特征的观察与评价，不能脱离一定的环境。所以，要想准确地测评一个人的素质，应将其纳入一定的环境系统中，观察、分析、评定被试的行为表现以及工作绩效，从而考察其全面素质。基于这种理论，人们逐步形成和发展了评价中心技术这种现代人力资源测评的新方法。

评价中心的最大特点是注重情景模拟，在一次评价中心中包含多个情景模拟测验，可以说评价中心既源于情景模拟，但又不同于简单的情景模拟，是多种测评方法的有机结合。评价中心技术将各种不同的素质测评方法相互结合，通过创设一种逼真的模拟管理系统和工作场景，将被试纳入该环境系统中，使其完成在该系统环境下对应的各种工作。在这个过程中，主试采用多种测评技术和方法，观察和分析被试在模拟的各种情景压力下的心理、行为、表现以及工作绩效，以测量评价被试的管理能力和潜能等素质。评价中心最主要的特点之一就是它的情景模拟性，所以又被称为情景模拟测评。

评价中心技术是现代人力资源测评的一种主要形式，被认为是一种针对高级管理人员的最有效的测评方法。一次完整的评价中心通常需要两三天的时间，对个人的评价是在团体中进行的。被试组成一个小组，由一组测试人员对其进行包括心理测验、面试、多项情景模拟测验在内的一系列测评，测评结果是在多个测试人员系统观察的基础上综合得到的。严格来讲评价中心是一种程序而不是一种具体的方法；是组织选拔管理人员的一项人事评价过程，而不是空间场所、地点。它由多个评价人员，针对特定的目的与标准，使用多种主客观人力资源评价方法，对被试的各种能力进行评价，为组织选拔、提升、鉴别、发展和训练个人服务。

评价中心具有较高的信度和效度，得出的结论的质量较高，但与其他测评方法相比，评价中心需投入很大的人力、物力，且时间较长，操作难度大，对测试人员的要求很高。

二、评价中心技术的特点

1. 针对性

评介中心技术模拟特定的工作条件和环境，并在特定的工作情景和压力下实施测评。根据不同层次人员的岗位要求和必备能力，设计不同的模拟情景，具有很强的针对性，避免“高分低能”倾向。

2. 全面性

评价中心技术突出的特点之一是多种测评技术与手段综合运用，这样不仅能很好地反映被试的实际工作能力，还可以测评其他方面的各种能力和素质。

3. 可靠性

评价中心技术由多个主试小组成员分别对被试给予评价，减少了因被试水平发挥不正常或个别主试评价偏差而导致的测评结果失真。每项测验结束后，请被试说明测验时的想法以及处理问题的理由。在此基础上，主试进一步评定被试处理实际问题的能力和技巧，使评价结果的可靠性大大增加。

4. 动态性

将被试置于动态的模拟工作情景中，模拟实际管理工作中瞬息万变的情况，不断对被试发出各种随机变化的信息，要求被试在一定时间和一定情景压力下作出决策，在动态环境中充分展示自己的能力和素质。

5. 预测性

评价中心技术具有识才于未显之时的功能，模拟的工作环境为尚未进入这一层次的人员提供了一个发挥其才能与潜力的机会，对于测评人员的素质和能力具有一定的预测作用。同时，评价中心技术集测评与培训功能于一体，为准确预测被试的发展前途，并有重点地进行培养训练提供了较为有效的手段和途径。

三、应用评价中心技术的关键环节

国内引入评价中心技术的时间比较短，但近年，许多组织已经开始积极运用这一技术手段，并初见成效。为了提高国内测评工作的科学规范水平，可以在以下几方面提高测评水平。

1. 明确目标岗位的素质要求

所谓“目标岗位”，是指对于将要招聘和选拔的人才，安置在什么岗位上，是销售经理还是副总经理的岗位。

从素质的含义可以看出，素质是直接与个体的工作绩效表现紧密相关的内在因素，因而是预测个体工作绩效的有效的评价指标体系，评价中心技术以此作为测评工作的基准。如果忽略素质这一环节，即使在测评上投入再多的精力也是无的放矢，甚至是南辕北辙。所以，测评之前要针对具体企业的目标岗位进行工作分析，确定该岗位的能力、知识和动机等素质要求（胜任力），并界定素质维度定义，将其作为测评的标准。比如，销售人员的素质要求（胜任力）可以是人际敏感性、说服力、客户服务意识、分析能力、成就动机等。

2. 精心设计测试方案

首先，选择和完善测试练习和工具。针对目标岗位的素质维度(胜任力)，选择合适的测试练习和工具。

选择测试练习和工具的原则：

(1)每个练习必须与测评的素质维度(胜任力)标准直接相关；

(2)每个练习的难度适中、内容丰富，具备与岗位相关的情境，并保证该测试练习和工具经过专家的精心设计，具有合理的信度和效度；

(3)针对客户的组织特点和时间、费用要求，对测试工具进行修正。

其次，设计素质评价矩阵。评价矩阵包括测试工具和素质维度(胜任力)两部分内容，每个素质维度(胜任力)必须通过多个测试手段进行观察，以保证测试的效度。比如，"影响力"，该素质可通过无领导小组讨论、面试和演讲三种不同的测试工具进行评估。

最后，制定评价行动计划，包括确认评价目标、设计测评流程和测试的时间进度表，并将测试时间进度表提供给每位测评师，测试应按时间进度进行，以确保每位候选人在公平一致的条件下进行测试。

3. 测评师的培训

测试效果的好坏在一定程度上依赖于测评师的技术水平，测评师要从专业人士中挑选，并要具有丰富的测评实践经验。即使是最优秀的测评专家，在测试前也要接受有针对性的培训，包括：

(1)熟悉测评的素质维度(胜任力)和测试工具，了解特殊测验的一些细节内容；

(2)熟悉测试过程中行为观察、归类和行为评估技巧；

(3)统一评价的标准和尺度，提高测评师评价的一致性。

4. 测试评估

测试结束后，每位测评师要将观察纪录进行归类、评估，写出评语，然后一起对每位候选人在不同测试练习中的表现进行分析整合，逐一对每一项素质维度(胜任力)出具分数，并按照严格的格式撰写测评报告，即对候选人的管理能力和素质有何劣势、候选人的潜在能力和发展趋势怎样、候选人是否还需要什么样的能力和经验方能满足既选岗位所明确的条件、要采取何种培训，弥补候选人经验和能力的不足等方面做出评价。

只有做到以上几点，才能使评价中心技术成为一种科学有效的人才选拔和评估工具。

四、评价中心技术的测试方法

评价中心技术通过设计特定的工作状态(如群体互动、一对一的单向面对面或书面沟通的环境)，运用多种测评手段，整合多位测评师的评价结果，对候选人现有能力，更对其潜在能力提供客观、公正的评估，解决了过去对候选人工作能力及潜能的测评这一人才测评中的难点问题。

评价中心技术不同于传统的纸笔测验、面试等测试方法，它主要通过无领导小组讨论、公文筐、角色扮演等情景模拟技术，加上一些传统的测试方法，对人的知识、能力、个性、动机进行测量，从而可以在静动态环境中提供多方面的有价值的评价资料和信息。

评价中心的核心技术是情景模拟测试，即通过创设一种逼真的模拟管理情境或工作情境，将候选人放入情境中，要求其完成各种各样的工作。比如，在无领导小组讨论中，候选人与其他六、七名候选人一起围绕一个管理案例进行深入讨论，相互沟通、协调，进行集体决策，达成一致意见；在公文筐处理练习中，候选人要处理一堆公文，对管理中的各类事件进行分析、归类、处理、预测；在角色扮演中，候选人面对一位难以应对的“下属”、“上级”或“客户”，与他们进行一对一沟通，说服、影响对方。在这一过程中，专业考官在一旁认真观察、纪录候选人的行为表现，然后客观评价候选人的各项能力和素质。

无领导小组讨论：考察个人交往技能、领导技能和个人的影响力；维度有主动性、宣传鼓励与说服力、口头沟通能力、策划能力、人际协调能力、自信、创新能力、心理压力、耐受力。

文件筐处理：考察计划、决策能力；维度有个人自信心、企业领导能力、计划安排能力、书面表达能力、分析决策能力、敢担风险倾向和信息敏感性。也可根据情况删减，如创造思维能力、工作方法的合理性等。

除上述三种方法外，还有角色扮演、案例分析、模拟面谈、公文写作、演讲等方法。

五、评价中心技术操作的正确观念

评价中心是以测评特定的能力素质为中心的、综合运用多种评价方法、从多种角度对测评对象进行观察的一组系统化、标准化的评价活动。评价中心作为人力资源测评行业的一个经典的概念，因其能够较为全面地考察测评对象的能力素质，已经被越来越多的人力资源工作者所引用。对于评价中心的深入内涵，以及如何操作评价中心尚未形成正确的观念。

1. 评价方法的有机组合

评价中心是一组综合的测评方式，并非某一种具体的评价方法，更不是一个单位或一个地点。评价中心的核心概念之一就是综合运用各种评价技术，通过不同技术之间的互补，实现对测评对象的全面、完整的观察评价。构建评价中心就是在企业内部或人力资源部成立一个测评部或测评小组，专门负责员工的招聘、选拔等人才评价事宜。评价中心采用的评价技术包括小组讨论（LGD）、行为事件面谈（BEI）、角色扮演、管理游戏等，但不能说这些单一的技术就等同于评价中心。

不同评价技术在测量不同指标时达到的效果不同，即使在测量同一指标的不同方面时也有所侧重。各种评价方法在评价内容和角度上各有优势，因此，通常需要根据评价指标，选取最具评价效度的技术。

- 小组讨论主要通过团队互动进行测评，所以在评价人际沟通、组织协调、团队合作、影响力、语言表达等人际交往方面的能力指标时更为有效；

• 公文筐测验是模拟工作事件的纸笔测验，因而更适合评价综合分析、统筹规划、决策能力、信息把握等与事务处理相关的、思维层面的能力素质。

对于人际沟通能力的测量，小组讨论更关注实际情境中与他人互动的技巧和策略，且大多是针对团队内部的沟通；而公文筐测验中将沟通范围区分为对内沟通和对外沟通，并侧重考察与处理工作事件相关的沟通意识，比如在公文筐测验中可以设计发生在公司外部的危机问题，考察测评对象在危机公关中的沟通协调能力。

评价中心正是综合考虑了各种评价方法的优势与劣势，通过 2～3 种评价方法对某项指标进行交叉评价，围绕评价内容选取有效的评价方法并加以有机组合，才能达到评价效果最优化的目的。

2. 系统化和标准化

评价中心的整套成果体系的作用，在于将系统化、标准化的评价中心框架和流程传递给企业，教会企业如何操作评价中心，如何准确地完成人才评价工作，这才是评价中心技术转移的核心目的。测评专家在帮助企业构建内部评价中心时，必须根据企业的实际情况，综合把握企业的发展战略、用人理念等相关信息，对需要进行评价的岗位进行深入研究，从工作分析入手，把握每个目标岗位的关键职责和能力素质要求，并建立相应的素质模型或评估模型体系。此后的整个内部评价中心构建项目，都应该在这一套评估模型的指导下进行。并且评价中心体系也需要做出相应地调整，这种调整可能是评价方法的调整，也可能是题目的调整，甚至可能在评估模型上都需要做出改动。一般一套评价中心体系的适用年限在 3～5 年左右。

3. 评价中心技术和标准化测验

评价中心多样化的评价方法与标准化测验单调的选择题相比，评价中心技术给测评对象提供了更多的展示机会，有测评经验丰富的专家根据实际情况进行判断打分，准确性更高，因此测评时应首选评价中心技术；评价中心技术既然有了测评专家的干预，必然掺杂了评价的主观性，而标准化测验能更为严格、准确地根据测评对象的反应做出判断。这两种观点都各有其正确和偏激之处。

评价中心的确能够从多个角度、较全面地对测评对象进行系统观察和综合把握，但评价中心的操作也更为复杂，企业使用评价中心考察大批量人员时，需投人的时间、人力和物力等各方面的成本都比较大。

在综合使用评价中心技术和标准化测验技术时，先要借助标准化测验的高度统一性及其优势，对大量候选人进行筛选，淘汰明显不符合岗位要求的，再利用评价中心技术对没有被淘汰的候选人的能力素质进行精确测量，这样可以极大提高评价效率。

评价中心技术是将专家的评价经验与客观的评价标准相结合，是在客观标准和流程的限制下发挥专家的评价经验，而不是随意的主观判断。它是一种综合性、系统性的评价过程，可以将标准化测验作为一种技术纳入其中，作为评价技术体系的一部分。进行测评时最重要的是根据评价内容，选择最适合的评价方法或方法组合，致力于达到测评效果最优化。

4. 有效性和经济性原则

评估模型体现的是最能预测目标岗位绩效高低的核心能力素质。并非评价内容和评价方法越多,评价结果就越准确,重要的是选择核心的评价指标和最适合的评价方法,严格把握有效性和经济性原则来设计评价中心。

六、评价中心技术的程序一例

每实施一次评价中心技术进行人才评价,一般约需两天半的时间。下面简单地列出两天半时间的安排。

第一天:

①确定 12 个候选人;

②将候选人分为 4 组(每组 3 人),实施管理游戏测验;

③心理测验;

④无领导小组讨论。

第二天:

①文件筐测验;

②角色扮演活动;

③财政预算小组。

第三天:

①个案分析(有关候选人的背景材料);

②收集所有候选人的评价结果;

③评议人对所有候选人进行综合评价。

一周之后:

主管与每个候选人讨论评价结果。

七、评价中心的利弊与改进

评价中心作为一种现代化的测评技术,具有以下优点:

(1)突破了传统测评方法的局限,开创了人才测评技术的新局面。评价中心技术主要针对管理人员选拔,注重现场研究和实践性,着重考察被试解决实际问题的能力。早期的一些素质测评方法,如智力测验、个性测验等具有一定的效果和作用,而评价中心技术综合了管理学、心理学、社会学、行为科学和人类学等各门学科的最新研究成果,是对传统测评思想的重大改进,并取得了很好效果,使素质测评技术有了新的发展。

(2)测评的效度以及测评带来的效益较高。评价中心的每一个情境测试都是从许多实际工作样板中挑选出来的经典,并经过技术处理,使许多与测评内容无关的因素得到有效控制。经过组合加工,把不同时段和不同工作中的活动综合在一起,既提高了测评的全面性与准确性,又提高了测评的深度与难度。

许多研究表明,评价中心技术是一种很实用、有效的测评选拔管理人才的方法。虽然评价中心技术对人力、财力、物力和时间的花费稍高一些,但由于其测评效度较高,使人才选拔的准确性大大提高。人才的合理安排与使用给企业带来的效益是巨大的,其收益远远高于测评过程中所花费的费用。

(3)集测评与培训为一体,扩大了测评的功能和用途。一些传统的测评方法往往功能比较单一,而评价中心的测评过程既是一个素质测评过程,又是一个被试在模拟工作中自我学习、自我提高的锻炼过程。通过信息反馈,主试将测评结果以及不足之处的改进方向告知被试,使其进一步了解自己、提高自己,同时将测评过程转入培训过程。

任何一种测评方法,都有其自身的优势与不足。目前测评中心存在以下不足:

(1)与其他素质测评方法相比,评价中心的测评费用较高。

(2)操作难度大,对主试的要求很高,必须有相当丰富的管理经验并受过专门训练。同时,测评需要的案例和材料需花费相当多的时间和精力。

(3)当模拟工作的内容与实际工作有误差时,测评中的能力表现与实际工作能力存在差距。

(4)测评的内容主要是管理技能和某些方面的心理素质,难以全面、真实地反映被试的思想品德等方面的内容。

经过数十年的实践和研究,一些专家也找到了进一步提高测评效度的途径和方法:

(1)根据需要测评的素质内容,选择合适的、有针对性的测评方法,并做好相应的题目设计。

(2)尽可能多地采用各种测评方法进行评价。

(3)挑选合适的主试,并做好主试的培训工作。

第二节 无领导小组讨论

无领导小组讨论主要测试应试者的论辩能力。其中既包括对法律、法规、政策的理解和运用能力,也包括对拟讨论题目的理解能力、发言提纲的写作能力、逻辑思维能力、语言说服能力、应变能力、组织协调能力。

一、无领导小组讨论的概述

无领导小组讨论是评价中心技术中经常使用的一种测评技术,其采用情景模拟的方式对考生进行集体面试。它通过给一组被试(一般是5～7人)一个与工作相关的问题,让被试进行一定时间(一般是1小时左右)的讨论,在讨论过程中不指定谁是领导,也不指定被试应坐的位置,让被试自行安排组织,评价者观测被试的组织协调能力、口头表达能力、辩论的说明能力、情绪稳定性、处理人际关系的技巧、非言语沟通能力(如面部表情、身体姿势、语调、语速和手势等)等各个方面的能力和素质是否达到拟任岗位的要求,由此来综合评价被试之间的优劣。

由于在无领导小组讨论中,评价者或者不给被试指定特别的角色(不定角色的无领导小组讨论)，或者只给每个被试指定一个彼此平等的角色(定角色的无领导小组讨论)，但都不指定谁是领导，也不指定每个被试应该坐在哪个位置，而是让所有被试自行排位、自行组织，评价者只是通过安排考生的活动，观察每个被试的表现，来对被试进行评价，这也就是无领导小组讨论名称的由来。

无领导小组讨论测评方法最早被应用于一战后德国军队选拔军官，并在二战期间被广泛用于各国军官的选拔，战争结束后，它被复员军人带到企事业单位应用。目前，无领导小组讨论已被广泛应用，在世界500强企业中，有80%的企业在高级人才招聘、职务晋升中使用无领导小组讨论进行选拔。

随着无领导小组讨论在国外人才素质测评中的广泛应用，国内企事业机关单位也开始采用。无领导小组讨论已被认为是招聘、选拔中高层管理人才的最佳方法，尤其适用于评价分析问题、解决问题以及决策等具体的领导人才素质。此外，无领导小组讨论在党政领导干部的素质评价中也已得到普遍认可，国家公务员考试针对领导干部的基本素质，特别是能力素质要求和职位特点，将其列为领导人才素质测评的重要方式。

二、无领导小组讨论的功能和特点

(一)无领导小组讨论的功能

无领导小组讨论具备以下三个功能：

(1) 区分功能，在一定程度上能够区分出被试能力、素质上的相对差异。

(2) 评定功能，能在一定程度上评价、鉴别被试在某些方面的能力、素质和水平是否达到了规定的某一标准。

(3) 预测功能，能在一定程度上预测被试的能力倾向和发展潜力，预测被试在未来岗位上的表现、成功的可能性和成就。

(二)无领导小组讨论的特征

(1)讨论角色的平等性。顾名思义，“无领导小组讨论”就是没有领导的讨论，在讨论中每个人的地位是平等的。这样人为地提供一个相对平等的讨论场所，有利于每个参与者不受拘束，充分展示自己的能力和才华，保证每个参与者能真实表现自我。

(2)讨论活动中的赛马场效应。无领导小组讨论使被试之间的竞争由间接变为直接，强化了面试的竞争性，不仅为人才脱颖而出提供了机会，而且更有利于识别最具潜能的“千里马”。

(3)测评方式的仿真模拟性。这种群体讨论决策的方式，在某种程度上与一个单位的决策者们商讨问题极为相似。面对多元化的竞争对手，被试如何表述自己的观点、如何说服别人、如何争取他人的认可、如何对待不同意见、如何巧妙地控制讨论的局势，这些都能反映被试具备的组织协调能力以及明显和潜在的领导者素质。

(4)评价的公平客观性。这种公平效应主要体现在评委对被试的评价判断上。

在传统的面试中,难免会出现光环效应、刻板效应、第一印象、近因效应等认知误差。而在无领导小组讨论中,由于评委主要从可观察的、可比较的行为表现去评判被试,有别于一般的价值判断,因此能较好地克服认知偏差,得出公平而科学的判断。

(三)无领导小组讨论的优点

无领导小组讨论作为一种有效的测评工具,和其他测评工具比较起来,具有以下几个方面的优点:

• 能检测出笔试和单一面试法所不能检测出的能力或者素质;

• 可以依据被试的行为、言论来对被试进行更加全面、合理的评价;

• 能使被试在相对无意中显示自己各个方面的特点;

• 使被试有平等的发挥机会,从而很快地表现出个体上的差异;

• 节省时间,并能对竞争同一岗位的被试的表现进行同时比较(横向对比),观察被试之间的相互作用;

• 应用范围广,能广泛应用于非技术领域、技术领域、管理领域等领域。

(四)无领导小组讨论的缺点

• 对测试题目的要求较高;

• 对考官的评分技术要求较高,考官应该接受专门的培训;

• 对被试的评价易受考官各个方面特别是主观意见的影响(如偏见和误解),从而导致考官对评价结果的不一致;

• 被试有存在做戏、表演或者伪装的可能性;

• 指定角色的随意性,可能导致被试之间地位的不平等;被试的经验可以影响其能力的真正表现。

• 适用较高层次人才的选拔。无领导小组讨论比较适用于有较广泛的知识面和较强的思维和表达能力的,较高层次人才的选拔,特别是对具有一定领导层次的人才的选拔具有较高的效度。

• 成本较高。一般来说,一个无领导小组讨论要持续一个多小时,这相对于面试和心理测评来说,时间成本是相对较高的。

三、实施无领导小组讨论的准备

1. 岗位分析

不同的岗位对担任该岗位的人的个性、能力要求是不同的,因此应该首先分析岗位活动的种类、性质、特点、核心要素,还要分析该岗位的工作内容是程序性的还是非程序性的,是已有同种性质的还是新出现的。岗位分析的重点在于总结那些与组织的远景、价值观、工作战略等相关的活动,分析它们的特征,并由此概括出胜任该岗位所需的竞争能力。

2. 确定评价维度

无领导小组讨论的评价维度主要是基于对领导人才的要求和无领导小组讨论

的特性确定的。在基础评价维度上,根据对领导人才的素质结构要求,同时考虑无领导小组讨论自身特点,选取决策能力、分析能力、应变能力、人际沟通能力、组织领导能力等测评要素进行评价分析。

3. 编写测评试题

编制试题应符合以下三个方面的要求:首先,讨论题目必须具有争论性;其次,题目为大家所熟悉,能保证人人有感可发;再次,题目的内容不会诱发被试的防御心理,因为这样能使被试尽情展现自己的风采,表现真实的自我。

4. 选定并培训评委

确定评委除了要考虑其素质外,还应注意以下几点:首先,如果测评的目的是为了晋升,那么被试的直接上司最好不要担任评委;其次,评委人数一般与参与讨论的小组成员人数比例为1∶2。再次,评委应对所聘领导岗位的工作较为熟悉,了解部门的工作性质和内容。

评委确定以后,要统一召集实施培训。培训可以从以下几个方面着手:

- 评委要熟悉整个无领导小组讨论的过程;
- 要统一测评要素的评价标准,以保证评委评分的一致性;
- 要善于观察并了解如何通过观察来获取参与讨论的领导人才的有关信息。

观察评价的依据标准主要是:

- 参与讨论的领导者提出的观点是否有新意;
- 他们怎样处理意见相左时的关系;
- 是否善于赢得他人的支持;
- 是否善于倾听别人的意见;
- 是否一味只顾自己讲话或者常常打断别人的讲话;
- 是谁在引导着讨论的进程;
- 是谁经常进行阶段性的总结。

观察评价的其他参考性标准:

1. 被试参与的有效发言次数的多少;

2. 被试是否有随时消除紧张气氛、说服别人、调节争议、创造一个使不大开口讲话的人也想发言的气氛的能力,并最终使众人达成一致意见;

3. 被试是否能提出自己的见解和方案,同时敢于发表不同意见,并支持或肯定别人的意见,在坚持自己的正确意见基础上根据别人的意见发表自己的观点;

4. 被试能否倾听他人意见,并互相尊重,在别人发言的时候不强行插嘴;

5. 被试语言表达、分析问题、概括或归纳总结不同方面意见的能力;

6. 被试反应的灵敏性、概括的准确性、发言的主动性等。

四、无领导小组讨论试题的形式

无领导小组讨论的题目一般都是智能性的,从形式上来分,可以分为以下五种:

1. 开放式问题

开放式问题,其答案的范围可以很广,很宽。主要考察被试思考问题时是否全面，是否有针对性，思路是否清晰，是否有新的观点和见解，例如：你认为什么样的领导是好领导？关于此问题，被试可以从很多方面如领导的人格魅力、领导的才能、领导的亲和力、领导的管理取向等方面来回答，并可以列出很多的优良品质。开放式问题对于评价者来说，容易出题，但是不容易对被试进行评价，因为此类问题不太容易引起被试之间的争辩，所考察被试的能力范围较为有限。

2. 两难问题

两难问题，是让应试者在两种互有利弊的答案中选择其中的一种。主要考察被试分析能力、语言表达能力以及说服力等能力。例如：你认为以工作为取向的领导是好领导呢，还是以人为取向的领导是好领导？一方面此类问题对于被试而言，不但通俗易懂，而且能够引起充分的辩论；另一方面对于评价者而言，不但在编制题目方面比较方便，而且在评价被试方面也比较有效。但是，此种类型的题目需要注意的是两种备选答案一定要有同等程度的利弊，不能是其中一个答案比另一个答案有很明显的选择性优势。

3. 多项选择问题

此类问题是让被试在多种备选答案中选择其中有效的几种或对备选答案的重要性进行排序，主要考察被试分析问题实质、抓住问题本质方面的能力。此类问题对于评价者来说，比较难于出题目，但对于评价被试各个方面的能力和人格特点则比较有利。

4. 操作性问题

操作性问题，是给被试一些材料、工具或者道具，让他们利用所给的这些材料，设计出一个或一些由考官指定的物体，主要考察被试的主动性，合作能力以及在一个实际操作任务中所充当的角色。如给被试一些材料，要求他们相互配合，构建一座铁塔或者一座楼房的模型。此类问题，在考察被试的操作行为方面要比其他方面多一些，同时情景模拟的程度要大一些，但考察言语方面的能力则较少，同时考官必须很好地准备所能用到的一切材料，对考官的要求和题目的要求都比较高。

5. 资源争夺问题

此类问题适用于指定角色的无领导小组讨论，是让处于同等地位的被试就有限的资源进行分配，从而考察被试的语言表达能力、分析问题能力、概括或总结能力、发言的积极性和反应的灵敏性等。如让被试担当各个分部门的经理，并就有限数量的资金进行分配，因为要想获得更多的资源，自己必须要有理有据并能说服他人，所以此类问题可以引起被试的充分辩论，也有利于考官对被试的评价，但是对讨论题的要求较高，即讨论题本身必须具有角色地位的平等性和准备材料的充分性。

五、无领导小组讨论的程序

（一）无领导小组讨论的几个阶段

无领导小组讨论的正式测评流程包括准备阶段、自由发言阶段、讨论辩驳阶段和总结阶段这四个环节，如图 7-1 所示。

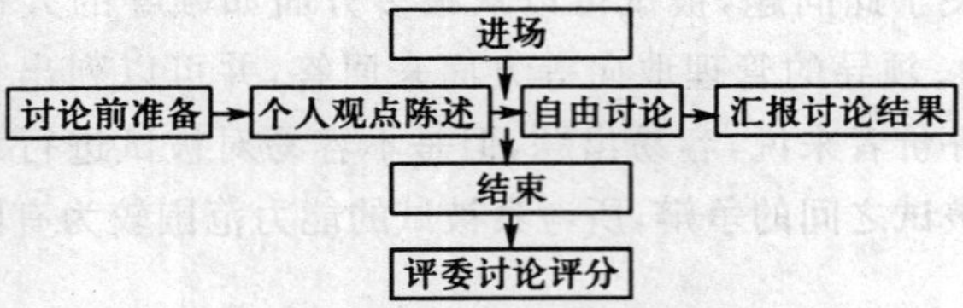

图 7-1 LGD 实施流程图

1. 准备阶段

• 主持人将介绍整个测评程序、宣读指导语。

• 被试了解试题，独立思考，列出发言提纲，时间一般为 5 分钟左右；

2. 自由发言阶段

• 被试轮流发言阐述自己的观点；要求每个人先阐明自己的观点，摆明自己的态度和立场。

• 发言顺序可以是随机的。

• 保证每个人有发言机会，给那些个性内向、表现欲不强的人提供一个展现风采的舞台。

• 评委的任务是观察记录每个发言者的内容，形成初步印象。

3. 讨论辩驳阶段

• 被试交叉辩论，继续阐明自己的观点，或对别人的观点提出不同的意见，并最终得出小组的一致意见。

• 每个被试必须充分展示自己的聪慧才智。

• 杰出者在这个阶段脱颖而出，成为小组的核心人物。

• 被试将自身的人际沟通能力、决策能力、应变能力和组织领导能力，充分展现在评委面前。

• 在整个讨论过程中，每个评委要根据自己的观察对被试的表现根据公正、客观的原则在评分要素上打分。

• 评委在评分时不能相互商量，以避免相互影响。

4. 结束总结阶段

• 各组需要推荐一名小组长进行总结发言。

• 评委需要写一份评定报告，内容包括此次讨论的整体情况、所问的问题内容以及此问题的优缺点，重点说明每个被试的具体表现、最终录用结果、自己的建议等。

(二)无领导小组讨论的程序

无领导小组讨论的具体程序是：

(1) 讨论前事先分好组，一般每个讨论组以 6～8 人为宜；尽量将报考同一或相近职位、背景相近的被试安排在同一组并排出时间表；

(2) 考场按易于讨论的方式设置，一般采用圆桌会议式，面试考官席设在考场四边(或集中于一边，以利于观察为宜)；

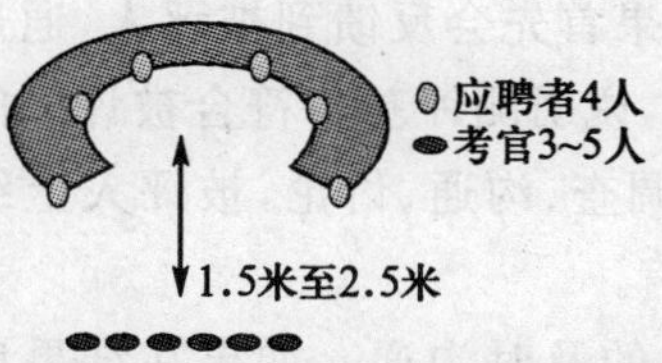

图 7-2 无领导小组讨论座位排列形式之一

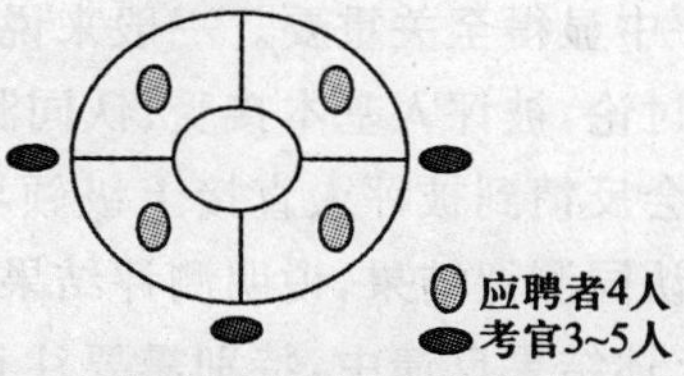

图 7-3 无领导小组讨论座位排列形式之一

(3) 被试落座后，面试考官为每个被试发空白纸若干张，供草拟讨论提纲用；

(4) 主考官向被试讲解无领导小组讨论的要求(纪律)，并宣读讨论题；

(5) 给被试 5～10 分钟准备时间(构思讨论发言提纲)；

(6) 主考官宣布讨论开始，依考号顺序每人阐述观点(5 分钟)，依次发言，发言结束后开始自由讨论；

(7) 各面试考官只观察并依据评分标准为每位被试打分，不准参与讨论或给予任形式的诱导；

(8) 无领导小组讨论一般以 40～60 分钟为宜，主考官依据讨论情况，宣布讨论结束后，收回被试的讨论发言提纲，同时收集各考官评分成绩单，被试退场；

(9) 考官观察被试行为表现，对测评要素进行打分。通常设定 7 个要素左右，将同一类行为归入相应的测评要素中，对每个要素采用 0～5 分的六个等级评分。考官分别报告自己的记录及评分结果，然后以平均分的方式，计算出最后得分，主考官在成绩单上签字。

表 7-1 无领导小组讨论观察记录表

测评要素	候选人					
	一号	二号	三号	四号	五号	六号
发言次数						
善于提出新的见解和方案						
敢于发表不同意见						
支持或肯定别人意见或坚持自己正确的意见						
消除紧张气氛						
说服或调解						
创造一个使不大开口的人发言的气氛						
把小组意见引向一致						
发言清楚						
分析概括或总结作决议						
口述技巧						
非语言表情、随机应变						
发言的主动性						
反应灵敏						
评定等级						

(三)结果反馈

整体性人力资源开发强调测评的服务性和后效性,因此,测评结果的反馈在完整的测评中显得至关重要。一般来说,测评结果首先会反馈到被评人,通过与被评人沟通、讨论,被评人基本接受、认同测评结果,说明测评基本符合被评人的自我认知;其次会反馈到被评人直接上级领导,通过调查、沟通、讨论,被评人上级领导基本接受、认同测评结果,说明测评结果基本可信。

在上述结果反馈中,特别需要注意反馈时的及时沟通。如果在结果反馈时缺乏与被评人沟通或沟通效果不好,一方面会使无领导小组讨论失去其应用价值,另一方面也可能导致被评人的某些消极行为,这对组织建设或是个人发展都是不利的,因此需要慎重对待。

六、无领导小组讨论的评分

一般而言,对于无领导小组讨论的评分有以下三种方式:

(1)各考官对每个被试的每一个测评要素打分。

(2)不同的考官对不同被试的每一个测评要素打分。

(3)各考官分别对每个被试的某几个特定测评要素打分。在具体实施期间,考官之间可根据考官水平和考官特长等具体情况,有针对性地选择使用某一种计分方式。

无领导小组讨论在评价时的注意事项:

在无领导小组讨论的测评方法中,需要注意的事项是确定清晰的测评要素和观察点对被测评者进行评价。表 7-1 是一个无领导小组讨论的评分表格和观察点。

请按照表 7-1 中的测评要素分别对每个被测评者进行评价,在每个测评要素上按照 1~5 分来打分,5 分是非常好,1 分是非常不好。

各测评要素还应注意提供具体的观察点。例如,对于沟通能力,其观察点可以是清晰简洁地表达自己的意思,善于运用语音、语调、目光和手势,在他人发言时认真倾听,强调自己的观点时有说服力。

七、模拟试题

试题一:无领导小组讨论模拟试题讨论题

近年来,消极腐败现象引起了广大人民群众的强烈不满,成为社会舆论的一个热点问题。导致腐败现象滋生蔓延的原因很多,人们把它归纳为以下 10 个方面:

(1)所谓"仓廪实而知礼节,衣食足而知荣辱",由于现在是社会主义初级阶段,市场经济还不发达,人民群众的物质生活水平不高,贫富差距拉大.造成"笑贫不笑娼"等畸形心态。

(2)商品经济、市场经济的负面效应诱发了"一切向钱看"的倾向,导致拜金主义和个人主义泛滥。

(3)国家在惩治腐败问题上,政策太宽,打击不力。

(4)精神文明建设没跟上,从而形成"一手硬一手软"的现象。

(5)与市场经济发展相配套的民主制度与法律法规不健全。

(6)十年动乱时期国家穷、人民穷,腐败现象少;现在国富民康,所谓"饱暖思淫欲",这助长了腐败的蔓延。

(7)谁都恨腐败,但对腐败问题无能为力,有时自觉或不自觉地参与或助长腐败行为。

(8)中国传统封建意识中的"当官发财"、"当大官发大财"、"不捞白不捞"等思想死灰复燃,一些干部"为人民服务"思想淡化。

(9)随着改革开放的深入,西方不健康思潮涌入我国,给人们以消极影响。

(10)有人认为,腐败在任何社会、任何国家都不可避免,它是人类社会无法根除的"毒瘤"。

问:你认为上述10项中,哪3项是导致腐败现象滋生蔓延的主要原因(只准列举三项)?并阐述你的理由。

被测评者须知:

(1)被测评者接到"讨论题"后,用5分钟时间拟写讨论提纲。

(2)按考号顺序每人限3分钟发言阐述自己的基本观点。

(3)依次发言结束后,被测评者用5分钟时间进行自由交叉辩论。在辩论过程中,被测评者可更改自己的原始观点,但对新观点必须明确说明。

(4)辩论结束后,被测评者将拟写的发言提纲交给主考官,被测评者退场。

(5)评分要素及权重:发言主动性(15%);论点明确性(15%),综合分析与论证说理能力(40%);组织、领导能力(30%)。

试题二:无领导小组讨论

情景:你们正乘坐一艘科学考察船航行在大西洋的某个海域。考察船突然触礁并立即下沉,队长下令全队立即上橡胶救生筏。据估计,离你们出事地点最近的陆地在正东南方向1000海里处。救生筏上备有15件物品,除了这些物品以外,有些同志身上还有一些香烟、火柴和气体打火机。

问题:现在队长要求你们每个人将救生筏上备用的15件物品按其重要性进行排列,把最重要的物品放在第一位,次重要的放在第二位,直至第15件物品。请你们一起讨论,在25分钟内定出一个统一方案。

附:排序用的物品

指南针、剃须刀、镜子、饮用水、蚊帐、机油、救生圈(一箱)、压缩饼干(一箱)、小收音机(一台)、航海图(一套)、二锅头(一箱)、巧克力(二斤)、钓鱼工具(一套)、15尺细缆绳、驱鲨剂(一箱)、30平方尺雨布一块

试题三:有领导小组讨论

捷迅公司是一家中等规模的汽车配件生产集团。最近由于总经理临近退休,董事会决定从该公司的几个重要部门的经理中挑选接班人,并提出了三个候选人。

这三位候选人都是在本公司工作多年，经验丰富，并接受过工作转换轮训的有发展前途的高级职员。就业务而言，三个人都很称职，但三个人的领导风格有所不同。

贾旺。贾旺对他本部门的产出量非常满意。他总是强调对生产过程和质量控制的必要性，坚持下属人员必须很好地理解生产指令，并迅速、准确、完整地执行。当遇到小问题时，贾旺喜欢放手交给下属去处理；当问题严重时，他则委派几个得力的下属去解决。通常他只是大致规定下属人员的工作范围和完成期限，他认为这样才能发挥员工的积极性，获得更好的合作。贾旺认为对下属采取敬而远之的态度是经理最好的行为方式，亲密关系只会松懈纪律。他不主张公开批评或表扬员工，相信每个员工都心中有数。贾旺认为他的上司对他现在的工作成绩非常满意。贾旺认为在管理中的最大问题是下级不愿意承担责任。他认为，他的下属可以把工作做得更好，如果他们尽力去做的话。他还表示不理解他的下属如何能与前任——一个没有多少能力的经理——相处。

李东生。李东生认为应该尊重每一位员工。他同意管理者有义务和责任去满足员工需要的看法。他常为下属员工做一些小事：帮助员工的孩子上重点学校，亲自参加员工的婚礼，同员工一起去郊游等，他还送给一些员工展览会的参观券，作为对员工工作的肯定。李东生每天都要到工作现场去一趟，与员工们交谈，共进午餐。他从不愿意为难别人，他还认为贾旺的管理方式过于严厉，贾旺的下属也许并不那么满意，只不过在忍耐而已。李东生注意到了管理中存在的不足，不过他认为大多是由于生产压力造成的。他想以一个友好、粗线条的管理方式对待员工。他也承认本部门的生产效率不如其他部门，但他相信他的下属会因他的开明领导而努力地工作。

李邦国。李邦国认为作为一个好的管理者，应该去做重要的工作，而不是把时间花在与员工握手交谈上。他相信如果为了将来的提薪与晋职而对员工的工作进行严格考核，那么他们会更多地考虑自己的工作，自然地会把工作做得更好。他主张，一旦给员工分派了工作，就应该让他们以自己的方式去做，可以取消工作检查。他相信大多数员工知道自己应该怎样做好工作，如果说有什么问题的话，那就是本部门与其他部门的职责分工不清，有些不属于他们的任务也安排在他的部门，但他一直没有提出过异议，因为他认为这样做会使其他部门产生反感。他希望主管叫他去办公室谈谈工作上的问题。

要求被试分别以推举候选人的董事身份，参加讨论，决定总经理的最终人选。

应试者须知：

(1) 应试者接到“讨论题”后，用5分钟时间拟写讨论提纲；

(2) 按考号顺序每人限3分钟阐述自己的基本观点；

(3) 依次发言结束后，应试者用30分钟时间进行自由交叉辩论。在辩论过程中，应试者可更改自己原始的观点，但对新观点必须明确说明；

(4) 辩论结束后，应试者将拟写的发言提纲交给主考官，应试者退场。

评分要素及权重：言谈举止得体(5%)；发言主动生动(15%)；论点准确

(15%)；综合分析与论证说理能力(15%)；提纲挈领(20%)；组织、领导能力(30%)。

案例

无领导小组讨论的案例

假设你是某面包公司的业务员。现在公司派你去偏远地区销毁一卡车的过期面包(不会致命的,无损于身体健康)。在行进的途中,刚好遇到一群饥饿的难民堵住了去路,因为他们坚信你所坐的卡车里有能吃的东西。这时报到难民动向的记者也刚好赶来。对于难民来说,他们肯定要解决饥饿问题;对于记者来说,他是要报道事实的;对于作为业务员的你来说,你是要销毁面包的。现在要求你既要解决难民的饥饿问题,让他们吃这些过期的面包(不会致命的,无损于身体健康),以便销毁这些面包,又要不让记者报到过期面包的这一事实,请问你将如何处理?

说明:(1)面包不会致命。(2)不能贿赂记者。(3)不能损害公司形象。

(一)实施分析

1. 案例角色:业务员、记者、一群难民、某面包公司

2. 利益分析:

单方利益分析

(1)对于难民来说,他们肯定要解决饥饿问题,绝不会放过这辆卡车上的食品;

(2)对于记者来说,他是要报道事实、寻求新闻价值最大化的;

(3)对于业务员来说,你是要销毁面包的,同时要维护公司信誉形象。

双方利益分析

(1)难民与业务员:难民吃掉一卡车面包,不仅解决了自己的饥饿问题,也帮助业务员完成了销毁过期面包这个任务,因此在难民与消费者之间不存在利益冲突。

(2)难民与记者:记者寻求的是新闻价值最大化,而难民一直是记者挖掘新闻的素材;难民也希望通过新闻媒体的报道,能够引起社会的关注,得到一些人道援助。

(3)业务员与记者:前面分析过了,难民是不会轻易放过这两卡车上的食品的。业务员与记者的最大利益冲突在于,如果难民吃了过期面包,那么事实的报道将有损于公司的形象。

(二)问题界定

通过以上的利益分析,发现问题主要发生在业务员与记者之间的利益冲突上。因为记者是刚刚赶来的,所以他还不知道车上的面包是否过期,而一旦难民吃了面包,那么他就知道了事实。难民一定是要吃的、记者一定是要报道的,业务员是一定要销毁面包的。业务员要么不给、要么给。案例中由于对"一群难民"的概念还是模糊不清,到底是100个难民还是1000个难民呢,到底能不能保证一群难民全部消费掉这辆卡车上的食品呢?这些都不清楚,因此给的话,对公司形象将大大不

利;不给的话,时间持续下去,难民势必会哄抢食品,这就造成了一起突发事件。所以最终将问题界定为一起危机事件的处理。

(三)解决方案

通过对以上的问题界定,讨论出以下的解决方案:

(1)业务员不能主动给难民过期食品,而应僵持下去,让他们自动哄抢食品。在难民哄抢食品并开始吃的时候,业务员应大声疾呼,果断"伪叫",假装阻止难民哄抢过期面包,同时大喊记者过来一起制止,这样可以向记者表明,业务员的本意即他根本就没有打算让难民吃过期的面包。

(2)业务员应及时打电话回总部,叫总部运来一车新鲜的面包,以解决难民的饥饿问题,并向总部解释发生的事情以及自己的解决方法。在这个过程中,难民由于饥饿难忍会"消费掉"一些过期面包。

(3)待总部送来新面包之际,应及时和记者沟通,做好企业公关工作。如果记者因为对此次事件的报道而采访业务员,业务员就应该利用这个机会大打企业公关牌,比如为记者拟好明天报道的题目"过期食品遭哄抢,某公司显真情",等等。其实这些都是把这一危机事件当做公关危机来处理的方法。

(四)方案评估

本方案既解决了记者的报道问题,又消耗了一定的过期面包,同时还借助这一事件,大大宣传了企业的人文关怀精神和社会责任感,其付出的代价仅仅是一卡车的新面包而已,就算是几百万的广告都很难达到的这样的公共效应。

第三节 管理游戏

在评价中心技术中,有一种趣味性极强的情景模拟测评方法,它不仅在人力资源测评中得到广泛的应用,同时也被应用于管理培训中,受到培训师的青睐,这种方法就是管理游戏。

一、管理游戏的概念

管理游戏(Management Game)是一种以完成某项"实际任务"为基础的团队模拟活动,通常采用小组形式进行,数名被测评者(通常 6 ~ 10 人)组合成一个小组,就给定的材料、工具共同完成一项游戏任务,并在任务结束后就某一主题进行讨论交流。在游戏中,每个小组成员各被分配一定的任务,有的游戏还规定了小组成员的角色,不同的角色的权限不同,但不管处于什么角色,要想完成任务,所有的成员都必须合作;在游戏的过程中,测评者通过观察被测评者在游戏中的行为表现,对预先设计好的某些能力与素质指标进行评价。

管理游戏是一种社会性的游戏,它通常经过严密的组织和设计,要求参与者必须严格遵守游戏规则,通过团队合作,解决某些问题,进而完成任务。根据游戏要解决的问题类型，可以将管理游戏分为会议游戏、销售游戏、创造力游戏、破冰游戏、团队建设游戏、压力缓解游戏、激励游戏等。

管理游戏作为评价中心技术的一种测评方式，其复杂程度是评价中心技术中最高的，另外，与其他方式相比，其使用频率相对偏低，但是它的测评效度较高。

二、管理游戏的优点与缺点分析

管理游戏的优点在于：

第一，集中考察被测评者的多种能力。管理游戏是为了解决某一问题或达到具体目的而设计的，被测评者在游戏过程中参与问题的解决，集中反映了多种能力素质。

第二，模拟内容更接近于实际工作情况，真实感强。例如在一个游戏中，被测评者的任务是用木材建造一个很大的“房子”，两名辅助人员被指定作为“农场工人”接受被测评者的指挥，协助建造“房子”。按照游戏的设计，工人A表现得被动懒惰，如果没有明确的命令，他就什么也不干；工人B则好斗鲁莽，总是用不现实、不正确的方法工作。其实，A和B是游戏中设计的情境，他们按照测评者的指令干扰和批评被测评者的建造方案。在这个游戏中，被测评者置身于真实的冲突环境中，需要其具有良好的情绪控制能力、领导能力以及指挥能力来完成任务。

第三，形式活泼，趣味性强。管理游戏将复杂的测评内容与有趣的游戏结合起来，形式活泼，消除了被测评者的紧张感，使他们在游戏的过程中得到乐趣；游戏结束后，通常会安排讨论，讨论的过程会揭示蕴含在游戏中的深刻寓意，被测评者可以从中受到启发；同时，游戏的趣味性容易激发被测评者潜在的能力以及创造性解决问题的能力。

第四，测评效度高。在管理游戏测评过程中，由于被评价者处于一种更为放松的状态，其行为表现会更加真实，可以减少掩饰的机会，提高测评的效度。

管理游戏的缺点在于：

第一，管理游戏对环境、道具的要求较高，且需要花费大量的时间去组织与实施。大多数管理游戏都要设置特定的场景，一些游戏还需要在户外进行，且根据游戏内容的不同要准备各种有形的道具，比如在小溪任务中，需要选择特定的户外环境，以及滑轮、木板、绳索以及粗大的圆木等道具。

第二，操作不便，难于观察，对测评者要求较高。通常在游戏中，成员完成任务时要来回走动，这时测评者的观察难于进行，假如测评者要观察一个以上被测评者的行为，问题就更为复杂。鉴于这种活泼的测评形式，在游戏过程中往往会产生混乱状态，测评者要在这样的情形中仍能观察并评价被测评者细小的行为表现，确实需要测评者具有很高的水准。

第三，完成游戏所需时间较长。由于这种测评形式兼具行为运动与脑力活动的特点，管理游戏通常比其他测评方法耗费更多的时间，大部分需要一个小时才能完成，一些要求较高的游戏则需两个小时甚至更多时间。

三、管理游戏实施中的注意事项

管理游戏作为一种有效的人力资源测评方法，虽然目前在评价中心技术中使用频率并不高，但凭借其无可替代的优势，一定会在人力资源测评中发挥越来越重要的作用；当然，在实践过程中，也会不断改进，减少管理游戏的缺点对测评效果的影响，从而更加具有使用价值。管理游戏的复杂程度是评价中心技术各种测评方法中最高的，因此，在具体实施过程中，有一些问题值得注意：

(1)结合我国的实际使用管理游戏，企业在使用管理游戏时应结合我国的实际工作需要，对其进行相应的修正和补充，甚至需要针对我国不同岗位分别设题目。如对市场、渠道销售等岗位人员的选拔，就有必要根据其特殊要求，通过设立更多的模拟实际工作样本的情境，重点考察被试的演讲水平、分析判断能力、灵活性等具体的技能和特征。

(2)按照对岗位的具体要求，对认知能力和人格测验的作用进行具体分析、区别对待。国外的企业更看重人格，而我国的企业更看重具体能力，因此，对于国外的管理游戏评价中心而言，需要考虑在中国文化背景下，该测验在评价中心中究竟该起多大作用。如在提升问题上，企业在使用评价中心前，应当首先明确是看重被试的能力，还是人格，并依此对评价中心的人格测验项目本身及其权重进行修改和调整。

(3)管理游戏的设计目的要明确，不能过于复杂，要便于理解和操作；要详细设计游戏中的角色分工，以免出现不利于游戏协调运作的情况。

(4)在游戏实施前，要给被试留有充足的时间，以便理解游戏和准备游戏，思考如何将管理的理论知识和基本原理应用到游戏中去；由于管理游戏的形式活泼，需给被测评者自由发挥的空间。

(5)测评场所的安排。管理游戏的测评场所类似于拓展培训游戏的实施，一般在宽敞、明亮的房间内，或根据游戏的要求安排在野外。整个测评过程应该确保被测评者所受的干扰最小化，被测评者与测评者之间应有一定的距离，既要保证所有测评者都能看清被测评者的活动内容，又要保证被测评者不会因为和测评者太近而产生被监视的情绪，使其无法表现正常的能力素质。

(6)测评者的选择与培训。由于管理游戏的复杂程度高，对测评者的要求也较高，因此选择测评者的标准是至少应包括熟悉管理游戏的培训师、心理学专家、人力资源管理咨询师、目标职位直接上级或公司的中高层领导；同时，为了保证测评人员的技术水平，在实施测评前，应对测评者进行有针对性的培训，培训内容包括：熟悉测评能力素质维度、行为观察及评估的技巧、评价的统一标准和尺度等。

(7)在游戏进行过程中，要监控整个游戏运作过程，保证正确进行游戏操作，并保证游戏进行的进度；在游戏过程中发生意外的可能性也较其他测评方式大，组织者应采取有效措施尽量避免意外的发生。

以下列举几种常见的问题的应对方法：

①事先准备备用游戏。当原定游戏因某种情况不能使用时，可以用备用游戏

替换，如室外游戏由于天气的原因无法进行时，可以用备用的室内游戏替代，另外，在开始游戏前，务必检查道具是否有遗漏或错误；

②控制游戏成员间的互动过程。有些被测评者试图通过游戏来展示自己，但表现过于夸张，影响了游戏的正常进行，或者有的测评者在游戏中让他人遭受失败或羞辱，此时组织者应适当控制，使游戏回到正常的轨道上；

③提醒游戏目的。管理游戏的趣味性易造成被测评者忘掉游戏的测评目的，因此，在游戏过程中应避免只为游戏而游戏，经常提醒被测评者游戏的目的，同时，游戏中要注重对被测评者的引导。

四、在培训中管理游戏的应用

培训游戏已成为开发人力资源的重要方式，不仅让受训人员兴趣较高，还可间接传递企业哲学。曾有一个较有名的“建塔”游戏，要求员工在15分钟内，用报纸和透明胶纸在地上搭一个塔，越高越好。在完成过程中员工发现：垒到一定高度后，塔根本站不住。员工们纷纷在每个脆弱关节处加固，还是站不稳。最后找到解决办法：用胶纸从四个方向把塔身和地面连起来，起到平衡作用。在培训师的启发下，受训人员开始明白，企业文化犹如强大的黏合剂，能使企业各部分良好有效地结合在一起。不过，在管理游戏中能否做到有效引导，并把握好现场的互动，往往是影响管理游戏实施效果的关键因素。

首先，要学会巧妙提问。通过提问帮助学员对游戏规则逐一理解，发现学员偏离游戏规则，应通过提问，给予及时辅导。分享阶段，应通过设计精辟的问题，让学员自己领悟并寻找答案。

其次，善于组织小组讨论及大组分享。一般游戏方案的制订、游戏结果的分享，都是通过小组讨论进行的。对精彩之处，要及时给予肯定，并加以总结和发挥。

再次，要重视角色的扮演。角色的产生一般用主动报名方式，培训师应给予必要的辅导。在表演结束，表演者谈完感想后，由观察者给予赞赏性和建设性两方面的反馈，最后由讲师进行总结性辅导

案例

管理游戏案例

(一)“听与说”游戏

角色分配：

(1)孕妇：怀胎八个月

(2)发明家：正在研究新能源(可再生、无污染)汽车

(3)医学家：经多年研究的艾滋病的治疗方案，已取得突破性进展

(4)宇航员：即将远征火星，寻找适合人类居住的新星球

(5)生态学家：负责热带雨林抢救工作

(6)流浪汉

游戏背景：私人飞机坠落在荒岛上，只有6人存活。这时逃生工具只有一个只能容纳一人的橡皮气球吊篮，没有水和食物。

游戏方法：针对由谁乘坐气球先行离岛的问题，各自陈诉理由。先复述前一人的理由再申述自己的理由。最后，由大家根据复述别人逃生理由的完整性与陈述自身理由充分性，自行决定可先行离岛的人。

游戏说明的道理(可以请学员一起谈看法)：

(1)认真聆听别人说的话，记住别人的想法，这样别人才会相信你，才会让你去求救。由此可见，聆听非常重要。

(2)根据学员的表现评价：好的表达/坏的表达。

(二)踢足球

形式：6个人一组为最佳

类型：指导、帮助其他组员学习技能

时间：15分钟

材料及场地：每组一个球门及一个足球，在空地进行

适用对象：参加领导力训练的全体人员

活动目的：用于说明在指导下属或同事工作或交代任务时所需要的技巧。

操作程序：培训师把球门及足球发给小组，球门与射球的地方相隔8米，给每小组十分钟的练习时间，之后进行比赛。每组要踢十个球，每人至少要有一次踢球机会。进球最多的小组为胜组。

有关讨论：

(1)你们小组是否具有这方面的技巧的成员，如果有成员在这方面比其他成员更有优势，那么这些成员应该怎样教其他人也具备这方面的技巧？

(2)不懂执行这一任务的组员们，你们当时怎样想，自己用什么方法来完成任务，是否有学习的欲望，向其他组员学习有没有障碍，这些障碍是什么？

(三)他的授权方式

形式：8人一组为最佳。

时间：30分钟。

材料：眼罩4个，20米长的绳子一条。

适用对象：全体参加团队建设及领导力训练的学员

活动目的：让学员体会及学习，作为一名主管在分派任务时通常犯的错误以及改善的方法。

操作程序：

(1)培训师选出一名总经理、一名总经理秘书、一名部门经理，一名部门经理秘书，四名操作人员。

(2)培训师把总经理及总经理秘书带到一个看不见的角落，给他说明游戏规则：

—总经理要让秘书给部门经理传达一项任务，该任务就是由操作人员在戴着眼罩的情况下，把一条20米长的绳子做成一个正方形，绳子要用尽。

—全过程不得直接指挥，一定是通过秘书将指令传给部门经理，由部门经理指挥操作人员完成任务。

—部门经理有不明白的地方也可以通过自己的秘书请示总经理

—部门经理在指挥的过程中要与操作人员保持5米以上的距离。

有关讨论：

作为操作人员，你会怎样评价你的这位主管经理？如果是你，你会怎样来分派任务？

作为部门经理，你对总经理的看法如何？对操作人员在执行过程中看法如何？

作为总经理，你对这项任务的感觉如何？你认为哪方面是可以改善的？

(四)囊中失物

形式：11～16个人为一组比较合适

材料与场地：有规律的一套玩具、眼罩

适用对象：所有人员

时间：30分钟

活动目的：

让学员们体验解决问题的方法，学员们之间面对同样一个问题所表现出来的态度，如何达成共识，并进行配合以便共同解决问题。

操作程序：

(1)培训师用袋子装着有规律的一套玩具、眼罩，宣布游戏规则：

我有一套物品，我抽出了一个，之后给了你们一人一个，现在你们通过沟通猜出我拿走的物品的颜色和形状。全过程每人只能问一个问题“这是什么颜色，”我就会回答你，你手里拿着的物品是什么颜色，但如果同时有很多人提问，我就不会回答。全过程自己只能摸自己的物品，而不得摸其他人的物品。

(2)现在培训师让每位学员都戴上眼罩。

有关讨论：

你的感觉如何，开始时你是不是认为这完全没有可能，后来又怎样呢？

你认为在解决这一问题的过程中，最大的障碍是什么？

你对执行过程中，大家的沟通表现的评价如何？

你认为还有什么改善的方法？

(五)瞎子摸号

活动目的：

让学员体会沟通的方法有很多，当环境及条件受到限制时，你是怎样去改变自己，用什么方法来解决问题的。

形式：14～16个人为一组比较合适

类型：问题解决方法及沟通

时间:30 分钟

材料及场地:摄像机、眼罩及小贴纸和空地

适用对象:参加团队建设训练的全体人员

操作程序:

(1)让每位学员戴上眼罩。

(2)给了他们每人一个号码,但这个号码只有本人知道。

(3)让小组根据每人的号数,按从小到大的顺序排列出一条直线。

(4)全过程不能说话,只要有人说话或脱下眼罩,游戏便结束。

(5)全过程录像,并在点评之前放给学员看。

有关讨论:

你是用什么方法来通知在小组中你的位置和号数?

沟通中都遇到了什么问题,你是怎么解决这些问题的?

你觉得还有什么更好的方法?

(六)拼图游戏

目的:沟通类、团队训练

人数:适合 4～16 人为一组

道具:硬纸若干

说明:

(1)制作 15 张硬纸,将其打乱分拆成 5 份装入信封。

(2)小组内每人得到一个信封,小组的任务是将信封内的卡片拼装成相同形状的正方形。

规则:

(1)全过程不许交流。

(2)每人手里拿到的卡片只许给别人,但不能从别人的手里拿卡片(不能帮助别人拼图)。

任务:小组内的每个人将散乱的图片拼成同样大小的正方形,最快的小组获得胜利。

陷阱:每个人自己完成后就认为 OK 了,就不愿将自己的纸片交给别人了。(不能自己完成就算了)。

点评:状况共有。

目标:

5 个人拼成同样大小的拼图才算完成任务。交换纸片即是交换资源。

在统一目标的指引下,资源信息要共享,彼此愿意、善于分享,将组织利益置于个人利益之上才是真正的“状况共有”。

第四节 文件筐测验

“公文处理测验”又称公文筐测验、文件筐测验、篮中训练法(In-basket)，是面试评价最常用和最核心的技术之一。作为一种个人综合性笔试测验，它是对管理人员的潜在能力进行测定的有效方法，特别适合于中、高级管理人员的能力测评，是考查授权、计划、组织、控制和判断等项能力素质的测评方式。在这种测评方法中，要求被试阅读和处理备忘录、信函等一系列文字材料，其涉及的问题随被试拟任岗位要求的不同而变化。一般做法是让被试在限定时间(通常为1～3小时)内处理事务记录、函电、报告、声明、请示及有关材料等文件，内容涉及人事、资金、财务、工作程序等方面。一般只给日历、背景介绍、测验提示和纸笔，被试在没有旁人协助的情况下回复函电，拟写指示，作出决定，以及安排会议。评分除了看书面结果外，还要求被试对其问题处理方式作出解释，根据其思维过程予以评分。

文件筐测验最基础、最重要的工作是测试题目的设计，也就是呈现给被试的各类书面文件，它决定了测评结果的信度和效度。一般来讲，文件筐内装的是十几份甚至更多的诸如备忘录、请示、信函、报表等书面形式的文件，这些文件的信息来源有上级和下级，有内部也有外部，内容涉及内部管理、人事、财务、生产、市场、政策法规、客户、公共关系等方面，其中有些是日常琐事，有些是紧急事务，也有重大事宜，但这些问题都是围绕目标职位可能遇到的状况进行设计的。文件筐测验的所有题目都来自于管理工作的实战，通过考察被试在处理具体业务中的表现，评估其关键能力。例如，如果是录用一般管理岗位的人员，问题可能仅仅涉及理解并遵循指令，安排日常事务性工作，文稿归类整理，协调各方面执行等任务，而对于高层次的管理人，则可能涉及十分广泛的问题，诸如人事安排，人事关系，财政支出与控制下属的能力，内部关系和组织结构等。

文件筐测验的适用对象为具有较高学历的人(大专以上)或企业的中、高层管理者(部门经理以上)，它可以为企业有针对性地选拔中、高层管理人员或考核现有管理人员。文件筐测验的所有题目都来自于管理工作的实战，通过考察被测评者在处理具体业务中的表现，评估其关键能力，主要用作评价和选拔管理人员、提高管理人员的管理技巧、解决人际冲突和组织内各部门间的摩擦的技巧，以及为人力资源计划和组织设计提供信息。在实际运用中，文件筐测验主要通过从业务角度和技能各角度对管理人员进行测试来帮助企业选拔优秀的管理人才或考核现有管理人员，测试通过对被试的计划、授权、预测、决策、沟通等方面能力，特别是针对被试对综合业务信息处理，审时度势、全面把握、运筹自如的素质，来考察其作为高层管理者综合性管理技能。尤其是考察经理一级管理者的胜任能力，测验考察的能力定位于管理者从事管理活动时正确处理普遍性的管理问题，有效地履行主要管理职能(包括计划、组织、预测、决策、沟通等)所具备的能力。它需要被试具有对多方面管理业务的整体运作能力，包括对人、财、物、信息等多方面的控制和把握。

一、文件筐测验的形式

文件筐测验的形式，按其具体内容可分为三种形式：

(一)背景模拟

这种形式在正式开始之前便告诉被试所处的工作环境，所要扮演的角色，组织所处的地位，上级主管领导的方式、行为作风，情境中各种角色人物的相互需求等信息，用以测评被试的准备与反应的恰当性。

(二)公文类别处理模拟

这种处理模式分为三类：

(1)所需处理的公文已有正确结论，是已经处理完毕归入档案的材料，用这样的公文让候选人处理，是要检验候选人处理得是否有效、恰当、合乎规范。

(2)所需处理的公文条件已具备，要求候选人在综合分析的基础上作出决策。

(3)所需处理的公文尚缺少某些条件或信息，看看候选人是否能够发现问题和提出进一步获得信息的要求。

(三)处理过程模拟

这种形式要求被试以领导角色的身份参与公文处理活动，并尽量使自己的行为符合角色规范。公文处理的测评方法便于操作，效度也很高，因为测试情景与工作情景几乎一致。对于候选人的处理方式的评估。由几名评估员在评分基础上讨论决定。

二、文件筐测验分析

(一)文件筐测验特点

文件筐测验具有以下特点：

实战性：文件筐测验的所有题目均来自于管理工作的实践，是基于高级管理人员的特点设计的，它自然也最符合高级管理者的职位特点、职责内涵。

仿真性：文件筐测验力求模拟目标职位现实中真实发生的管理情境，让被测扮演目标职位管理者的角色，具有高度似真性。

机动性：文件筐测验可以根据不同目标职位的特点、所面临的难题和困境以及需要评价的测评要素有针对性地编制题目，内容灵活多变，表面效度高。

操作性：文件筐测验提供给被测的背景信息、测试问题以及被测对文件的处理意见都是以书面形式呈现的，测验便于操作，可多人同时实施。

多用性：文件筐测验除用作评价、选拔管理人员外，还可用于考核和培训。它能够有效提高管理者的管理技巧，选拔过程也就是培训过程。

(二)文件筐测验优点

(1)考察内容范围十分广泛。测评被测的依据是文件处理的方式及理由，是静态的思维结果。因此，除了必须通过实际操作的动态过程才能体现的要素外，任何背景知识、业务知识、操作经验以及能力要素都可以涵盖于文件之中。借助于被测对文件的处理来实现对被测素质的考察。

(2)表面效度很高。文件筐测验采用十分类似应聘职位中常见的文件,甚至有的直接就是应聘职位中常见的文件。因此,被测如果能够妥善处理测试公文的话,那么他就能理所当然地被认为具备职位所需的素质。

(3)应用范围大、灵活性高。考察内容范围的广泛使得文件筐测验具有广泛的实用性,并且表面效度高,易为接受,因此文件筐测验在众多公选考试测试中普遍使用。从形式上看,文件筐测验把被试置于模拟的工作情景中去完成一项任务,与通常的纸笔测验相比,显得生动而不呆板,较能吸引被试的答题兴趣。

(4)高度似真性。文件筐测验完全模拟现实中真实发生的经营、管理情景,对实际操作有高度似真性,因而预测效度高。文件筐测验高度仿真和接近管理实战,非常有利于激发被测的积极性和创造性,对于在很短的时间内全面、准确掌握管理者的能力、潜能以及个性心理特征的某些关键要素具有不可替代的重要作用,是不折不扣的“管理者实战演习”。两小时左右的文件筐测验对被测自身综合素质状况、经验积累、专业知识和相关知识的系统整合与娴熟应用的考察效果为其他许多人事测验所望尘莫及。

(5)综合性强。文件筐测验的测试材料涉及日常管理、人事、财务、市场、公共关系、政策法规等行政机关的各项工作,因此,能够对高层及中层管理人员进行全面细致的测评与评价。文件筐测验可以同时从多个维度上评定一个人的管理能力,这些能力是知识、经验和智力相互作用和整合的结果,具有综合性。这些题目的设计也可以因不同的工作特征和所要评价的能力的不同而不同,具有一定的灵活性。

(6)和无领导小组讨论等其他情境模拟测验相比,文件筐提供给被试的背景信息、测验材料和要求的作业都以书面的形式来完成和实现,比较简便,对实施者和场地的要求最低,既可以采取个别的方式施测,也可以采取团体的方式施测,只要评价者给予被试者相同的指导语就可以了。

(7)文件筐测验具有跨文化、跨地区、跨行业和跨企业规模的普遍适应性。据统计,欧美发达国家和日本在选拔、评价管理人员时最常用的技术就是评价中心,而评价中心中文件筐测验的使用频率高达95%。

文件筐测验效度和信度极高(信度相关系数为0.92)且操作方便,在以往的四十年中已为各国企业的人才招聘选拔、人才评价和管理人员培训需求分析立下了汗马功劳。近几年来,文件筐测验在企业管理工作中的价值和作用也逐步得到中国管理理论界及企业界人士的高度重视。

(三)文件筐测验缺点

(1)对公文的编制人员要求很高。

(2)花费的精力和费用都比较高。编制文件筐测验需要结合实际的拟任职位特征和要求,共同研究开发新的合适的题目,收集不同的文件,并对文件进行典型化处理,将各个文件串联起来成套编制并标准化,这本身就是一个需要花费大量时间的过程。文件筐测验的试题不论从设计、实施到评分都需要较长时间的研究与筛选,都必须投入相当大的人力、物力和财力才能保证较高的表面效度,因此成本会很高。

(3)对评价者要求高。不同的评价者之间在测评过程中会有不同的认识,尤其是专业人员和实际工作者之间的认识有较大的差异。鉴于此,文件筐测验结果的评价应由专家指导,否则会由于评价尺度把握不准而无法取得好的效果,而在具体实践中专家并不容易请到,因此这就使得文件筐测验很难大规模推广使用,西方国家也一般只是在选拔高级管理人员和高级官员时才使用。

(4) 评价的客观性难以保证。在缺少人际沟通能力评价的文件筐测验中,由于被试是单独作答,因此很难看到他们与他人交往的能力。虽然文件筐测验采用纸笔的形式和较为标准的考试程序,但是它所包含的公文的题目基本上都是采用开放式的方式,要求被试主观作答。由于被试在经验、背景、管理理念、基本素质等方面存在个体差异,其处理公文的行为方式也是不尽相同的。一个经常与公文打交道的企业中层管理者,由于受到企业文化和企业的做事风格的影响,在做此类的测验时就很容易按照工作习惯来处理,一些真实的能力被隐藏了起来。这会影响到评价者给予他的评价。

(5)评分比较困难。对一份文件的处理,除了受个人素质的影响,机构、氛围、管理观念等不同也会对其有很大影响。显然政府机关与公司企业、私营企业与国有企业对有关文件的处理是大相径庭的。在我国从事实际工作的人们往往缺乏对招聘单位管理或经营状况的深入了解,因而文件如何处理才能充分表明被测具备招聘职位所需素质,专业人员与实际工作者往往存在理解上的差异。因此,评分不容易把握。

另外,文件筐测验采用静态的纸笔考试,每个被试都是自己独立完成测验,评价者与被试之间没有互动的交流,所以评价者很难对被试实际当中与他人交往的能力和人际协调能力直接进行判断和评价。

(三)注意事项

由于文件筐这种测评技术使用起来需要投入一定的人力、物力和财力,因此在决定使用文件筐测验前应当分析以下因素:

(1)文件筐测验的测试题目设计、评分标准和确定过程,只有通过深入地研究与筛选,才能保证较高的效度,因此精力、时间和费用花费较多。从企业成本控制的角度分析,文件筐测验适用于担负重大职责、战略性关键职位,一般为高中级管理职位,而用于基层管理者则可能得不偿失。

(2)文件筐测验是综合性测验,主试官首先要对被测的文件处理书面结果和他在测验过程中的行为表现进行判断和评价,然后通过深度问询了解被测处理文件的思维过程及思维风格。因此,主试官必须对测试题目的可能答案及题目之间的内在联系了然于胸,一般情况下非专业主试官需要接受1～2星期的培训,并且最好是有测评专家随时加以指导。

(3)文件筐测验的适用对象为中、高级管理人员,它可以帮助企业选拔优秀的管理人才或考核现有管理人员。

(4)由于它的测试时间比较长(一般约为2个小时),因此它常作为选拔和考核的最后一环使用。

(5)文件筐测验从业务和技能两个角度对管理人员进行测试。业务角度,文件筐测验的材料涉及财务、人事、行政、市场等多方面业务,它要求管理者具有对多方面管理业务的整体运作能力,包括对人、财、物流程的控制等;技能角度,主要考察管理者的计划、预测、决策和沟通能力。

(6)文件筐测验对评价者的要求较高,它要求评价者了解测试的内核,通晓每份材料之间的内部联系,对每个可能的答案了如指掌,评分前要对评价者进行系统的培训,以保证测评结果的客观和公正。

(7)国务院发布的2001年1月1日起实施的《国家行政机关公文处理办法》规定"公文处理应当坚持实事求是、精简、高效的原则,做到及时、准确、安全",各级行政机关在公文处理工作应以此为依据和准则。

三、文件筐测验的设计

文件筐测验的设计必须紧紧抓住三个环节:

第一,工作分析。深入分析职位工作的特点,确定胜任该职位必须具备哪些知识、经验和能力。工作分析的方法可以是面谈、现场观察或问卷。通过工作分析,要确定文件筐测验要测评什么要素,哪些要素可以得到充分测评,各个要素应占多大权重。

文件筐测验一般可以考察以下要素:①书面表达及其理解能力;②统筹计划能力;③组织协调能力;④洞察问题和判断、决策能力;⑤任用授权能力;⑥指导控制能力;⑦岗位特殊素质,如对法规条例知识的掌握程度。

第二,文件设计。包括选择什么文件种类,如信函、报表、备忘录、批示等;确定每个文件的内容,选定文件预设的情境等等。文件数量较多,时间以2～3小时为宜。文件的签发方式及其行文规定可以忽略,但文件的行文方向(对上与对下,对内与对外等)应有所区别。特别要注意各个文件筐测验要素的设计。常常对一个文件不同的处理可以体现不同的要素,设计时对文件的处理方式要有所控制,确定好计分规则或计分标准,尽量避免每个要素同时得分和无法归于某一要素的情况出现。

第三，测验评分。实施文件筐测验之后，评分一般由专家和具备该职位工作经验的人(一般是选拔职位的上级主管及人力资源部门的领导)进行，除了前面设计时要制定好评分标准外，更重要的是对评分者要进行培训，使评分者根据评分标准而不是个人的经验评分。评分的程序也要特别注意，可以考虑各自独立评分，然后交流评分结果，对评分差异各自申述理由后，再独立评分。最后将评分结果进行统计平均(评分者比较多时，可以去掉最高分和最低分)，以平均分作为最后得分。有时，在被测答案不明确的情况下，需要质询被测，根据其对处理方式的解释确定得分。

整个文件筐测验的设计要特别注意两点：

一是测验材料难度的把握。目前国内对各个职位应具备何种程度的知识、经验和能力缺乏客观可靠的依据，难度把握比较困难。把握不准，材料过难，固然作为选拔测验有时可以选拔到很好的人才，但大材小用，导致人力资源的浪费。材料过于容易，测验会出现“天花板效应”，大家都得高分，区分不出被测的能力大小。

二是要注意材料真实性程度的把握。完全杜撰的材料，被测可以根据一般知识推理，处理结果没有针对性，看不出被测的水平差异，被测被录取后需要经过较长时间的培训和适应才能胜任工作。完全真实的材料，过于偏重经验的考察，忽视潜能的考察，最后选拔到的人无疑是完全与招聘单位文化气氛相同的人，违背了引入外来人才，给单位输入新鲜血液的本来目的。同时完全真实的材料，使招聘考试本身对单位内部考生和单位外部考生不公平，同样的能力水平内部考生被录取的可能性更大，结果给人留下“一切都是内定，考试不过是走形式”的印象，这对真正想引进外部人才的单位尤其不利。

四、实施过程

文件筐测验有严格的时间控制，总计时间为 115 分钟。其具体过程如下：

(1)根据具体情况选择适当的测试场地。

(2)准备好测试所用的各种材料。

(3)安排进入考场，宣布测试中注意事项。

(4)开始测试，监督被测测试。

(5)测试结束回收答题纸。

(一)准备

主要指测验材料和测试场所的准备。给每个被测的测验材料事前要编上序号，答题纸也要有相应序号，实施前要注意清点核对。

答题纸主要由三部分内容构成，见表 7-3：

一是被测姓名(或编号)、应聘职位、文件序号等；

二是处理意见(或处理措施)、签名及处理时间；

三是处理的理由。

表 7-3

<table>
<tr><td>文件筐测验答题纸
应试者编号：
姓　　名：
竞聘职位：
文件序号：</td></tr>
<tr><td>处理意见：
签名：
年　月　日</td></tr>
<tr><td>处理理由：</td></tr>
</table>

文件序号只是文件的标识顺序，不代表处理的顺序，应允许被测根据轻重缓急调整顺序，但给所有被测的文件顺序必须相同，以示公正。测试的场所要求比较宽敞、安静，每个人一桌一椅，相互之间无干扰。为了保密，最好所有被测在同一时间完成。如果文件内容涉及招聘单位内部的一些情况，测试前应对所有被测提供培训，介绍相关情况，缩小内部考生和外部考生对职位熟悉程度的差别。

（二）实施

主试要对测验要求作一简单介绍，说明注意事项。然后发给被测测试指导语和答题纸，回答被测的提问，当被测觉得没有问题后再发测试用的文件。被测人数比较少时，也可以一次将材料发给被测，但要求被测严格遵从主试的要求，先看指导语再看文件。测试指导语是对测试情景、被测扮演的角色、被测任务和测试要求的说明，必须明确、具体，一目了然。有时在初级人员的文件筐测验中，发给被测指导语后，让被测完成指导语测验（表 7-4），强迫被测熟悉理解指导语，这在文化水平低的群体中有时十分有用。在被测正式进入文件处理后，一般不允许被测提问，除非是测验材料本身有问题。

（三）评分

宜在被测做完后立即进行，当有质询被测的设计时，特别应该如此。为求客观，可将被测编号，由一个人将被测的处理意见和处理理由念给所有评分者听，由各位评分者独立评分。为了保证评分的一致性，事前的评分者培训很重要，可以考虑对一部分被测（或者模拟被测）进行试评分，考察各个评分者对标准的掌握情况及评分过程中存在的问题，待取得一致意见后再往下进行。评分时，可按序号逐一评定，也可按文件内容分类评定。前一种办法可以对被测的素质形成整体印象，后一种办法容易达成评分标准的一致性。

表 7-4　　文件筐测验示例(供选拔秘书用)

考生编号:
应聘职位:

指导语:

这是一些办公室工作的模拟练习。目的是了解你在办公室事务处理方面的经验与能力。

以下是有关的背景情况,请你务必仔细阅读并牢记于心:

你是局办公室秘书之一,大家都称你小 A。此办公室是直接协助几位局领导工作的职能部门,目前由田主任一人负责。

今天是 2011 年 5 月 6 日,星期五。局里在远郊召开一个重要会议,田主任和办公室所有其他同事都去办理会务,只有你一人留守。所有局领导都在出席重要会议。你不能找他们请示,局里其他同事也都因种种原因不能给你帮助。最不巧的是,由于那里电信线路出现故障,你无法和在郊区开会的田主任及其他同事联系。

田主任 5 日晚托人给你一张便条:

> 小 A:
>
> 明天(6 日)有这么几件事情要偏劳你:
>
> 1)主管分房的李局长要了解职工对分房办法第五稿的意见。请你看一下职工的意见材料,代我起草一份 500 字左右的报告。
>
> 2)实习生郑兰说是写了一份信息,你给看一下。最近局里上报的信息比较少,被采用的更少。看这份信息能否上报或经修改后上报。
>
> 3)请你给杨菁去封信,告诉她我们已经录取了新秘书。
>
> 4)请你根据李局长给马林副局长来信的批示,把马副局长的信处理一下。
>
> 以上几件事情都不能再拖了,明天上午无论如何要完成。下午 1:00 局里有车过来,你搭车来会场,这里实在忙不过来。
>
> 明天上午办公室若有什么事,你酌情处理。不要因为我不在就影响正常运转。
>
> 谢谢!
>
> 田 5.5

现在是早晨 8:30,你的任务是遵照指示完成所有工作。

以下是你在完成工作中必须遵守的程序和规定:

1. 首先请你完成指导语自测题,回答结果构成评分的重要内容。

2. 其次请在日程计划表上拟定一份今天的日程安排,若情况变化,日程安排可以更改,但必须在日程计划表上予以注明。

3. 一切任务请按你本人对秘书工作的理解和相应的指示独立完成,并一定要说明这么处理的理由,否则要倒扣分。

指导语自测题:

请你判断以下陈述是否正确,选择"是"或"否"。

1. 局里只有你一人上班。

A. 是　　B. 否

2. 有什么不清楚的事情,你可以打电话请示田主任。

A. 是　　B. 否

3. 能处理完最好,处理不完向田主任好好解释一下,他会谅解的。

A. 是　　B. 否

4. 变动日程安排是允许的。

A. 是　　B. 否

5. 一件事情怎么处理有时候凭直觉,不一定非要说出理由。

A. 是　　B. 否

(答案:B,B,B,A,B。如自己的回答与答案不符,请对照指导语检查)

案例

文件筐测验具体实施举例

一、准备材料

测验由两部分(测验材料和答题册)组成,纸笔方式作答。

(1)测验材料,即提供给被试的资料、信息,是以各种形式出现的,包括信函、备忘录、投诉信、财务报表、市场动态分析报告、政府公函、账单等。测验中所用的材料共有十几份,每份材料上均标有材料编号,材料是随机排放在文件筐中的,被试在测验的各个部分中都要用到这些材料。

(2)答题纸,供被试对材料写处理意见或回答指定问题,是被试唯一能在其上写答案的地方,评分时只对答题纸上的内容进行计分。答题纸包含总指导语和各分测验的指导语。它提供了完成测验所需的全部指导信息,完成各部分分测验所需的指导语在各部分开始时给出。

二、实施过程

如能单独安排在模拟经理室里进行测验,效果更好。可以集体施测,考虑到录像的效果,一组以不超过 10 人为宜。具体过程如下:

(1)依据预定的参试人数选择好适宜的测验地点,布置考场。考场环境应安静整洁,无干扰,采光照明良好。由于要处理大量公文,桌面要够大。如有多人参加,相互之间距离要远一些,以免相互干扰。

(2)准备好测验所用的如下材料:测验材料、答题纸、铅笔、橡皮,保证每位被试有以上完整的测验材料及用品。允许被试自带计算器。

(3)安排被试入场,并宣布测验注意事项,指导语如下:

请大家注意,为了不影响考试,请大家关闭 BP 机和手机,暂停使用。请大家查看一下是否都拿到了测验材料和答题纸(测验主持人展示)各一份。

首先请大家在答题纸的背面填写姓名等背景信息。在测验没有开始之前,请不要翻看测验材料。

本测验分四个部分,每一部分都要用到这些测验材料,请注意:不要在测验材料上做任何标记,请在答题纸上回答问题。测验结束后请你把测验材料和答题纸一并交还给我们。

请大家翻开答题纸第一页,这是一个文件筐测验……(总指导语略)。

如果有疑问请大家提出,我们现在给予解答。(停顿,主持人答疑。)

如果大家没有任何问题,我们来看测验 1——计划,这个测验要求你……(测验 1 的指导语略)。

如果有疑问请大家提出,我们现在给予解答。(停顿,主持人答疑。)

如果没有任何问题,请翻开下一页开始做题。

(4)计时，注意监督被试不能提前翻看或做后一部分的试题。

(5)第二部分测验指导语：

我们来看测验 2——预测，这个测验要求你……(测验 2 的指导语略)。

如果有疑问请大家提出，我们现在给予解答。(停顿，主持人解答疑问。)

如果没有问题，请开始做题。请大家注意不要再回头做第一部分的题目。

(6)计时，注意监督被试不能提前翻看或做后一部分的题目。

(7)余下部分的测验依此类推。

(8)测验时间到，回收测验材料和答题纸，测验结束。

三、评分

文件筐测验所要测评的能力定位于管理者从事管理活动时正确处理普遍性的管理问题，有效地履行主要管理职能所具备的能力。考察管理者对多方面管理业务的整体运作能力，包括对人、财、物、信息等多方面的控制、把握。文件筐测验评分表及评分标准见表 7-5 和表 7-6，仅供参考。

表 7-5　　文件筐测验评分表

<table>
<tr><td>编号</td><td></td><td>姓名</td><td></td><td>性别</td><td></td><td>年龄</td><td></td></tr>
<tr><td colspan="2">文化程度</td><td colspan="2"></td><td>竞聘岗位</td><td colspan="3"></td></tr>
<tr><td colspan="2">测评要素</td><td>观察要素</td><td>满分</td><td>得分</td><td colspan="3">备注</td></tr>
<tr><td rowspan="3">问题解决</td><td>洞察问题</td><td>觉察问题的起因，把握相关问题的联系，归纳综合，形成正确判断，预见问题的可能结果。</td><td>10</td><td></td><td colspan="3"></td></tr>
<tr><td>解决问题</td><td>提出解决问题的有效措施并付诸实施，即使在情况不明朗时也能及时决策。</td><td>10</td><td></td><td colspan="3"></td></tr>
<tr><td>计划统筹</td><td>确定正确、现实、富于前瞻性的目标安排和实现目标的有效举措和行动步骤，预定正确可靠的行动时间表。</td><td>10</td><td></td><td colspan="3"></td></tr>
<tr><td rowspan="4">日常管理</td><td>任用授权</td><td>给下属分派与其职责、专长相适应的任务，给下属提供完成任务所必需的人、财、物支持，发挥下属的特长和潜能。</td><td>10</td><td></td><td colspan="3"></td></tr>
<tr><td>指导控制</td><td>给下属指明行动和努力的方向，适时地发起、促进或终止有关工作，维护组织机构的正常运转，监督、控制经费开支及其他资源。</td><td>10</td><td></td><td colspan="3"></td></tr>
<tr><td>组织协调</td><td>协调各项工作和下属的行动，使之成为有机的整体，按一定的原则要求，调节不同利益主体的矛盾冲突。</td><td>10</td><td></td><td colspan="3"></td></tr>
<tr><td>团结下属</td><td>理解、尊重下属，倾听下属意见，激发下属的积极性，帮助下属适应新的工作要求，重视并在可能条件下促进下属的个人发展。</td><td>10</td><td></td><td colspan="3"></td></tr>
<tr><td>个人效能</td><td colspan="2">注重实干、效率和行动，合理有效地使用、分配、控制自己的时间。</td><td>10</td><td></td><td colspan="3"></td></tr>
<tr><td>考官评语</td><td colspan="7">考官签字：</td></tr>
</table>

表 7-6 文件筐测验评分标准

1～2 分	轻重缓急不分，批示不符合要求，文字该删节未删。
3～4 分	未能抓住重点，批示内容欠缺，文字该删节未删节。
5～6 分	尚能分清主次，批示内容一般，文字删节较少。
7～8 分	能抓住重点，批示内容尚达到要求，文字删节可以。
9～10 分	能分清轻重缓急，急件处理及时，批示内容具体可行，文字删节得当。

具体来说，要考察以下五个维量：

(1)工作条理性。理论分值区间：0～15 分。

设计一定的任务情境和角色情境，要求被试判断所给材料的优先级。得分高的被试能有条不紊地处理各种公文和信息材料，能根据信息的性质和轻重缓急对信息进行准确的分类，能注意到不同信息间的关系，有效地利用人、财、物、信息资源，并有计划地安排工作。

(2)计划能力。理论分值区间：0～30 分。

得分高的被试能非常有效地提出处理工作的切实可行的方案，主要表现在能系统地事先安排和分配工作，识别问题及注意不同信息间的关系，根据信息的不同性质和紧迫性对工作的细节、策略、方法做出合理的规划。评价计划时，在某种程度上要关注被试对其行为未来后果的考虑。例如，考察他们解决问题时是否考虑时间、成本、顾客关系或资源。计划也包括为避免预期的问题所采用的步骤，以及出现这些问题时，他们对问题的操作步骤与方法。

(3)预测能力。理论分值区间：0～16 分。

得分高的被试能全面系统地考虑环境中各种不同相关因素，对各种因素做出恰当的分析，并做出合乎逻辑的预测，同时对预测能提出行之有效的实施方案。该维量包括考察三部分内容：预测的质量、所依据的因素、可行性分析。评价预测时，要考察被试为了做出预测而利用文件筐内材料的程度，即是否综合各种因素做出分析。

(4)决策能力。理论分值区间：0～17 分。

该维量得分高的被试对复杂的问题能进行审慎的剖析，能灵活地搜索各种解决问题的途径，并做出合理的评估，对各种方案的结果有着清醒的判断，从而提出高质量的决策意见。该维量包括考察三部分内容：决策的质量、实施的方案、影响因素。评价决策时，要细察决策背后的理性成分，考察被试是否考虑了短期和长期的影响，是否考虑了各种备选方案的优缺点，假如采取某种行动方案，应说出原因。

(5)沟通能力。理论分值区间：0～25 分。

要求被试设计公文，撰写文件或报告，用书面形式有效地表达自己的思想和意见。根据评估内容，考察被试的思路清晰度、意见连贯性、措辞恰当性及文体相应性。得分高的文章要求语言非常流畅，文体风格与情境相适应，能根据不同信息的重要性来分别处理，结构性很强，考虑问题很全面，能提出有针对性的论点，表现出熟悉业务的各个领域。

复习思考题

1. 什么是评价中心技术？
2. 简述评价中心测评法的特点。
3. 简述应用评价中心技术的关键环节。
4. 评价中心的测试方法有哪些？
5. 简述无领导小组讨论、功能和特点。
6. 简述无领导小组讨论试题的形式。
7. 简述无领导小组讨论的阶段与程序。
8. 请对管理游戏优点、缺点进行分析。
9. 管理游戏实施中的注意事项有哪些？
10. 简述文件筐测验的形式、特点、优缺点、实施过程。
11. 简述文件筐测验设计的三个环节。

第八章
管理者选拔和评价

本章先考察管理者成功的绩效标准，再讨论各种选拔管理者的方法，包括评价中心技术，再介绍几个具体的管理者测评量表。

第一节　管理者的测评

一、管理者的选拔和评价问题

管理者的选拔和评价是测验的一个特殊领域，也是人事心理学、管理心理学探讨的问题。这个问题涉及两个方面：①描述管理者工作行为效率；②制定以行为为基础的预测标准，准确预测管理效率。现用的测量技术如认知能力测验、个性和兴趣测验、领导能力测验、投射方法、个人简历及同行鉴定等，都可用于管理者测评。

在管理者选拔中，预测效度仍是一个棘手的问题。研究结果表明：各级管理者取得成功所需要的能力是不同的。因此，在不同职位上，导致成功的因素也不同。另外，随着管理者层次的不同，样本规模也不同，越是高层次的管理者，样本也就越小。

客观的个性和兴趣调查表常用于对管理者的了解上，但很多人认为这种个性和兴趣测量的结果与管理绩效关系不大。经常采用的预测管理绩效的资料还包括个人履历和同事评价。由于客观效标的一些缺点，有人试图用主观效标来评价管理者是否成功，即主观评定法。这种方法需要进行以行为为基础的绩效测量，要求系统观察所有理想的管理工作行为并作出记录。然而，由于评定者缺乏某方面知识或不合作，由于他们不同的期望和知觉、不同的职业或职业环境，结果会产生一些不适当的工作行为样本。

要确定管理者的绩效首先必须对管理者的工作职责范围有明确了解，同时还应说明最合理地利用各种资源必不可少的关键行为。有关管理者的效标，经常采用的是总体测量或等级评定，例如对全体管理者的效率、薪金或组织等级等作评定。这种效标有一些优点，如：对每一名主管人进行评定的下级管理人员一般不超过10名，测验的信度及评分者之间的信度较高；同时，它包含较广的行为样本，能在管理者本人能控制的范围内对其作出判断，还可以直接将管理者与其同事进行比较。然而,它的不足也很明显,这种总体管理效标告诉我们什么因素使管理者取得了“成功”,而不是我们应该怎样取得成功。

对于管理者绩效的评定和许多职业能力测验一样,至今仍然没有完美的方法,但这并不意味着管理者测评没用,很多情况下把系统观察的行为样本法引进总体评价是很有效的。人们还发展了情境测验,如文件筐测验、无领导小组讨论等。情境测验具有表面效度和内容效度,也很灵活,能成功地预测不同组织环境中的各级管理者的能力,因而得到人们的广泛承认。

值得一提的是,评价中心技术以纸笔测验和情境测验相结合的方式,越来越受到人事心理学、管理心理学的重视,被用于对管理者的选拔和评价。

二、管理绩效的预测

20 世纪 20 年代开始的对管理问题的心理学研究主要集中在对管理者本人的研究,侧重于对管理者的性格、素质、能力等方面的测量和评价,试图找出成功管理者与不成功管理者在心理特质方面的区别,从而制定成功管理者特质标准。几十年的研究发现,最能影响管理绩效的管理者特质是管理动机和管理能力。

(一)管理动机测量

动机测量的方法在前面已经介绍,在管理特质研究中,用得较多的动机测量是投射性测验,尤其是莫瑞编制的主题统觉测验。麦克利兰(D. McClelland)曾对成功管理者的动机进行过广泛研究,他试图讨论成就需求、权力需求及亲密需求对管理绩效的重要性。20 世纪 30 年代,麦克利兰接受了莫瑞的思想,提出成就需求就是在具有某种优胜标准的竞争中对成功的关注,致力于研究人们在成就动机上的差异。他发现,较强的成就需求是企业家的基本特质,独自创业且自己经营大企业的人,大多具有强烈的成就需求和独立需求。独立需求是指希望免受权威人士控制以及喜欢按自己的方式行事。其他人的研究也得出了同样结论,还有的研究指出成功的小企业家只表现出中度的权力需求和很低的亲和需求,也就是说成功的企业家最主要的是成就动机。

而大机构中担任中、高级主管的动机模式却与企业家不同,他们的成功主要靠能否影响和激励部属,所以大多数成功的大机构主管,其主要动机是权力需求。他们对权力的追求可以分为追求个人化的权力与追求社会化的权力两种。追求个人化权力的人常对自己缺乏控制,他们喜欢任性地行使权力。追求社会化权力的人在感情上比较成熟,他们在行使权力时,比较能为别人的利益着想,力求避免采取操纵的方式。当然成就动机也是不容忽视的,较成功的管理者通常都有较强烈的权力需求与较高的成就动机。

(二)认知能力测量

传统的选拔管理者的方法是用标准化的测验来测量管理者的各种认知能力,如一般智力、言语能力、非言语能力、数字和空间关系能力、反应速度和准确性、归纳推理、机械知识和理解能力,从而选择优者。研究证明认知能力测量能够较好地预测基层管理者的绩效，但它不适合预测较高层次管理者的绩效。认知能力测量必须测量那些与管理工作要求有密切联系的能力。一项研究发现，有八种能力能将高层管理者和中层管理者明显区别开，即言语理解力、数字能力、知觉速度和准确性、空间想象力、数字推理能力、言语推理能力、文字流畅和符号推理能力。

(三)领导能力测量

早期对管理者特质的研究表明，许多能力与管理的有效性存在密切的关系，例如智力、观念性能力、创造意识、判断说服力、口才、机敏度、社会敏感性以及有关的工作知识等。

凯特(D. Kat,1955)最早提出管理者的三大管理能力，即：

(1)技术技能，指进行特定活动的方法、程序、过程和技术等知识，以及运用有关的工具和设备的能力；

(2)人际技能，包括关于人类行为和人际交往的知识，了解别人深层感受、态度和动机的能力(设身处地，社会敏感性)，沟通能力(口才、说服力)，以及建立有效合作关系的能力(机敏、社交、对可接受的社会行为的了解)等等；

(3)概念技能，主要包括一般性的分析与逻辑思考能力，善于形成观念及将复杂模糊的关系概念化的能力，在构思和解决问题时的创新能力，分析事件、捕捉趋势、预测变化和确认机遇及潜在问题的能力。

这三种能力的相对重要性及其组合模式，随管理情境不同而有所改变，如图8-1所示。一般来说，各阶层的管理者都需要人际技能，但对中、基层管理者来说，技术技能也十分重要(表8-1)。对管理者而言，不同能力的相对重要性也因组织的发展阶段不同而有所改变。在不稳定的时期，如组织改组或引入新技术，技术技能显得格外重要，稍后，技术问题已经解决，则人际技能变得重要。在作业性决策相当分权的组织里，技术技能对高级主管而言最不重要。若组织的决策高度集中，或高级主管除履行一般行政职责外还担任专业技能角色，如产品设计等，则需要较多的技术技能。

表 8-1 三种管理技能与管理层级关系

	技术技能	人际技能	概念技能
高层	17.9%	42.7%	39.4%
中层	34.8%	42.4%	22.8%
基层	50.3%	37.7%	12.0%

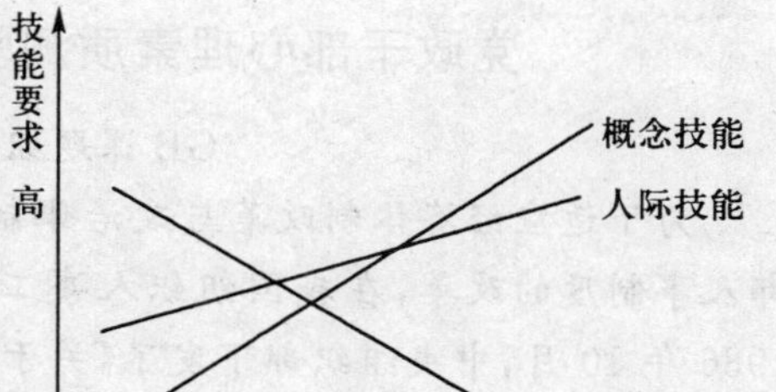

图 8-1 三种管理技能与管理层级关系图

人际技能是组织各层管理者都应具备的技能。因为不管是哪一层次的管理者，都必须在与上下左右进行有效沟通的基础上，相互合作共同完成组织目标。因此，人际技能对高、中、基层管理者是同等重要的。

三、管理者测评的研究取向

20 世纪 20 年代初，心理学家把测验引入管理者的选拔和评价，强调对管理者个人特征如生理状况、个性和能力等与领导绩效的关系进行研究，出现了所谓的领导特质研究。同时，也有人注意到领导者对被领导者所采取的控制方式与工作绩效之间有关系，出现了所谓的领导风格研究。

从 20 世纪 40 年代后期起，心理学家和行为科学家开始转向研究管理者行为样本，即所谓的管理行为模式研究。心理学家还注意到管理效果与管理情境相互作用，必须根据具体情境来确定管理方式，即所谓的权变理论。

从逻辑上讲，测量领导能力能够更好地预测管理者的工作绩效。因为这种测量与管理者的工作有更直接的关系，有一种理论认为，主动结构和体谅结构是构成管理者行为的两种主要结构，测量这两种结构的量表运用于许多情景中。

主动结构反映了管理者个人为实现组织目标，规定并构成其本人角色及其下层角色的程度。在主动结构方面分数高，意味着管理者在指导群体计划、群体活动、信息沟通、时间安排、试验新的方案等方面的高度主动性。

体谅结构包括管理者趋于发展相互信任的行为，比如它反映出管理者尊重下层意见，注意下层情感。体谅结构方面分数高，意味着上下级之间关系和睦，有很好的双向沟通。

测量主动结构和体谅结构的工具主要有三种：领导意见调查表(LOQ)、领导者行为描述调查表(LBDQ)、主管人行为描述调查表(SBDQ)。领导意见调查表是一种领导者自我描述的工具，用于测量领导者在这两种结构方面的偏好和领导风格。领导者行为描述调查表在内容方面与领导意见调查表较相似，但它主要由下属和其他组织成员来完成。主管人行为描述调查表除具体项目不同外，其他与领导者行为调查表相似。

资料

党政干部心理素质测验方法研究报告(有删改)

GB 课题组　1988 年 8 月

为了适应经济体制改革与政治体制改革的形势需要，尤其是为了深入开展干部人事制度的改革，在我国组织人事工作领域开展科学研究工作已经提到日程。1986 年 10 月，中央组织部下发了《关于干部选拔、考核、培养新方法研究的参考课题和协调意见》，以便在全国范围内有领导、有计划、有组织地开展干部工作新方法的研究。在组织人事工作面临进一步实现民主化、科学化、法制化的新形势下，为了提高我国干部工作科学管理水平方面作有益的研究和探索，我们在省委组织部的直接领导和积极支持下，根据中组部的文件精神，并从组织部的实际宣言出发，确立了《关于党政干部心理素质测验方法的研究》课题，并与 1986 年底将开展报告呈现中组部青干局。1987 年 1 月，中组部在济南召开了干部工作新方法研究课题协调会。在这次会议上，经过全面协调安排，并根据选题的实际意义和研究条件，将我们所呈现的这一课题列入中组部直接协调管理的课题。研究经费由中组部予以支持性划拨。

一、指导思想

自从党的十一届三中全会以来，我们党的组织工作进入了一个新的历史时期。当前，为了深入开展政治体制改革与干部人事制度的改革，为了进一步实现干部管理工作的民主化、科学化与法制化，综合运用管理学、社会学、心理学、数理统计学及计算机等各种科学知识，从理论方法上探讨在干部管理中如何全面地、客观地、科学地、准确地选拔识别干部，具有比较深远的现实意义。

长期以来，我国的干部管理工作有着光荣的传统与丰富的经验。但是，我们现行的对干部进行考核、选拔的方法仍然是一种传统方法。在这种管理方法中，对干部的考核评定比较重视外部行为表现，而对决定干部行为表现的内在的心理素质特点缺乏深入的分析研究。另外，在传统的考核方法中，对干部的素质特点与行为表现集中于定性分析，缺乏充分的定量依据，因而使得对于干部的评价区别度很小，随意性很大，影响了识别使用干部的客观性与准确性。尤其是在传统的管理方法中，对干部的考核选拔主要是靠人的主观评价，具有较强的人为性，因而也造成用人过程中存在一些问题。鉴于以上情况，我们所承担的关于党政干部心理素质测验方法的课题研究的宗旨，就是根据当前干部管理工作的实际需要，力求探索科学的、客观的，并且将定性分析与定量评价有机结合起来的选拔评价干部的新方法。

现代心理学的理论强调，人的人格特性有表面特性与根源特性。表面特性是属于外在的，从每个人的行为表现上可以观察的；根源特性是内在的、本质的，它是决定着人们外在表现的聚集变量。因此，我们认为，在现代组织人事管理中，为了更及时、更客观、更全面地选拔识别干部，必须根据德才兼备的方针和德勤能绩的考核原则，从决定干部表现的内在的、根本的、起决定作用的基本心理素质出发，进行定性与定量相结合的深入分析与评价，才能保证选拔干部的质量，提高识别干部的透明度和准确度。

在辽宁省委组织部的直接领导下，经过课题组全体同志历时一年半的积极工作，最终设计出一套比较完整的关于党政干部心理素质测验方案，这是干部人事工作科学化的一种新方法。这种方法既注意对干部从质的方面进行考察以有定性的认识，又注重对干部素质有科学地度量；既注重干部过去和现在的表现，又对其潜在的智能及发展趋势有科学的预测，因而对发展干部人事制度改革与推行公务员制度具有现实意义。

二、素质结构

素质是一个外延很广的概念。狭义的素质概念是指人的先天的生理解剖的特点，主要是人的感觉器官和神经系统方面的特征，这些特征只是人的心理发展的生理条件，它本身的发展和成熟主要是在社会实践中实现的。广义的素质概念是指事物原来具有的基本特征。现在我们研究党政干部的心理素质，也就是要分析研究在现代的管理实践中，作为一名称职的、优秀的党政干部所应具备的基本特征，这些特征决定着干部的工作表现与工作成效，是影响干部工作的根源。因此，为了正确地选拔识别干部，必须注重对干部心理素质的深入分析。

为了科学地、客观地、系统地分析党政干部心理素质的基本状况，在我们的设计方案中强调要从干部自然素质、基本情况与工作风格（工作潜能）三个方面共十五种个性因素进行全面评价。这种评价方法也可概括为三维结构立体考核的方法。

党政干部心理素质结构模式如下：

自然素质(Z)包括：性格倾向(Z1)、情绪稳定性(Z2)、平衡性(Z3)及聪慧性(Z4)；

基本情操(Q)包括：律己性(Q1)、宽容性(Q2)、进取性(Q3)、负责性(Q4)和世故性(Q5)；

工作风格(G)包括：独立性(G1)、探索性(G2)、敢为性(G3)、乐群性(G4)及敏感性(G5)；

另外，为了检验被测者作答的真实程度，同时也作为一个独立的人格因素倾向，我们借鉴 EPQ 量表的"L"因素，经过修改，在干部素质结构中称为掩饰性(Y)这个独立的人格因素倾向。

上述党政干部心理素质的结构模式是在总结我国多年来在干部考核方面所积累的实际经验的基础上确立的，同时还借鉴了上海、浙江等地关于干部功能测评的素质标准，以及抚顺市委组织部与经济工作部制定的市级党政干部与企业干部的素质标准。为了确立全面可靠和有代表性的干部心理素质结构，我们先后到上海、杭州、大连、长春、鞍山等地与有关研究单位和组织人事部门取得协助，掌握第一手材料。同时我们还采用问卷方式对有丰富经验的领导干部进行实地调查，并对调查结果进行了科学的分析处理，根据心理学中人格特性理论，认为人的全部外在行为，都可以找到若干个内在根源特质，这些内在素质的不同组合，可以反映出一个干部在各方面的行为倾向。

经过全面分析，我们认为，对于党政干部的考核选拔，首先要保证心理健康，应有良好的自然素质，诸如一个人的性格倾向、情绪稳定性、平衡性、焦虑程度及聪慧性等，这些因素都不同程度的影响一个干部的能力发挥、干群关系和工作绩效。如果一个人智力较低、性格古怪、脾气暴躁、冷酷无情，显然在基本条件上就不适合党政工作。因此，我们确立了选拔干部的第一个维度是自然素质。其次，在评价选拔干部时，必须保证品德优秀，贯彻德才兼备的原则。而干部的思想品德问题，从内在素质上分析，主要是基本情操问题，作为党政干部，在基本情操方面必须做到严于律己，宽以待人，积极进取，勇于负责，诚实坦率。所以，我们在评价干部心理素质的第二个维度中确立了基本情操方面五个特性因素。在现代人事管理中，对于干部的选拔十分注重能力素质，而能力素质的根源特性实际上是工作风格(工作潜能)问题。通过实际分析，我们认为，能力完备，水平高超的干部，在工作潜能方面必须具备敏感性、独立性、探索性、敢为性及乐群性。因此，我们确立了评价选拔干部基本素质的第三个维度，就是工作风格方面这五个特性因素。

以上十五种个性因素是相互联系、有机结合的整体，它们共同决定着干部的品德、威信、干群关系与工作绩效，因此，从这三个方面对干部的心理素质进行全面评价，可以提高识别干部的透明度，保证选拔干部的质量。

结构因素的操作定义：

(1)自然素质(Z)：主要是反映高级神经活动特征及倾向，是不直接具有社会价值取向的潜在心理指标。这部分内容主要借鉴了艾森克心理人格量表的结构体系。“自然素质”中还引入了“聪慧性”因素，以反映被测者的思维能力，智力水平。四个因素集中反映了人的潜在心理倾向，它们与一个人道德观念和社会的适应能力以及工作的潜在能力有直接联系。

①性格倾向(Z1)

高分：人格外向、好交际、寻求刺激、好冒险、爱出风头，做事急于求成、喜欢变化的环境、富于攻击性，但也易于息怒，不易自制。

低分：安静、喜欢独处、不喜欢刺激、喜欢有秩序的生活、善于自省、治事井然、待人接物严肃、办事可靠，但刻板保守、少攻击行为，但一旦激怒难以平复。

②情绪稳定性(Z2)

高分：情绪稳定、情绪缓慢且轻微，并且很容易恢复平静。一般较稳重、性情温和、善于自我控制、不易焦虑。

低分：焦虑、敏感、忧心忡忡、常常郁郁不乐、情绪反应强烈，并且很难平复、刻板、偏执、行为不够理智。低分者不适合从事压力较大的工作，并易表现出各种身心障碍。

③平衡性(Z3)

高分：善以待人、富于感情和同情心，心肠温柔软弱。

低分：性情孤僻、对他人漠不关心、心肠冷酷、缺乏感情和同情心。对他人常常怀有恶意、表现出攻击性、好冒险、喜欢捉弄人。低分者很难社会化，对他人的同情心、负疚感、罪恶感等很少在他们身上体现。

④聪慧性(Z4)

高分：聪明、富有才识、善于抽象思考，通常学习能力强、思考敏捷正确，教育、文化水平高、个人身心健康。机警的人一般分数较高。

低分：反应迟缓、理解过程较长。思想迟钝 、学识浅薄、抽象思考能力弱，学习与理解能力不强、不能举一反三。情绪不稳定，心理病态失常也会表现为低分。

(2)基本情操(Q)：这部分设立五个具有社会评价含义的因素，类似于我们常识中的“品德”、“态度”等观念。几个因素的构成力图反映党对干部“严于律己、勤奋努力、勇于负责”的要求，对各因素的命名也考虑到了我国社会存在着为人们所习惯了的事实。对于各个因素的解释还应按照我们这里所确定的操作定义来进行,而不能依赖与对命名概念的习惯性理解。

①律己性(Q1)

高分:知己知彼、自律谨严。高分者通常言行一致,能够合理地支配自己的情感和行为。为人处世总能保持自尊心,赢得人们的尊重,但有时也太固执己见。

低分:易和别人产生矛盾冲突、不顾大体。低分者通常既不能克制自己,又不能尊重礼节,更不愿考虑别人的需要。行为充满矛盾而无法解决。

②宽容性(Q2)

高分:灵活变通、待人宽厚、善于接纳别人、富于同情心,兴趣较广,不随意对别人评头品足。

低分:冷漠多疑、谨慎小心、心胸褊狭、与人疏远冷漠、羞怯被动。在个人与社会的看法上表现怀疑与不信任。

③进取性(Q3)

高分:有雄心、积极主动、争强好胜、有见识和洞察能力,以优势自居、兴趣较广。但也由于只顾追求自己的利益而表现出自私自利。

低分:温和、知足常乐、循规蹈矩、呆板单纯、思想刻板、看法与兴趣受约束、在新的或不熟悉的社会情况下会不自在或笨拙。

④负责性(Q4)

高分:有始有终、尽心尽职、细心周到、认真负责,乐与努力苦干的人交往。不大喜欢诙谐有趣的场所。

低分:苟且敷衍、缺乏奉公守法的精神。通常缺乏高超的目标和理想,对于人群社会似乎没有绝对的责任感,甚至有时知法犯法,不择手段以达到某一目的。

⑤世故性(Q5)

高分:精明老练、行为得体。能冷静地分析一切、近乎狡猾。对于一切事物的看法是理智的、客观的,甚至是讥讽的。

低分:坦白、直率、天真。通常思想简单、感情用事、与世无争、与世无忤、自我接受、心满意足。但有时显得幼稚、笨拙。

(3)工作风格(G):反映党政干部为达成组织目标,完成组织任务所需要的心理品质。在工作中能否大胆、主动,在变化的环境中是否勇于探索、努力创新,能否与人合作,体贴他人,以及在工作中能否有惟“实”而不惟“上”的独立精神等等,对于党政干部来说是极其重要的,它们决定着一个干部的工作能力、工作风格与工作绩效。

①独立性(G1)

高分:自立自强、当机立断。通常能够独自做主,独自设定自己的工作计划,不依赖人,也不受社会舆论的约束,同样也无意控制和支配别人。不嫌恶人,但是也不需要别人的好感。

低分:依赖性强、随群附和。通常宁与人共同工作,而不愿独立行事,常常放弃个人主见，附和众议以取得别人的好感。需要团体的支持，以维持其自信心，并非真正的乐群者。

②探索性(G2)

高分：自由激进、不拘泥于现实。通常喜欢考验一切现有的理论与事实，而予以新的评价。不轻易判断是非，企图了解较先进的思想和行为，愿意充实自己。

低分：保守、尊重传统观念与行为准则。通常无条件地接受社会中许多相沿已久而有权威性的见解，不愿尝试新的方法，常常激烈反对新思潮以及一切新的变动。在政治上与宗教信仰上墨守成规，可能被称为老顽固或落伍者。

③敢为性(G3)

高分：冒险敢为、少有顾忌。通常不掩饰、不畏缩，有敢作敢为的精神，能使其经历艰辛仍保持刚毅的毅力。有时可能粗心大意，忽略细节，遭受微微的打击与挫折。也可能无聊多事，喜欢向异性献殷勤。

低分：畏怯退缩、缺乏自信心。通常在人群中羞怯，有不自然的姿态，有强烈的自卑感，怯于发言，更不愿和陌生人交谈，凡事采取观望态度。有时由于过分的自我意识而忽视了社会环境的重要事物与活动。

④乐群性(G4)

高分：外向、热情、乐群。标准分过 8 分者，通常和蔼可亲，与人相处合作及适应的能力很强。喜欢和别人共同工作，参与或组织各种社团活动。不斤斤计较，容易接受别人的批评。

低分：缄默孤独，冷漠。通常执拗、对人冷漠、落落寡合、喜欢吹毛求疵。宁愿独自工作，对事而不对人，轻易不放弃自己的主见，为人做事的标准常常很高，谨严而不苟且。

⑤敏感性(G5)

高分：敏感，易感情用事。通常心肠软，易受感动，较女性化，爱好艺术，敢于幻想。有时过分不务实际，缺乏耐心与恒心。不喜欢接近粗犷的人和做笨重的工作。在团体活动中，不着实际的看法与行为常常减低了团体的工作效率。

低分：理智、着重现实、自食其力。常以客观、坚强、独立的态度处理当前的问题，并不重视文化修养以及一些主观和感情用事的看法，可能过分骄傲、冷酷无情。

(4)掩饰性(Y)

高分：好炫耀自己、虚荣心强、喜欢自夸、善于掩饰。可能在回答问卷时多处没有如实回答。

低分：诚实朴实、刻板顺从，显得有些单纯、幼稚。问卷上的回答基本上是可信的。

三、测验方法

目前，在国内外的人事工作中，对于干部素质的评价方法主要有功能测评法、情境模拟法和心理测验法三种。几年来，功能测评法在我国得以广泛运用，并取得成效。这种方法是由与被测评者在工作中长期接触并相互了解的同事、上级和下级来进行评价,然后对评价结果加以数量化,以期求得评价结果的客观性、准确性和科学性。但是,这种方法是以“评”为主,必然会有一定的局限性,即受评价人本身的素质、地位、与被测干部的熟悉程度及感情等主观因素的影响较大,而且这种影响是主测者无法控制的。其次,这种方法更多地适合于对在任干部进行工作绩效的考核与评价,即要具备一定的可评价条件,而对于新调任的干部或在干群间接触机会少的组织中,这种方法就很难奏效。再次,尽管这种方法在测评标准的制定上严格做到了客观、统一,但毕竟是由许许多多经验和文化背景各不相同的人员来进行评价的,所以必然是“仁者见仁,智者见智”,对评价标准的掌握往往因人而异。

近年有的地区人事部门也在探讨采取“情境模拟”的方法来客观地反映被测人的潜在工作能力。这种方法主要是根据领导工作的特点,模拟一个工作环境。如采取文件筐测验或专家考评等评价方式,观察被测干部的各种行为,以评测其各种能力。这种方法的特点是,评价尺度统一,受评价者主观因素的影响小,不受被测干部工作性质以及内容不同的限制,能够对干部的多种能力作出比较精细的描绘,有利于发现干部的潜能。但是,这种方法对主测人的要求较高,需要花费较大的人力及物力。同时需要指出的是,这种方法对于那些与具体情境关系较大的心理品质,如果断性、应激能力等,能够比较准确地反映,然而对于人格深层的心理品质、道德情操等却很难通过一时一事测定出来。

心理测验法是用业已标准化了的实验工具(如量表),作为引发个体反应的刺激;所引发的反应结果由被测自己陈述或由旁人记录;然后经过统计方法处理,予以量化,描绘出行为轨迹,并对其结果进行分析、解释,得出结论。比较常用的心理测验有人格测验、能力测量、职业性向测验、态度测验等。有关干部的思想品德、工作作风、个性倾向的了解,主要依靠人格测验得以实现。对于党政干部来说,了解人格特征更为重要,这仅依靠经验、常识和其他考核方法往往很难准确和令人信服。心理测验最大的特点是对所要研究的心理现象或心理品质进行定量分析,因而具有很强的科学性。但心理测验操作要求比较严格,主持人要经过专门训练。心理测验结果的可靠性则取决于测验的信度和效度。

心理测验的关键在于测验工具的制定,这需要专门的心理学、数理统计等知识以及编制者个人的工作经验。鉴于我们课题组的大部分同志都是长期从事心理学教学及科研的专业人员,并且掌握了一定的心理测量技术及工具的使用方法。根据我们的科研能力,经过对现行几种可行方法的充分论证,我们选择心理测验方法中的人格测验用于初级党政干部的基本素质测定。它是以问卷的形式,通过被测者自我陈述得以实现。这种方法在实施过程中要比其他方法简便易行,便于掌握。通过这种测试方法,可以比较全面地考核并预见被测干部的工作作风、工作态度、思想品德、气质、性格、智力水平等最基本的心理品质。在一定程度上可以说我们采取的心理测验方法力图弥补“情境模拟法”、“功能测评法”以及包括传统方法在对干部内在素质评价方面的不足。

心理测验用于干部选拔或评价,与其他方法相比较,具有以下三方面的特征:

其一，心理测验（人格测验），不仅可以对在任干部进行工作绩效的考核、评价，而且可以在干部的选拔过程，进行一定的预测，可以弥补传统考核干部的“后验式”做法。

其二，心理测验用于干部选拔，不仅可以反映干部的外在行为特征，对于人们不易观察到的内在特征（诸如情操、工作潜力、心理健康程度等）也可以进行客观的描述。

其三，人格测验是以自陈为主，打破了以往在人事资料的过去方式上以“他评”为主的一贯做法。当然，他评可以充分反映民意，但也增加了人的主观意识的参与作用，人格测验完全可以抛开其他方法中对参与评价人员的直接依赖性，主要诉诸被评价者个人和测量工具之间的“刺激—反应”的关系。这样可以有效地避免在干部考核过程中人为的参与作用，同时也注定了一个良好的心理测验工具制定的复杂性和使用的谨慎性。

综上所述，心理测验完全可以配合其他考核评定方法，从不同角度去反映干部心理素质结构的不同侧面。当然，一个完善的干部考核选拔方法还有待于几种方法的综合运用。

四、量表的设计

我们所设计的用于测量党政干部心理素质的问卷量表（以下简称 GB 量表）除了考虑党政干部职务功能的实际需求外，也考虑了实际操作的可能性，在这方面我们借鉴了 EPQ、16PF、CPI、MMPI 四种在外国比较成功的量表。

我们在量表的制定过程当中，坚持对方案的可行性分析，主要反映在以下三方面。

(1)指标的可操作性。人格测验问卷是把某一个观念上的素质或指标通过一个个具体的典型的事件来体现。一般来说，如果类似的（或同质的）典型情境的集合可以反映某一观念指标，那么这个指标就是可操作的或可测的。如果某一指标难于通过一个个典型事件反应，那么这个指标就难于操作或者不可操作。很明显，GB 两表的方案确定，首先要对所选的众多指标的可操作性进行分析。

(2)量表的可编制性。考虑到编制心理测验是一件较困难的工作，从量力而行的原则出发，我们把应选择的困难指标尽可能地限制在目前所掌握的几个经典量表所能反映的指标范围内。几年来，我们先后修订了几种国外的经典心理测验量表。其中人格测验有明尼苏达多项人格量表（简称 MMPI）、卡特尔十六种人格量表（简称 16PF）、艾森克人格问卷（简称 EPQ）等等。国内一些单位也曾力图将上诉量表用于领导人才及干部的选拔工作。但是在测验量表的选用上面还存在着较大的局限性。尽管各种人格量表各有所长，但都不适合与党政干部使用，而量表本身有很多内容与我国国情、文化习惯相差甚远，因此各种量表都有可借鉴之处也都各有偏差。如 MMPI 量表是基于变态心理的临床经验，对于人的变态心理倾向有着准确的定义和诊断，而对于正常人特别是干部的心理社会价值取向却不能直接反映，16PF 量表在对人格的特质理论推断上有着严密性和科学性，也比较适合正常人的测定,但对于组织部门掌握个人的人事资料的信息方面,还缺乏专门性。

我们所编制的 GB 量表,注意到全面反映必要的认识信息资料,注意反映干部及领导岗位的心理社会价值系统及干部的变态心理倾向,并使量表减少项目,突出针对性、专用性。因此,GB 量表选用了 EPQ 的部分内容,以了解被测干部的气质、性格倾向及心理健康状况,同时,根据 16PF 量表的特点,并参照和吸收了加利福尼亚量表(简称 CPI)的有关内容,以反映被测干部的社会价值取向。可以说,GB 量表是在考虑到人格测验应用的可能性基础上,对以上几种国外心理测验量表进行全面综合的产物。

(3)量表的可应用性。我们对 GB 量表应用的简便性、多用途、多功能的可能性,以及被测验者的负荷做了认真分析,使 GB 量表在人事工作中更适合于干部的选拔和聘用、干部的岗位适应性调整、领导班子的人员匹配、心理健康诊断等方面。GB 量表共十五个因素,每个因素都是由十个左右的同质性的条目组成。每个条目都只对一种规定的因素发生作用,并以一种具体的关键性的有诊断价值的情景出现,个人的肯定或否定的回答、直接反映出他在该条目所在因素特征的倾向性。我们首先为每个因素所选择的若干条目是否起到效应,反复进行了测试及统计检验。这是我们进行条目分析的基本目的。

在具体的 GB 量表的条目分析中,主要解决以下几个问题:

其一,GB 量表主要借鉴几个外国的经典心理量表,一些条目的问题情景不一定适用于我国,从而失去原有的作用,需要舍弃或更改;

其二,不同量表的条目语言表达方式不相一致,需要在 GB 量表中统一,经整理过的条目是否仍有效力,需要进行条目分析;

其三,一些未经变动的条目,在被试样本以及研究目的不同的情况下,其效力如何,需要重新进行检验,为保证 GB 量表的总体效度,条目分析是关键的环节,也是 GB 量表效度的一个指标。

(1)条目与因素的相关性。统计放大是将被试个人的某一条目的得分与他在该条目所属因素的总得分相对应,以求得大样本被试的相关系数。

(2)条目的难度。通过对大样本中被试在一条目的"A"、"B"、"C"三个答案中的回答分布情况,以了解条目是否过于"容易",即几乎是所有人都得分,或是过于"困难",即几乎是所有人都不得分。每个因素的个体条目的难度应从简单到困难形成一定的分布,如果条目过于简单或过于困难,则说明条目本身不起作用,必须舍去。经过筛选处理后,条目的难度分析详见表 8-2。

经筛选处理后各因素所占条目为:Z1(10 条);Z2(11 条);Z3(10 条);Z4(13 条);Q1(9 条);Q2(10 条);Q3(10 条);Q4(10 条);Q5(10 条);G1(9 条);G2(9 条);G3(9 条);G4(10 条);G5(10 条);Y(10 条);共 150 条。

由 150 个条目构成的 GB 问卷,在一般正常情况下,凡具有初中文化程度以上者,在 40 分钟～50 分钟内均可完成。GB 量表在测试时间以及被测者的作答负荷量上都比较适中。

表 8-2　　　　　　　　**条目的难度分析(n＝771 人)**

题目	回答百分率			题目	回答百分率			题目	回答百分率		
	A	B	C		A	B	C		A	B	C
1	0.37	0.19	0.44	51	0.66	0.07	0.27	101	0.27	0.22	0.50
2	0.44	0.23	0.30	52	0.58	0.14	0.27	102	0.67	0.21	0.12
3	0.09	0.30	0.61	53	0.49	0.09	0.42	103	0.44	0.22	0.34
4	0.25	0.22	0.53	54	0.60	0.08	0.32	104	0.51	0.14	0.35
5	0.04	0.91	0.05	55	0.52	0.17	0.31	105	0.45	0.43	0.12
6	0.04	0.90	0.70	56	0.65	0.11	0.23	106	0.82	0.08	0.11
7	0.22	0.20	0.58	57	0.38	0.18	0.43	107	0.68	0.14	0.18
8	0.41	0.10	0.49	58	0.40	0.06	0.54	108	0.57	0.16	0.27
9	0.32	0.17	0.51	59	0.49	0.08	0.43	109	0.75	0.14	0.12
10	0.25	0.13	0.63	60	0.45	0.15	0.40	110	0.78	0.13	0.09
11	0.16	0.08	0.76	61	0.30	0.29	0.41	111	0.60	0.06	0.34
12	0.76	0.11	0.13	62	0.10	0.33	0.57	112	0.37	0.18	0.46
13	0.48	0.09	0.43	63	0.21	0.19	0.61	113	0.50	0.16	0.34
14	0.45	0.10	0.45	64	0.58	0.15	0.27	114	0.59	0.20	0.21
15	0.75	0.06	0.13	65	0.09	0.70	0.21	115	0.43	0.16	0.40
16	0.40	0.27	0.32	66	0.20	0.27	0.53	116	0.51	0.16	0.33
17	0.33	0.16	0.52	67	0.43	0.22	0.35	117	0.50	0.13	0.37
18	0.44	0.12	0.44	68	0.34	0.28	0.38	118	0.06	0.04	0.91
19	0.32	0.28	0.40	69	0.41	0.15	0.44	119	0.65	0.17	0.18
20	0.06	0.64	0.30	70	0.52	0.20	0.28	120	0.64	0.21	0.15
21	0.24	0.26	0.50	71	0.74	0.15	0.11	121	0.49	0.41	0.10
22	0.33	0.18	0.49	72	0.46	0.16	0.38	122	0.13	0.12	0.75
23	0.31	0.30	0.39	73	0.27	0.32	0.41	123	0.51	0.20	0.29
24	0.76	0.11	0.13	74	0.58	0.19	0.23	124	0.19	0.10	0.71
25	0.11	0.76	0.13	75	0.39	0.20	0.41	125	0.51	0.40	0.09
26	0.29	0.25	0.46	76	0.27	0.04	0.69	126	0.57	0.17	0.27
27	0.42	0.16	0.42	77	0.24	0.22	0.54	127	0.24	0.12	0.64
28	0.32	0.10	0.07	78	0.43	0.17	0.40	128	0.71	0.12	0.17
29	0.35	0.15	0.50	79	0.53	0.07	0.40	129	0.68	0.11	0.20
30	0.27	0.37	0.36	80	0.52	0.17	0.31	130	0.70	0.15	0.15
31	0.52	0.20	0.27	81	0.50	0.15	0.35	131	0.43	0.17	0.4
32	0.31	0.18	0.51	82	0.41	0.19	0.41	132	0.53	0.13	0.35
33	0.63	0.11	0.26	83	0.63	0.12	0.25	133	0.42	0.16	0.42
34	0.33	0.14	0.53	84	0.17	0.15	0.69	134	0.42	0.24	0.34
35	0.09	0.08	0.84	85	0.13	0.7	0.16	135	0.26	0.13	0.61
36	0.41	0.19	0.40	86	0.82	0.08	0.11	136	0.33	0.33	0.34
37	0.30	0.37	0.33	87	0.75	0.13	0.11	137	0.30	0.31	0.39
38	0.50	0.21	0.29	88	0.45	0.10	0.45	138	0.59	0.12	0.29
39	0.57	0.17	0.26	89	0.50	0.15	0.35	139	0.40	0.13	0.42
40	0.35	0.20	0.45	90	0.73	0.17	0.10	140	0.55	0.19	0.26
41	0.77	0.11	0.11	91	0.30	0.16	0.54	141	0.68	0.12	0.20
42	0.24	0.45	0.31	92	0.26	0.24	0.50	142	0.30	0.16	0.55
43	0.46	0.27	0.28	93	0.46	0.15	0.39	143	0.67	0.13	0.19
44	0.44	0.30	0.27	94	0.64	0.60	0.30	144	0.14	0.80	0.07
45	0.08	0.77	0.16	95	0.44	0.60	0.30	145	0.14	0.61	0.26
46	0.25	0.27	0.48	96	0.21	0.16	0.64	146	0.52	0.21	0.27
47	0.65	0.12	0.23	97	0.43	0.21	0.37	147	0.54	0.20	0.26
48	0.40	0.18	0.42	98	0.43	0.12	0.45	148	0.89	0.05	0.06
49	0.64	0.23	0.13	99	0.36	0.16	0.49	149	0.54	0.23	0.24
50	0.35	0.16	0.50	100	0.68	0.14	0.17	150	0.61	0.14	0.25

五、信度与效度分析

在完成 GB 量表的设计之后，我们进行了大样本试测，并对该量表的功能、效果进行了比较全面的客观评价，即信度与效度分析。所谓信度是指量表的可靠程度，即一组被试在不同时间对同一问题情境中的反应的一致性。如果一组被试在一个时间里所得到的反应结果与他们在另一时间里对同一问题的反应不一致，那么这种量表是不可靠的，效度评价用以说明测验结果对于它所要测量的东西的真实性及其程度如何。量表的效度系数需要从多方面去获得，以说明量表对个人实际素质和工作成就的预见能力（效标效度），量表的条目对因素定义的实际表现程度（内容效度），以及量表的理论结构的正确性（结构效度）。

（一）GB 量表的信度

我们采用重测法获得了 GB 量表的信度资料。即将一组被试两周前测试的得分与两周后测试的得分进行相关的统计处理见表 8-3。

表 8-3　　信度系数（N＝86 人）

因素	Z1	Z2	Z3	Z4	Q1	Q2	Q3	Q4
r	0.866	0.807	0.758	0.755	0.613	0.762	0.695	0.750
因素	Q5	G1	G2	G3	G4	G5	Y	
r	0.666	0.803	0.638	0.779	0.879	0.857	0.716	

由表可见，信度系数一般在 0.6 到 0.9 之间。因此，可以证明 GB 量表的各因素的编制是可靠的。

（二）量表的结构效度

在人格测验中，所测各因素之间应该是相互独立的，倘若各因素测验分数之间的相关系数很低，那么该测验就获得了结构效度的依据。表 8-4 为十五个因素之间彼此的相关系数。由表可知各个因素之间相互独立。

表 8-4　　因素与因素的相关性（n＝771 人）

Z1	Z2	Z3	Z4	Q1	Q2	Q3	Q4	Q5	G1	G2	G3	G4	G5	Y
Z1	0.051	−0.055	0.032	−0.036	−0.103	0.223	−0.060	−0.43	−1.33	0.088	0.499	0.452	0.140	−0.152
Z2		0.216	0.138	0.218	0.242	−0.314	0.281	0.79	0.52	−0.088	0.223	−0.000	−0.144	0.288
Z3			0.059	0.152	0.119	−0.139	0.203	0.80	0.61	−0.117	−0.078	−0.079	−0.038	0.213
Z4				0.037	0.022	−0.005	0.064	−0.12	0.95	−0.053	0.009	−0.063	−0.066	0.006
Q1					0.004	−0.058	0.290	0.76	0.85	0.036	0.063	−0.055	−0.045	0.258
Q2						−0.254	0.090	0.20	−0.14	−0.046	0.016	−0.019	−0.023	0.155
Q3							−0.087	−0.89	−0.08	0.160	0.138	0.207	0.161	−0.169
Q4								0.61	0.40	0.068	0.086	−0.104	−0.096	0.374
Q5									−0.42	0.020	0.052	0.101	−0.090	0.098
G1										−0.007	−0.094	−0.193	−0.001	−0.006
G2											0.186	0.183	0.059	0.354
G3												0.448	0.080	0.019
G4													0.211	−0.079
G5														−0.131
Y														

(三)量表的内容效度

我们引用其他量表的同时,基本上赞同专家们根据因素操作定义对条目所进行的选择。在此基础上,GB量表的各条目选择的有效性还可以从上面"条目与因素的相关性"和"条目的难度分析"得到反映。

(四)量表的表面效度

尽管量表的表面效度在理论上不足以说明效度问题,但被测人对自己的分数结果及解释说明认可程度很高,这一事实从一定意义上可以反映对量表效度的一般性的主观评价和应用效果。GB量表的表面效度见表8-5。其方法是将被测者所测结果及结论反馈给被测者本人,再由被测者根据"十点法"对自己的个性分别打分,再次对分数求相关系数。相关系数最低为0.828,大部分在0.9以上,因此,可以说,被测人对GB量表的测试结果几乎是绝对相信。

表 8-5 量表的表面效度(n=76人)

因素	Z1	Z2	Z3	Z4	Q1	Q2	Q3	Q4
r	0.921	0.963	0.828	0.915	0.945	0.866	0.904	0.879
因素	Q5	G1	G2	G3	G4	G5	Y	
r	0.927	0.941	0.967	0.956	0.916	0.918	0.908	

(五)量表的效标效度

GB量表在某市某区委组织部的支持配合下,进行了实地验证。对26名党政干部实施测验。同时将量表的各因素及其定义提供给组织部门,让组织部门根据对每个被测人员的了解掌握情况,在"十点量表"上分别给予打分,然后将测验的分数与组织部门的评定分数对应求相关系数,以了解GB量表对实际情况反映的真实程度,见表8-6。

由表可知,GB量表有较高的效标效度。

表 8-6 量表的效标效度

因素	Z1	Z2	Z3	Z4	Q1	Q2	Q3	Q4
r	0.801	0.718	0.637	0.836	0.721	0.692	0.782	0.821
因素	Q5	G1	G2	G3	G4	G5	Y	
r	0.766	0.871	0.821	0.745	0.699	0.772	0.672	

六、常模的制定

个人所得的原始分数,一般还无法用来说明问题,有待于将原始分数转换成标准分数,而这有赖于常模的制定。常模一方面代表了取样的标准样组,另一方面引用了数理统计学的标准分数处理过程,给被测者提供一个可与之比较的标准,从而使不同的被测人之间以及同一被测人的不同因素之间的分数比较有了一个统一的尺度。GB量表的常模取样主要限于辽宁地区,具体情况见取样表8-7。由于性别差异影响较大(见表8-8),常模表将男女区分开来。GB量表用"标准十分"进行统计处理,得到男女不同的常模表(略)。

表 8-7 成人常模取样表(人数)

分项		单位					
		机关	农村	学校	部队	企业	其他
性别	男	58	77	63	96	425	52
	女	289	26	323	2	229	19
学历	大学	239	22	101	56	198	36
	高中	93	66	157	40	259	15
	初中	15	15	128	2	187	20
年龄	<20	0	0	161	2	50	3
	21<25	59	12	70	33	120	8
	26<30	108	17	61	45	168	5
	31<35	99	4	32	14	102	15
	36<40	55	35	101	2	106	8
	41<45	13	28	13	2	122	7
	46<50	6	6	15	0	28	7
	≥50	7	1	13	0	48	18

注:常模取样时间:自1987.9～1988.3。

表 8-8 性别差异

因素	男		女		T
	X	S	X	S	
Z1	11.438	3.857	11.196	3.545	1.8306*
Z2	14.510	3.932	13.805	4.245	3.5076***
Z3	12.524	2.947	13.546	2.733	7.2873***
Z4	8.451	2.066	9.221	2.060	7.5753***
Q1	11.853	2.655	11.765	2.819	0.6602
Q2	9.697	3.187	10.162	3.247	2.9425**
Q3	11.843	3.004	11.617	2.883	1.5573
Q4	13.943	2.997	13.966	3.197	0.1531
Q5	10.096	2.733	10.390	2.595	2.2339*
G1	9.807	3.351	9.403	3.285	2.4686**
G2	9.511	2.601	9.707	2.565	1.5422
G3	9.126	3.697	8.453	3.907	3.6022***
G4	10.087	3.634	10.347	3.404	1.4848
G5	11.703	3.213	13.237	2.966	10.0464***
Y	12.363	4.022	13.503	3.782	3.4122***

注:①男 $n=771$ 人;女 $n=888$ 人

②T 值为*,是0.05水平上的显著差异。T 值为**,是0.01水平上的显著差异。T 值为***,是0.0005水平上的显著差异。

GB量表的操作过程如下:

(1)首先要求被试者按照GB测试的指导语,对150道题作答,不得有遗漏;

(2)由主持人或主测部门依据模板或标准程序计算出原始分数;

(3)将原始分数对应常模(男、女分开)计算出标准分;

(4)根据被测者15个因素的所得分数,在GB个性测试剖面图上逐点描绘,连成曲线,即可获得被测者在自认素质、基本情操、工作风格三个方面的个性曲线(图略)。

七、基本结论

(一)方案评价

干部的考核评价,从方法上来说主要有定性和定量两种。科学合理的定性必须以定量为依据,定量是定性的基础,定性是定量的目的和结果。本课题正是利用心理测验法对干部素质能力进行定量和定性相结合的考核分析,从而使干部的考核和评价更加客观准确。而且这种办法既可以运用于对干部个人的考察识别中,也可以通过测试使班子配置达到最优化;既可以对任何人员进行心理测量和诊断,又可以对团体进行素质状况的分析;既可以对干部过去和现实表现进行考核,又可以对其潜在素质和发展趋势作出科学的预测。因此,本课题的研究和推广应用,有助于推动干部人事工作民主化、科学化、制度化的进程。

(二)方案特点

本量表有以下特点:

(1)客观性。本量表的三维立体结构模式以及15个因素的确定,来自实践的科学概括及专家认可,150个条目是根据15个因素的定义,并考虑了被试对问卷的可能接受性以及文件本身的科学性,经认真推敲又反复实践验证后确定的,所有被测人员都在同一测量条件、内容、程序和评价条件下进行,这就大大减少了主观因素对评价结果的影响,保证了评价结果的客观性。

(2)准确性。由于量表条目的设计具有客观性,同时又采用自我陈述法,只要被试如实作答,就能准确地反映本人的心理素质状况。

(3)实用性。本量表经大样本测试,重测信度和效标效度都较高,方便简便,经济易行,容易被组织人事部门掌握。因此,具有较大的实用价值。

(4)创造性。本量表提出了对初级党政干部基本素质测评的三维立体结构模式,着重对干部内在根源性素质特征进行全面科学测量分析,并在消化吸收国外几个量表的基础上,结合我国国情独立设计编制出的一个新量表,这在国内是一次大胆的尝试。

(5)可操作性。本量表简便易行,容易掌握操作,一次可测若干人,一般一小时左右即可完成测试,既准确又高效,测试结果既可手工计算,又可微机处理,使用非常方便。测试人员只要经过短时训练即可掌握。因此,便于大面积推广使用。

(三)存在问题

任何一种方法都具有局限性,本量表也受到主观和客观因素的局限。如被试不认真配合作答,就必然影响测试结果。另外,本量表是一次集国外多个量表之所长,并结合我国国情而编制的,这是一个初步的探索和尝试,因此尚存在一些不足和缺陷。例如,整个问卷中尚有7个条目仍不甚理想,有待于实践推敲。另外,本量表还没有大量推广使用，不少组织人事部门和领导干部对这种科学的心理测验方法还没有认可，有待于我们共同努力做好宣传培训，特别是在实践中不断应用和推广。

(四)下步打算

我们打算下一步将该量表先在本省推广使用，并选点进行跟踪调查，以使量表不断完善深化。同时，在上级有关部门的配合支持下，应用本量表对现有党政干部的素质状况进行实测，以提出初级党政干部的选拔标准和班子结构最优化方案。

附：

GB 个性测验试题纸(略)

GB 个性测验答题卡(略)

GB 个性测试剖面图(略)

GB 个性测试常模表(略)

* 本课题《初级党政干部心理素质与选拔方法研究》为中共中央组织部 1986 年度立项科研项目，1988 年 3 月鉴定结题，1989 年 10 月获“辽宁省政府科学技术进步奖”。

第二节 管理行为模式测量

管理行为模式测量开始于 20 世纪 40 年代。评价管理者行为的前提是必须了解其工作行为的范围。

一、工作行为划分

余克(G. A. Yukl)与尼摩洛夫(W. Nemerroff)经过长期研究，将一般领导者的工作行为划分为 18 种类别。

(1)强调绩效：试图改善效率与生产力，尽量使部属发挥才能。

(2)关怀：对部属友善、支持、关怀、客观和公正。

(3)鼓舞：指领导注重激起部属工作的热诚，并引导部属建立成功地完成任务及达到目标的信心。

(4)建立奖酬措施：指领导以加薪、升迁、调配更好的工作、设计更好的工作安排、增加休假等措施酬赏绩效优良的部属。

(5)参与决策：指领导与部属磋商，或让部属影响他的决策。

(6)自主与授权：指领导将责、权授予部属，并让他们自己决定如何去完成工作。

(7)角色认知：指领导告诉部属他们的责任所在，指出他们必须注意的政策和规定，并让他们知道领导者对他们的期望。

(8)制定目标：指领导强调针对部属工作的重要部分，分别制定目标，衡量进度，并提供实际的反馈。

(9)训练与教练：即为部属确定所需的训练，并提供训练和教练时间。

(10)传递情报：让部属了解工作上的发展，包括其他工作单位或组织发生的事件、上级的决策、上级或外界人士的会议进展等。

(11)解决问题：在面临工作上的难题时，领导主动提出解决办法，并在紧急情况下果断地加以处理。

(12)计划：指领导预先计划如何安排工作，如何达成目标，并为可能发生的问题提前做准备。

(13)协调：指领导协调部属的工作，强调协调的重要性并鼓励部属主动参与协调活动。

(14)促进工作：指领导帮助部属取得所属的材料、设备或其他资源，清除工作环境中的问题，排除其他有可能干扰工作的障碍。

(15)代表：指领导与组织内的其他单位或重要人士保持联络，争取他们的支持，并运用个人对上司和外界人士的影响，为组织争取利益。

(16)促进联系：指领导力求部属之间彼此友爱、合作、互助，并能互相分享情报和构想。

(17)冲突管理：指领导禁止部属打架、争吵，鼓励他们以建设性的方式解决冲突，并帮助化解部属之间的冲突和分歧。

(18)批评与处罚：指领导批评或处罚绩效不良、时常违规或抗命的部属。

许多心理学家采用问卷法研究管理行为，即建立行为调查表，通过科学的统计方法，分析有效行为与领导绩效的关系，取得了比较好的效果。

二、管理者行为描述问卷

以亨普希尔(J. K. Hemphill，1941)为首的俄亥俄州立大学人事研究委员会，在 1945 年运用因素分析的方法开始了对管理者行为的研究。他们最初提出了有效管理行为的 9 个基本维度，即主动、成员身份、代表、整合、组织、管辖、信息沟通、认可和生产。

第二次世界大战以后，1945 年，俄亥俄州立大学斯托格迪尔(Ralph M. Stogdill)和弗莱西曼(Edwin A. Fleishman)以及同事沙特尔(Carroll L. Shartle)等人进行了这一研究。哈尔平(A. W. Halpin)等人将其中的信息沟通维度分为两点：向上沟通与向下沟通。研究人员共收集了对应这 10 个维度的大量的下属对领导行为的描述，开始时列出了 1790 多个问题，通过逐步概括，编制成“领导者行为描述问卷”(Leader Behavior Description Questionnaire，LBDQ)。

LBDQ 共包括 15 项有关“关心人”的行为项目，15 项与“抓组织”有关的行为项目(见表 8-9)，该问卷采用五级评定：总是、经常、偶尔、很少、从不。评价管理者时，请其下属针对问卷中的每一项对他们的上级加以评定。通过对评定结果的分析，可以知道在下属心目中，管理者是工作取向的还是人际关系取向的人。

表 8-9　　管理者行为描述问卷

关心人	抓组织
1. 给部下以私人帮助	1. 对部下清楚地表明自己的态度
2. 做一些使部下感到愉快的小事情	2. 在本单位中试验自己的新设想
3. 容易让人了解自己	3. 以严格的手段管理
4. 时常听取部下的意见	4. 对工作表现不好的进行批评
5. 信守诺言	5. 以不容人质疑的口气讲话
6. 关心部下的福利	6. 分派部下做特别的工作
7. 拒绝解释自己行为的原因	7. 做事没有计划
8. 不与部下磋商而自行行动	8. 坚持一定的作业标准
9. 接受新构想缓慢	9. 强调一定要在期限内完成工作
10. 以平等的态度对待每个部下	10. 要求遵循有规律的程序
11. 愿意有新改变	11. 要求所有的部下都应了解自己在组织中的地位
12. 平易近人	12. 要求部下遵守标准化的规则和法令
13. 与部下谈话时能使他们觉得轻松自然	13. 让部下都知道对他们的要求是什么
14. 接受部下的建议并付诸行动	14. 注意部下是否已尽自己所能
15. 在进行重要的事项之前，先取得部下的赞同	15. 注意部下的工作是否协调

他们对所测结果进行因素分析，得到了两个基本领导行为维度“关心人”（体贴）和“抓组织”（结构）。

• “抓组织”，或称“主动结构型”（Initiating Structure）。这种行为主要以工作为中心，领导者通过设计组织机构、明确职责、权力、相互关系和沟通办法，确定工作目标与要求，制定工作程序、工作方法与制度来引导和控制下属的行为表现。

• “关心人”，或称“体贴型”（Consideration）。这种行为主要以人际关系为中心，关心和强调下属个人的需要，尊重下属意见，给下属以较多的工作主动权，注意建立同事之间、上下级之间的互信气氛。

研究采用量表作为测量工具来评定这两个维度的领导行为，每个方面又分为高与低两个区域，并由此设计出了著名的“领导行为四分图”（即高组织高关心、高组织低关心，低组织高关心、低组织低关心四个象限）。进一步的研究表明，“关心人”和“抓组织”两者并非绝对相互排斥。这两个维度可以有四种组合方式（见图 8-2）。

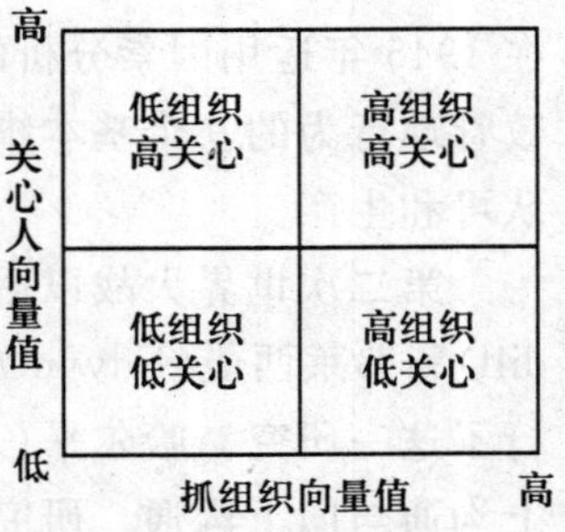

图 8-2　管理者行为模式

具备高组织高关心行为模式的领导，既重视人际关系，又重视工作绩效；高组织低关心模式的领导，则只重视抓工作与绩效，不关心人际关系；低组织高关心的领导只重视人际关系的协调，忽视严格控制式的管理；低组织低关心的领导，既不重视人际关系，也不重视任务的完成。许多研究表明，以关心职工为主的管理者，其下属满意程度高，绩效也大多较好；而以关心工作为主的管理者，其下属满意程度低，在绩效方面有的表现好，有的表现差，这种管理者行为对工作绩效的影响视具体情境而定。

三、管理方格理论

(一)管理方格理论的研究者

管理方格理论(Management Grid Theory)是由美国德克萨斯大学的行为科学家罗伯特·布莱克(Robert R. Blake)和简·莫顿(Jane S. Mouton)在 1964 年出版的《管理方格》(1978 年修订再版,改名为《新管理方格》)一书中提出的。布莱克(R. R. Blake)和莫顿(J. S. Mouton)认为管理者应该同时执行关心人和抓组织两项基本职能,但具体到每一管理者则往往有所侧重,有些人侧重于抓生产,有些人则侧重于考虑人的因素,这就是所谓的管理方格理论。

资料

罗伯特·布莱克(Robert R. Blake)

美国应用心理学家,生于马萨诸塞州的布鲁克林,逝于德克萨斯州奥斯汀。1941 年从弗吉尼亚获得心理学硕士学位,1947 年在德克萨斯大学获得哲学博士学位,随后成为该校的心理学教授。1949～1950 年,他作为一名学者担任英国阅读大学讲师、伦敦塔维斯托克诊所名誉临床心理学家,并成为哈佛大学的一名讲师和研究人员。布莱克的主要成就是他在行政管理领域所从事的工作。1964 年他与简·莫顿合著出版了《管理方格》一书,该书提出了管理方格理论和管理方格图,很醒目地表示了主管人员对生产关心程度和对人的关心程度。他是一名在管理和组织发展领域开展应用行为科学研究的倡导者,是前科学方法公司总裁。1997 年退休后,他把公司卖给方格国际公司,并继续担任该公司顾问。他在哈佛大学、牛津大学和剑桥大学都上过课,也曾以傅尔布莱特(Ful bright)学者身份在伦敦泰维史塔克诊所进行一项长期特别任务。他曾在许多大学、政府单位、"财富"五百强公司担任顾问。

资料

简·莫顿(Jane S. Mouton)

管理方格理论的提出者,1930 年出生于美国,配偶杰克逊·莫顿(Jackson Mouton)。1957 年在德克萨斯大学获得心理学哲学博士学位,不久担任该校心理学系副教授,专门从事行为科学,特别是组织与管理领域的研究。曾经是科学方法公司总裁及共同创办人,和罗伯特·布莱克共同研发管理方格理论。她是美国心理学会会员,拥有产业和组织心理学暨美国人心理学委员会的证照,美国人科学促进协会会员。她除了在组织发展领域的研究之外,也参与创造性决策等主题的研究。

莫顿和布莱克于 1964 年合著了《管理方格》(The Managerial Grid)一书,提出了研究领导方式及其有效性的管理方格理论。这本书出版后得到学界的广泛重视和业界的高度欢迎，十多年时间，在美国就销出近百万册。1978 年，他们对这本书修订再版，更名为《新管理方格》。此外她还与罗伯特·布莱克共同著有《秘书方格》、《教育行政方格》。

(二)管理方格图

管理方格图(图 8-3)是一个纵轴和横轴各 9 等分的方格图，纵轴表示企业领导者对人的关心程度(包含了员工对自尊的维护、基于信任而非基于服从来授予职责、提供良好的工作条件和保持良好的人际关系等)，横轴表示企业领导者对生产的关心程度(包括政策决议的质量、程序与过程、研究工作的创造性、职能人员的服务质量、工作效率)。

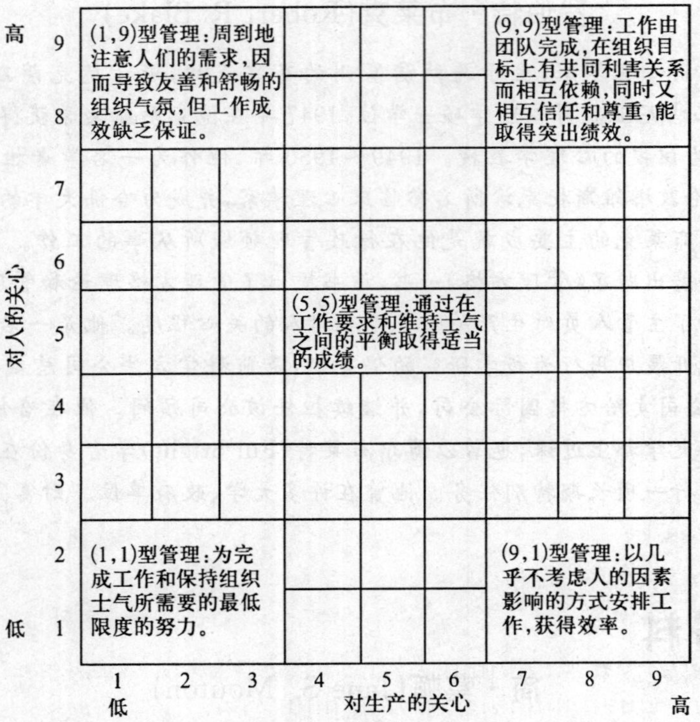

图 8-3 管理方格图

管理方格理论是研究企业的领导方式及其有效性的理论，这种理论倡导用方格图表示和研究领导方式。他们认为，在企业管理的领导工作中往往出现一些极端的方式，或者以生产为中心，或者以人为中心，或者以 X 理论为依据而强调靠监督，或者以 Y 理论为依据而强调相信人。为避免趋于极端，克服以往各种领导方式理论中的“非此即彼”的绝对化观点，他们指出：在对生产关心的领导方式和对人关心的领导方式之间，可以有使二者在不同程度上互相结合的多种领导方式。为此，他们就企业中的领导方式问题提出了管理方格图。第 1 格表示关心程度最小，第 9 格表示关心程度最大。全图总共 81 个小方格，分别表示“对生产的关心”和“对人的关心”这两个基本因素以不同比例结合的领导方式。

布莱克把关心生产解释为关心生产任务的完成、管理工作的规范等；关心人是对下属的士气、人际关系、责任心及满意程度的关注。每个方格代表关心生产与关心人这两种管理行为以不同重视程度结合而成的领导风格。他认为在所有的这些风格中，协作式领导是最理想、最有效的领导方式，应当成为企业领导人的努力方向。管理方格图的提出改变以往各种理论中“非此即彼”式(要么以生产为中心，要么以人为中心)的绝对化观点，指出在对生产关心和对人关心的两种领导方式之间，可以进行不同程度的互相结合。

(三)5 种类型的领导

管理方格图中：

“1.1”方格表示对人和工作都很少关心，这种领导必然失败。

“9.1”方格表示重点放在工作上，而对人很少关心。领导人员的权力很大，指挥和控制下属的活动，而下属只能奉命行事，不能发挥积极性和创造性。

“1.9”方格表示重点放在满足职工的需要上，而对指挥监督、规章制度却重视不够。

“5.5”方格表示领导者对人的关心和对工作的关心保持中间状态，只求维持一般的工作效率与士气，不积极促使下属发扬创造革新的精神。

只有“9.9”方格表示对人和工作都很关心，能使员工和生产两个方面最理想、最有效地结合起来。这种领导方式要求创造出这样一种管理状况：员工能了解组织的目标并关心其结果，从而自我控制，自我指挥，充分发挥生产积极性，为实现组织的目标而努力工作。

除了那些基本的定向外，还可以找出一些组合。比如：

5.1 方格表示准生产中心型管理，比较关心生产，不大关心人；

1.5 方格表示准人中心型管理，比较关心人，不大关心生产；

9.5 方格表示以生产为中心的准理想型管理，重点抓生产，也比较关心人；

5.9 方格表示以人为中心的准理想型管理，重点在于关心人，也比较关心生产。

根据企业管理者“对生产的关心”和“对人的关心”程度的组合，可以将领导分为 5 种类型：

(1)贫乏的领导者：对生产和对人关心都少，实际上，他们已放弃自己的职责，只想保住自己的地位；

(2)俱乐部式领导者：对生产关心少，对人关心多，他们努力营造一种人人得以放松，感受友谊与快乐的环境，但对协同努力以实现企业的生产目标并不热心；

(3)小市民式领导者：既不偏重于关心生产，也不偏重于关心人，风格中庸，不设置过高的目标，能够得到一定的士气和适当的产量，但不是卓越的；

(4)专制式领导者：对生产关心多，对人关心少，作风专制，他们眼中没有鲜活的个人，只有需要完成生产任务的员工，他们唯一关注的只有生产指标；

(5)理想式领导者：对生产和对人都很关心，对工作和对人都很投入，在管理过程中把企业的生产需要同个人的需要紧密结合起来，既能带来生产力和利润的提高，又能使员工得到事业上的成就与满足。他们倡导团队型管理(9,9)式，然而，真正的团队不是在书本上写出来的，而是在实践中练出来的。

(四)最理想的管理模式

从理论角度看，布莱克和莫顿试图用坐标体系走出此前的学术迷宫，寻找出一个唯一的、正确的、公理式的管理理论框架。他们对权变理论进行了不留情面的批评，认为权变理论的实用主义方式会把管理者引入歧途，甚至会引起人类发展道路上不必要的绕行或倒退。《新管理方格》强调，管理存在着最优方式，可以建立起唯一正确的体系。

管理学的地位来自于行为科学，而行为科学是同物理学、生物学并列的。物理学对无生命的自然界进行了解释，生物学对有生命的自然界进行了解释，而行为科学对人类社会进行了解释。它们都有公理系统和科学方法，可以使研究对象的发展变化成为可预言的。设计一架飞机，不可能违背空气动力学，而空气动力学立足于物理学的地心引力法则；配置一份婴儿的饮食食谱，不可能违背营养学，而营养学立足于生物学的营养法则；同样，采取某种管理措施，不可能违背管理学原理，而管理学原理立足于行为科学的相关法则。所以，布莱克与莫顿以理想主义的姿态，试图在管理活动中寻找出最优模式和原则，并由此彻底推翻权变学派的情景决定论。他们坚信，管理方格理论是按照行为科学的相关法则建立的，由多种方格的相互比较和逻辑推论，可以得出结论——(9,9)型团队管理是迄今最理想的管理模式，是人类社会通向理性、思辨和美好的康庄大道。

尽管布莱克和莫顿信心十足，但是，他们的最优化设计能否在理论上把权变理论排挤出管理学阵地，似乎并不确定。在《新管理方格》的论述中，布莱克和莫顿虽然不承认权变理论的合理性，但却不得不在一定程度上承认权变理论的现实性。在他们的理论推导中，也小心翼翼地避开了西蒙的有限理性学说。既然他们强调自己提出的(9,9)型团队管理具有最优性，那就必须证明这一模式已经克服或战胜了对人类理性的各种限制。这种回避，显露出了他们的理论软肋所在。

有一个例子，能够说明他们的理论局限。布莱克和莫顿曾经仿照智商、情商的测验方式，提出了一个“管理成就商数”(MAQ)的公式。这个公式并不具有普遍意义，因为他们采用的数据过于简单，仅仅用职务提升来表示管理成就，忽略了其他因素的复杂作用，所以，“管商”并不被学界认可。

不论布莱克和莫顿的管理方格理论有多少不足，也不论他们的(9,9)型团队管理模式还会遇到什么样的挑战，他们的这种努力，说明了他们追求完美、追求理想实现的希望和勇气。值得称道的是，即使他们的管理方格理论有缺陷，批评者也高度肯定他们在行为科学方面的贡献。他们把社会学、心理学、人类学创造性地用于管理学研究，取得了不少突破性的进展。尤其是在童年期经历对成人行为模式的潜在影响研究方面，以及管理方式与身心健康的关系研究方面，堪称一绝。所以，我们认为，管理方格理论不可能重建管理学理论大厦，但却会在现实中为经理人员提供一个卓越的自我检测和训练系统，同时也会在管理学发展进程中留下永久性影响。

(五)管理方式的培训

1. 管理方式发展的五个阶段

布莱克和莫顿认为，作为领导者应该客观地分析组织内外的各种情况，把自己的领导方式改造成(9,9)型的方式，以求得最高效率。

布莱克和莫顿还根据自己从事组织开发的经验，总结出向(9,9)型管理方式发展的五个阶段的培训：

阶段1：组织的每个人都进入方格学习，并用它来评价自己的管理风格。

阶段2：进行班组建设，以健全的协作文化取代陈旧的传统、先例和过去的实践，建立优秀的目标，增强个人在职位行为中的客观性等。

阶段3：群体间关系的开发，利用一种系统性的构架来分析群体间的协调问题，恰当地利用好群体间的对抗以从中发现组织中存在的管理问题，利用这种有控制的对抗和识别为建立一体化所必须解决的症结问题，为使各单元之间的合作关系不断改善作下一次实施计划。

阶段4：设计理想的战略组织模型，要明确确定最低限度的和最优化的公司财务目标，在公司未来要进行的经营活动、要打入的市场范围和特征、要怎样创造一个能够具有协力效果的组织结构和决策基本政策及开发的目标等方面有明确的描述，以此作为公司的基本纲领，作为日常运作的基础。

阶段5：贯彻开发。研究现有组织，找出目前营运方法与按理想战略模型的差距，明确企业应该在哪些方面进行改进，设计出如何改进的目标模式，在向理想模型转变的同时使企业正常运转。布莱克和莫顿认为，通过这样的努力，就可以使企业逐步改进现有管理模式中的缺点，逐步进步到(9,9)型的管理方式上。

2. 管理者的评价

要练就团队式管理，前提是准确判断自己的管理类型，然后才能看出差距，有针对性地进行训练。布莱克和莫顿发现，现实中的管理者，往往会高估自己的管理水平。他们统计的数据是：管理人员没有学过方格理论时，大约有75%会把自己的管理方式说成(9,9)型，然而当学习和进行科学的自我测定后，坚持自己的管理方式为(9,9)型的比例会减少到25%。在判断自己的管理类型时，特别要防范自我欺骗，尤其是不自觉地自我欺骗。这就需要以客观的可衡量的标准尺度来衡量现实中的管理表现。

布莱克和莫顿根据对管理坐标定位的影响大小，筛选出决策、信念、冲突、性情、涵养、努力六大要素，对每个要素给出不同的行为表述，供读者进行自我测验。这种自我检测，可以排除大部分无意识的自我欺骗。

在该书修订版中，他们还设计了一个详细的“方格风格动态一览表”，帮助读者分析和辨认自己的管理风格。“一览表”分为管理职能、头头行为、后果、动态、儿童期起因五个大类，每类的评价指标又分为数量不等的子项，每个子项下列举不同方格的管理表现特征。

- 管理职能包括计划、组织、指导、控制、人员配备、目标管理、作业评价等子项；
- 头头行为包括沟通、冲突、咨询倾向、外表等子项；
- 后果包括“头头－部属”的协调基础、部属反应、组织特征、长期的组织含义、事业成功程度等子项；
- 动态包括正激励、负激励、核心情绪、思想方法等子项；
- 儿童期起因不再划分子项。

借助这个一览表，管理人员可以进行较为准确客观的自我评价。

3. 团队式管理训练

有了恰当的自我评价，管理人员需要开展有针对性的训练，以改进管理方法，提高管理水平，最终养成团队型管理风格。简·莫顿在提出管理方格理论以后，孜孜不倦地把这种方格分析法推广到各个领域，陆续出版有《秘书方格》、《教育行政方格》等著作。管理方格理论实际上是一种行为分析体系，不仅对经理有用，而且对任何人都会有所帮助，能够提高我们的生活质量，改善我们的行为方式，增进我们的健康程度，培养我们的心智能力等等。孔令济 1986 年翻译了《新管理方格》，在该书的修订版序言中所说的那样：“当代的各种迹象表明，管理方格理论是一种正确的基本框架，它可以实现思想与感情、希望与行动、梦想与现实的必要统一。我们可以改变现状，而不是满足于现状。我们可以把儿童培养成为坦率的、成熟的、富有同情心的、关怀别人的人，而不是把他们变成扭曲的、受折磨的或被驱使的人。我们可以使自己成为健康、幸福、有成就、有贡献的人，而不使自己生病或失败。”

四、菲德勒领导方式测量

管理者行为的两个维度即关心人和抓组织不是绝对对立的，这两种方式的管理行为是否有绩效还要视具体情境而定。菲德勒(F. Fiedler)认为，一个管理者采取某一领导方式的效果如何，更重要的应取决于他所处的情境顺利与不顺利的程度。

菲德勒开发了一种工具，叫做“最不愿与之共事者量表”(Least Preferred Co-worker Questionnaire)，通过表中 16 个评价的得分来测量个体是任务取向型还是关系取向型。

他认为影响管理效果的情境因素主要有三个方面。

第一，上下级关系，即管理者同组织成员的相互关系，也就是领导者受其团体成员喜爱、信任和乐意服从的程度。用好(＋)、坏(－)为指标，可以用社会关系测量法或团体气氛量表加以测量。研究表明，这是情境因素中最重要的因素。一般说来，一个组织的成员对其管理者信任、喜爱或愿意追随的程度越高，则管理者的权力与影响力就越大。

第二，工作结构，这一因素可用明确(＋)、不明确(－)为指标。

测量方法为等级评定法，内容包括：

①工作目标的明确度，即团体的每一个人是否了解工作所需的条件是什么；

②通往目标的途径的多样性，即是否有实现目标的多种途径；

③解决方案的正确性，即是否有独特的、正确的解决问题方案；

④结果的可验证性，即决策结果的效度。

在工作结构因素中，还包括训练与经验的作用。

第三，职位权力，即管理者所处的职位赋予他权力的大小，或者说他拥有的实权有多大，包括领导有无雇用、辞聘、奖惩被领导者的权力，所担任的职位是长期的还是短期的，任期有多长，上级与组织是否支持他的威望等。测量时采用标准问卷形式，实行等级评定法。

菲德勒根据这三种因素的不同组合，把领导者所处的情境共分为 8 种类型(见表 8-10)。

表 8-10　　不同领导情境因素的组合效果

情境	1	2	3	4	5	6	7	8
上下级关系	好	好	好	好	差	差	差	差
工作结构	高	高	低	低	高	高	低	低
职位权力	强	弱	强	弱	强	弱	强	弱

菲德勒认为，在这三种情境因素中，上下级关系最为重要，它重于工作结构与职位权力。因此，在这三种情境因素组合时，首先应看领导者与被领导者的关系是好还是差，再看其他两个因素。上述 8 种情境中，情境 1 是最有利的管理情境，情境 2 和 3 是比较有利的管理情境，情境 5 是中等水平的管理情境，情境 4、6 和 7 是不太有利的管理情境，情境 8 是最不利的管理情境。

菲德勒将有效的管理方式分为以人际关系为中心的管理方式和以工作(生产)为中心的管理方式两种，编制了最不喜欢的共事者问卷，又称 LPC 量表(图 8-4)。

所谓最不喜欢的共事者，菲德勒是这样定义的：在你的一生中你曾与各种人共事过，与大多数人都很容易相处，但与某些人可能共事有困难。于是你先回想所有那些与你曾共过事的人，然后在你的心中确定一个你感到在你一生中与他共事最困难的人，这个人可以是也可以不是你最不喜欢的人，但这个人必须是你最不愿意与他共事的人——可能是一个上司，一个部属或是一个同僚。这个人就是你的 LPC。

在 LPC 量表中共有 21 对形容词，分 8 个评定等级。测验时，应试者针对每对形容词先在心中默默地描述一下自己选定的 LPC 的形象，然后选择一个最能代表

快乐——87654321——不快乐

友善——87654321——不友善

拒绝——12345678——接纳

有益——87654321——无益

不热情——12345678——热情

紧张——12345678——轻松

冷漠——12345678——热情

合作——12345678——不合作

助人——12345678——敌意

无聊——12345678——有趣

好争——12345678——融洽

自信——12345678——犹豫

高效——12345678——低效

郁闷——12345678——开朗

开放——12345678——防备

图 8-4 菲德勒 LPC 量表内容

自己选定的 LPC 形象的等级，8 个等级表示从“最××”向“最不××”排列。例如：

友善的 8 7 6 5 4 3 2 1 不友善 ____________________

你可以把 8 理解为非常友好，其次分别为不友好、相当友好、稍友好、稍不友好、相当不友好、很不友好、非常不友好，把选择的等级数填在后面的线上。

菲德勒认为，这种量表表面上是评价别人，实际上是说明评价者本人的一些情况。人们往往对别人的感觉并不十分准确，从对别人的评价中就会自然地表现出自己对某些问题的真实思想，表现出自己的某些特征，根据这些就可看出自己的管理风格。因此，评价者在 LPC 量表上的得分实际上就标明了他自己的作风所属的类型。

菲德勒研究认为：LPC 得分为 73 或更高，则该领导是个高 LPC 的人，即注重人际关系取向；如果得分为 64 或更低，则是低 LPC 的人，即注重工作取向；得分在 65 和 72 分之间，是个中等 LPC 的“社会独立”的人。

菲德勒还研究了管理方式与情境三因素组成的 8 个评定等级之间的关系，其结果如图 8-5 所示。

五、三隅二不二的 PM 量表

三隅二不二是日本大阪大学教授，著名的心理学家，他曾对领导行为学派的各家理论进行过长期研究，并于 20 世纪 60 年代初开始了 PM 类型论的实验研究。到 1978 年，三隅等人已用 PM 量表测定了 10 多种职业的员工 15 万人次。中国科学院心理研究所徐联仓等人在比较国外各种领导行为评价工具的基础上选定了三隅的 PM 量表，并于 1980 年开始修订中国版本，在中国近 60 家企业中进行实验研究。修订后的版本作为中国企业诊断咨询的一种工具，受到企业界、管理科学研究

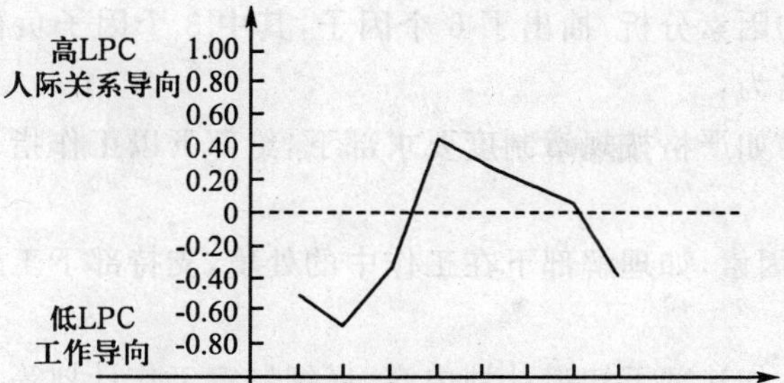

情境组合	1	2	3	4	5	6	7	8
上下级关系	好	好	好	好	差	差	差	差
工作结构	明确		不明确		明确		不明确	
职位权力	强	弱	强	弱	强	弱	强	弱

图 8-5　管理方式与情境类别的关系

界以及政府行政部门的好评。我们后面介绍的有关 PM 量表的内容就是他们的修订本。

(一)基本观点

三隅认为:任何一个团体都具有两种机能,一种是团体目标达成机能,指工作绩效,用 P(Performance)表示;另一种是维护、强化团体或组织的机能,指团体维系,用 M(Maintenance)表示。

• 所谓完成团体目标的职能,包括计划工作和为完成工作任务所施加的压力两方面因素。为了完成团体目标,不仅要求领导者有周密可行的计划与组织,而且要求对下级严格规定完成任务的期限,制定规章制度和各级职责范围,对执行情况进行检查,等等。

• 而所谓维系和强化团体的职能,其作用就在于通过对下级的关怀、体贴,消除人际关系中的不必要的紧张感,缓和工作中所产生的对立和抗争,对下级进行激励、支持,给下级以发言和表达意见的机会,刺激自主性,增强成员之间的友好和相互依存性,满足下级的需求,以维护组织的正常运营,保证组织目标的实现。

根据不同的领导者在 P 与 M 两种职能中的重视或表现程度,三隅划分出四种领导类型(图 8-6),即:PM 型、Pm 型(又称 P 型)、MP 型(又称 M 型)、mP 型。

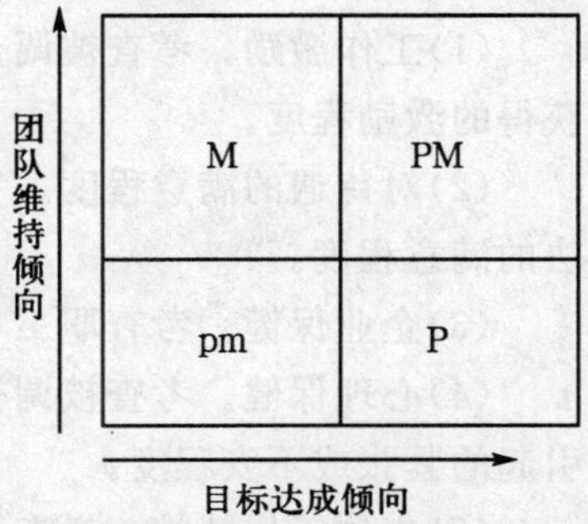

图 8-6　三隅二不二的 PM 领导类型图

他编制出的 PM 量表,经实验室研究、现场研究和调查分析,证明 PM 型领导模式效果最佳。

PM 量表是建立在其他多种量表的基础上的。它采用了一些公认的效度、信度高的问卷条目,组成了自己的原始调查表。经过实测与修订,形成了一份包括 164 个项目的 G.D 意见调查表。

通过进一步的因素分析，抽出了 6 个因子，其中 3 个因子负荷量最大，三隅便把这 3 个因子命名为：

(1)压力因素，如严格按规章制度要求部下，给部下以工作指令，让部下作出最大努力等；

(2)团体维系因素，如理解部下在工作中的处境，支持部下工作，与部下谈话气氛融洽等；

(3)计划因素，如让部下知道计划内容，仔细制定工作计划等。

三隅还将压力因素和计划因素合并，称为 P 职能因素，团体维系因素则称为 M 职能因素，这样便形成了 PM 量表。

(二)PM 量表

PM 量表分为两大方面、10 类因素、61 个问题，其中两大方面即领导行为评价和工作情境评价。

1. 领导行为评价

此种评价由各级领导的直接下属完成。在领导行为评价中共包括两类因素。

(1)领导的工作绩效(简称 P 因素)。含 10 个问题，目的在于测量领导为完成生产任务而执行的领导职能。主要考查领导的专业知识水平、工作的计划性、依据工作计划和规章制度对下级实施领导的效能。

(2)领导的团体维系职能(简称 M 因素)。含 10 个问题，主要测量领导为完成工作任务而表现出来的对于集体的关心和维护。考查领导的工作方法，与下级的工作关系，促进工作团体团结的能力，领导对下属关心的程度，领导的组织、协调效能。

2. 工作情境评价

此种评价由被调查者完成。在工作情境评价中，共包括 8 个因素，每个因素由 5 个问题组成，总计 40 个问题。

(1)工作激励。考查被调查者对本职工作的兴趣和责任感等，即由工作本身所获得的激励程度。

(2)对待遇的满意程度。考查被调查者对诸如工资、奖金等物质待遇及发放办法的满意程度。

(3)企业保健。考查职工本人及家属对本企业工作条件及环境等的满意程度。

(4)心理保健。考查被调查者在工作环境中的人际关系、职责范围以及由此而引起的紧张或不安程度。

(5)集体工作精神。考查工作集体的集体意识的强弱程度。

(6)会议成效。考查被调查者对以会议形式解决生产难题的效果及其意义的重视程度。

(7)信息沟通。了解组织内部上下级之间、同级之间信息交流和意见沟通等情况。

(8)绩效规范。了解工作集体设立工作目标和完成任务的集体规范。

除上述10个因素、60个问题外，PM量表还专门设置了第61题，用以征询参加调查的人员对这种调查方法的态度。

上述8个情境因素中的前4个因素，即工作激励、对待遇的满意程度、企业保健、心理保健，是反映个体水平的满意程度的尺度，因而又可称为激励-保健因素；后4个因素，即集体工作精神、会议成效、信息沟通和绩效规范，则是反映单位内管理情境状况的指标，所以又可称为组织过程因素。

(三)PM模型

1. Pm型领导类型的效果

在使达成动机低的被试者从事单调无意义的课题的情况下，P型的领导条件是最有效的，这是由于P型中所包含的压力因素的作用。压力因素，是指对被试者完成课题进行强制的外在的压力作用。P型和其他三种类型相比，作为客观条件的P型压力，实际上是最显著的，客观上压力最大的P型，对于达成动机低的被试者来说，相对地会带来最大的课题完成的效果。但是，外在的压力在被试者中，会产生心理反抗的反作用。这种心理反抗，在某种时候会和外压相抗衡，在接近平衡状态时，P型的压力效果就会显著地减少。

从这个结果上来看，只要减弱对外在压力的心理反抗的各种内在、外在的条件，越是初期，P型的压力因素效果就相对越大。概括地说，P型领导在初始时期，是以压力因素为代表的。

2. pM型领导类型的效果

pM型领导行为，即简称的M型行为，所包含的主因素是体贴因素。M型，原本不是赋予课题完成方向或施加压力的。其作用是在已经存在的现实状况中起着一个使其平滑地向一个方向移动，起到使移动速度增幅的作用。

在达成动机高的被试组中，M型对工作绩效的结果，在初期，次于P型，处于第三位。但在接近后期，就凌驾于P型的效果之上了，显示出了仅次于PM型效果的第二高的效果。

3. pm型领导类型的效果

被试者多少有一种怎么也得想办法去做的这种课题完成的紧迫感和被迫接纳的态度。和其他类型相比，pm型的被试者，在考察课题的无意义性、单调性、无选择性、暧昧性等各种条件时，对课题的完成动机，可以说是明显很低。pm型的领导条件给予被试者的是一种所谓的沉默的威压的效果。它不如P型那么强，但给予被试者的是半个P型的压力因素效果。

4. PM型领导类型的效果

PM型是P和M二者结合到一起的领导类型。PM型里的P条件，比P型的P行为的频度低，所以P的评价值小。PM型里的M行为，也比M型的M行为的频度低，所以M的评价值也小。然而，PM型的效果，要比P型和M型的任何一种类型的效果都要好。因此，PM型的效果不是P型效果和M型效果简单相加的效果，而是包含相乘的效果。P×M效果中的P效果，不如对P型效果所叙述的那样，它最原始的效果是基于压力因素的，M的效果，是由于这种压力因素在唤起被领导者的心理反抗时，适时地以M行为来缓和、解除的。

只要在压力因素对被领导者所造成的心理反抗、紧张、纠葛依然存在的情况下，被领导者的动机就会继续地减弱，由此M型行为把它们适时地缓和、解除了，所以，被领导者动机的减弱就会中止，并且通过被领导者自发的动机状态，动机就会进一步高昂。

(四)PM模型应用

三隅二不二的PM模型P职能是完成工作任务的效率与效果。在企业中，员工绩效具体表现为完成工作的数量、质量、成本费用以及为企业做出的其他贡献等，是人事考评最基本的组成部分，是“外在”的，具有可观察性，有资料表单等依据，便于统计，可以量化。其考评方式通常可以用质量、数量、时效、成本等指标来进行量化评估。

M职能是维系工作效果与工作效率而表现出来的在行为、素质等方面的努力，所指的是员工在完成工作过程中是否有团队合作精神，提供工作的满足度，行为规范等等，是“内在”的，具有一定的隐蔽性和不可观察性，难以量化。其考评方式通常采用行为性的描述来进行。

人事考核从宏观上说是为满足企业发展战略的人力资源治理需求服务的，从微观上说是企业对员工实施奖惩、调配、晋升、报酬、教育培训等人力资源治理手段。在对每一类人员作业进行人事考评时，依据PM理论，P职能与M职能在各项要害考核指标所占的权重比并不完全相同。

根据P职能与M职能的差异性，为防止在实施人事考核过程中对PM两项职能层次界定不清，造成一手硬一手软的尴尬考核局面，使人事考评工作失去真实性和可靠性，这就需要针对PM职能的特质分别设计不同的考核周期。

对于P职能考评的设定因其可视性较强，应以一项任务完成的具体时间作为考核周期，或以月为单位作为考评周期。这样做的好处是：一是在较短时间内考评者对被考评者在这一时期的工作结果有较清楚的记录和印象，相关的资料、表单也便于查阅和统计；二是对工作结果及时进行评价和反馈，有利于及时地改进工作，可以避免因周期过长所造成的主观感觉评价及问题堆积的现象。

对于M职能考评设定的考核周期应相对较长，例如以试用期、考察期作为考核周期，或以季度、年度作为考核周期。它是需较长时间的观察和科学的推断才能得出结论的，带有一定的主观或感情色彩，企业可以一些简单的日常行为记录和非正式访谈法收集被评估者的资料，作为评估的依据，避免晕轮效应和居中趋势的产生。

PM理论考核方法所采取的治理功能是治理阶层权威式治理与员工阶层参与式治理相结合的方法，是典型的“能力开发取向型”和“双向沟通型”的人事考核方法。其优点是，保证员工充分参与到人事考核的全过程，使员工感受到人事考核不是与自己作对，而是齐心协力提高工作业绩，从而减少了员工的戒备心理，可以有效避免在考核过程中出现的考核者与被考核者之间的博弈游戏，或者填表游戏等行为(现象)的产生，真正发挥人事考核的作用。

第三节 管理者通用胜任力模型

管理类工作是素质模型专家们所研究的最大的工作类别，由于管理类工作十分普遍而且重要，所以在工作胜任特征研究上比其他工作类别受到了更多的关注。国外专家们通过大量的统计分析和深入研究得出了一个适用于所有管理人员的通用的素质模型。

一、通用胜任力模型

在一个组织中，不同岗位的职务所要求员工具备的胜任力水平是不同的；在不同组织和不同行业中，相同的或类似工作岗位上，员工的胜任力特征也不尽相同。因此，我们把担任某一个特定的任务角色所必须具备的胜任力总和称为“胜任力模型”(Competency Model)。

能力素质词典中，心理学家们把人的素质分为6大类，20个具体要素，每个要素又分为很多级别。这20个素质要素，对人类的知识、技能、社会角色、自我概念、性格、动机作了全面的概括，形成了企业任职者的完整的素质模型。

(1)成就与行动族，具体包括4个素质要素：成就动机、主动性、对品质和次序和精确的重视、信息收集意识和能力。

(2)帮助与服务族，具体包括2个要素：人际理解能力、客户服务导向。

(3)冲击与影响族，具体包括3个要素：影响力、关系建立能力、组织认知能力。

(4)管理族，具体包括4个要素：培养他人意识与能力、团队合作精神、团队领导能力、命令/果断性。

(5)认知族，具体包括3个要素：分析式思考能力、概念式思考能力、技术和职业、管理专业知识。

(6)个人效能族，具体包括4个要素：自我控制、自信、弹性、组织承诺。

二、管理者共同素质特征

一个合格的管理人员必须具备下列11项素质：

素质1：所谓影响力是指最好的管理者会运用合理的冲击与影响力来改善公司的经营，而不是想尽办法为个人牟利。冲击与影响力的一般表现方式有：关注个人的影响力，努力建立个人信用，或让他人对自己保留特定的印象；考虑到自己的某些语言或行动会对他人产生何种影响，有时杰出的经理人也会十分关心公司的声誉，但他们更多的都比较在意个人的信誉或留给他人的印象。

素质2：成就导向，指为自己及所管理的组织设立目标以提高工作效率和绩效。由于管理者的工作常常涉及他人的绩效，因此其成就导向必须被大家所认同，包括团队和下属。

素质3:团队合作精神或参与式的管理是管理者重要的胜任特征。

素质4:分析式思考,对于杰出的管理者来说注重逻辑思维是一项很重要的特征。常见的指标包括:发现情况或信息的暗示或结果;用系统的方式分析情况以确定原因或结果;以务实的态度预测障碍,规划解决方案;事前思考行动过程的步骤,分析完成任务或目标的条件。

素质5:主动积极,常常表现在管理者会超出工作的基本要求,把握机遇,或为未来可能出现的问题或机会做好准备。在处理当前情况时表现为:在机会出现时立即抓住;迅速有效地处理危机;超越某人权威界限;在达到目标的过程中表现出坚持不懈的毅力。

素质6:培养他人,是管理者必须具备的关键特征之一,主要表现在给下属提供建设性的反馈意见,当下属遇到困难时给予安慰和鼓励,通过各种指示、建议或其他指导方式培养下属。

素质7:自信心。在杰出管理者身上自信心出现的频率很高,主要表现为:对自己的能力和判断力普遍有信心;喜欢具有挑战性的任务;勇于直接质疑或挑战上级主管的行动,面对问题或失败勇于承担责任并采取各种方法改善绩效。

素质8:直接/果断性,杰出管理者使用这项能力的频率可能比培养他人要低,但在某些情况下却非常重要,最常见的表现为:设定极限,在必要的时候说不;设定工作标准并严格执行;有时会清楚直接地质疑他人的工作绩效。

素质9:信息搜集也是管理者的一项重要特征,在一般情况下都是用来诊断问题或找出未来的潜在问题。信息搜集的主要方法是:系统地搜集资料;从各种来源搜集资料;亲自观察或接触实际情况。

素质10:团队领导力,主要表现在管理者为其所在团队设立绩效目标,在更宽泛的组织层面上维护所在团队的利益,为团队争取所需要的资源。

素质11:概念式思考,主要表现为:发现他人没有发现的某种联系或模式;注意到他人没有注意到的各种矛盾或差异;迅速把握问题的关键并采取行动。

三、高层管理者胜任特点

作为高层管理人员除了具备上述素质以外,还有其特殊性。高层管理者与其他管理者相比,其胜任特征模型中包含的指标较多,同时他们似乎更有能力以复杂的方式整合自己的能力。

具体呈现出以下特点:

(1)高层管理者在影响力等级上较高而且拥有某些额外的能力;

(2)就冲击与影响力而言高层管理者身上最常出现的指标是通过不容易让人察觉的策略来影响他人,并且努力建立组织的信用和声誉;

(3)表现最突出的高层管理者具有成就导向、组织认知和关系建立等特征,而且这些特征在他们身上比大多数管理人员还要强烈;

(4)杰出的高层管理者表现出信息搜集和主动积极的能力比中层管理者还要强,同时他们的观点与行动更具有长远眼光;

(5)关心秩序、自我控制等特征没有出现在杰出高层管理者模型中,但这并不表示他们缺乏这些能力,只是他们具备这些能力被认为是理所当然的。而一般的高层管理者可能更关注这两项能力。

当然在每个企业的胜任力模型的应用都要根据企业的实际情况。

四、评价中心的操作举例

目前应用评价中心技术选拔管理人才使用最多的方式是文件筐测验与无领导小组讨论两种。其实,完整的评价中心技术的评价程序,还应包括心理测验、管理游戏、角色扮演、预算计划小组等。

通常情况下,评价中心要使用 4 至 6 种测评方法和练习来进行测评。实施过程需要 2 到 3 天完成。主试人员由组织内部经验丰富的上级主管和经过专门训练的专家组成。下面介绍一个比较典型的评价中心的测评日程及内容。

第一天

1.情况介绍

简要介绍一下测评的程序和安排,说明测评中的注意事项和要求,为正式开展测评作准备。

2.面试

由主事人通过与被试人的交谈、问答、观察,评价被试人的言谈、举止、气质、风度等外部行为特征和表达能力、应变能力、自信心和控制力等智能要素以及工作动机、工作和学习经历、个性与追求等内容,对被试人进行初步评价。

3.管理游戏

游戏的题目是"组建新的集团公司"。将被试人按 4 人一组分成几个小组,形成若干个公司董事会,给各董事会一些关于市场状况和本公司下属各单位情况的资料,要求他们研究确定进行内部结构调整优化的目标,并做好计划与组织工作。与其他公司董事会进行谈判,转让影响公司发展的部门,买进本公司需用的企业或单位(或者是控股权),完成调整任务,组建一个结构合理、有发展潜力的新的集团公司。

4.案例分析讨论

讨论的题目是"管理问题"。主试人给 4 人小组提供 4 个不同类型的小型案例,分别考察被试人不同方面的能力,如决策、计划、组织、控制、激励、创新等能力,要求他们作为企业的高级管理顾问,在 1 小时内分析、讨论、解决案例中所提出的问题,形成一致意见,并提交书面建议。

5.角色扮演

主题为"研究预算"。被试人被告知自己刚刚被任命为部门经理,接替突然因故离职的原经理。新任经理收到一份简要的情况介绍,内容是最近其前任拒绝继续给一项研究提供资金的说明,然而项目负责人一直要求经理改变这个决定,继续提供资金以便顺利完成该项研究课题。被试人有 15 分钟的时间进行提问,可以深人了解有关这件事情的各种信息，以便发现和分析问题。在此之后的一段时间内，被试人不但要作出具体决策，还要口头说明自己发现问题、分析问题的过程及决策的理由和根据，并回答主试人提出的各种有关问题。

第二天

1.公文处理

要求被试人模拟某公司的一个部门经理，处理各种信函、报告、备忘录、申请书、电话记录等公文。被试人要浏览所有文件，分清各种工作的重要性和紧迫程度，依次处理，并按照自己的权限情况分别对待：或上报上级主管，或自行处理，或授权下级解决。同时，做好计划、组织、监控工作，使各种文件得到相应的处理。主试人在观察公文处理过程和审阅被试人的处理办法及处理意见后，同被试人进行1小时的面谈，详细了解其在处理每一件公文时的想法和理由，以获得更多的信息。

2.分角色小组讨论

讨论内容为薪金委员会如何为下属加薪。某公司董事会决定每月拿出8000元钱非指定性地给公司内部5个中级管理人员加薪。被试人分别模拟公司各个部门（如生产部门、销售部门、财务部门、人事部门）的主管，组成薪金委员会，评选出5名加薪的中级管理人员。要求各部门主管尽最大努力为本部门的人员争取到这个奖励，并且在委员会中发挥作用，使委员会最合理、最有效地分配这项奖励基金。

3.无领导小组讨论

讨论内容为"财务问题"。被试人作为某食品公司的高级顾问，帮助公司解决两个问题。其一，该公司一个分支机构由于财务混乱，出现资金流失问题；其二，根据该公司的财务状况和市场调查报告，是否应该扩大生产规模，怎样筹集扩大生产所需资金。主试人给出该公司的各种财务资料和其他有关信息，要求被试人提出解决问题的办法和方案，并分别在8分钟内口头说明，然后再将被试人分成小组进行讨论，最后形成统一的建议报告。

第三天

各个测评项目的主试人集中在一起，研究、讨论每一名被试人的评价结果，对每一项测评内容的评价形成一致意见后，写出书面报告，对被试人各方面素质和发展潜力进行综合评价。

案例

某国有钢铁制造企业后备人才测评与开发管理项目案例

一、项目背景

该企业从1985年9月投产至今，先后完成一、二、三期工程建设和十五规划项目建设，初步形成我国现代化程度最高、工艺技术最先进、规模最大的钢铁精品基地，跻身于世界先进钢铁企业行列。

自2003年6月起，该企业确定了“拥有自主知识产权和强大综合竞争力，一业特强，适度相关多元化发展的世界一流跨国公司”的战略目标。为了实现这一战略目标，近年来，公司的发展速度明显加快，一方面加快新的生产基地的建设，另一方面收购兼并一些优质的上下游企业。在这特殊的历史时期，为了加强对收购兼并的企业实施一体化战略，同时也为了进一步提升企业的管理水平和技术创新能力，对管理类和技术类后备人才的选拔和培养提出了迫切的要求。

近年来，该企业在后备人才培养方面也在不断探索创新，先后出台了一系列后备人才管理制度，并利用多种渠道加强后备人才的锻炼和培训，在后备人才开发和管理工作中已取得一定的成果，但后备人才队伍建设在运作流程的规范性、培养措施的有效性和管理体系的系统性等方面仍存在不足，需要进一步加以改进。

在这一背景下，为顺应形势发展的要求，在公司高层的大力推动下，该企业人力资源部牵头成立了后备人才培养项目推进小组，致力于后备人才队伍的培养和储备工作。但是，如何有效甄别企业内部有潜力的人员，如何构建一套针对本企业后备人才特点的评价和发展体系，如何提高企业内部对后备人才测评的认识水平从而提高后备人才开发和管理工作的效率，成为该企业人力资源管理工作中的一大难题。经过反复研究，公司决定与外部专业测评咨询机构合作，在后备人才的选拔和培养方面引入现代人才测评技术。

经过对多家测评咨询机构的严格甄选，鉴于某测评咨询公司在国内测评业的知名度以及在后备人才选拔和企业内部评价中心构建方面的丰富经验，该企业人力资源部最终决定与某测评咨询公司共同组成项目团队，利用理论研究、实践操作等方式，引入现代人才测评技术及人才培养与发展的相关方法和工具，进一步健全和完善人才评价、培养与开发的流程、制度和资源系统，从而为该企业后备人才队伍建设工作提供有力的技术支撑。

二、项目目标及任务

经过前期的充分沟通，双方明确了以下项目目标和任务：

(1)对该企业的60名后备人才(包括管理类和技术类后备人才)进行综合素质测评，明确后备人才个人的优势和不足。

(2)针对后备人才个人的能力素质特点，制定相应具体的培养计划。

(3)帮助该企业人力资源部和高层领导了解后备人才的整体能力特点，为后备人才的培养规划和职业生涯规划提供依据。

(4)构建该企业的内部评价中心，形成针对后备人才的测评工具库和培训资源库，并对后备人才测评的流程加以标准化和规范化。

(5)为该企业培养能独立操作后备人才测评的内部评价师，促进后备人才综合素质测评工作在企业内部的推广。

三、项目解决方案

1.评估模型的构建

资料研究:研究分析行业背景、企业经营发展战略、企业文化、运营状况、后备人才管理体系、后备人才工作职责及组织架构等各方面资料。

访谈调研:对后备人才的上级和绩优的后备人才分别进行关键行为事件访谈,从中抽取后备人才岗位的核心能力素质,并获得大量的用于工具开发的案例素材。

专家讨论:组织测评专家、企业内部专家、行业专家就初步成型的评估模型进行讨论和修订。

以上三种研究方法使建立的评估模型最大限度地满足了客户对后备人才的能力素质要求。

2.测评方法的选取和测评工具的开发

测评方法选取和测评工具开发的原则:

(1)紧扣双方确认的评估模型。

(2)运用评价中心技术:一种能力通过至少两种测评方法或工具进行评价,不同方法间相互补充或验证。

(3)测评材料与后备人才实际工作相符——具有较高的情境模拟性。

(4)经济性和有效性相结合。

本项目所采用的测评方法包括两部分:

第一部分为标准化心理测验,主要采取人机对话的形式,着重考察后备人才的心理特征和一些核心能力。使用的工具包括某测评咨询公司自主开发、拥有知识产权并已广泛应用于企业内部选拔和外部招聘的标准化心理测验。其中通过《个性测验 A》了解后备人才的人格特征、成就导向等心理素质;通过《问题解决能力测验》、《创新能力测验》、《沟通能力测验》和《合作能力测验》,了解后备人才的分析判断、创新思维、人际沟通、团队合作等核心能力,将其结果作为后备人才评价的重要参考。

第二部分为综合能力测评,主要运用评价中心技术中的无领导小组讨论(LGD)、公文筐测验、行为事件面谈(BEI)和管理游戏四种方式,并结合标准化心理测验结果,目的是了解后备人才的成就导向、创新能力、分析决策、执行力、团队合作、沟通协调、影响力、学习能力、信息搜集能力等综合能力。

对于一些重要的能力,通过2～3种方法同时进行考察,以增加测评的准确性,减少误差。

本项目特色:评价中心方法中所用的测评材料都是由某测评咨询公司根据该企业的实际情况和要求有针对性开发的,同时结合了行业的最新动态,并参考项目前期收集到的后备人才在实际工作中必须面对的典型情境,以及在这些情境中将会碰到的棘手问题等,具有较高的情境模拟性。

3.评委培训

为了保证以统一的标准衡量所有的后备人才,在每次测评实施前,某测评咨询公司都会将参与本次测评的所有评委集中起来进行培训，主要内容包括：

(1)熟悉本次测评流程；

(2)熟悉本次测评材料；

(3)共同学习和熟悉本次测评的评价标准；

(4)共同学习和明确本次测评的注意事项等。

本项目特色：由于在本项目中，某测评咨询公司的测评专家还承担了培养企业内部评价师的责任，因此，在测评实施前和实施过程中，我们都专门安排了对企业内部评价师的培训，主要分为理论培训和操作演练培训两部分：

理论培训：测评实施前，由某测评咨询公司的测评专家讲解人才测评技术的核心观念和基本的测评理论，介绍评价中心的主要技术，并从该企业的后备人才测评出发，针对性地讲解后备人才岗位评估模型、测评指标、评价方法和评价注意事项等。

操作演练培训：测评实施过程中，每一测评环节结束后，某测评咨询公司的专家都对照测评指标定义和评分标准，结合该环节中测评对象的行为表现，为内部评价师讲解运用评价中心技术进行人才评价的实际操作技术和要点，鼓励内部评价师就测评对象的表现发表看法，进行讨论，并及时纠正其在技术操作上的错误和人才评价中的错误观念。

4.测评实施

为了最大限度地发挥评价中心的整体效果，某测评咨询公司的测评专家结合该企业的实际情况，对测评实施的每一环节和操作细则都进行了精心设计和控制，体现了评价中心“整体评价”的要求：

一般流程：标准化心理测验—LGD—管理游戏—公文筐测验—BEI。

在综合能力测评中，将后备人才分为若干组，各种评价方法交替进行。一般来说，将小组讨论安排在测评活动的开始阶段，避免随着测评活动的进行增进了后备人才相互间的熟悉程度而影响讨论效果；另一方面，将 BEI 安排在测评活动的最后进行(公文筐测验与 BEI 交替进行)，以便就后备人才在先前方法中表现出的特点进行印证，或对一些疑问进行澄清。

本项目特色：

由于本次测评共有 60 名后备人才作为测评对象，同时有 20 名内部评价师参与后备人才测评的全过程，为了更好地通过项目实践对内部评价师进行培养，在测评时我们有意安排内部评价师对后备人才进行“一对一观察”，即每一位评价师在观察所有后备人才行为表现的同时，重点关注某一后备人才在各个测评环节中的行为表现。这种安排不仅能够帮助内部评价师更快地掌握如何从众多表现中抽取关键的行为证据，也有助于其更全面、准确地对后备人才做出评价。

5.测评报告

后备人才测评报告分为总体测评报告、个人测评报告和个人培养计划三个部分：

(1)总体测评报告:就该企业参与测评的后备人才的整体能力素质特点进行说明,并结合该企业的战略、经营现状和市场形势等,对后备人才的开发和管理提出建议。

(2)个人测评报告:对后备人才的个人能力素质特点进行说明,指出其能力优势和不足,并结合测评过程中所观察到的典型行为,对各项能力进行详细阐述。

(3)个人培养计划:在分析后备人才个人能力特点的基础上,与内部评价师一起为其制定有针对性的发展目标,并结合该企业的实际情况和现有资源,提出具体的能力提升措施。

本项目特色:

为了全面培养内部评价师,在该环节我们有意安排内部评价师撰写后备人才的个人测评报告。测评实施结束后,先由某测评咨询公司的专家讲解如何进行行为证据整理、评价分数综合等报告撰写的准备工作,设计并确定了报告内容和格式;内部评价师完成个人测评报告初稿后,测评专家对报告进行审核,并将其在报告撰写上的不足之处反馈给内部评价师。虽然这一过程比由测评专家撰写报告花费了更多的时间,但却为内部评价师在今后的后备人才测评中能够独立规范地完成报告撰写工作提供了宝贵的锻炼机会。

6.结果反馈

所有测评活动结束后,某测评咨询公司的测评专家对每一名参与测评的后备人才进行了一对一的针对性反馈:与后备人才个人共同讨论其测评结果,指出其优势和不足,并针对测评对象个人的实际情况,共同探讨出合适的能力发展、素质提升的方法和具体的培养措施。通过这种互动式的反馈,既能够深化后备人才对自身能力现状的认识,同时也增强了其能力培养和提升的自觉性和主动性。

本项目特色:为了全面培养内部评价师,在该环节我们也有意安排内部评价师观摩自己所负责的测评对象的整个反馈过程。

7.评价中心与发展中心操作手册设计

为了使该企业在今后的后备人才测评操作中有“法”可依,规范操作,某测评咨询公司在前期后备人才测评方案和技术资料的基础上,设计编写了一套评价中心实务操作手册和相应的测评工具库。该手册对评估模型、测评方案、技术理论等进行了详细说明,对测评各个环节的操作进行了规范化和标准化,提供了各个测评环节评分材料的模板和操作说明等。在该手册的指导下,企业的内部评价师就能够独立、规范地完成企业内部后备人才的测评工作。

为了使企业的后备人才评价和培养系统化,在整合该企业现有人才培养措施和外部可用资源的基础上,某测评咨询公司还为其设计了一套针对后备人才各项核心能力提升的执行方案和相应资源库。这样,企业就可以立足于后备人才测评的结果,直接挑选最合适的提升途径和资源,实现测评平台和培养平台的连续性,而不会陷入“束测评结果于高阁”的尴尬境地。

四、项目成果

(1)《后备人才综合素质测评报告》:包括对后备人才整体和个人能力素质特点

的分析，并附有针对个人特点的具体培养计划。

(2)《评价中心实务操作手册》：包括对企业所用测评方案的说明、评价中心各方法的理论介绍和技术手册、题库和使用模板等。

(3)《后备人才能力素质培养与提升执行方案》、《能力素质提升课程和相关讲师资源库》：基于该企业后备人才能力特点的现状，将企业内部现有的后备人才培养资源和外部可用资源进行整合。

五、客户反馈

1.测评对象(后备人才)的反馈

在项目中，某测评咨询公司的专家利用综合能力测评的休息时间以及一对一反馈的机会，通过多种形式与参与测评的后备人才进行沟通交流，了解后备人才对于素质测评的看法。

上述渠道收集到的反馈信息表明：后备人才对于素质测评方法的认同度较高，普遍认为这样的方法较为新颖，能够客观、公平地评价参与者的能力素质；通过参与素质测评，不仅能更深入、全面地了解自己，也加深了对现代人才测评方法的认识，有助于进一步提高自身的管理水平，同时也可以将这一方法用于对自己下属的评价和培养中。

2.该企业人力资源部相关人员的反馈

在项目过程中，为了更全面地了解反馈信息，某测评咨询公司的测评专家与该企业人力资源部的相关人员就技术开发、测评实施和成果提交等各环节进行了多次交流，反馈结果表明：该企业人力资源部、后备人才的直接上级与某测评咨询公司对后备人才的能力素质评价结果一致性较高；同时，该企业人力资源部的项目组成员也从测评方法改进、测评工具完善、项目成果优化等方面提出了宝贵意见，为某测评咨询公司的测评技术向更高水平发展起到了推动作用，同时也提高了企业内部对现代人才测评的认识，并积累了丰富的实践操作经验，为在企业内部进一步推广科学的人才测评奠定了坚实的基础。

3.项目评审委员会的意见

在项目结项时，我们通过“实战演练、评委观摩、成果展示”的方式向客户展示了我们的项目成果。由企业的内部评价师亲自对 8 名后备人才进行测评，项目评审委员会的专家(由外部测评专家、行业专家和客户内部的相关高层管理人员组成)对整个测评过程进行了观摩，并详细听取了某测评咨询公司项目组的汇报，给出以下评审意见：

(1)项目成果符合合同要求，同意结题；

(2)通过项目的实施，大大提高了我公司后备人才评价体系的规范性和科学性；

(3)在后备人才的培养方法和途径方面有较大的创新，摸索出了一套能力素质“定向提升”的方法，且可操作性较强；

(4)在已有内部评价师培训成果的基础上，建议公司对内部评价师进行更严格的培训和认证，进一步提升独立操作的规范性和科学性；

(5)项目成果已开始运用，并在整个集团公司内部有很好的应用前景；

(6)希望公司对该项目成果进行追踪评估，同时适时建立成果应用推广的推进体系，实现项目成果的最大化。

六、项目总结

从2005年7月至2006年5月，某测评咨询公司先后3次对该企业的60名后备人才提供了测评服务，设计开发了针对该企业后备人才的评价中心工具库和培训资源库，并为该企业培养了20名能够独立规范地完成后备人才测评的内部评价师，该企业针对后备人才的内部评价中心基本成形。

通过对该企业后备人才素质测评与开发管理项目实施过程的分析和总结，我们可以得到以下结论：

(1)基于评价中心技术的后备人才测评使后备人才的评价和选拔过程公开化、明朗化，容易得到员工的认同，能够起到明显的激励作用。

(2)多样化评价中心技术的运用提高了测评的准确性。每一评价技术都重点关注后备人才的能力素质某一方面的信息，系统地运用这些技术，才能够完整地评价后备人才的综合能力；同时，评价中心技术不仅简单地对后备人才的能力素质进行定性判断，还提供了丰富的与工作情境高度相关的行为证据，为后备人才选拔决策提供更加全面的参考信息。

(3)实现后备人才评价和培养的连续性。在以往的很多测评项目中，企业仅将测评结果简单地作为招聘选拔决策的参考意见，招聘选拔活动结束后，测评结果就被弃置，浪费了大量信息。在本项目中，基于后备人才个人测评结果和反馈交流，进一步提出了与个人特点相适应的职业发展目标和具体的培养提升计划，从而有效利用测评结果，使后备人才培养工作更具针对性。

(4)整合利用后备人才测评中所使用的测评方案、工具和流程安排文件等，初步构建了针对该企业后备人才的内部评价中心；同时借助于测评实施过程，培养了该企业的内部评价师，使其能独立、规范地操作评价中心技术，促进科学的后备人才测评在企业内部的进一步推广。

当然，该项目也存在着一些不足之处：

在项目实施的短短数月内，企业的内部评价师仅掌握了现代人才测评技术的初级理论和评价中心技术的基本操作，尚不能担任起内部测评讲师的职责。为了满足企业内部大量的测评需求，还必通过外部测评专家的指导和相关测评课程的培训等，进一步完善内部评价师的测评理论体系、提高对现代人才测评的认识和操作技巧，最终使其能在企业内部的后备人才测评中独当一面。

项目所形成的评价中心工具库和培训资源库并非一劳永逸，随着企业的发展和推广范围的扩大，必须对工具库和培训资源库进行修订，以保证测评结果的准确性。而考虑到修订工作的专业性和精细程度，尚不能由企业内部独立完成，仍需外部测评专家的配合。

复习思考题

1. 简述管理行为模式测量方法。
2. 简述管理方格理论5种类型的领导方式。
3. 简述菲德勒领导方式测量的情境因素。
4. 简述三隅二不二的PM量表基本观点。
5. 什么是管理者通用胜任力模型？

第九章 公务人员行政职业能力测验

在当今世界大多数国家公务员选拔考试和程序中，行政职业能力倾向测验的内容已经成为不可或缺的重要组成部分，是各国公务员录用考试的一种共同趋势。

第一节　公务人员行政职业能力测验概述

一、美国政府公职人员的考试录用测评

美国在吸收录用政府公职人员方面主要采取考试录用制，适用对象约占公职人员的85%。

(一)美国的考试录用制的程序

1. 公告

政府各部门通过报刊、广播和电视等方式发出招考通告，规定招考的职位、条件、时间与地点，广泛征集符合条件的人员参加公开的竞争性录用考试。联邦政府在全国各地设立“询问中心”、“免费电话服务中心”，向报考者提供相关的信息资料。报考的条件除了包括《文官制度法》规定的必须是美国公民、在美国居住一年以上的一般条件外，针对不同行业的部门、岗位以及各自工作的特点，政府部门还规定了一些特殊条件。报考者须首先填写报名表，并提交毕业证和其他证件，经相关部门审查属实并合乎条件，才准参加考试。如报考者虚报材料，将会被取消考试资格。

2. 考试

考试按性质被分为竞争性考试与非竞争性考试两种。所谓非竞争性考试，就是考试合格者都录用，这种考试作为公开竞争性考试的补充，通常只进行面试，以审查考生的资历、学历、工作成绩或考核其实际操作水平。这种方式多用于招考律师、牧师、医师、护士以及邮政局等机构的文职人员，主要适用于已有某种资历和文凭，而通过公开竞争考试很难了解其真才实学的人；竞争性考试指合格者不一定都录用，而是根据名额和条件选择录用最高分数段的少数人的一种考试。1978年以来美国文官考试候选人数由三人选一改为七人选一。

美国在确定测试内容时力求保证其合理性，并与考生报考职位所需的能力与

适应性有关，注重体现专业知识与能力，而不是面面俱到、选取通才。近些年，很多考试由用人机构举办，但受人事管理局的指导与监督，无论由谁组织都必须遵循考录制的基本原则。

考试方式有笔试、口试、操作测试等。

笔试：测验个人的文字、分析、思维等能力，一般具有经济性、客观性和广博性。笔试可分为“论文式”、“短答式”、“测验题式”三种。美国经常采用短答式，即三小时内要回答近百道题。短答式能测考生掌握知识的广博和熟练程度，而且记分单位标准化，统一化、限制性强，便于计算机处理。其缺点是容易偏重机械记忆，不易发掘个人的创造性和推理能力，猜度机会较多。

口试：主要验证报考者掌握的知识，可测试考生的机智程度、答辩能力及适应能力等。通过主考人和考生面对面的交谈测试考生在面对一定心理压力时表现出的逻辑思维能力、分析问题的深度、语言表达能力、学术水平、教育程度、交际能力、应变能力和性格。但口试很难做到前后的一致性和客观性。

操作测试：操作测试主要是当场检测报考者已经达到的技术水平与实际能力。操作测试内容主要包括三个方面：

(1)知识测验——包括基础知识和专业知识，且更注重专业知识；

(2)智力测验——主要包括对考生空间能力、数字能力、现象记忆能力、文字表达、察觉归纳和语言关系能力的综合测验；

(3)技能测验——主要包括考生处理实际问题的速度和质量、领导才能、人际交往能力以及对知识与智力运用的程度和能力。

随着知识与信息经济的发展，知识老化周期已大大缩短。为适应形势，近年来，美国在综合测验的基础上，不断完善探索新的考试方法，形成了情景模拟演讲测试法。其特点是主考方创造一个逼真的工作环境，在主考人的参与下，让考生在小组范围主持会议，模拟议会质询或办案、起草公文报告，并就假定的突发事件提出解决问题方案等，以此测试考生分析和解决问题的能力、应变能力以及实际行政能力，实践表明，其效果很好，现已为许多国家所效法。

(二)美国对公务员工作的考核测评方法

按照 1978 年文官制度改革后的考核制度，联邦机构各单位的主要人员每年都必须以书面形式提出每项职务的关键性考核内容和客观评价标准，即要求考核具体化、度量化，然后以此衡量文职人员的工作表现。考核方在做出有关培训、授予奖金、留任、重新委派工作、提升、降级或开除等人事决定时必须以考核测评结果为依据。

1. 主要目的

这种考核方法旨在改进不良的工作方法与行为，向职员传达关于工作量与质的管理理念，评估职员潜在的才能以便将来提升，评价目前职员履行的职务是否获得了相应补偿(待遇)，并对职员的行为和相应情况进行书面评价。

2. 评估形式

由直接上司评估职员工作情况；

自我评价——个人通过完成一种标准表格(用文字或软件)反映个人的评估；

同事之间进行评价——同一办公室职员间的评估；

上级对下级进行评估；

组织评估——由独立的评估专家，有选择性地进行来访调查或到工作地点考察；

由单位进行全方位的考察评估——通过上上下下、方方面面以及服务对象进行全面评价。

3. 评估的水平标准

公务员在年初须与上司共同拟定一份工作计划及个人行为表现计划。工作计划要体现对该公务员期望的特殊要求以及拟达到的相应的目标水平线。

4. 评估内容及程序

评估内容包括工作数量、工作质量和合作情况，见表 9-1：

表 9-1　　评估内容

工作数量	工作质量	合作情况
(1)已经完成的可以接受的工作数； (2)完成工作的期限； (3)尽职程度； (4)努力效果； (5)其他时效因素。	(1)工作的准确性； (2)工作的接受性； (3)工作的美观性； (4)符合工作规定的程度； (5)完成工作的技巧与能力。	(1)与上级、同事的合作性； (2)对新工作的学习能力与意愿； (3)重视法规的能力； (4)适应工作环境的能力。

完成的程度按出色、优秀、良好、有待改进、不满意五个级别确定，最后评估方根据工作分量所设权重，加权平均作全面评定，确定评估级别。被评为出色或优秀的人须拟定个人发展计划，按“行动、结果、完成日期”三方面填写，以求进一步提高；被评定为有待改进以下级别的人须由本人与主管人员共同分析原因，拟定“改进计划”，同样按“行动、结果、完成日期”三项设定。这一计划为近期计划，包括采取什么具体行动，确定需看什么书，做何种必需的事、计划达到怎样的结果、具体完成日期。

最后由主管人写年度评估评语，雇员本人自评，并签字。所填工作评定表一式三份，原件由人事部门保管，作为调资、提升依据。

评估程序：每年年中个人按照计划，对任务完成情况进行一次检查，年终时，再与主管人员共同填写由专家设计的“工作定期评定表”。

5. 评估制度的作用

评估制度的作用首先是决定公务员的待遇问题，其次是决定公务员的升迁，再次是帮助公务员改善工作环境，提高效率。在公务员年度评估中连续两年不合格即被开除，但较少能实施到位，评估制度实施的主要目的是剔除至少是发现不合格的雇员，但最重要的是影响高级行政管理人员的提升——只要连续两年评估不称职即免职或调离。

为充分发挥评估制度的作用，美国对其进行以下改革：

(1)为提高评估的公正性，首先制定科学的目标体系，然后进行评估；

(2)建立全国公务员表现复查制度，由高层领导负责的一个专门复查部门，对公务员及其所在部门服务的对象进行调查，检测公务员能在多大程度服务于他的对象，旨在避免上司的主观性评价，而由第三者评价；

(3)政府为提高管理人员评估的公正性，经常对他们进行培训，学习如何监督评估下级，如何为下级设定相应的目标。

6. 工作测评结果的使用

对优秀公务员的奖励制度，联邦政府没有统一规定，由各州或各部门确定具体奖励措施。主要有以下几种：

对特别优秀的公务员由政府授予荣誉称号或给予特殊奖励，例如设立“杰出公务员”称号，并给获此称号部门安排好的工作环境、好的岗位或发给一定数量的奖金，等等。

对有英雄举动的公务员，政府将则授予荣誉称号并给予奖励。

依据工作表现和工作岗位技能评定工资级别。

(三)美国公务员测评的启示

美国公务员测评制度包含了丰富的人才测评思想，无论是在内容程序上还是在方法原则上，对今天的人才测评实践都具有重要的借鉴和启示意义，而更好地指导现代的人才测评是我们研究测评方式的目的所在。美国的公务员测评体系不是孤立的，它是以国家社会政治与经济的发展为背景的。一个开放的高度发达的文明社会需要创造性的开放型人才。人才测评理论研究与探索的方向即着眼于如何改进旧的僵化的人才测评方法，如何设定新的命题思路以适应新形势需要。

1. 美国公务员测评制度的社会背景

作为美国公务员测评体系的大背景，美国社会明显表现以下特点：

(1)整个社会机体的运作靠制度与机制管理并能激活人的内在积极性与主体意识；

(2) 权力横向分散相互制衡。内部竞争机制与激励机制随着法制的完善而完善，内部冲突少；

(3)目标单一，讲信誉，讲效率，避免了很多人为的相互猜忌与无休止的人事纷争；

(4)经济实力强，社保体系健全，功绩工资制度完善，有利于吸引优秀人才到政府机关。

2. 美国公务员测评制度自身特点

美国公务员测评体系是整个人事管理系统中的重要环节，它支撑着考录与考核体系。美国公务员测评体系经历了一个渐进的发展过程。不断的、有深度的理性探索为完善公务员测评体系奠定了基础。美国作为发达国家，具有完善的社会法律体系，人事管理与公务员测评理论有其特殊的系统性。从对依靠考试选拔公务员的测试方式的探索看，测试方式由单纯笔试扩至口试面试，测试内容由单纯的知识积累和一般能力，发展为“知识测验、智力测验和技能测验”三者并重。目的是通过多种测试形式的综合运用，选拔具有独立思考能力和应变能力的开放型人才。

美国公务员测评制度同样经历了一个不断发展、不断趋于完善的过程。为贯彻择优原则，美国的文官制在建立之初即提出各级公职人员的任用、提升、解雇、留任、报酬、奖惩和培训均应以考试与考核为依据，并一直很重视考绩。1920 年美国开始实行“统一的考绩制度”，1943 年美国政府将考核因素由 16 项增至 31 项。为了使考试考核制度在内容简化与方法上做到公正客观，1950 年美国政府采取标准工作行为考绩制，并通过《工作考绩法》确定考核的客观测评标准；考核结果由五种分级法改为“优等、满意、不满意”三等。1978 年的文官制度改革对考核制度进行了进一步修改与补充，核心是推进按工作表现付酬的功绩制并建立和完善对高中级文官的考核测评制度，推行测评标准具体化与度量化——即对每项职务定出客观的评估尺度，然后，以此为标准衡量文职人员的关键性工作而不是按照笼统的考核表格去评价他们的工作，并根据这种评价进行加薪，形成了良好的激励机制，使考核测评体系进一步完善。

3. 美国公务员测评体系运作过程的系统性

公务员测评体系的形成本身不是孤立的，它得益于美国的“科学管理”运动，也得益于美国 20 世纪 50 年代以来由科学管理向人性管理理论的发展。新的理论带动不断探索先进的测评方式，开拓了由计算机划分的多种选择和一般心理能力测试的崭新思路。另一方面，公务员测评方法的实施并产生效应又得益于良好的配套机制，无论是在测评之前的公务员需求预测，系统的工作分析和工作描述，还是对政府雇员的年度考核测评，都十分明显地表现出整个公务员测评体系所具有的目标明确、系统和机制富有活力、能够激活公务员并且永远择优的特征。而功绩晋升制度体现了选拔与使用两个环节的竞争、进取、务实的精神。作为配套措施，测评评估与待遇直接挂钩，对各类人员又是一种激励、一种能够从深层次激活人的积极性与创造性的良性机制，这将有效地吸引与留住有能力、懂技术、会管理的人才。

美国公务员测评工作在本质上有很多值得我们充分借鉴的方面，比如它不断更新的形式、多角度的公务员测评方法，以及工作测评过程中的目标性、针对性与量化体系。它很少进行大范围统一命题考试，而主要由下级机关组织考试、由用人单位决定人员的取舍。它的评估结果与待遇直接挂钩，包括不断提供培训机会在内的全方位对公务员激励的机制以及它所制定的反裙带关系法、禁止人情措施法等等，这些都值得学习与借鉴。学习的要点并不在于美国在公务员测评方面具体怎样做，而在于他们不断总结并探索、追求更高层次的理念与精神。

二、我国行政职业能力测验的变化与发展

行政职业能力测验作为个性心理测验的范畴，为了保证其信度和效度，通常与

其他考试和测评手段一起使用，相互补充。从行政职业能力测验所考内容的基本框架来看，已经十分稳定，而在每一年的考试中，在大的试题类型基本稳定的情况下，某一具体题型或题量有所变化，讲求稳中求变。行政职业能力测验有着非常显著的科学性和实效性，在逐步成熟和完善过程中，已经成为公职人才选拔考试的一个基本模式。

1988 年，我国人事部考试录用司开始组织一批心理学家研究开发行政职业能力测验，1989 年在公务员制度试点的国家统计局等六部门的录用考试中首次尝试使用。而行政职业能力测验从 1989 年首次使用以来题型基本稳定存在，并且不断发展完善，重要性逐步增强。

1994 年 6 月 7 日，人事部颁布《国家公务员录用暂行规定》，该《规定》明确提出国家公务员"逢进必考"，考试的方法包括笔试、面试和特试三种。

2002 年开始，根据招考职位的不同，把考试科目分为《行政职业能力测验》和《申论》。B 类岗位只参加《行政职业能力测验》的考试。《行政职业能力测验》的题目全部客观化，考试更加规范化、透明化。

2003 年人事部《国家公务员通用能力标准框架（试行）》中提出了公务员应当具备 9 项基本的素质和能力标准，主要内容可以概括为三个层次的能力。

第一层次的基本能力和素养包括政治鉴别能力、依法行政能力、公共服务能力；

第二层次为学习能力、调查研究能力、沟通协调能力。

第三层次主要是应变能力，包括应对突发事件能力、创新能力、心理调适能力。

《国家公务员通用能力标准框架》是从事国家公务的工作人员应具备的基本能力要求，这种要求不是针对从事领导工作人员的要求，而是对一般工作人员的基本要求，是从事行政工作的人员应当具备的基本素质和能力，也是我国行政职业能力测试考量的基本政策依据。

2005 年 4 月 27 日第十届全国人大常委会第十五次会议通过了《中华人民共和国公务员法》，自 2006 年 1 月 1 起施行。2005 年中央、国家机关公务员录用考试取消了 A、B 类之分，A 类考试科目为《行政职业能力测验一》和《申论》两科；B 类考试科目为《行政职业能力测验二》一科。

2006 年中央、国家机关公务员录用考试有较大变动，根据 2006 年 1 月 1 日施行的《公务员法》的相关规定，将考试类别调整为综合管理类和行政执法类，综合管理类考试科目为《行政职业能力测验一》、《申论》两科；行政执法类考试科目为《行政职业能力测验二》和《申论》。

2007 年新大纲是在《公务员法》实施第一年的基础上制定的，2007 年公务员考试大纲严格按《公务员法》条文表述，充分体现了人事部严格贯彻依法治国的决心，取消了一、二类，行政职业能力测验不再分类，统一成一个版本，取消了自 2001 年来施行的公共科目笔试分为两大类的考试方式。

第二节　行政职业能力测验

一、公务人员行政职业能力测验的性质与功用

行政能力测验(Administrative Aptitude Test,AAT)为行政职业能力测验的简称,即通常所说的"行测"。行政职业能力测验和智力测验一样,属于心理测验的范畴。它用来测试考生与拟任职位相关的知识、技能和能力,是对从事行政工作的国家机关工作人员是否具备从事工作所必须具备的一般潜能的一种职业能力测试,是对行政工作能力的一种可能性的测验和验证,是国家公务员录用当中的公共笔试科目,是公务员录用考试中的一个重要组成部分。

行政职业能力测验(AAT)作为一种科学的筛选工具,主要用于测量考生的行政职业能力倾向,具有较高的信度与效度等优势,在公务员录用考试中被广泛地运用。行政职业能力测验与单纯考察公共基础知识或具体专业技能的测验不同,行政职业能力测验实质上是对考生潜在能力的考试,考察对知识综合运用能力,要求反应敏捷;不同于一般的智力测验,它主要是通过考试测量一系列心理潜能,从而预测考生在行政职业领域内多种职位上取得成功的可能性。

就测试内容来说,行政职业能力测验作为想要加入公职人员队伍的考生必须面对的第一关,主要测查与公务员职业密切相关的,且适合通过客观化纸笔测验方式进行考查的考生的基本素质和能力要素。主要包括常识判断、言语理解与表达、判断推理、数量关系和资料分析五大模块,题型均为客观性试题。行政职业能力测验常被作为早期筛选的手段,具有单独否决权,它有利于提高公务员录用考试的严肃性和权威性,有利于抵制各种不正之风,达到"人适其职,职得其人"。

二、行政职业能力测验的相关概念

行政职业能力测验是一种专门用于测量一系列心理潜能的标准化考试,行政职业能力测验测量主要综合考虑以下几个范畴:

(一)知识、技能与能力

知识涉及一个人知道什么,它是通过后天的学习和实践得到的。从整体而言,知识是指人类在从事各种社会认识与实践活动的过程中逐步形成的对客观事物运动规律的系统认识成果;对个体而言,知识是指一个人对事实、理论、系统、惯例、规则和其他一些与工作有关的信息理解。它既包括处于零散的、个别的、孤立的、肤浅的或不完整的感性认识阶段的感性知识,也包括达到理性认识高度的理论化、系统化和科学化的理性知识。在公务员考试中所测试的主要内容是各种基础知识,以此来了解考生掌握知识的程度。因此,对各种基本知识的广泛了解和熟练掌握是影响公务员考试成绩的一个关键因素。

能力和技能涉及一个人能做什么的问题。能力是具体运用知识的表现形式。能力可以概括为能胜任某种工作或完成某项任务的主观条件,这种主观条件可以

是由先天因素决定，也可以是由学习和实践获得的。不论能力是来自先天遗传还是后天学习，都是指当时已经具备而不需要进一步训练的主观条件。技能则可以定义为通过一定练习而形成的、使个体得以完成一定任务的动作和智能的操作系统，常体现为一定的熟练性。在公务员考试中，技能一般通过面试进行检测。

知识、技能、能力三者相辅相成、相互联系，可以相互转化。在公务员考试中，对知识、技能和能力的测量，主要是考察考生现有的、已经具备的现实条件，而不是需要进一步训练的主观因素。

(二)行政职业能力倾向

能力倾向(即潜能)是指经过适当训练或被置于适当的环境下完成某项任务的可能性，而不是当时就已经具备的现实条件。换言之，能力倾向是指一个人获得新的知识、能力和技能的潜力。能力倾向是一种潜在的能力素质，它既不等同于人的智力，也不等同于人在某方面由教育和训练而获得的专业知识与技能，它有如下特点：

第一，相对广泛性。通常所谓的智商，可以影响一个人从事一切活动的效率，但一般都是间接的；而"能力倾向"则可以直接影响到一个人在某一职业领域中多种甚至全部活动的效率；而专业指导技能则仅仅影响某种具体的活动。

第二，相对稳定性。能力倾向不像人的智力水平那样很难改变，一个人指导技能的积累很难影响到他的智力水平，但却会影响到他的能力倾向。而能力倾向不像具体的专业指导技能那样容易通过强化训练而在短期内提高或加强。

职业能力是人们从事某种职业活动必须具备的、影响职业活动成效的个性心理特征，是多种能力复合叠加而形成的。它是人们从事某种职业必须具备的多种能力的综合，是职业选择的基本参照，同时也是人们能否胜任职业岗位工作的基本要求和就业的基本条件。

行政职业能力倾向是指人们完成某项任务的可能性，而不是当时就已经具备的现实条件和因素。行政职业能力倾向是一种潜在的能力倾向，它既不同于智力，也不同于人在某方面由于受到教育和训练获得的专业知识技能。

实质上，行政职业能力测验只是一种测量个人行政职业能力差异的工具。公务员录用考试不仅要测试一个人已经具有的知识、经验与技能以及运用这种知识、经验与技能的水平，更重要的是要测验个人从事公务员职业的潜在能力，即与拟任职位相关的知识、技能与能力，这也是个人以后能否在公务员这一职业领域取得较大成功的基础。因此，可以设计多种针对不同领域的能力测验模式用于有关人员的选拔、安置和职业设计(行政职业能力测验是其中之一)。将对考生要从事的公务员工作的一般潜能考查，作为职业生涯规划和发展的参考。

三、行政职业能力测验的设计原理

行政职业能力测验是一种专门用于测量与行政职业成功有关的一系列心理潜能的标准化考试，主要是测试考生的一系列心理潜能和个人的能力倾向。职业能力测验可以有效地测试人的某种职业能力,预测某人在一定职业领域中获得成功的可能性,是测试人的某种能力的有效方法之一。

(一)瑟斯顿与相关能力理论

美国心理学家瑟斯顿(Louis L. Thurstone)的群因素论又称基本心理能力论(Primary Mental Abilities)。瑟斯顿是著名的心理计量学家,凭借着多因素分析的方法,突破过去的智力因素理论的框架,并提出了基本能力(Primary Abilities)学说。瑟斯顿认为,个体的智力可包括几种基本能力因素,这些基本能力因素的不同配搭便构成每一个人独特的智力整体。

他的观点与英国心理学家斯皮尔曼(C. E. Spearman)的智力一般因素(G因素)与特殊因素二因论不同,斯皮尔曼的观点是先有一个总的智力,然后有许多特殊智力,瑟斯顿则提出智力包括七种平等的基本能力。

瑟斯顿所提出的七种平等的基本能力是:

- 语词理解(Verbal Comprehension,V),理解语词涵义的能力;
- 语言流畅(Word Fluency,W),语言迅速反应的能力;
- 数字运算(Number,N),迅速正确计算的能力;
- 空间关系(Space,S),方位辨别及空间关系判断的能力;
- 联想记忆(Associative Memory,M),机械记忆能力;
- 知觉速度(Perceptual Speed,P),凭知觉迅速辨别事物异同的能力;
- 一般推理(General Reasoning,R),根据经验做出归纳推理的能力。

瑟斯顿的七种心理能力并不是彼此独立的,它们之间有一定的相关量。例如,一般推理(R)与语言流畅(W)的相关量为0.48;数字运算(N)与语词理解(V)的相关量为0.38;语词流畅(W)与语词理解(V)的相关量为0.51。这似乎说明在群因素之外还存在着一般因素。瑟斯顿修改了关于各因素之间互相独立的看法,提出二阶因素(Second Order Factor)的概念,即在彼此相关的第一阶因素的基础上,再度进行因素分析,但此时分析的不再是各种测验间的共同因素,而是各种因素间的共同因素。

"我们不要老是说智力,而是要说与这件事有关或无关的智力。"瑟斯顿在1941年根据上述七种基本能力编成的"基本心理能力测验(Primary Mental Abilities Test,PMAT)"是著名的智力测验之一,并证明确实存在这七种基本能力。斯皮尔曼和瑟斯顿都修正了自己的学说,二者趋于接近。斯皮尔曼的二因素说现在可以称为"一般因素/群因理论",而瑟斯顿的群因素说现在可以称为"群因素/一般因素理论"。

瑟斯顿所提出的七种基本能力,已经成为心理学工作者研究智力结构的重要资料。在现代智力因素理论中,他的群因素论起着承前启后的重要作用。自从群因素学说提出后,智力因素研究转向对智力的深入的因素分析,此后形成两种倾向:一种是构造包括普遍因素和各种基本能力在内的智力等级体系,另一种是在独立的智力因素之上建立智力结构模型。

(二)行政职业能力测验的原理

根据美国心理学家瑟斯顿的群因素理论,能力是由许多原始能力或因素组成的。他对学生进行大量测验,得出能力中有7种基本能力,这是行政职业能力测验的主要理论依据。公务员录用考试是一种能力考试,主要测试考生运用理论和原理分析问题及解决问题的能力、文字表达能力、逻辑思维能力、综合分析能力、应变能力、协调能力、理解能力等。

公务员录用考试需要测试一个人的显在能力,更要测验个人从事公务员职业的潜在能力。

• 一个人的显在能力,即个人已经具有的知识、经验与技能以及运用这种知识、经验与技能的水平;

• 个人从事公务员职业的潜在能力,即与拟任职位相关的知识、技能与能力,这也是个人以后能否在公务员这一职业领域取得较大成功的基础。

行政工作既要求有基础层次的能力素质,又要求有高层次的职业能力。知觉速度与准确性、言语理解与表达、数量关系理解运算、推理判断、常识判断等方面是基础层次的能力素质。只有当这些基础层次的能力达到了一定程度并得到一定知识经验的支持之后,才能形成综合判断、组织与人际协调能力以及资料分析能力等较高层次的职业能力。在这些较高层次的行政职业能力中,除了部分判断能力和资料分析能力外,通常都很难通过客观性的纸笔测验来考察。

行政职业能力测验属于个性心理测验的范畴,为了保证行政职业能力测验的信度和效度,通常配合其他考试和测评手段一起使用,相互补充。

我国行政职业能力测验在"考以致用"的理念指导下,围绕公务员行政职业能力倾向要求,在试卷的指标系数、考试范围、整体结构以及试题甄选与编制方面做了大量工作,从而充分保证测验在人员甄选与录用上的准确性和有效性。

四、行政职业能力测验的内容

从我国近几年公务员录用考试的科目看,行政职业能力测试的内容大体分成五部分,包括知觉速度、判断推理、言语理解、资料分析、数量关系,但实际考题中内容会有所调整。

第一部分:知觉速度

考查对数字、字母和汉字等视觉符号快速而准确地觉察、判断与记忆的能力。要求公务员具有敏锐性与细致性,能迅速判断事物的微小差距,减少工作中的错误,提高工作效率和准确性。

这项考题的题型有五种:

• 词表对照。先给出一个含有15个词汇的词汇表,在随后的每一道试题中呈现5个词汇,要求将每道考题中的5个词汇与词汇表中的词汇相对照,并判断各题中有多少个词汇被词汇表包含。

• 字符转换。先给出一个含有汉字、数字与字母大约16个字符的对应表。

在随后的每一道试题中给出 4 个汉字，跟着给出 5 个选项，这 5 个选项是题中 4 个汉字依据对应表中的对应关系转换成的数码形式，其中只有一个选项是正确的，要求考生找出来。

• 数字定位。给一个含有 10 个数字区间的表格，确定某一给定的数字属于表格中哪一个数字区间。

• 字查寻。先给一个含有 6 到 30 个数的数值，要求找出每道题所给两组数字(在数表中的同一行)中右边一组在数表的哪一列。

• 同等查找。要求从所给的每两组字符中找出相同字符的数目。

这项考试主要是考察短时间内快速记忆力与准确性。考试内容比较简单但是严格限时，几乎没有人能够在限定的 10 分钟内将以上五种题型中的 60 道题准确地做完，而且，这项考试题目答错了要倒扣分。

第二部分:判断推理

主要考查考生的逻辑推理判断能力，其中包括图形推理、演绎推理等基本能力。在这部分考题中，所设计的参考时限就占整个测验的三分之一。

这项考题的题型有五种：

• 事件排序。在每道试题中给出 5 个事件及表示 5 个事件的 4 种假定的发生顺序的数字序列，要求考生选出其中最合逻辑的一种事件顺序。这一类题型主要是考查考生在未掌握全部必要事实的条件下解决问题的能力。考生必须根据自己的一般知识以及对事物逻辑关系的理解对事件排序。

• 常识判断。在每道试题中呈现一个常识性的现象，题后 4 个选项是对这一现象产生原因的四种可能的理解，要求考生从中选出最合理的一种。这类题型主要是考查考生对常见现象或事物产生的原因进行归纳推理的能力。考生必须知识面广，平时多观察、思考和积累，才能答出理想的成绩来。

• 图形推理。在这类题中，每套题一般包含两套图形。第一套图形包括三个图形，第二套图形包括两个图形和一个问号，在两套图形之外还有 4 个供选择的图形。要求考生认真观察两套图形的相似性，然后从四个供选择的图形中选出最适合取代问号的一个。这类题考查的是考生的抽象推理能力。

• 演绎推理。在每道题中给出一段陈述，这段陈述被假定是正确的，不容置疑的。题后的 4 个备选答案中有一个是正确的，要求考生找出来。这类试题备选答案的迷惑性很强，各个选项几乎都有道理。考生应准确把握，可采用排除法，逐渐缩小包围圈的办法去解答。

• 定义判断。在每一个问题中，先给考生一个概念的定义，随后再给一组事物或行为的 4 个例子，要求考生从中选出一个最为符合或是不符合该定义的典型事物或行为。这一类考题是考查考生运用标准进行判断与严格依照定义对事物或行为进行衡量的能力，这也是对公务员执行公务的一项基本要求。解答这一类型的试题关键是要紧扣定义，尤其是定义中那些区分事情界限的关键词。

第三部分:言语理解

考查对言语的理解与表达的准确性、规范性的能力。言语理解部分主要测试考生对中文词语、句子、段落的理解与运用能力,以及短文的听力理解能力。所给的文字材料较长,主要包括:对词语和句子一般意义和特定意义的理解;对比较复杂的概念和观点的准确理解;对语句隐含信息的合理推断以及在干扰因素较多的情况下,准确地辨明句义、筛选信息的能力。联系到行政工作的实际,这对于公务员准确领会上级文件精神,具有十分重要的意义。

这项考题的题型有四种:

• 词语替换。先列出数个句子,随后在每个句子下面给出 4 个选项。要求从所给的四个选项中选出一个,替换句中画线的部分,尽量使句子的意思保持不变。

• 选词填空。先列出数个句子,在某些关键词的地方留出空格,要求从题后所给的 4 个词中选出一个填入空格中,从而使句子的意思表达得最准确。这类题型主要考查对同义词或意义相近词的词义的辨析能力。

• 词句表达。先给出四句话,其中只有一句是表达完全正确的,其余三句都是病句,要求选出正确的一句来;或者是先给出的四句话中,只有一句有歧义(既可以这样理解,又可以那样理解),其余三句都是正确的,要求选出有歧义的一句来;或者是对长句进行正确的理解,即先给出一个复杂的长句,然后针对长句的意思提出四种理解,要求根据长句的意思对选出其中正确的一句来。

• 阅读理解。考查阅读的细致性与准确性。每道题包含一段短文,短文后面是一个不完整的陈述,要从所给的四个答案中选出一个正确的来完成这一陈述。答此类题时,要求对整段短文要有完整、准确的理解,并能找出这段话的主题与关键词。

第四部分:资料分析

考查对各种资料进行准确理解与分析的能力。这项考题的题型有三种:统计表、统计图和文字资料。统计表与统计图是现代行政管理资料的主要方式。给出一些图表或文字资料要求根据这些资料回答问题,得出结论。

资料分析试题着重考查考生对文字、图形、表格三种形式的数据性、统计性资料,进行综合分析、推理与加工的能力。其目的在于评估考生的分析决策能力,测试考生能否在将来的工作中面对各种社会事件和社会问题,作出科学的分析决策。把握行政理念和要求,做好行政职业能力测验。考生若想在行政职业能力测验考试中胜出,必须不断研究新题型,了解往年考题内容的发展变化。尤其是要了解行政工作的特殊性及其对知识、能力的各项要求,增强行政理念和行政意识,加强行政角色的领悟,从而使考试复习更有针对性,达到事半功倍的效果。

第五部分:数量关系

数量关系部分主要测试考生基本的数字推理与数学运算能力。通过测试,衡量考生的应变能力、探索能力和对事物的敏感程度以及反应速度。尽管数量关系考试的内容都是小学的加减乘除四则运算，但要在限定的时间内准确完成所列题的计算是相当困难的。

这项考题的题型有两种：

• 数字推理。这类试题都是一组按某种规律排列而成的数列，但其中缺少一项，要求根据规律导出空项（应从四个所给出的数中选填的数字）。

• 数字运算。主要是考查解决算术问题的能力。要尽量用心算而避免演算，而且要尽可能找到运用已掌握的常用的数学运算技巧、方法和规则，进行计算。

行政职业能力测验只是一种测量个人行政职业能力差异的工具。公务员录用考试要测试一个人已经具有的知识、经验与技能以及运用这种知识、经验与技能的水平，而更重要的是要测验个人从事公务员职业的潜在能力，即与拟任职位相关的知识、技能与能力，这也是个人以后能否在公务员这一职业领域取得较大成功的基础。因此，可以设计多种针对不同领域的能力测验模式用于有关人员的选拔、安置和职业设计，行政职业能力测验是其中之一。通过对考生要从事的公务员工作的一般潜能考查，作为职业生涯规划和发展的参考。

五、题型介绍

国家公务员考试行测的试卷内容每年都会有所变化和调整。表 9-2 是 2009 年国家公务员考试行测的试卷内容结构，其示意图如图 9-1 所示。

表 9-2　行测的试卷内容结构(2009 年)

部分	测试内容	题数/道	时限/分钟
一	言语理解与表达	40	35
二	数量关系	20	20
三	判断推理	35	40
四	资料分析	20	25
五	常识判断	25	20
合计		140	140

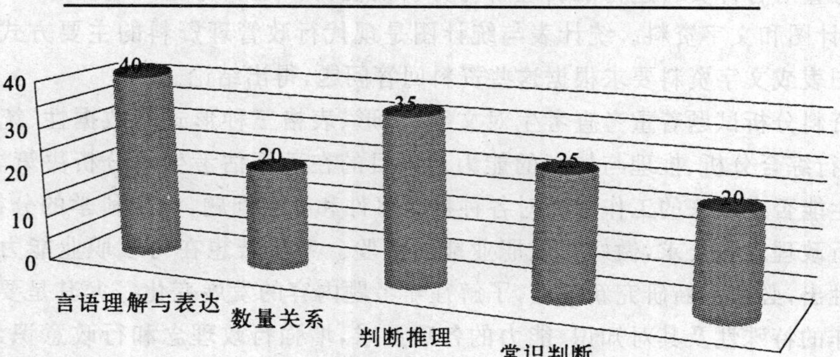

	言语理解与表达	数量关系	判断推理	常识判断	资料分析
出题数	40	20	35	25	20

图 9-1　行测试卷内容结构图(2009 年)

根据新考试大纲，2010年国考行测试卷中的试题顺序为：

第一部分：言语理解与表达

一般包含一段话或一个句子，要求报考者选出与所提要求最相符合的一项。

例题：对一篇规范的论文，因版面限制而去砍综述、删注释，实在是＿＿＿＿＿的不智之举。

填入划横线部分最恰当的一项是：

A. 削足适履　　B. 扬汤止沸　　C. 矫枉过正　　D. 舍本逐末　（答案：A）

例题：在传统思想里，和谐的反面是千篇一律。“君子和而不同，小人同而不和”，所以和谐的一个条件是对于多样性的认同。中国人甚至在孔子之前就有了对于和谐的经典认识与体现。中国古代的音乐艺术很发达，特别是一些中国乐器，像钟、磬、瑟等各种完全不同的乐器按照一定的韵律奏出动听的音乐，但如果只有一种乐器就会非常单调。

对这段文字概括最准确的是：

A. 和谐观念源于中国古代音乐

B. 差异是和谐的一个必要条件

C. 中国人很早就产生了和谐观念

D. 音乐是对和谐的经典认识与体现　（答案：B）

第二部分：数量关系

• 第一种题型：数字推理。每道题给出一个数列，但其中缺少一项，要求报考者仔细观察这个数列各数字之间的关系，找出其中的排列规律，然后从四个供选择的答案中选出最合适、最合理的一个来填补空缺项，使之符合原数列的排列规律。

例题：1 2 2 4 8（　　）

A. 16　　B. 24　　C. 32　　D. 36

（解答：前两项之积等于第三项，故正确答案为C。）

• 第二种题型：数学运算。每道题给出一道算术式子，或者表达数量关系的一段文字，要求报考者熟练运用加、减、乘、除等基本运算法则，利用基本的数学知识，准确、迅速地计算出结果。

例题：X、Y两地相距42公里，甲乙两人分别同时从X、Y两地步行出发，相向而行，甲的步行速度为3公里/小时，乙的步行速度为4公里/小时，问甲乙步行几小时后相遇？

A. 3　　B. 4　　C. 5　　D. 6

（解答：用X、Y两地距离除以甲乙两人的步行速度之和即可得出答案。正确答案为D。）

第三部分：判断推理

• 第一种题型：图形推理。每道题给出一套或两套图形，要求报考者认真观察找出图形排列的规律，选出符合规律的一项。

例题：

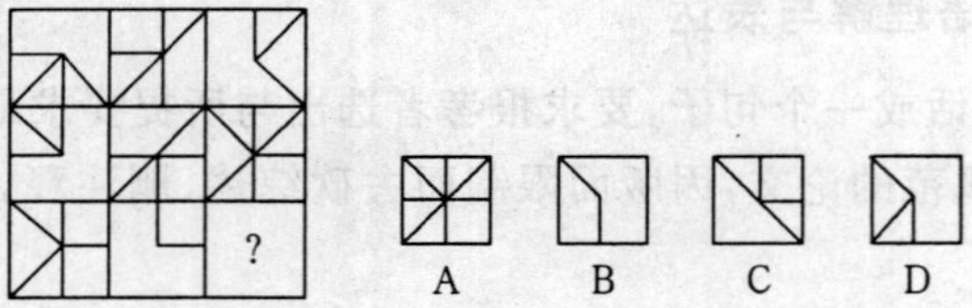

（解答：每行前两个图形叠加后，不同的部分就是第三个图形。正确答案是D。）

• 第二种题型：定义判断。每道题先给出一个概念的定义，然后分别列出四种情况，要求报考者严格依据定义选出一个最符合或最不符合该定义的答案。

例题：职业枯竭是指人们在自己长期从事的工作重压之下，产生身心能量被工作耗尽的感觉。

根据上述定义，下列属于职业枯竭状态的是：

A. 老周不能胜任自己现有的工作，每天都会忙得焦头烂额

B. 刚参加工作的小李觉得这份工作太累，产生了跳槽的念头

C. 刘经理每天工作繁忙，缺乏充足的休息，情绪也越来越糟糕

D. 在从事过许多不同的职业之后，老王觉得所有工作都索然无味

（解答：根据题干所给定义，正确答案为C。）

• 第三种题型：类比推理。给出一对相关的词，然后要求报考者仔细观察，在备选答案中找出一对与之在逻辑关系上最为贴近或相似的词。

例题：阳光：紫外线

A. 电脑：辐射　B. 海水：氯化钠　C. 混合物：单质　D. 微波炉：微波

（解答：阳光与紫外线、海水与氯化钠的关系都是整体与组成部分的关系，故正确答案为B。）

例题：

（　）对于梨相当于服装对于（　）

A. 苹果——毛衣　B. 水果——衬衣　C. 书包——鞋帽　D. 果汁——衣橱

（解答：梨是水果的一种，衬衣是服装的一种，因此，正确答案是B。）

• 第四种题型：逻辑判断。每道题给出一段陈述，这段陈述被假设是正确的，不容置疑的。要求报考者根据这段陈述，选择一个最恰当答案，该答案应与所给的陈述相符合，应不需要任何附加说明即可以从陈述中直接推出。

例题：科学家对76位心脏病患者进行研究，分别采用“一名志愿者带一只狗前去探望病人”、“一名志愿者前去探望病人”以及“没有志愿者去探望病人”三种方法分别测试这些病人的反应。结果发现第一种情况下病人的焦虑程度下降了24%；第二种情况下病人的焦虑程度只下降了10%；第三种情况下病人的焦虑程度仍保持原来水平。因此科学家认为，狗能帮助心脏病人降低焦虑情绪。

下面哪一项最能削弱科学家的论点？

A. 带狗和不带狗探视的实验分别选在两个不同的时间段

B. 在带狗的志愿者中，绝大多数喜欢并自己饲养宠物狗

C. 在被探望的病人中，绝大多数喜欢并自己饲养宠物狗

D. 志愿者带去探望病人的大多数狗都是性情比较温顺的

（解答：观察 A、B、C、D 四个选项，似乎都能削弱科学家的论点：狗能帮助心脏病人降低焦虑情绪。但选项 C"在被探望的病人中，绝大多数喜欢并自己饲养宠物狗"直接说明研究对象（心脏病人）的样本太特殊（绝大多数被研究的心脏病人喜欢并自己饲养宠物狗），不具有代表性，因此 C 最能削弱科学家的论点。故 C 是正确答案。）

第四部分：资料分析

针对一段资料一般有 1～5 个问题，报考者需要根据资料所提供的信息进行分析、比较、计算，从四个备选答案中选出符合题意的答案。

例题：根据图 9-2 提供的信息回答问题。

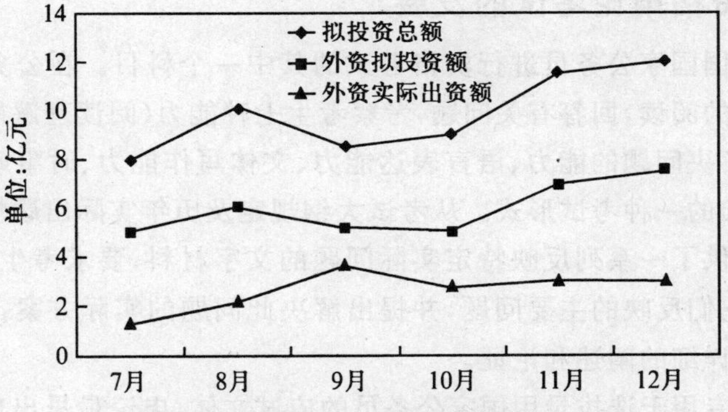

图 9-2　某市 2006 年下半年投资情况图

1. 该市 2006 年下半年中，哪一个月的外资实际出资额在当月外资拟投资额中所占比重最高？

A. 8 月　　B. 9 月　　C. 10 月　　D. 11 月　（答案：B）

2. 下列说法中正确的是：

Ⅰ. 2006 年第四季度外资实际出资额总计约达 9 亿元

Ⅱ. 该市拟投资总额在 2006 年 9 月份为下半年最低

Ⅲ. 2006 年下半年该市外资拟投资额达到拟投资总额 40％以上

A. Ⅱ　　B. Ⅲ　　C. Ⅱ、Ⅲ　　D. Ⅰ、Ⅲ　（答案：D）

第五部分：常识判断

例题：下列关于法律体系的表述中，不正确的是：

A. 法律体系由法律部门组成

B. 我国社会主义法律体系尚不完备

C. 中华法系也即我国的社会主义法律体系

D. 法律体系是一国法律有机联系的统一体　（答案：C）

例题:尽管我们关于太阳能的研究和议论已经相当多,但今天对太阳能的利用还是非常有限的。其最主要的原因是:

A. 难以将阳光有效地聚焦

B. 尚未开发出有效的收集和储存太阳能的系统

C. 核能仍然更为有效

D. 太阳能系统尚不安全

(解答:关于太阳能的利用可能很多人都没有系统的知识,但是仔细考察四个选项,你可以依据常识看出A、C、D三个理由都不恰当,只有B选项所说的原因更为准确,故正确答案为B)。

第三节 公务员申论考试

一、公务员资格申论考试的发展

申论是我国国家公务员进行资格考试的其中一个科目。在公务员考试中,通过对设定资料的阅读,回答有关问题,考察考生七种能力(阅读理解能力、分析判断能力、提出和解决问题的能力、语言表达能力、文体写作能力、时事政治运用能力、行政管理能力)的一种考试形式。从考试大纲规定及历年实际出题情况来看,申论考试为考生提供了一系列反映特定实际问题的文字材料,要求考生仔细阅读这些材料,概括出它们反映的主要问题,并提出解决此问题的实际方案,最后再对自己的观点进行较详细的阐述和论证。

作为一种专用于选拔录用国家公务员的应试文体,申论最早出现于2000年中央国家机关公务员录用考试之中。经过几年的实践,以及专家学者们的改进与完善,申论现已成为国家公务员录用考试的一门基本科目,日益受到人们的重视。申论适当地借鉴了我国古代科举应试中“策论”的一些经验与做法,但在内容上比“策论”更具有现实针对性,在形式上比“策论”更加灵活多变。“策论”大多要求考生就一些重大问题展开论述,即论证某项国家政策或对策的可行性与合理性,侧重于考查考生解决问题的能力。申论则要求考生从一大堆反映日常问题的现实材料中去发现问题并解决问题,全面考查考生搜集和处理各类日常信息的素质与潜能,充分体现了信息时代的特征,也适应当今国家公务员实际工作的需要。

申论是测试考生写作水平的一种方法,但与传统的作文考核有所不同。作文只是要求考生根据给定题目展开论述,侧重考核的是考生的文字功底。考生可以凭自己的主观好恶去立论选材,尽情张扬个性地放言宏论,因此,作文只能在一定程度上反映考生的写作水平,即“纸上谈兵”的能力,而无法全面体现考生的综合素质,尤其是解决实际问题的能力。申论则不仅限于对考生阅读理解能力和文字表达能力进行考察,更侧重于考察考生发现问题和解决问题的实际能力,具有较强的综合性和现实针对性,能让考生充分发挥自己各方面的潜能。申论考试摒弃了原来的简单议论文的模式，主要考查考生的阅读理解、综合分析、概括能力以及解决实际问题的能力。所以不单单涉及议论文一种文体。

二、申论考试的性质

申论考试，是具有模拟公务员日常工作性质的能力测试。作为公务员，对社会生活的方方面面都应当有所认识和有所思考，并且具备较高的思想水平和较强的分析问题、解决问题的能力。因此，申论考试所提供的一般都是社会性较强的背景材料，让考生去进行分析和论述，从而测查考生处理公务员日常事务的潜能。

申论考试，要求考生具有比较丰富的常识，但不会对某种专业知识特别倾斜。由于考生来自各个方面，所学专业很不相同，所以申论考试中让考生处理加工的材料大都具有普遍性、非专业性。比如 2000 年考题，粗看所给材料，可能以为学法律专业的考生会占便宜，其实红星新村居民状告印刷总公司的事并不是从法律角度所能解决的问题。再比如 2001 年考题，看似医药卫生问题，其实问题的解答与医药卫生专业知识水平高低并无关系。申论考试的试题，对学哪个专业的考生都是公平的。

申论考试所给的材料，可能涉及面很广，但试题具有较强的针对性、合理性，也就是说，问题的解决方案一般是具有可行性的。比如 2000 年试卷的问题，可以通过城市建设合理规划获得根本性解决，当然必要的补偿也应有所考虑。又如 2001 年试卷的 PPA 问题，是当时社会热点之一，但完全可以通过舆论的正确引导来化解百姓的不安心理。申论考试不会引导考生漫无边际地遐想，不管问题多么复杂，涉及面多广，人们的见解多么莫衷一是，都是能够解决的。这样的命题思路，是由公务员录用考试性质决定的。提醒，考试所给资料的字里行间都体现出考官的考查意图，很多考生就是没有细细体会，因理解不到位而失了分。

三、申论考试的特点

申论测试既不同于古代选拔贤良的策论，也不同于当今大学入学的作文考试，它具有自身的特点。

(一)测试形式灵活多样

申论测试除了所给出的材料部分外，其答卷一般由三部分组成。一是概括部分；二是方案部分；三是议论部分。就文体而言，概括部分可能是记叙文、说明文、议论文、应用文中的某一种形式，也可能综合了多种文体形式；方案部分，则是应用文写作；第三部分自然是议论文写作了。从这个意义上来说，申论测试既考查了普通文体的写作能力，也考查了公文写作能力，测试形式非常灵活、实用。

(二)测试背景资料涉及面广

申论测试是为了选拔国家公务员，因此十分注重对考生的分析、判断、解决问题的能力等综合素质。为反映这一要求，申论所给定背景资料涵盖了政治、经济、法律、教育等诸多方面的内容，涉及范围极其广泛，且表述比较准确，一般不会出现偏差。

申论的背景资料所反映的问题大部分已有定论，也有一些问题尚无定论或存在争议，需要考生自己去理解、分析和判断，并做出结论。至于一些难以定论的问题，特别是一些争议激烈的前沿问题，一般不会成为背景材料。

(三)测试目的针对性强

申论测试考查的目的明确，针对性很强，即主要考查考生阅读、分析、概括、解决问题的能力。这些能力主要通过对背景材料的分析、概括、论述体现出来，从所提出的方案对策是否具有针对性和可行性体现出来。从这一角度看，考查的目的与测试的命题是密切相关的有机整体：目的具有针对性，试题也具有针对性；试题为测试的目的服务，目的则是试题设计的指导思想。

(四)测试标准具有先进性和国际性

选拔公务员的申论测试，一开始就借鉴了一些发达国家的先进经验，不仅注重对考生能力和素质的考查，而且也注重对考生将要从事行政机关工作和岗位职责所需要的能力素质的考查。在科目设置、考试形式上都是按国际标准设计的，在内容上体现了中国特色。

西方一些实行公务员制度时间比较长的国家的公务员考试，是分类分等、定时定期进行的，人员的选拔录用与职位紧密结合，采用不同的试卷，以满足不同岗位、不同职位对人员的不同需求。我国也将逐步在公共科目试卷中，体现中央国家机关和垂直管理系统在用人上的不同要求，逐步做到分类、分等、定期考试。

(五)没有确定的标准答案

申论测试没有也不可能有一个确切、固定、唯一的标准答案。从资料背景来看，都是有关当前政治、经济、法律、教育等社会问题，有的已定论，有的尚未定论，完全要考生自己来解决。从这个角度来看，无论是提出对策或是对对策进行论证，都不会有一个确切、固定、唯一的标准答案。

以对策部分为例，这部分是要提出解决问题的办法，这个办法要具有针对性和可行性。但是针对性和可行性是相对的，在不同地区以及发展中的不同阶段，解决问题的办法就不可能一样，更何况有的目前还没有一个确切的合理的方案，因此哪一种更为合理，针对性与可行性更强，要对若干方案比较论证后方能确定。又比如论证部分，抓住什么问题、从什么角度论证、采取什么方法与结构，要适合自己的特长，因而也绝不会有一个具体唯一的标准。因此论证(作文)部分的评定，也只能是综合的、全面的、等级式的，不可能有确切的唯一的标准。

正因为申论测试没有确定的答案，给了考生以发挥的空间，不同的考生完全可以较充分地展示各自不同的能力和水平。同时也有利于选拔者挑选到满意的人才。

(六)测试具有前瞻性

申论测试注重考查考生综合运用所掌握的知识解决实际问题的能力。整个社会在不断地发展变化，公务员考试命题不仅会与这种发展趋势相适应，而且还会体现出一定的前瞻性。

写作要求：

第一，对给定材料进行理解、分析、整理、归纳、概括、综合，并用限定的篇幅概括出所给背景材料的主题。

第二，用限定的篇幅对主要问题提出见解，提出具有可操作性的解决方案（要体现针对性和可行性）。

第三，用限定的篇幅对见解、方案进行论证。要求：自拟标题、中心明确、内容充实、论述深刻、有说服力。

四、申论试卷类型

申论是测查从事机关工作应当具备的基本能力的考试科目。申论试卷由注意事项、给定资料和作答要求三部分组成。申论考试按照省级以上（含副省级）综合管理类、市（地）以下综合管理类和行政执法类职位的不同要求，设置两类试卷。

（一）省级以上（含副省级）综合管理类职位申论考试

主要测查报考者的阅读理解能力、综合分析能力、提出和解决问题能力、文字表达能力。

• 阅读理解能力——要求全面把握给定资料的内容，准确理解给定资料的含义，准确提炼事实所包含的观点，并揭示所反映的本质问题。

• 综合分析能力——要求对给定资料的全部或部分的内容、观点或问题进行分析和归纳，多角度地思考资料内容，作出合理的推断或评价。

• 提出和解决问题能力——要求借助自身的实践经验或生活体验，在对给定资料理解分析的基础上，发现和界定问题，作出评估或权衡，提出解决问题的方案或措施。

• 文字表达能力——要求熟练使用指定的语种，运用说明、陈述、议论等方式，准确规范、简明畅达地表述思想观点。

（二）市（地）以下综合管理类和行政执法类职位申论考试

主要测查报考者的阅读理解能力、贯彻执行能力、解决问题能力和文字表达能力。

• 阅读理解能力——要求能够理解给定资料的主要内容，把握给定资料各部分之间的关系，对给定资料所涉及的观点、事实作出恰当的解释。

• 贯彻执行能力——要求能够准确理解工作目标和组织意图，遵循依法行政的原则，根据客观实际情况，及时有效地完成任务。

• 解决问题能力——要求运用自身已有的知识经验，对具体问题作出正确的分析判断，提出切实可行的措施或办法。

• 文字表达能力——要求熟练使用指定的语种，对事件、观点进行准确合理的说明、陈述或阐释。

第四节　公务员考试的面试

一、面试工作遵循的原则

搞好面试，除了有组织、制度和法规保证外，还要遵循以下原则：

1. 合理性原则

面试考官小组一般由7～9人组成，在年龄上，最好是老中青结合；在专业上，应吸收有业务实践、业务理论研究且面试技法方面经验较丰富的权威人士。省级以上面试考官小组的组成一般由负责考录工作的代表、用人单位的主管领导、业务代表和专家学者等组成为宜；市、县级面试考官小组一般由组织、人事、用人部门，纪检、监察部门的业务骨干等组成为宜。

2. 机会均等原则

在面试中公平性和公正性显得尤为重要。公平性体现在对考生用“一把尺子”衡量，机会均等；公正性体现在考官评分要客观、公平，克服主观随意性。

3. 回避原则

根据有关规定，凡与考生有直接利害关系的人员，面试时应予回避。例如：面试考官或组织者与考生有夫妻关系、直系血亲关系、夫妻双方的近亲属关系、儿女姻亲关系等，都应回避。

4. 监督原则

监督的目的是保证面试在平等竞争的条件下进行。对面试全过程实施监督，是顺利完成面试工作的保证。一是组织监督，在面试中，请纪检、监察、公证等部门参加；二是新闻舆论监督，新闻舆论部门的工作人员有权以适当方式了解和报道面试工作情况；三是考生监督，考生是最好的监督者，因其亲身经历了面试的全过程，对面试的组织程序、考官水平、试题等情况有申诉控告权，主考部门应设立相应的机制（如举报、意见箱等），认真听取他们的意见并根据有关规定和程序做出适当处理。

案例

某市党政群机关公开招考机关工作人员和国家公务员面试实施方案

为了进一步做好某市党政群机关公开招考机关工作人员和国家公务员的面试工作，根据《某市党政群机关首届公开招考机关工作人员和国家公务员实施方案》精神，特制订本实施方案。

一、面试原则及目的

面试是机关工作人员和国家公务员录用考试中的主要环节，必须贯彻公开、平等、竞争、择优的原则；必须在各级组织人事部门的指导和监督下，按规定的程序进行。

通过面试进一步考察考生的基本素质和适应职位要求的能力；通过面试的具体实施，探索科学规范的面试方法。

二、面试时间

(一)某市直属工作部门日程安排

(二)区、县级市具体日程安排

(三)须加考专业面试的职位日程安排

三、面试对象的确定

(一)笔试结束后,由市委组织部、市人事局根据全市笔试的整体水平按不少于区域招考职位数1∶3的比例确定笔试合格分数线。各招考职位根据笔试成绩从高分到低分的顺序,按照拟录用职位数1∶3的比例确定面试对象。

经批准加考专业笔试的职位应在统一笔试合格人员中进行。专业笔试后,根据专业笔试成绩从高分到低分的顺序,按照拟招考职位数1∶3的比例确定面试对象。

(二)合格分数线确定后,请各区、县级市及招考部门将拟招考职位数与合格人数情况于12月26日前报送市人事局考试录用处,由市统一按择优的原则,从经统一笔试合格的人选中进行递补。

(三)在面试过程中,由于考生自动放弃面试资格,使拟招考职位少于1∶3比例的,按上述办法递补。

四、面试方式及内容

(一)面试采用结构化面试方式。着重考察考生的语言表达能力、综合分析能力、应变能力、组织协调能力、自我情绪控制能力、求职动机与拟任职的匹配性、举止仪表等。另外,还可运用心理学的方法,测试考生的职业能力倾向和职业兴趣。

(二)加考专业面试,着重测试考生是否具备拟录用职位专业知识。凡加考专业面试的职位,其面试计分办法是:结构化面试占60%,专业面试占40%。

(三)面试试题的命制。市直属工作部门的面试试题由市录用考试服务中心负责命制;各区、县级市的面试试题由当地组织人事部门负责命制;凡加考专业面试的职位,由招考部门负责命制,并提前报当地人事部门审核。

五、面试试题要求

各区、县级市应按有关规定组织人员进行封闭式命题。面试试题在启用前,应按绝密级材料妥为保管,面试结束后,各区、县级市及有关招考部门统一将面试试题报送某市录用考试服务中心备案。

六、面试组织管理

(一)面试采取统一部署,分级实施的办法。某市直属工作部门的面试工作由市委组织部、市人事局统一组织实施;区、县级市负责本辖区的面试工作(工作安排可参照市直属工作部门的办法实施)。加考专业面试的职位,由招考部门负责组织实施。

(二)选择面试考官。面试考官原则上从通过培训和招考部门有关业务骨干中挑选。面试考官应具备以下基本条件:

1.遵纪守法,严守工作秘密;

2.具有良好的个人修养、心理健康、公道正派;

3.具有从事组织人事管理、与拟录用职位相关的业务管理或人才测评等方面工作经历；

4.了解考试录用制度；

5.具有较强的分析概括能力与言语表达能力。

（三）成立面试考官小组。面试考官小组，一般由7名或9名考官组成，其中设主考官一名，考官若干名，组长为面试主考官。面试考官小组的主要职责是：

1.检查落实面试考场设置；

2.具体实施面试工作，评定面试成绩；

3.做好面试记录，逐人填写客观、公正、简短的评语，向考生公布面试成绩；

4.面试结束后，向当地组织人事部门报告面试情况，拟定面试合格人选。

七、面试程序

（一）按面试组织管理的要求成立面试小组。

（二）培训面试考官。使考官掌握面试的内容、方法、要求、评分标准及技巧，并组织必要的模拟面试。

（三）招考部门通知应考人员参加面试的具体地点、时间及有关事项。

（四）设置面试考场。市直属工作部门的结构化面试考场原则上由招考部门设置，招考人数少的部门就近合并设置。面试考场由面试室、候考室、考官休息室、成绩公布室组成，四室之间距离要适当。每室应有醒目标志，并应张贴考场规则。面试室内设主考席、考官席、计分员席、核分员席、监督员席、考生席。

（五）考生凭准考证、身份证在规定时间到考场参加面试。

（六）面试前应将考生集中在候考室，面试顺序可采取抽签决定。

（七）主考官宣布面试开始后，工作人员逐一引导考生进入面试室，每人面试时间一般为20分钟，面试完毕，工作人员引导考生进入成绩公布室，公布成绩后引导退场，退场后不得再进入考场。

（八）面试时，面试考官按《面试评分表》的内容独立评分。打分时不得相互商量或暗示。

（九）计分人员负责核计和换算《面试评分表》并填写《面试成绩总表》，评分办法采用“体操计分法”。具体方法为：将考官评出的各要素得分去掉一个最高分、一个最低分，其他分数相加平均，即为要素得分，各要素分相加之和即为考生的最后得分。考生得分由核分员、监督员审核后，交引导员到成绩公布室向考生公布得分。

八、面试监督及违纪处理

（一）面试工作应接受纪检、监察、考录主管部门和考录监督巡视员的监督，还应接受考生、新闻媒介和社会的监督。

（二）面试考官及相关工作人员要遵守保密制度，防止泄漏试题和其他面试资料。发现有泄密和徇私舞弊行为的，要根据国家有关法规，追查责任，严肃处理。

面试考官必须遵照《国家公务员暂行条例》及有关回避规定。

（三）考生在面试中出现违纪行为，原则上由考试组织实施部门按有关规定处理；必要时，报录用考试主管机关处理。

二、面试的基本程序

面试是国家公务员录用考试区别于其他考试的显著特点之一，是实施公务员录用制度的一个关键环节。组织好面试，对于提高公务员录用考试的科学水平和效果，对于保证新录用公务员的质量都具有重要作用。面试有很多方法，如面谈法、答辩法、情景模拟法、无领导小组讨论法、文件筐测验等等。各种方法都有操作的基本程序，一般包括五个步骤。

（一）确定面试测评要素

面试测评要素的确定，是确定面试方法、编制面试试题、实施面试的前提。面试前的首要工作是对拟任的岗位、职位进行分析，有针对性地提出应该测评的几项要素。面试要测试哪些要素，要以用人部门的专业特点和所需人员的资格条件为依据，要通过经验和专门分析，把应具备的素质条件列举出来，并进行合理取舍。国家统计局1990年的公务员面试，设计了以下评价项目：仪表形象、事业心、求实精神、知识面、专业能力经验、思维判断能力、说服能力、口头表达能力、应变能力、社会交往能力、特长等。他们在设计这些评价项目时，是怎样考虑的呢？统计部门工作岗位既平凡又重要，这就要求统计工作人员需要具备热爱统计工作、事业心强的特点；同时统计工作具有数字性强、时效性强、真实性强的特点，这就要求统计工作人员具备勤奋、认真、求实的工作态度，要求具备较宽的知识面，利用数据进行思维判断，具有综合推理的能力以及较强的口头及书面表达能力等。

（二）选择面试方法和试题

每种具体的面试方法，都有其自身特点和功能。要根据职位测评要素来选择恰当的面试方法，力戒千篇一律、一个模式。如文字综合职位的面试，可采用社会调查，提交调查报告的情景模拟方法；政法职位的面试，可利用审讯笔录，案例分析的方法；政策法规制订职位的面试可选择对社会热点问题进行无领导小组讨论的方法；信息处理职位可选择上机操作的方法；外语翻译职位可采用笔试、口试、对话等方法；文秘职位可选择“文件筐作业”方法等等。每个职位根据测评要素内容的不同，可采用一种方法，也可采用几种方法同时进行。

由于面试方法不同，试题的形式也各有差异。有的是具体问题，有的是实施方案。无论采用哪种方法，都要围绕测评要素（内容），组织专家进行命题或提出方案。如写调查报告，就要事先确定到哪里去，调查什么，写什么，以及相应的准备工作。

（三）确定面试评价标准

进行国家公务员面试，要测评哪些内容，各项内容的比重如何确定，对应试者的回答如何评分，都需要事先设计好。

1. 确定面试评价指标

面试评价项目在应试者身上以一定的特征存在着，对这些项目作出评价，必须借助于一些具体指标，比如要评价一个人的语言表达能力，可以用“是否有逻辑性、条理性”、“吐字是否清晰”、“语音语调状况”等具体要素来进行评价。有时为简化起见，仅用“优、良、中、差”或“很好、较好、一般、较差、很差”等作为面试评价项目的通用评价指标。

2. 设计面试评分表

面试评分表是面试考官评定应试者面试成绩的一种工具，它是在面试评价项目和评价指标的基础上设计而成的。评分表主要包括以下内容：应试者姓名、编号、性别、年龄、报考职位、评价项目、评分标准、评语栏、考官签字栏等。表 9-3、表 9-4 中是两种类型评分表。

表 9-3 评分表 A

序号		姓名		性别		年龄		文化程度	报考部门

面试要素	权重	观察要点	评分标准			要素
			好	中	差	
综合分析	17	对事物能从宏观和微观两方面进行总体考虑；注意整体和部分之间的相互关系及各部分之间的有机协调组合	13～17 分	7～12 分	0～6 分	
语言表达	17	理解他人的意思；口齿清晰，具有流畅性；内容有条理，富于逻辑性；用词准确、恰当、有分寸	13～17 分	7～12 分	0～6 分	
应变能力	14	有压力状况；情绪稳定；思维反应敏捷；考虑问题全面周到	11～14 分	6～10 分	0～5 分	
计划、组织与协调	14	依据部门目标，预见未来的要求、机会和不利因素，并做出计划；看相互依赖的冲突各方之间的关系；根据现实需要和长远利益做出恰当选择及时作出决策；调配，安置人、财、物等有关资源	11～14 分	6～10 分	0～5 分	
人际交往的意识与技巧	13	人际合作的主动性；对组织中权属关系的意识（权限、服从、纪律）；有效沟通能力；处理人际关系的原则性与灵活性	10～13 分	5～9 分	0～4 分	
自我情绪控制	10	在较强刺激情境中，表情和语言自然；在受到挑衅甚至侮辱的场合，能保持冷静；为了长远或更高目标，抵制自己当前的欲望	8～10 分	4～7 分	0～3 分	
求职动机与拟任职位的匹配性	7	现实性需要（解决住房、户口迁移、专业对口等）与岗位情况；兴趣与岗位情况；成就动机（认知需要、自我提高、自我实现，服务他人的需要，得到锻炼等）与岗位情况；对组织文化的认同程度	6～7 分	3～5 分	0～2 分	
举止仪表	8	穿着打扮是否得体；言行举止是否符合一般的礼节；是否有多余的动作	6～8 分	3～5 分	0～2 分	
合计						

表 9-4 评分表 B

编号		姓名		出生年月		性别	
报考岗位				实行部分			
面试内容	所占比重（%）	评分标准					
		具体指标	优秀 100%～90%	较好 90%～80%	一般 80%～70%	较差 70%～60%	很差 60%以下
身体外貌	20	健康程度 10%					
		气质 10%					
知识经验	20	知识水平 5%					
		实际经验 5%					
		职业道德 5%					
		专业知识 5%					
能力方面	40	社交能力 10%					
		口头表达能力 10%					
		应变能力 8%					
		创新能力 6%					
		处理难题能力 6%					
性格方面	20	工作热情 6%					
		自信心 6%					
		开放性 4%					
		态度 4%					
小计							
综合评语	级别标准	95%～100%	90%～95%	80%～90%	70%～80%	60%～70%	60%以下
主试评价意见							
评委评价意见	评委甲						
	评委乙						
录取与否的决定							

（四）选择和培训面试考官

在进行公务员面试时，用人单位一般会组建一个面试测评小组（或称面试评委会）。面试测评小组一般由 7～9 人组成，其人员来源一般为：用人单位人事部门负责人、用人单位相关业务部门负责人、用人单位主管领导、面试测评方向的专家学者与用人单位专业相关的高水平的专业技术人员。在面试测评小组的人员构成上要考虑专业优势互补，并注意人员的年龄结构，做到老、中、青相结合，以避免某一年龄层次人员太多而可能造成的偏差。为了确保国家公务员面试的质量，实行面试考官的资格认证制度，使面试考官都具有较高素质。面试前必须对考官进行全员培训，提高他们的操作水平。培训的内容包括：公务员录用考试的特点；面试过程的把握与提高面试效果的手段；面试的提问技巧；面试的评分要素与评分标准；面试案例剖析、讨论；面试情境模拟等。

（五）面试具体组织实施

面试一般是在笔试之后进行，笔试合格者才有机会参加面试。进行面试前的准备工作，包括面试考场、候考室、考务用品、通知考生面试时间、事先抽签决定面试顺序等等。

面试场所包括面试室、考生候考室、考务办公室等，它是面试构成的空间要素。面试场所宜选在安静、独立、不易受外界干扰的地方。面试室要整洁、宽敞、明亮、通风、冷暖适宜，使面试工作人员和考生都感到舒适。面试室内设立主考席、评委席、应试人席、工作人员席位，与其他席位要基本呈面对面状态并保持一定距离。考生候考室最好放置一些本单位介绍材料，有关的报纸、杂志及一些轻松有趣的读物，考生轻松地度过等候时间，提高其面试效果。面试室、考生候考室、考务办公室之间，相互联络要便利，要设置相应的指示牌，使人容易找到。

公务员考试面试流程图（图 9-3）：

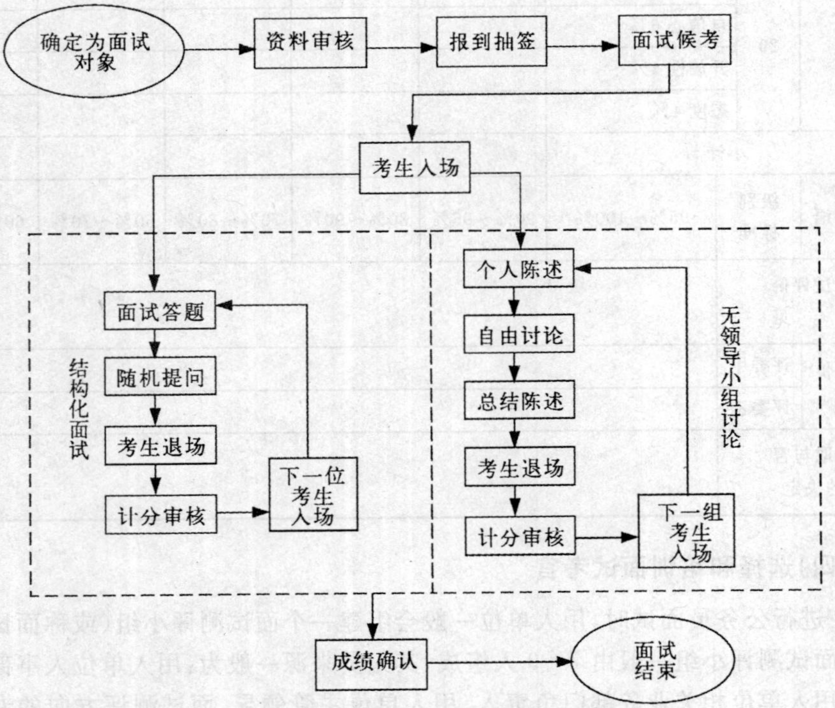

图 9-3 公务员考试面试流程图

实施公务员面试的一般流程：

(1)召开面试考官会议。面试工作开始前，考官要开一次小会，检查面试工作的准备情况，进一步明确面试方法、内容、要求，面试评分标准和方法，以及主考官与其他考官的职责分工与协调配合，检查考务工作准备情况。

(2)考务人员引导考生进入面试考场，考生不得携带与面试有关的用品。

(3)主考官向考生讲解有关注意事项，时间一般控制在一分钟以内。

(4)面试考官提问，每人一般提 1～2 个问题。当考生没听清所提问题时，主考官可重复一次。考官提问时要用语准确，使考生明白要回答什么问题；提问最好由浅入深、由表及里、由易到难，逐步深入；主考官要控制好提问话题，把时间用在最重要的话题上；考官提问要使用规范、明确、易懂的语言。

(5)考生回答考官的提问，各考官根据面试工作评价标准各自独立打分，其他人不得加以引导或暗示。对每个考生的面试时间一般为 20～30 分钟。考生面试工作结束后，面试考官要对考生进行综合评分。一种常用的方法是在各考官所给分数基础上，去掉一个最高分和一个最低分，然后取其平均值。

(6)整个面试结束后，面试考官要及时整理面试的有关材料，如面试评分表、评语及其他需要的材料，报主考机关和人事部门，以便确定面试合格分数线和合格人选。

(7)公务员面试工作结束、面试成绩确定后，主考机关和用人部门要在一定范围内公布成绩，并尽快通知本人。在公布公务员面试成绩时，考虑到考生的心理情况，可只写考号不写姓名。

三、结构化的面试过程

结构化的面试流程(图 9-4)与现场安排：

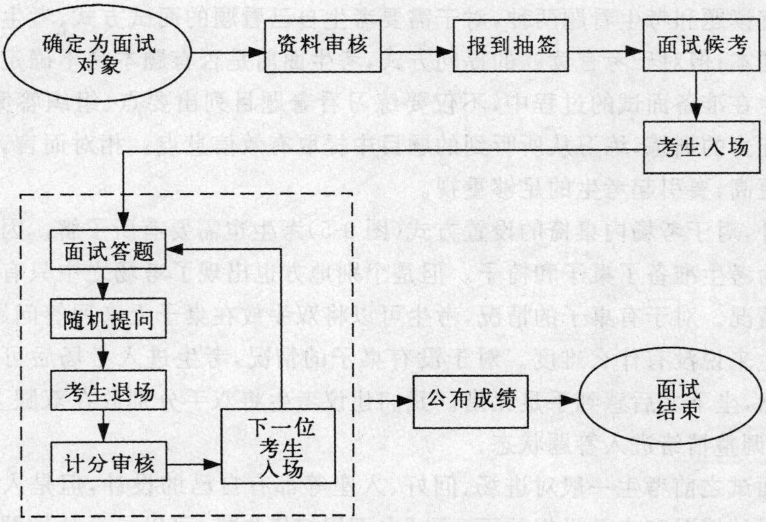

图 9-4 结构化的面试流程

(一)考生入场

考生留给考官的第一印象是从考生进入考场就开始的。所以入场这一个环节特别重要。在考生入场的时候,并不存在与考官的语言交流,因此这时考生的仪表仪态就成为了唯一向考官展示的东西。根据公务员的职业特征,考生在入场的时候要表现得大方、庄重。

除了大家所共知的着装和礼仪要求之外,一些细节也是广大考生要注意的。在入场时,应该先敲门,在得到允许后进入。这时敲门的声音音量要适中,不可过大或者过小。得到允许入场后,很多考生会大步迈入考场,身后的门重重关上发出很大的声响。这样很容易给考官留下毛躁的印象,而且会造成考生紧张。所以我们建议,在入场后,转身轻轻把门带上,这样避免了门自动关闭而造成的巨响。同时,考生可以利用这短暂的时间,再一次调节自己,以饱满的热情面对考官。

在从门口到考生席的过程中,双臂摆动有力,昂首挺胸,表现出饱满的精神状态。到达座位后,要向考官问好,鞠躬。在得到允许后落座。此时,要双手搬动座椅至合适位置。这样做可以避免拉动座椅而发出刺耳的声音,给考官留下不好的印象。另外,双手搬动座椅可以更好地调节座椅距离桌子的位置,为下一步坐到座位上留下合适的空间。

(二)面试答题

面试答题是整个面试的核心环节,是能否取得面试成功、获得理想职位的关键阶段。在这一阶段正确、流畅、完美地回答面试问题是成功必不可少的环节,但是其中的一些细节性问题,如面试方式、答题节奏等也是不容忽视的,需要广大考生在考试之前加以了解。

结构化面试一般要求考生在规定的时间内回答 2～5 道题目。题目的提出方式有考官读题和考生看题两种,对于需要考生自己看题的面试方式,考生面前肯定有一个题本;但对于考官读题的提问方式,考生面前是否有题本是不确定的。这就要求考生在准备面试的过程中,不仅要练习看着题目列出要点、组织答案,也要注重听题能力的训练,练习从所听到的题目中提取有效信息点。相对而言,这对考生的要求更高,要引起考生的足够重视。

另外,对于考场内桌椅的设置方式(图 9-5)考生也需要有所了解。因为大部分考场都为考生准备了桌子和椅子。但是个别地方也出现了考场之中只有椅子没有桌子的情况。对于有桌子的情况,考生可以将双手放在桌子上来回答问题,这对于广大考生来说没有什么难度。对于没有桌子的情况,考生进入考场后可能会感到非常突然,坐下之后感到手足无措。我们建议考生将双手分别放在双腿上,坐姿端正,迅速调整情绪进入答题状态。

在面试之前考生一般对进场、问好、入座等都有自己的设计,但是入场后如果发现面对的情况和自己设想的不一致,也不用惊慌失措,可以灵活地按照自己设计的程序走。比如,考生如果设计好进入考场后,向考官报考号、问好,等待考官说

图 9-5　现场设置方式

“请坐”后落座。但是有的考官会在你进场后直接告诉你“请坐”，那么考生应该具有这样的应变能力——在表达谢意后直接坐下就可以了。这时如果考生还是完全按照自己的设计来进行，就太过于死板。

在回答题目的过程中要把握好节奏。由于每类问题的特点不同所以每道题的回答时长也不一致，这是很正常的现象。但对于思考时间，建议考生尽量保持大约相等的时间。这样做一方面表现出你对每道题都进行了相对充分的考虑；另一方面避免了因某些题目思考过长或过短，带来不必要的麻烦。如果思考时间过长，剩余的答题时间就相对较短，在回答的时候必然出现想尽快答完的倾向，造成整个节奏不和谐。如果思考时间过短，考官会认为该类题目你有所准备，可能对你的答案提高心理预期。即使偶然出现了熟悉的题目也不要急于回答，可以进一步审题，或者把答题要点进一步丰富、升华。总之，保持一定的答题节奏是非常必要的。

(三)随机提问

在结构化面试的考试中，考官可能会根据你的回答追问一个问题。这时，有的考生误以为自己前面的回答有漏洞而引起了考官的追问，这样一来更加紧张，从而没有回答好所追问的问题。其实大可不必，恰恰相反，可能正是因为你前面的回答很精彩，引起了考官极大地重视与进一步了解的欲望。如果考生表现得惊慌失措的话，则中了考官的“圈套”。

结构化面试的特点就在于规则的固定化、标准化。从命题形式到提问方式再到打分标准都是在考试之初规定好了的。所以考生自己感觉到的考官的随机提问或者追问其实很有可能也是在考试之前设计好了的，是这次结构化面试考题的一部分。考官不仅仅是在提问你一个人，也会提问其他考生同样的问题。因此，就像回答其他题目一样来回答考官的所谓的“随机提问”或者追问就可以了，不必为此感到紧张。

令考生感到最为棘手的就是随机提问中的压力性测试，比如考官会问：“听说你在考前托关系走后门，对此你怎么解释?”或者“通过你刚才几道题的回答，我们发现你并不适合这样一个岗位，所以不打算录用你，你还有什么要说的吗?”在考场之上，遇到这样的问题，绝大多数考生都会异常紧张，不知如何作答。其实只要了解了结构化面试的特点，知道这只不过是一个普通的问题，平静下来，思考作答就可以了。

(四)考生退场考官打分

在整个面试答题的过程中,考生都是异常紧张的。在回答完最后一道题目的时候有的考生大松了一口气,身体瘫软下来,所学的仪表仪态顿时被抛到了九霄云外,这是万万不可的。因为这时候考官还在给你打分,虽说打分有各个分项,根据分项加总得出总分,但是整体印象也是很重要的。前面表现一直很好,在最后给考官留下一个不好的印象,实在不值得。所以,建议考生在答完最后一道题目后微笑向考官致意。等考官说明考生可以离场后,起身致谢,神采奕奕地离开考场,给考官一个始终如一的印象。

(五)计分审核

由于各地情况不同,计分审核这一环节略有差别。有的是稍等片刻就可以得出分数,要求考生签字确认;有的地方是当场并不公布分数,而是要等到所有人面试结束之后统一公布。无论怎样,要意识到只要你还在面试的考场之内,就仍要保持良好的精神状态,时刻注意自己的仪表仪态。无论分数如何,不要将心情写在脸上。不要打听别人的分数,尤其是竞争对手的分数,表现出自己成熟、沉稳的性格特征。即使这次考试不成功,相信你的良好表现会给考官留下深刻的印象。如果面试成功,那么你整个面试过程中的精彩表现会为你日后的工作打下一个良好的基础。

四、无领导小组讨论面试过程

目前,在国考和省考公务员面试中越来越多地采用了无领导小组讨论的形式。因为在这种面试中,考生要融入到一个由4～10名考生组成的被试小组之中,故考生能力的体现不单单由自己决定,也受其他小组成员的影响,能充分体现考生人际交往能力和团队合作精神。

无领导小组讨论面试流程与两例现场安排如图9-6和图9-7所示。

在小组面试中脱颖而出,赢得考官的青睐,有以下方法、技巧:

(一)注重仪表仪态,尊重所有人员

在面试过程中,考生要特别注重自己的仪表仪态和言行举止。因为良好的外在形象往往会给考官和其他考生留下"首因效应"和"晕轮效应",会使你在讨论过程中得到考官和考生的认同。讨论时目光应保持平视,用眼睛轻松柔和地注视对方。另外,用适当的肢体语言来加重谈话语气也是必要的,比如说"请讲"时,同时伸出手掌并稍微向外。针对讨论出现的一些非常固执、难以说服的考生,也要学会压制自己的情绪,绝对不能怒目瞪眼、出口伤人,不要做出失礼的行为。应以大局为重,团结起来,以解决分歧的心态去克服困难,积极地达成共识。

(二)发言积极主动,争取合适角色

面试时,做一个勇敢的"破冰者",打破鸦雀无声的考场。首先开口说话引导讨论或抢先亮出自己的观点,不仅可以给考官留下深刻的印象,而且还可能引导其他

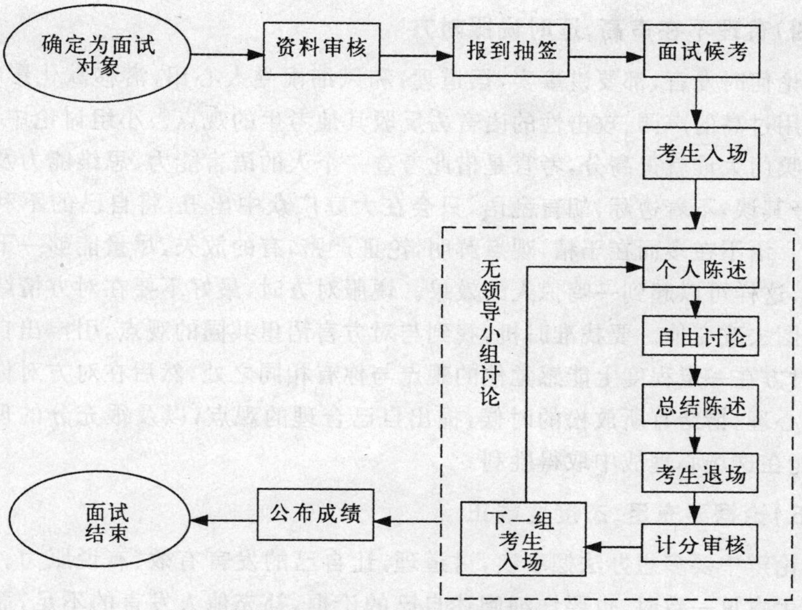

图 9-6　无领导小组讨论面试流程

图 9-7　无领导小组讨论现场两种设计

考生的思想和见解，甚至把自己的思想灌输给他们，从而能为接下来的讨论做铺垫、积累观点。需要提醒各位考生的是，在无领导小组讨论中不一定要扮演领导者的角色。由于每个考生的经历、阅历、能力、特长和性格不同，不可能人人都适合做领导者，领导者不可能有多个。所以，考生要根据自己以往的经历、眼前小组成员的实力来给自己的角色进行定位。

(三)学会换位思考，注意发言技巧

发言的时候能够设身处地地站在对方立场上考虑问题，理解对方的观点。在此基础上，找出彼此的共同点和分歧点，引导对方接受自己的观点。整个过程中态度要诚挚，以对问题更深入的分析，拿出更充分的证据来说服对方。还有，讲话的时候一定要讲究技巧，千万别在任何场合任何时间搞“一言堂”。不可自己一个人滔滔不绝，垄断发言，这样会让整个讨论小组对自己产生极度厌恶的情绪。但同时也不能长期沉默，处处处于被动的局面。每次发言之前都要好好思考一下，尽量做到有条理、有根据。另外，讲话的时候要注意停顿，注意思考，学会用心说话，三思而后言。

（四）有理不在声高，适时说服对方

无论何时发言，都要讲事实，摆道理，和风细雨滋人心田，潜移默化影响他人，而不应用过高的声调、攻击性的语言去反驳其他考生的观点。小组讨论中，当然不是谁的嗓门大谁就得高分，考官是借此考查一个人的语言能力、思维能力及业务能力，夸夸其谈，不着边际，胡言乱语，只会在大庭广众中出丑，将自己的不利之处暴露无遗。语不在多而在于精，观点鲜明，论证严密，有的放矢，尽量能够一下子说到点子上，这样可以起到一鸣惊人的效果。说服对方时，最好不要在对方情绪激动的时候企图去改变他。要找准时机，找到与对方言语里共同的观点，引申出自己的观点，让对方在一定程度上能感觉他的观点与你有相同之处，然后在对方对你稍稍放下敌对心理，情绪有所放松的时候，提出自己合理的观点，以及很充分的理由。这样，才能在这场心理战中取得胜利。

（五）论据要充足，态度要端正

在论辩中要多想办法摆事实，讲道理，让自己的发言有效、有说服力。即使与其他考生意见一致时，也要详细阐述自己的论据，补充他人发言的不足，而不是简单地随声附和。当其他考生发言时，应该用目光注视对方，认真倾听，仔细记录，不要有下意识的小动作，更不要因对其观点不以为然而显出轻视、不屑一顾的表情，这样不尊重对方，会被考官认为是涵养不够。对于别人的不同意见，应在其陈述之后，沉着应对，不要感情用事，怒形于色，言语措词也不要风言风语，保持冷静可以使头脑清晰，思维敏捷，更利于分析对方的观点，阐明自己的见解。要以理服人，尊重对方的意见，不能压制对方的发言，不要全面否定别人的观点，应该以探讨、交流的方式在较缓和的气氛中，充分表达自己的观点和见解。

（六）褒贬辩证相结合，话语委婉求团结

当对方提出一种观点，而你不赞成时，可先肯定对方的说法，再转折一下，最后予以否定。肯定是手段，转折是过渡，否定是目的。先予肯定，可使对方在轻松的心理感受中，继续接受信息。尽管最终是转折了，但这样柔和地叙述反对意见，对方较易接受。这样既使自己能从难以反驳的困境中解脱出来，又使对方能在较平和的心境中接受。其实小组中每一个成员的想法都是差不多的，在是否接受别人观点的考虑中，会首先考虑与你的熟悉程度和友善程度，彼此的关系越亲密，就越容易接受你的观点。若他认为彼此存在的是敌对的关系，那么对你的观点的拒绝就是对他的自我保护。

（七）积极倾听汲取，学会取长补短

听是说的基础，只有听懂了其他考生的发言，才能在讨论过程中有针对性。其他考生发言的时候，不可东张西望，或显出不耐烦的表情。既然倾听，就应当表现出对他人谈话内容的兴趣，而不必介意其他无关大局的地方。听别人谈话就要让别人把话讲完，不要在他讲得正起劲的时候，突然去打断他。假如打算对别人的谈话加以补充或发表意见，也要等到最后。在聆听的过程中要积极地反馈信息，汲取知识，提升自己。通过取人之长来补己之短，待自己的应答思路及内容都成熟以后，再精心地予以阐述，最终达到基于他人而又高于他人的目的。

(八)要统筹协调，调动氛围

在无领导小组讨论中，考生是竞争者，更是合作者，是竞争和合作的关系，要处理好这两者之间的关系。只合作没竞争，不能真正体现出考生的能力，达不到选拔人才的效果；只竞争没合作，则显示出考生功利性很强，又缺乏团结精神。所以考生要统筹讨论过程中的氛围。

(九)忌用粗话网话，慎用方言外语

有人认为说出那些很流行的网络语言，或者那种所谓的很另类的流行词语，便会缩小同其他考生的距离，这种想法是严重错误的，绝对不能在讨论中使用粗话、网话，更不能说黑话、脏话。公务员应该提倡使用、推广普通话。另外，使用中文普通话说不清楚的，也要慎用方言和外语。外语和方言有时候能显现出讲话者的某种能力，有时候能体现出幽默，但是假如有人听不懂，那就最好别用，不然会使他人感到是故意卖弄学问或有意不让他听懂。

复习思考题

1. 什么是行政职业能力测试？
2. 试述行政职业能力测验的设计原理。
3. 试述行政职业能力测试的内容。
4. 试述申论考试的特点和类型。
5. 试述公务员考试的面试原则和基本程序。
6. 试述结构化的面试流程与现场安排。
7. 试述无领导小组讨论面试流程与现场安排。

第十章 其他人员评价技术

第一节 履历分析技术

一、履历分析技术概述

履历分析技术又称资历评价技术、履历表测量、履历分析法、简历分析法等。履历分析技术是通过对评价者的个人背景、工作与生活经历进行分析，来判断其对未来岗位适应性的一种人才评估方法，是相对独立于心理测试技术、评价中心技术的一种人才评估技术。近年来这一方式越来越受到人力资源管理部门的重视，被广泛地用于人员选拔等人力资源管理活动中。

履历分析技术诞生于第二次世界大战期间。著名心理学家J.P.吉尔福特及其同事在开发军队征兵用的阿尔法测验的同时，开始根据个人经历来预测军事训练的成功率，这一方法取得了相当的成功。履历分析是2006年来才被采用的测评新技术，但其一经采用就在人才招聘选拔中起到十分重要的作用，在人员测评中得到越来越多的关注。其意义在于：一是能够得到履历定量分析成绩；二是实现了测评的职位区分；三是有效利用了应聘者各种重要的履历信息，对资格审查合格的入围者进行区分，使测评选拔更加科学合理。

履历资料包括了个体的背景信息和生活经历信息。使用个人履历资料，既可以用于初审个人简历，迅速排除明显不合格的人员，也可以根据与工作要求相关性的高低，事先确定履历中各项内容的权重，把申请人各项得分相加得总分，根据总分确定选择决策。

履历分析是借助个人履历档案，了解其成长历程和工作业绩，从而对其知识、能力、背景等有一定的了解。其基本原理是，个体未来行为的最好预测变量是过去发生过的行为。

履历分析就是在进行职位调研分析基础上，按照职位要求，对应聘者年龄、学历、受训经历、工作经验、工作业绩和相关工作背景等进行细致定量分析，通过询问申请者的个人背景和生活经历的一些问题，以了解其人格等方面的非认知因素，并得出其履历岗位匹配系数β（β为该因子的系数，β值越大，则该因子影响越大）。

履历分析的结果可作为一项测评成绩计入总分，也可作为其他测评成绩的职位和履历修正。如，某一岗位的招聘选拔在报名人数较多的情况下，首先按照履历分析得分排序淘汰部分人员，这样就可以降低测评选拔成本。其余人员可用履历岗位匹配系数 β 对综合素质测评总分进行修正后作为最终成绩。

一份设计良好的应聘履历登记表可以提供很多有用的信息。研究表明，履历分析对申请人今后的工作表现有一定的预测效果，个体的过去总是能从某种程度上表明他的未来。所以，履历分析在人才测评体系中占有着重要的地位，履历分析技术的推广对完善人才评价体系具有重大意义。我们可以根据履历中记载的事实，了解一个人的成长历程和工作业绩，从而对其人格背景有一定的了解。这种方法用于人员测评的优点是较为客观，而且成本低。但也存在几方面的问题，比如：履历填写的真实性问题；履历分析的预测效度随着时间的推进会越来越低；履历项目分数的设计是纯实证性的，除了统计数字外，缺乏合乎逻辑的解释原理。

二、履历分析技术特点

履历分析法中使用的履历表不同于普通的履历表。我们常用的履历表是一种有关个体背景情况描述的材料，其项目内容与申请表有很大的相似性，包括个人的基本信息、一般背景情况、学习培训经历、工作任职经历、业余爱好，等等。这种履历表是对申请者个人情况模糊的描述，而且申请人可能有意识或者无意识地在该履历表中省略了申请人个人表现并不好的内容，而此内容可能对组织或者招聘人员来说很重要。

履历分析测量是一种经济、实用的人员测评技术，由组织或者测评人员通过精心设计的履历表，搜集一个人的成长历程和工作业绩，同时还根据适当标准赋予不同的履历项目不同的权重，最后将履历表中的所有项目得分加权汇总即得到一个人的履历分数。履历分析测量仅仅在所有申请人都有同样的履历信息可提供使用的情况下才是可行的。这也使得履历分析测量中所采用的履历表不同于个人自己制作的普通履历表，而需要组织专门设计。这一方面让所有申请人使用相同的表格提供同样类别的个人背景信息，另一方面组织还需根据拟招聘的岗位要求筛选出针对性的履历项目构成测量工具。如高管的招聘中，个人的管理经验及绩效就应该纳入履历表测量中，并且这一项目所占的权重也应该较大。其中，履历表测量项目权重确定的依据就是项目内容与拟任工作岗位要求及绩效的相关性大小。相关性大则项目权重高，反之，项目权重就低。最后所有项目得分加权求和得到的履历测量总分就可以作为人员选拔的一个依据。

履历分析技术作为一种评价手段，与传统的调查法、测验法、评价中心技术、面试等人事选拔方法不同，具有自己明显的特点。

(一)依据的真实性

履历分析技术是以应试者个人过去的经历作为评价依据来分析、预测其未来的职务行为倾向或成就，应聘人员经历在其档案中通常是可以核实的。

(二)评价的普适性

履历分析的结果与应试者的多种行为(效标)之间往往有较高的相关性,如工作绩效、出勤率等,因而可以用于对应试者行为的多维预测,并且履历分析技术应用起来较为简单。就此而言,履历分析技术较心理测验和评价中心技术等方法适用面更广。

(三)评价的准确性

履历分析技术是通过应试者过去的工作经历、工作表现来预测其未来的表现,其方法论原则体现的是整体主义和历史主义,具有很强的准确性。

三、履历分析技术主要依据

(一)履历分析可行性和必要性

心理学认为,感知觉的产生与个人的经验密切相关,过去的经验能帮助我们全面地认识客观事物。经验来自于人的经历,是人生经历和体验,蕴涵于经历之中。每个人的履历都反映在自己的特定的环境中,因此,通过环境中的关联因素来考察和评价人才个体的素质和能力是完全可行和必要的。人的履历中包含着我们所需要的大部分信息,一般情况下,这些信息是人才个体的亲身经历和体验,这些信息客观、全面、真实、系统地记录或间接地反映了人才个体的主要情况,这些信息资源作为测评人才的基础性依据也是有效的。一般认为,在条件相对稳定的情况下,应聘者过去的工作经历和表现是预测他未来工作表现的最好方法。一个人如果有在几个大公司高层岗位工作的经历和较好的业绩,那么就可以预测他在类似的新岗位上必然也会有较高的胜任力。科学地考察一个人的经历和所取得的经验,对于全面、客观认识、判断一个人的能力和个性特征,不但有足够的理论依据,而且也是比较有效的。

(二)信息的真实性和可靠性

应聘者填写信息的真实性直接影响着测评的质量。美国教授卡西奥对履历填写的真实性问题进行了专门研究,证明大多数人是能够真实填写的。但也有的研究者得出了不同的结论。美国有的管理和行政局的候选人在学术证书上弄虚作假,有个别人在有些项目上有所夸张,尤其是在一些不易核对的要素上。我国近年来假文凭、假证书和大水分的文凭泛滥,确实会对测评质量造成很大影响,但这并不是不可解决的,在测评表的设计中充分考虑了这些因素。

履历分析系统建立在职位要求和工作分析的基础上,所选取的测评要素、选项和权重必须和职位有一定的关联度和针对性,相关的程度决定了权重的大小,因此,由于众多的相关因素的集合,使其总的相关性和针对性进一步提高,必然能获得较高的预测性和准确率,也就意味着较高的可靠性。

测评表除了设计得科学、合理外,还可以通过技术处理来解决,如设计一些用于检验一致性和真实性的测评要素,或结合档案及有关材料的调查,以提高应聘者填写信息的真实性。经过对这些应聘者填表真实性的统计分析，结合结构化面试和其他材料了解，大部分人填写的信息仍是真实可信的。

四、履历分析技术的实施方法

采用履历分析技术进行人才测评的基本过程是：

(1)依据职位要求和工作分析的结果，选择一些与职位最相关的要素，如专业知识、决策能力等，建立职位特征分析项目；

(2)根据职位特征分析项目结构要素的分类，将每个结构要素分解为具体的测评指标；

(3)决定每个测评指标的权重；

(4)将每个测评指标设为若干选项，由应聘者填写；

(5)履历表统计分析。

其中履历分析项目的筛选和权重确定与设计加权履历表较为重要，履历分析技术具体的实施程序如图 10-1 所示。

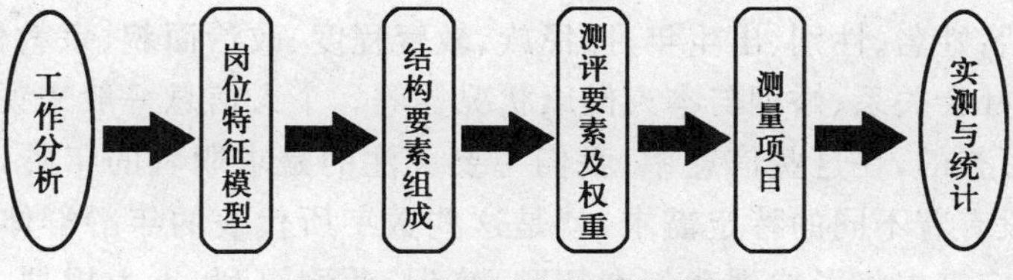

图 10-1　履历表测量的实施报告

(一)履历分析项目的筛选和权重确定

履历分析项目的个数从现有的调查情况来看，有 15～800 个不等。但均包括两部分的内容，一部分是测评者能够核实的项目，例如家庭住址、家庭情况、工龄、学历、年龄等等；另一部分则是不能核实的项目，例如述职报告、自我工作小结等。履历分析项目的筛选依据是职务分析及岗位描述，以职位要求或工作绩效的相关性为标准。在确定履历分析项目和权重前必须对被评价对象的拟任岗位进行认真、细致的分析，以系统、全面地确定该工作岗位对人员各方面的能力和素质(如学历、技能、资历、品质等)的基本要求。履历分析项目数量需要根据拟任岗位的特点和评价需要而定。用于国家主要安全部门的履历分析表可能会包括数百个项目，而一般的简单劳动岗位履历分析表则可能只需要几个或十几个项目。

权重确定依据是项目内容与未来岗位要求及工作绩效的相关程度。在履历分析项目中，与拟任岗位有关的项目应赋予较大的权重。例如，假设某单位有 100 名职员，其中男性 40 名，女性 60 名。把 100 名职员划分为高效率和低效率两组。在低效率组中有 10 名男职员与 45 名女职员。因此男性职员的高效率比例为 10/40＝25％，女性职员的高效率比例为 45/60＝75％，两者比例相差 50％，显然在这里性别是一个具有高区分度的指标，可以把它作为一个项目列入履历表中。又例如，通过调查发现大专以上学历的人 80％有优秀的工作表现，而低学历的人只有 40％

有优秀的工作表现。在履历表的加权设计中，就可以为高学历的人记 80 分，为低学历的人记 40 分。

履历分析项目的筛选应该依工作岗位的不同而变化。在确定履历分析的项目内容时，还要注意评价项目的可检验性。不可检验的项目或可检验程度低的项目对于履历分析来说，其效用将大打折扣。

(二)履历表加权设计

履历分析技术主要有两种形式，一种是能够使用量化指标的权重履历表；另一种是传记式履历表。这两种履历表主要不同之处是它们收集信息的多少和信息的类型。权重履历表一般包括 10～20 个问题，主要是一些客观性的信息，很容易核实，例如家庭住址、学历、年龄、工龄等，它运用的是定量研究。传记式履历表包括 50～100 个问题，这些问题主要是主观性信息，如工作情况、嗜好、健康、社会关系等，它运用的是定性研究，但两者的原理基本是相同的。

加权履历表通常由以下三个方面的项目构成。

1. 个人信息情况

主要包括：姓名、性别、出生年月、民族、教育程度、政治面貌、宗教信仰、主要家庭成员、主要社会关系、婚姻与本人健康状况等等。个人信息一般来说是个人最基本也是有案可查的，在这些信息中，我们主要关注的是求职者的年龄，因为人在不同的年龄阶段有着不同的特定需求，就是这些数字所代表的年龄群体的一些特定需求，这些特定需求将影响到我们在招聘、培训、薪酬福利、人力规划、人员流动处理、劳动关系处理等的方面工作，见表 10-1：

表 10-1

年龄段	特定需求
25 岁以前	一份好工作
26～30 岁	个人定位与发展
31～35 岁	高收入工作(工资福利)
36～40 岁	寻求独立发展的机会、创业
41 岁以上	一份稳定的工作

当应聘者的能力情况相同且应聘人数多于招聘计划数时，基本情况中的某些项目会成为次级的优先录用标准，成为履历评价中的加分项目。对此，不同的企业会有不同的加分标准。

2. 个人经历

个人经历反映个人知识与工作能力，主要通过个人受教育情况和职业经历、接受职业培训情况来进行判断。用于资历评价的履历表必须对如何填好个人经历做出具体、明确的说明。如：个人经历从何时填起，时间间隔如何确定，经历中是否应包括职务情况的说明、证明人姓名、职业和联系方式等。个人经历中，工作经历是我们分析简历的重点，也是我们评价求职者基本能力的视点。可以从以下几部分内容做出分析：

第一，工作时间。包括总工作时间的长短、工作时间频次、每项工作的具体时间长短、工作时间衔接等。总工作时间的长短是任职资格的基本要求，但是这个还需配合另外两项来做出判断，如果同等的时间内工作频次太多，即跳槽频繁，则每项工作的具体时间就不太会长，时间会在6～12个月，如果工作时间短于6个月，则这份工作的经历和经验则不应作为考虑的要素。

第二，工作职位。工作职位在一定程度上可以反映工作内容，但是有些情况下不能仅将其作为重点，同时应考虑工作内容。

第三，工作内容。它包括以下几个方面：

(1)专业与工作的对口程度，如果专业不对口，则要看在职的时间长短。

(2)工作在专业上的深度和广度，结合上述的工作时间原则，如果短期内工作内容涉及较深，则要考虑水分的存在，在面试时要将其作为重点来询问，特别是对细节的了解。

(3)曾经工作的公司的大致背景，最好能在面试前按照提供的信息使用搜索引擎进行了解。特别是提到的在业内有一定知名度的公司。

3.个人历史和政治表现情况

个人历史和政治表现包括个人人品和家庭与社会关系。

个人人品信息主要从过去的工作表现、奖惩情况和离职原因来进行判断。包括：何时、何地、何故受过何种奖励或处分；有无重大历史问题；目前的工作与表现情况；有无需要特别说明的问题等等。

家庭与社会关系情况可以作为评估个人素质特点的参考背景；进行员工管理工作时也需要对其家庭与社会关系背景有所了解。在很多履历中还有求职者的个人评价、特长爱好等内容，这些内容往往可以在面试时使用，从中找出与工作经历描述中的矛盾或者不符、不相称的地方，可以增加面试时考察的突破点，因此这部分也是履历分析技术的要点。

(三)履历表的评估计算

如果P1、P2、P3为录取概率，A为个人基本情况得分，B为个人知识与工作能力得分，C为个人家庭与社会关系得分，D为个人人品得分。P1、P2、P3、A、B、C、D的值域为0～100。

履历表的评估公式有三种选择：

乘法公式：$P1=(A\times B\times C\times D)$

加法公式：$P2=(A+B+C+D)/4$

混合公式：$P3=(A+B+C)/3\times D$

当应聘者的P1、P2、P3落在招聘计划比例中时方可考虑录用。

履历表的评估公式选择有三个原则：

(1)乘法公式是一个最严格的评价公式。这种评估方法意味着，一旦被试的某一项得分为零，则录取概率立即变为零。这一评价公式意味着被试必须全面地均衡发展。当一种岗位对人品和能力的要求都很高时，应该采用这个评价公式。

(2)加法公式是一个相对宽松的公式。这种评估方法意味着能够容忍被试者在某方面的缺陷。即使有一项或几项分值较低,也会有一定的分数,不像乘法公式那样把人"一棍子打死"。当一个组织的管理比较规范,应聘岗位的重要性一般时,可以用这个公式选人。按这个公式选人,体现的是"每个人都有可用之处"的用人理念。

(3)混合公式兼顾了乘法公式的严格和加法公式的宽松,同时授予了"个人人品"的"一票否决权"。这是目前绝大多数公司的用人理念。即:能力差不要紧,以后可以给予培养的机会,但人品不好的人是万万不可录用。

第二节 笔迹分析技术

笔迹分析技术,亦称笔迹分析法,是以书写字迹分析为基础,根据书写者笔迹的特点和规律,鉴定书写者的性格、能力、心理和行为方式等特征的一种人才测评技术。

一、笔迹与笔迹分析

(一)笔迹

笔迹是人的活动产品,是人的视觉动作-大脑协调、情绪、注意、思维,乃至个性和能力等的投射。思想、文化素养以及由生理机制、心理机制共同参与下的书写运动是笔迹生成的主要素。笔迹是一个有丰富内容、深刻内涵,又有其完整体系的特殊事物,由个体的生理、心理以及社会因素整合作用而成。将个体隐藏在潜意识中的欲望、动机等不自觉地泄露出来。从某种意义上说,个性的发展、形成和巩固的过程与其笔迹达到稳固的动力定型是同步的。笔迹之所以能够体现书写人的心理世界,是因为心理系统的诸多心理活动因素,不论在个人笔迹的形成过程中还是在即时笔迹的产生过程中始终起到了动因的作用。笔迹作为一种痕迹,必然蕴涵着反映书写人心理特征的信息。因此通过对书写者笔迹的分析,可以了解其性格、能力、心理和行为方式的特征。

笔迹生成的要素:生理机制、心理机制和个人思维文化素养的相互整合,是个人笔迹形成的基本因素。每个人的生理机制、心理机制和思维文化素养具有个性差异,决定了个人特有的书写技能、书写动力定型的形成,从而决定着个人的笔迹。

笔迹是多维的图像。笔迹心理分析者研究发现,最能体现书写人个性心理的是笔迹中笔画线条的形态、力度和速度。留在纸面上的笔迹,表面看是一种二维的图像,可以用纵横坐标加以描述。但笔迹是书写运动的轨迹,它的运动不限于二维空间,也不是匀速运动。笔迹包括用笔时向下的压力,即用笔轻重及其变化的节律;行笔速度的快慢及快慢交替的节奏;前一笔画收笔到下一笔画起笔间腾越的幅度和起落角度,以及行笔的压力与速度相匹配所体现的笔力。从平面、静止的笔迹,可以观察到立体、动态的形象;从单一笔画、多笔画相连、字间关系乃至篇章布局，可以领悟到行笔轻重疾徐、抑扬顿挫、伸缩进退、腾越起落的运动过程。

多维空间中的笔迹作为一种动态的整体，包含三部分内容。一是笔迹的形态特征，如笔迹的表象、书写压力、时间、空间、笔势以及笔迹风韵特征等；二是书写人社会特征信息，如书写人的性别、年龄、职业、籍贯、文化程度以及书写时表现出的生理方面的特征等。三是书写人社会心理、人格方面的特征，如精神状态、思维、情趣、价值取向、人格特征等。

笔迹具有反映书写人的整体素质，反映书写人书写技能和习惯的必然性。书写活动与人的心理机制有着密切的联系，在形成笔迹时，个人的心理活动、个性心理特征、行为方式始终参与在书写运动的全部过程中。笔迹中的笔画线条、书写速度、笔力的分布，字的结体，全篇笔迹的安排布局等，无不与书写者当时的心境、固有的个性心理特征有关。因此，笔迹既能反映书写人书写技能和习惯，也蕴涵着书写人的部分性格、能力、心理和行为方式等信息。

笔迹学家雅曼把笔迹学研究的成果分为七个大类，它们分别是：

- 书写的压力反映了人精神和肉体的能量。
- 笔画结构方式代表了书写人面对外部世界的态度。
- 书写的大小是自我意识的反映。
- 连笔程度反映了思维与行为的协调性。
- 字和字行的方向是人自主性及与社会关系的反映。
- 书写速度与人的理解力的快慢有关。
- 整篇文字的布局反映书写人面对外部世界的态度与占有方式。

(二)笔迹分析

笔迹分析是以笔迹学、笔迹心理学为基础的新兴学科，过去研究表明，笔迹与个体人格特征有一定的联系，其科学性得到了普遍的肯定。所以笔迹分析已经进入很多人才素质测评领域，成为了常规测评人才素质的手段。但是笔迹分析的信度、效度问题一直是学术界争议的话题，研究者应从科学的角度出发，发展和完善笔迹心理学，让笔迹分析有更坚实的理论基础，从而为人才素质测评提供有利的手段和依据。

由于书写具有较强的书写动力定型的特点，笔迹分析可以避免被试者不愿合作而带来的掩饰、歪曲、装好、随机作答等局限性，更能客观地了解被试者的心理。正是基于这样的特点，笔迹分析的准确率一般有 85%～95%。对比目前企业常用的各测评技术的效度、公平程度、实用性和成本四个指标，调查结果显示，笔迹分析具有简捷、方便、准确性高、个性化强等特点。而且其他所有的测评工具都只能测评出某一类型的人，笔迹测评则能够测出被测评人的特有的个性化特征。

除此之外，笔迹分析法还具有以下几点优势：

- 准备笔迹分析法不需要花费太多精力和时间，进行笔迹分析测试时只需提供一把椅子、一张桌子、一些书写工具和书写材料即可；
- 笔迹分析对被试者没有太多的要求，也无需知道被试者很多信息，只需要知道被试者的性别、年龄、所受教育程度等；

• 可以进行跟踪性研究，能够从被试者现在的笔迹和过去的笔迹对比分析中，了解被试者的性格变化过程，还可以了解疾病、外伤、焦虑紧张、疲劳、服药等对人的影响；

• 被分析过的笔迹可以在任何时候被其他的专家再次进行分析；

• 对测试结果可以做统计学分析，也可以和其他的量表测试进行比较性研究；

• 笔迹分析法不用见面就可以进行测试，如果在进行笔迹分析的过程中出现问题，可以很容易进行再测试。

二、笔迹心理研究的发展

(一)笔迹与心理的研究

笔迹心理学作为应用心理学的分支，在西方已有百余年的历史。Satow 和 Rector 曾让格式塔笔迹学家对成功的首席执行官和控制组进行笔迹分析，该研究证实了能用笔迹区分出成功的企业家。Quinan 研究凶手、伪造者、非犯罪和屠夫的笔迹表明，凶手组与其他组相比更难看、更无规则，而屠夫在各方面与凶手类似。

西方学者对笔迹与心理的研究始于 16 世纪，意大利的巴尔迪在 1622 年发表了《根据书写字迹判断人的性格》的一书，首次提出笔迹学这一概念。18 世纪，法国教士米尚成为笔迹分析学的奠基人，他发展了笔迹心理分析技术，成立了笔迹学研究会，出版了相关专著《笔迹学的体系》。二战后随着西方心理学学科的发展，笔迹学作为行为心理学的一个分支，经过大量实验室实证研究。20 世纪 70 年代开始，笔迹学在欧美国家蓬勃兴起。许多国家建立了专门的笔迹学学院或在大学设立笔迹学课程，培养专门的笔迹心理分析专家，为社会各界提供服务。在北美授予具有完成相应课程的毕业生以“笔迹分析家”称号，表明他是属于有证书的笔迹分析家(CGA)，完成更高级课程的可授予笔迹分析大师资格(MGA)。有些国家还建立了有关笔迹学的研究、服务机构，欧洲成立的笔迹学会每年召开一届年会进行学术交流。

迄今为止，多项研究表明笔迹与人格和性别等有着密切的关系，基于笔迹的心理学研究，已经应用到人才素质测评、人员选拔等各项领域。但是这只能说明“在专家眼中”，笔迹在某种程度上是个体特征的反映。

(二)中文笔迹分析

在我国，中文笔迹分析虽然没有形成一个独立的学科，但是关于汉字笔迹和人的心理的关系，我国古代学者早就给予了特殊的关注。汉代扬雄指出：“言，心声也；书，心画也；声画者，君子小人之所以动情乎？”清代刘熙载在《艺概》中说：“书，如也，如其学，如其才，如其志，总之曰，如其人而已。”杨春晓在《中国古代笔迹心理学思想综论》一文中，第一次比较全面地对我国古代丰富的汉字笔迹心理学思想给以初步的综合和论证。主要论述了古人在“字如其人”命题基础上提出的个性、情绪、品德等对书法笔迹的影响，以及古人在“人如其字”的逆命题基础上通过书法笔迹测查人的个性、情绪、品德、天资和身心健康状况等方面的心理学思想。虽然古人对汉字笔迹与人的心理之间的联系能够有所认识，但是并没有形成系统的研究理论，很多认识来源于经验的积累与总结，缺乏科学的实证资料。

汉字笔迹心理分析技术是近几十来年才开展的，1990 年在布鲁塞尔诞生了世界第一家国际汉字笔迹科学研究所，创办者是著名笔迹学家梅纳斯夫人，主要成员来自法国、德国、荷兰、比利时等国家的笔迹学家和汉学家。北京师范大学心理学教授郑日昌被特聘为该研究所学术委员，并邀请著名古文字学家、书法家启功教授和著名心理学家林传鼎教授担任该研究所学术顾问。20 世纪 60 年代，我国台湾心理学界首先开始对笔迹与人格的关系进行研究，揭开了现代汉字笔迹学实证研究的序幕。90 年代，我国大陆心理学界开始涉及该领域，出版了十多本笔迹与心理方面的专著，成立了笔迹心理学学术团体，并将笔迹心理分析技术初步应用于人事管理、人才开发和教育领域。1994 年 10 月，国内一些笔迹心理学者发起成立中国笔迹学研究会，使汉字笔迹心理分析的研究走向规范。

中文笔迹心理学的发展较为缓慢，人们对笔迹分析并不十分了解，且缺乏科学的态度。我国老一辈心理学家杨国枢等发现，字体大小、字的潦草程度、字的境界与神经质、焦虑、智力、攻击需要、条理需要、成就需要等人格特质都存在一定的相关。梦庆茂等研究表明，横笔压与 16PF 测验中的畏缩退却-冒险敢为有正相关，竖笔压与艾森克个性因素的 N 因素有高相关。莫雷等以信号检测论分析男女字体差异程度，发现到中高年级以后性别差异才明显表现出来，男女生笔迹的差异主要表现在五个方面：字体大小程度、字的力度、字体刚劲程度、字的工整度和字的棱角度。

三、笔迹分析在人才测评领域中的应用

笔迹分析法是欧洲国家使用最多的一种人才测评方法，主要用于人才招聘和选拔环节。法国第二波尔多大学和巴黎第五大学的两名教授于 1998 年至 1999 年对 234 家法国企业和咨询中心人员进行的调查表明：在人才招聘或选拔中使用笔迹分析法的企业达 93%，仅次于面试 99%的比例，高于智力测验 63%和人格测验 61%的比例。目前法国 75%以上的公司、瑞士 80%以上的公司招聘雇员时采用笔迹分析方法。在德国、奥地利、荷兰和意大利等国笔迹分析测评均被大型公司如著名的里昂信贷银行、法国国家铁路公司等等采用。在欧洲国家的报纸招聘广告中常常都会指明需要递交手写应聘书。

在中国，笔迹分析技术发展虽然相对较晚，但作为一项人力资源管理技术也正越来越得到企事业单位的重视，在人力资源管理中发挥出越来越重要的作用。

笔迹分析一般需要被试者提供至少一满页纸的字迹，最好是用圆珠笔写在未画线的纸上，字迹内容一般不作要求。进行笔迹测评时需要遵循一套严格的规定来测定字迹的大小、斜度、页面安排、字体宽度、书写力度等方面，其基本内容主要有以下七个方面：

(一)书面整洁性

如果书面干净整洁，说明书写者举止高雅，穿着较讲究，干净整齐，较注重自己的仪表和形象，并多有较强的自尊心和荣誉感；如果书面有多处涂抹现象，说明书写者可能有穿着随便，不修边幅、不拘小节等性格特征。

(二)字体大小

字体大，不受格线的限制，说明书写者性格趋于外向，待人热情、兴趣广泛、思维开阔，做事有大刀阔斧之风，但多有不拘小节，缺乏耐心，不够精益求精等不足；字体小，说明书写者性格偏于内向，有良好的专注力和自控力，做事耐心、谨慎，看问题比较透彻，但不够开朗，遇事常想不透；字体大小不一，说明书写者随机应变能力强，处事灵活，但缺乏自制力。

(三)字体结构

字体结构严谨，说明书写者有较强的逻辑思维能力，性格笃实，思虑周全，办事认真谨慎，责任心强，但容易循规蹈矩；字体结构松散，说明书写者发散思维能力较强，思维有广度，为人热情大方，心直口快，心胸开阔，不斤斤计较，并能宽容他人的过失，但往往不拘小节。

(四)笔压轻重

笔压重，说明书写者精力比较充沛，为人有主见，个性刚强，做事果断，有毅力，有开拓能力，但主观性强，固执；笔压轻，说明书写者缺乏自信，意志薄弱，有依赖性，遇到困难容易退缩；笔压轻重不一，说明书写者想象思维能力较强，但情绪不稳定，做事犹豫不决。

(五)书写速度

如果全篇文字连笔较多，速度较快，说明书写者思维敏捷，动作迅速，效率较高，但有时性急，容易感情冲动；如果笔速较慢，说明书写者头脑反应不是很快，行动较慢，但性情和蔼，富于耐心，办事讲求准确性。

(六)字行平直性

字行平直，说明书写者做事有主见，只要自己认定的事，一般不为他人所左右；字行上倾，书写者积极向上，有进取精神。这种人常常雄心勃勃，有远大的抱负，并常能以较大的热情付诸实践。如果字形过分上倾，说明书写者除有上述特征之外，还往往非常固执；字形下倾，说明书写者看问题非常实际，有消极心理，遇到问题看阴暗面、消极面太多，容易悲观失望；字行忽高忽低，说明书写者情绪不稳定，常常随着生活中的高兴事或烦恼事或兴奋或悲伤，心理调控能力较弱。

(七)通篇布局

这要看左右留边空白大小及行与行之间排列是否整齐。左边空白大，说明书写者有把握事物全局的能力，能统筹安排，并为人和善、谦虚，能注意倾听他人意见，体察他人长处；右边空白大，说明书写者凭直觉办事，不喜欢推理，性格比较固执，做事易走极端，遇到困难容易消极；左右不留空白，说明书写者有着很强的占有欲和控制欲，比较自私。行与行之间排列整齐，说明书写者有良好的教养，正直，不搞歪门邪道，头脑清晰，做事有条不紊，讲究计划性、系统性和程序性，有较强的自尊心、责任感和荣誉感；行与行之间排列不整齐，说明书写者头脑比较简单，条理性较差，做事马马虎虎，缺乏责任感。

笔迹分析是否能够运用于人才测评领域，关键在于笔迹分析是否具有较高的信度和效度。所以，研究者一直致力于笔迹分析信度和效度的研究。

四、笔迹分析技术的评价

传统的人才测评方式是人格测试和机械能力测验。人格测验在人才选拔中的效度并不高，能力测验也如此。有研究总结了心理测验对预测销售人员业绩的平均效度：一般智力测验平均效度是 0.19；机械能力倾向测验是 0.18；知觉精确性测验 0.04；个性测验 0.31；兴趣测验 0.32。相对来说，笔迹分析法信度一直是比较好的。例如 Wallen 等对标准化的常模参照笔迹分析法的信度作了检验。两个评定者从 1292 个样本中抽取 165 个(13%)评定，发现信度极好。笔迹分析法检验效度使用的效标，其本身的效度也可能是一个问题。例如，据英国心理学会资料统计，人格分析法的平均效度是 0.15。在国内，童辉杰也对笔迹测验的效度与其他测评方式做过比较，研究对象是 82 名医药销售人员，给他们分别施以《一般能力倾向成套测验》、《加利福尼亚心理调查》，并做笔迹分析。结果表明，通过三种测验技术在医药销售人才选拔和评估中的效度的比较，笔迹分析法的效度较好，而其他两种测验的效度不理想。而最近 Hausknecht 等对各种人才测评手段进行分析研究表明，在进行人才选拔时，笔迹分析预测效果并不如面试、工作样本测试那样好。

值得注意的是笔迹分析是一个综合考虑的结果，必须通过多方面的综合分析、高度概括，才能得出比较符合应聘人实际的鉴定。而任何一种测评手段，其最终测评结果都只能作为企业的参考。

虽然笔迹在某种程度上的确反映了个体的个性特征，但目前中文笔迹心理学仍处于起步阶段，笔迹分析的效度还有待考证。更何况人们通过笔迹评价一个人大都依据自己的经验，并非从科学的视角出发，具有极大的主观性。因此笔迹对个体吸引力的影响从本质上说是一种认知偏差，是刻板印象和晕轮效应。

总的说来，笔迹分析已经进入了人才素质测评领域。笔迹分析是否具有较好的信度和效度，一直都是众说纷纭，争议非常大。但是我们必须注意以下几点：

(1)有些非心理学背景的笔迹分析家将笔迹分析当作占星术之类的神秘预测技术。这些人仅凭其有限的经验，通过笔迹对个性心理做盲目的推断，如今社会上、网络上有很多自称可以做笔迹分析的专家，但是这些预测者基本都没有进行过心理学训练。这部分伪科学者夸大笔迹分析的作用，给很多人误解，阻碍了笔迹分析的科学化进程。

(2)笔迹分析只能够作为人才测评的辅助手段。人才测评是为组织选拔和评估优秀的人才,而笔迹分析也只是人的某种特质的表现方式。所以不能够单纯就以笔迹分析的结果测评人才素质。而且笔迹分析与人格特质之间的关系有多大,至今也没有定论,或许这也说明有关心理的很多现象都不可能用某一特定的数字来说明。

(3)不能够全盘否定笔迹分析的科学性。笔迹和其他的星座、血型、面相等测验方式不一样。首先星座、血型、面相等测验认为先天遗传特征是影响人才素质的根本原因所在,是不科学的测评方式。笔迹是后天慢慢形成的较稳定的特征,是后天活动的产物。笔迹测验类似主题统觉、罗夏墨迹等测验,但又不完全一致;另外笔迹可以避免被试抗拒测验而撒谎、作假等事情的产生,所以笔迹分析是有科学基础的新兴学科。

(4)把中国特色的笔迹分析纳入人才测评中。汉字是中国历史文化的瑰宝,是东亚地区文字来源。汉字是象形字,而拉丁字母是标音。所以东亚文字圈的笔迹分析不应该盲目跟从国外的研究理论,应该研究出自己的一套笔迹学理论。虽然国内也有学者对汉字和个性进行了研究,但是总的看来笔迹学研究还处于探索阶段。能把笔迹分析纳入人才素质测评辅助工具的企业单位比例更是甚微,这给心理学者提出了新的思考,也给予了更大的发展方向。

第三节　关键事件判断测验

一、关键事件判断测验

关键事件判断测验是指通过对实际工作情景中关键事件的精心加工和再设计,运用关键事件诱发胜任力、捕捉胜任力的一种人才评价技术。该方法起源于二次世界大战,当时美国空军的一个项目小组运用行为事件研究飞行程序,并以这些关键行为事件选拔飞行员。20 世纪 40 年代,关键事件成了美国空军飞行员选拔和评价的一种重要手段,由于在军队得到成功运用,二战结束后,迁移到企业人才的选拔实践,效果非常理想。

关键事件判断测验以工作情景中的关键事件作为测验的基础,选取合适的关键事件是其关键。因此,关键事件判断测验对关键事件的选取有四个方面的要求:

(1)关键事件必须包括问题情景、工作目标、实际行为和工作结果四个关键要素;

(2)关键事件必须是绩效关联事件,能区分有效绩效和无效绩效;

(3)关键事件包含一个或若干个工作胜任力单元,能激活、诱发胜任力;

(4)关键事件是工作和组织情景中的复杂性、两难性或多难性事件,既可是结构化事件,也可是非结构化事件。

二、关键事件判断测验在人才选拔中的优势

关键事件判断测验在人才选拔中得到广泛的应用,其信度和效度经受了实践

的检验，该方法具有以下几方面的优势：

(1)仿真性高：关键事件判断测验以管理实践中一些影响企业经营效益、价值取向和行为模式的至关重要的事件为基础，通过对这些事件的进一步加工、浓缩和提炼，从而形成关键事件判断测验，因此具有高仿真性，保证了测验的生态效度。

(2)特征激活能力强：好的测验工具必须具备较强的特征激活能力，由于关键事件判断测验的主体——关键事件，包含了工作胜任力特征，对这些特征的捕捉可以客观公正评价被测评者的管理胜任力。

(3)表面效度高：由于关键事件判断测验基于管理实践中遇到的各种关键事件，这些事件一般非常棘手难办，对这些事件的处理本身就反映了管理者的实际管理能力和水平。因此，应用这些事件作为测验材料，容易让被测评者所接受，从而激发他们的答题热情，反映出真实水平。

三、关键事件判断测验实施过程

选拔背景：某集团公司，随着业务的持续发展，规模持续扩大，人力支持日见乏力，特别是中层管理人员的使用捉襟见肘。公司高层经研究决定：使用关键事件判断测验、无领导小组讨论、结构化面试等方法从基层管理人员中选拔出有发展潜能的人才重点培养，为企业发展建立人才梯队，实现人才兴企战略。公司在以往业绩考核、直线上级领导推荐的基础上，初步确定35人参与选拔，首先运用的测验工具就是关键事件判断测验。

(一)编制关键事件判断测验的准备

步骤1：确定素质结构，选取测评要素。

根据人—职—组织匹配的原则，在工作分析的基础上，公司高层提出了中层管理人员必备的职业素质结构。根据关键事件判断测验的特点，选取客户导向和绩效导向两种管理价值观，选取组织协调能力、管理决策能力、变革推进能力和人际关系能力四种管理胜任力，选取系统思考、国际视野和创新思维三种思维胜任力，作为关键事件判断测验的测评要素。

步骤2：选取关键事件，编制典型情景。

关键事件判断测验关键在于选取一组高质量的关键事件，根据测评构思，对情景进行加工、提炼，编制典型情景。每一情景事件遵从主测一个要素，辅测两至三个要素。

(二)编制关键事件判断测验的构思

步骤3：确定观测程序，编制答题要求。

关键事件判断测验有一套系统的答题程序和要求，通过答题程序的预先设定，能更好测评到所欲测评的要素。一般来说，关键事件判断测验包含以下6个程序步骤，要求被测评者按照事先设置好的程序步骤回答问题。

(1)清楚、完整地识别关键事件中所包含的所有问题；

(2)列举与每一个问题相关的事实和信息；

(3)列举关键问题和需要立即采取措施加以解决的问题；

(4)列举各种解决问题的行动方案，并分析每种方案的优势和不足；

(5)做出最后的决策，并陈述决策理由；

(6)反思问题，提出管理建议，从根本上解决问题。

步骤 4：确定观测要点，编制观测问题。

每一关键事件在确定其主测要素和辅测要素之后，接下来要确定其具体观测要点，围绕关键事件，编制观测问题，要求被测评者根据这些问题分析关键事件，并按照预先设定的程序进行分析判断。

(三)编制关键事件判断测验的结果

经过关键事件判断测验后，根据评价编码表，对每个被测评者进行评价。每个被测评者得到一份定性分析和定量描述的资质清单。通过定量分析发现，关键事件判断测验所测评的管理价值观、管理胜任力和思维胜任力与被测评者的工作绩效间相关显著，说明关键事件判断测验对管理价值观、管理胜任力和思维胜任力具有较高的特征激活力，是一种有效的测评方法。

评价结果进一步反馈到：

(1)被测评者本人处。通过与被测评者本人沟通、讨论，被测评者基本上接受、认同评价结果，这说明评价基本符合被测评者的自我认知；

(2)被测评者直线上级处。通过调查、沟通、讨论，被测评者上级基本接受、认同评价结果，认为符合实际情况，这说明关键事件判断测验具有较高的表面效度。

同时，该方法与无领导小组讨论、结构化面试的评价结果也可相互验证。

关键事件判断测验是一种有效的、可操作的人才选拔方法，特别适合测评管理人员的管理价值观、管理胜任力和思维胜任力。但该方法操作难度较大，需要专业人士和经验丰富的管理者参与应用。

第四节　360 度反馈评价技术

在现代企业中，由于经济全球化带来的竞争和挑战，人们一直在不断尝试，用新的方法来管理绩效、评估绩效和提供反馈，期望能够找到一种更科学、更准确的方法。下面我们就来介绍一种改变了传统的评价和反馈方式的新方法：360 度反馈评价技术。

一、360 度反馈评价的基本概念

随着经济的发展，市场变化越来越快，组织结构、组织文化不断改变以适应这种变化，员工与企业之间的关系模式也在发生着前所未有的调整和变化。上级不再是唯一的重要的人，也不再是对员工进行评价的唯一人选。因为公司能否成功不是由老板或首席执行官的高兴与否决定的。当公司能让顾客满意地付款，能让员工更好地合作，与供应商建立良好的关系……公司才有可能成功。如此看来评

价和反馈的信息似乎应该来源于更多的渠道。这样，360度反馈评价出现了，并被称为多源评估或多评价者评估，它不同于自上而下，由上级主管评定下属的传统方式。在此模式中，评价者不仅仅是被评价者的上级主管，还可以包括其他与之密切接触的人员，比如同事、下属、客户等，同时包括管理者的自我评价(图10-2)，也就是说，它是从不同层面的群体中收集评价信息的。其评价结果会反馈给被评价者，一方面，这将促使被评价者自身全面地认识自己，为其个人发展(如培训计划的制定)提供信息，促使其提高管理技能和工作业绩，改善团队工作；另一方面，对于整个企业来说，它可以增进绩效评价的效果，激励员工对组织变革的参与，提高培训效益和员工满意度，建立新型的企业文化，促进企业的发展。

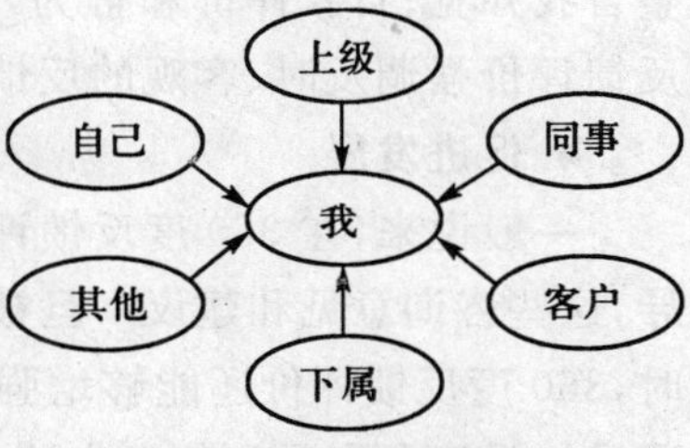

图10-2 360度反馈评价模式示意图

二、360度反馈评价的特点和作用

据调查，在《财富》杂志排名前1000位的企业中，已有90%企业在使用不同形式的360度多源评估系统，比如美国能源部、IBM、摩托罗拉、诺基亚、福特、迪斯尼、西屋、麦当劳、美国联邦银行等部门，都把360度反馈评价模式用于人力资源管理和开发。为什么360度反馈评价方法能够受到如此的青睐呢？这与它本身的特点是密切相关的。

1. 全方位

360度反馈评价的评价者来自不同层面的群体，这样，对被评价者的了解更深入、更全面，得到的信息更准确。其原因在于，我们从任何一个方向去观察人做出的判断都难免片面，比如，驾驶汽车时，反光镜就不能投射汽车后侧角的一部分。运用多侧度的反馈评价则可以减少个人偏见及评分误差，评价结果更加准确。同时，员工对管理者的直接评价实际上促进了员工参与管理，而研究和实践都表明，参与管理能够提高员工的满意度。

2. 基于胜任特征

胜任特征是指能将某一工作(或组织、文化)中表现优秀者与表现平平者区分开来的个体潜在的深层次特征，它是工作行为设计的依据。这是因为，在绩效考核中，仅仅强调工作产出(结果)的评价是不全面的，因为它实际上并没有涵盖绩效的全部内容。而我们又很难做到将工作行为指标量化。要解决这一问题，我们不可能，也没有必要面面俱到的评价所有工作行为，而应抓住关键性的工作行为要素，即把影响绩效表现的深层次的东西揭示出来，360度反馈评价要素的设计依据就是各职位的胜任特征评价模型。

3. 多侧度反馈

有人说自己最了解自己，但事实并不完全如此，如何让员工心悦诚服地接受负面信息，是人力资源管理者进行管理评价的难点之一。许多研究表明，员工对自身的了解并不全面，自我知觉通常是不准确的。不过，多侧度的反馈能够帮助个体调整自我知觉、自我评价和行为，增强个体的自我意识，提高自我管理效能。360度反馈评价强调及时、客观的反馈，能够促使被评价者正确认识自我，改善行为表现。

4. 促进发展

一般说来，在360度反馈评价的结果反馈中，均设有专门的个人发展计划和指导，这些咨询意见和建议一旦被评价者接受，就能够促进个人的职业生涯发展。同时，360度反馈评价还能够增强组织的竞争优势，有助于强化组织的核心价值观，通过加强双向沟通和信息交流，建立更为和谐的工作关系，这样既能增加员工的参与度，也能帮助管理者发现并解决问题，提高组织绩效。

由于360度反馈评价的上述特点满足了企业发展的需要，因而逐步得到发展、完善和广泛的应用。我们可以从两个方面来总结它的作用：一是增效。由于评价系统达到了客观化、系统化的要求，保证了对于质量管理的过程控制，增加了员工对于绩效管理的参与度，也为薪酬设计调整提供了新的依据，因此，360度反馈评价有助于提高员工的工作效率，这样，也能从整体上提高组织的绩效。二是促进发展360度评价的结果可以提供员工培训的需求依据，也就是说，可以通过对于员工是否掌握了岗位所需知识、技能的评价，知道员工需要接受哪些方面的培训；从更为长远的角度来说，也能为员工的职业生涯设计提供依据，告诉员工是否适合某工作岗位的工作，如果需要发展自己，取得更大的成就，需要怎样规划自己，这里，并不局限于在本岗位、本部门发展的指导。通过360度反馈评价，员工全员参与企业管理、干部评价，会增强员工的归属感和自信心，进而增强团体凝聚力，促进组织变革与发展。

三、360度反馈评价的使用

为了保证360度反馈评价达到预期的目标，必须根据组织的实际情况和需要，认真设计正规的、有针对性的360度反馈评价方案和实施过程，否则不仅不能体现其优越性，而且可能会带来许多问题，比如，被评价者认为，结果不客观公正，提供的反馈意见挫伤了员工的积极性等等。下面具体说明360度反馈评价一般的实施过程：

1. 项目设计

首先，决定是否采用360度反馈评价模式，即进行需求分析和可行性分析。确定实施该评价模式后，应编制基于职位胜任特征模型的调查问卷（或称自定义问卷）。这些问卷可以针对本企业的特殊要求来编制，也可以向咨询公司购买成型的问卷，但一定要考虑到，不能简单搬用基于异国文化、不同行业的问卷，最好做一些需求调查，再行决定采用什么形式的评价问卷。

2. 实施评价

360度反馈评价的实施包括六个环节：

(1)组建360度评估队伍。此处应注意的是对于评价者的选择，无论是由被评价人自己选择还是由上级指定，都应该得到被评价者的同意，这样才能保证被评价者对结果的认同和接受。

(2)对被选拔的评价者进行如何向他人提供反馈和评估方法的训练和指导。

(3)实施360度反馈评价。需要对具体实测过程加强监控和质量管理。比如,从问卷开封、发放、宣读指导语到疑问解答、收卷和加封保密的过程,实施标准化管理。如果实施过程未能做好,则整个结果可能是无效的。

(4)统计评分数据并报告结果。目前,已有专门的360度反馈评价软件对于统计评分和报告结果的支持,包括多种统计图表的绘制和及时呈现,使用起来相当方便。

(5)对被评价人进行如何接受他人的反馈的训练,可以采用讲座和个别辅导的方法进行,关键在于建立对于评价目的和方法的可靠性的认同。与奖励、薪酬挂钩只是一个方面,更要让被评价者体会到,360度反馈评价结果主要是用于为管理者、员工改进工作和未来发展提供咨询建议的。

(6)企业管理部门针对反馈的问题制定行动计划,也可以由咨询公司协助实施,由他们独立进行数据处理和结果报告,其优越性在于,报告的结果比较客观,并能提供通用的解决方案和发展计划指南。但是,企业的人力资源管理部门应当尽可能地在评价实施过程中起主导作用,因为,任何企业都有自己特有的问题,而且,企业的发展战略与关键管理者的工作行为息息相关,涉及市场竞争的策略,多方面的专家结合,评价效果会更好。

3. 效果评价

这里主要指现场评价和反馈工作完成后,需要进行的工作,主要包括两个步骤:

(1)确认执行过程的安全性。由于360度反馈评价中包括了下属、同事及其他人员的评价,要检查数据收集过程是否符合测试要求;此外,在数据处理时,还应当考虑不同侧度评价准确性的差异。

(2)评价应用效果。客观评价这种方法的效果,此外,应当总结评价中经验和不足,找出存在的问题,不断完善整个评价系统。

为了确保360度反馈评价的顺利实施,还必须注意以下问题:

第一、要获得高层领导的支持。本来人们对评价就抱有一种防御的态度,实施新的评价方法更容易受到许多怀疑和阻力,获得高层领导的支持,自上而下的推行,将利于实施过程的顺利进行。

第二、要在组织中事先进行充分的信息沟通,使全体员工认可调查的重要性和优越性,建立相互信任的关系,这也是顺利实施360度反馈评价的前提之一。

第三、在实施过程中,要尽可能使全体员工都参与其中。全员参与更有助于共同推进评价工作、结果反馈,达到组织的预期目标。

第四、在实施中应确保答卷者的匿名性,以消除评价者(主要是同事和下属)的顾虑,保证结果的客观、真实。

第五、评价后应及时向被评价者提供反馈结果,并提供解决问题的方案和资源支持。

360度反馈评价方法涉及的数据和信息非常丰富，这是它的优点之一，但同时这个特点也造成了实际操作较为复杂，实施成本较高的问题，因此通常是一年进行一次，有时也可以半年进行一次。360度反馈评价法的关键是通过所获得的信息发现员工的长处和不足，帮助员工提高绩效。同其他的绩效管理方法一样，要更好的利用这种方法，必须做好人与人之间的沟通。

复习思考题

1. 试述履历分析技术的特点及主要依据。
2. 简述使用履历分析技术进行人才测评的基本过程。
3. 如何进行履历分析项目的筛选和权重确定？
4. 试述加权履历表项目构成。
5. 试述履历表的评估计算方法。
6. 试述笔迹学研究成果的七个大类。
7. 试述中文笔迹分析的七个方面。
8. 如何评价笔迹分析技术？
9. 关键事件判断测验在人才选拔中的优势有哪些？
10. 试述360度反馈评价技术的特点和作用。
11. 试述360度反馈评价技术的实施过程。

参考文献

[1] 陈慧. 评价中心技术与人才选拔. 北京邮电大学学报，2003(4)

[2] 陈雪玲. 面试运用中存在的问题及规范化面试的构建. 当代经理人：中旬刊，2006 (11)

[3] 肖书源，王福兴. 人事测评普通面谈法初探. 北方论丛，1997，(4)

[4] 王淑范. 人才测评方法和技术的应用研究. 职业技术，2006(6)

[5] 彭剑锋. 人力资源管理概论. 上海：复旦大学出版社，2005

[6] 萧鸣政. 人员测评理论与方法. 2 版. 北京：中国劳动社会保障出版，2005

[7] 沈利民. 结构化面试的技巧及注意事项. 管理科学文摘，2007(4)

[8] 付娜，张智勇. 结构化面试中常见的问题与对策. 企业活力，2007(5)

[9] 项成芳. 结构化面试的现状分析与研究. 领导科学，2007 (12)

[10] 侯群. 结构化面试. 今日科苑，2008(6)

[11] 顾锋. 面试评分规则的评价与修正. 教学研究.，1999(4)

[12] 刘远我. 面试究竟考察啥. 人力资源，2007(7)

[13] 李永新，邓湘树. 申论. 成都：西南财经大学出版，2009

[14] 李永新. 申论. 北京：法律出版社，2010

[15] 陈慧娟，王蕾. 使用评价中心选拔人才三大关注点. 职业，2005(3)

[16] 郭维维，王重鸣. 评价中心效用分析探讨. 人类工效学，2004(4)

[17] 海因茨·韦里克，哈罗德·孔茨. 管理学——全球化视角. 马春光，译. 北京：经济科学出版社，2004

[18] 李海红，黄坚学，袁登华. 领导干部选拔中评价中心技术应用的初步探讨. 山东行政学院山东省经济管理干部学院学报，2006(10)

[19] 童天. 评价中心技术的运用. HR 管理专栏·管理工具，2005(8)

[20] 韦恩·卡西欧，赫尔曼·阿吉尼斯. 人力资源管理中的应用心理学. 吕厚超，等，译. 北京：北京大学出版社，2006

[21] 黄传武. 现代人才测评的理论和技术体系研究综述. 新东方，2006(4)

[22] 林泽炎. 规范发展中国人才测评业. 职业，2006(4)

[23] 龚建立，蔡平川. 现行人才测评体系存在的问题及对策. 人才开发，2005(4)

[24] 彭毓蓉. 关于《管理学》课程教学的思考. 云南财贸学院学报，2004(6)

[25] 蔡根女. 关于《管理学原理》教学改革与创新的思考. 华中农业大学学报：社会科学版，2001(2)

[26] 吴伟. 浅议参与式教学法. 江苏高教，2003(4)

[27] 李怀祖. 管理研究方法论. 西安:西安交通大学出版社，2000
[28] 程宜康. 高等职业教育实践教学体系构建的探索与实践 [EB/OLl]. 中国教育网，2002-10-15
[29] 王雅秋. 发达国家高校专业(课程)设置的主要特点. 中国高等教育，1998(5)
[30] 周永明. 浅谈高校管理专业的创新教育. 广西财政高等专科学校学报，2001(1)
[31] 杨勇，陈建平. 经营管理整合训练教程——管理者游戏. 北京:机械工业出版社，2002
[32] 何广陵，袁翎. 选拔人才的一种有效方法——“无领导小组讨论”. 中国公务员，1998(2)
[33] 关培兰，苏永华. “无领导小组讨论法”在人员招聘中的应用研究. 武汉大学学报，1999(2)
[34] 彭平根，丁彪，苏永华. LGD在选拔企业中高级管理人才方面的实证研究. 心理科学，2002(5)
[35] 梁开广，邓婷，许玉林，等. 评价中心法在评价中心管理潜能中的应用及其结构效度检验. 应用心理学，1992(4)
[36] 刘平. 关于公文处理的几个基本问题. 秘书工作，2006(9)
[37] 刘灿河. 公文处理工作体系建设浅见. 秘书工作，2008(5)
[38] 洪威雷，宋义春. 公文处理研究的几个问题. 秘书，2007(5)
[39] 张林华. 求实、精简、高效——提高公文处理水平的原则. 档案学通讯，2004(3)
[40] 张杰. 工商管理人才测评方法研究. 现代商业，2007(26)
[41] 崔广，立务凯. 人才资源开发中的人才测评方法. 人才资源开发，2007(1)
[42] 韩咏. 人才测评方法研究的新进展. 科技与管理，2005(3)
[43] 韦慧民，龙立荣. 履历表测量在人才测评中的应用. 商业研究，2009(384)
[44] 陈璐，廖芳. 人才测评好工具——笔迹分析法. 科技广场，2008(2)
[45] 饶夏. 微笔迹对个体吸引力影响的实证研究. 学术动态，2007(3)
[46] 陈睿，童隆. 笔迹分析在人才素质测评领域的研究述评. 重庆职业技术学院学报，2005(4)
[47] 张福全. 中国汉字笔迹心理学的发展状况述评. 合肥学院学报:社科版，2007(3)
[48] 张福全. 中国和西方笔迹学的研究取向. 中国科技信息，2005(14)
[49] 杜清玲，孙绍荣. 工作分析:人岗匹配管理之基石. 中国人力资源开发，2004(5)
[50] 马士斌. 工作分析——人力资源管理的基本技术. 行政人事管理，1999(3)

[51] 郑晓明,吴志明. 工作分析实务手册. 北京:机械工业出版社,2006
[52] 胡正友. 工作分析在高校人力资源管理中的应用. 安徽工业大学学报:社会科学版,2002,19(5)
[53] 张宇,曾祥发. 浅谈工作分析的历史渊源. 经济师,2006(3)
[54] 刘玉新,张建卫. 工作分析的方法应用方略. 人力资源,2006(1)
[55] 杨杰,方俐洛,凌文辁,等. 工作分析的工具及其选择策略. 应用心理学,2001(3)
[56] 赵宏军. HR管理中的工作分析方法. 浙江工商职业技术学院学报,2002(1)
[57] 文征. 员工工作分析与薪酬设计. 北京:企业管理出版社,2006
[58] 王海. 公司工作分析中的问题及对策研究. 科技信息,2006(10)
[59] 杜清玲,孙绍荣. 工作分析实践中存在的问题及对策. 中国人力资源开发,2003(4)
[60] 张斌. 知识经济时代的工作分析创新. 中国科技信息,2005(21)
[61] 郭志刚. 未来导向的工作分析. 新资本,2006(6)
[62] 李文东,时勘. 工作分析研究的新趋势. 心理科学进展,2006,14(3)
[63] 车宏生. 心理测量与人才选拔. 海口:南海出版社,2004
[64] 初志明,孟庆军. 工作分析与大学生职业选择. 中国民航学院学报,2000(1s)
[65] 朱晔. 心理品质特征在工作分析中的应用. 科学管理研究,2000,18(6)
[66] 时勘. 基于胜任特征模型的人力资源开发. 心理科学进展,2006,14(4)
[67] 陈民科. 基于胜任力的职务分析及其应用. 人类工效学,2002(1)
[68] 时勘,王继承,李超平. 企业管理者胜任特征模型评价的研究. 心理学报,2002,34(3)
[69] 仲理峰,时勘. 家族企业高层管理者胜任特征模型. 心理学报,2004,36(1)
[70] 于真真. 工作分析中常见的问题及对策. 北方经济,2007(04)
[71] 高卫中. 工作分析中的员工恐惧及应对策略. 商业研究,2009(03)
[72] 牛端,张敏强. 高校教师胜任特征:O* NET工作分析研究. 教师教育研究,2008(06)
[73] 张微,杨潇. 浅议知识经济时代工作分析面临的挑战. 改革与开放,2009(06)
[74] 吕书梅. 人力资源管理中的工作分析. 山西经济管理干部学院学报,2008(02)
[75] 雷蒙德·A.诺伊. 人力资源管理. 北京:中国人民大学出版社,2001
[76] 萧鸣政. 工作分析的方法与技术. 北京:中国人民大学出版社,2002
[77] 李文东,时勘. 工作分析研究的新趋势. 心理科学进展,2006,14(3)